예수와 역사

예수와 역사

1984년 10월 15일 교회 인가
1985년 3월 25일 초판 1쇄 펴냄
2012년 3월 5일 개정 초판 1쇄 펴냄

지은이 · 샤를르 페로
옮긴이 · 박상래
펴낸이 · 정진석
펴낸곳 · 가톨릭출판사
편집 겸 인쇄인 · 홍성학
표지 디자인 · 안연민, 김지혜
내지 디자인 · 안연민, 조형화

본사 · 서울시 중구 중림로 27번지
지사 · 경기도 파주시 조리읍 당재봉로 56 프린팅파크 內
등록 · 1958. 1. 16. 제2-314호
전화 · 1544-1886(대) / 070-8233-8221(영업국)
지로번호 · 3000997

ISBN 978-89-321-1260-2 03230

값 18,000원

인터넷 가톨릭서점 http://www.catholicbook.kr
직영 매장: 명동대성당 (02)776-3601, 3602/ FAX (02)776-1019
　　　　　가톨릭회관 (02)777-2521/ FAX (02)777-2520
　　　　　서초동성당 070-8234-1880
　　　　　서울성모병원 (02)2258-6439, 070-7757-1886/ FAX (02)392-9252
　　　　　분당요한성당 (031)707-4106
　　　　　절두산(02)3141-1886/ FAX(02)3141-1886
　　　　　미주지사(323)734-3383/ FAX(323)734-3380

가톨릭의 모든 도서와 성물을 '인터넷 가톨릭서점'에서 만나 보실 수 있습니다.

이 도서의 국립중앙도서관 출판시도서목록(CIP)은 e-CIP홈페이지(http://www.nl.go.kr/ecip)에서 이용하실 수 있습니다. (CIP제어번호: CIP2012000841)

성경 © 한국천주교중앙협의회 2005

이 책의 한국어판 저작권은 (재)천주교서울대교구 가톨릭출판사에 있습니다.
저작권법에 의해 한국 내에서 보호를 받는 저작물이므로 무단 전재와 무단 복제를 금합니다.

샤를르 페로 지음 | **박상래** 옮김

예수와 역사

가톨릭출판사

Jésus et l'histoire
by Charles Perrot
Original Copyright © Fleurus Mame, 1993

일러두기

지은이

이 개정판은 독자들의 호응이 매우 컸던 첫째 판에 비해서 그 내용이 크게 달라지지 않았다. 수정된 내용 몇 가지를 추려 보면 다음과 같다. 방법론을 다루는 장을 좀 더 자상하게 손질했다(공관복음서 문제로 언어와 사회라는 두 가지 매체). 몇 가지 참조 자료들을 손질하고(나조라인들이라는 낱말이 세례 운동에서 비롯했다는 지적을 다소 누그러뜨리고 《에녹의 비유들》에 관한 증언들을 충분히 감안했다.), 몇몇 각주의 내용을 최근의 연구 현황에 맞추어 정리했다.

옮긴이

- 성경의 본문은 원칙적으로 새 번역 《성경》(한국 천주교 주교회의·한국천주교중앙협의회 2005)을 따랐다.
- 《성경》 원문을 존중하면서 저자의 의도와 이 책의 맥락에 따라 《성경》 번역문을 군데군데 손질한 곳도 있다.

차례

일러두기 • 5
약어 풀이 • 9
옮긴이의 말 • 12
소개의 말 • 14
계획 • 23

제1부 복음서들과 역사 • 27

제1장 예수와 역사 문제 / 29

1. 주석학과 역사 / 31
2. 복음과 역사 / 72
3. 역사는 어떻게 하는 것인가 / 88

제2장 공간과 시간 안에서 / 121

1. 한 생애와 한 죽음의 시간 / 122
2. 여정과 그 장소들 / 132

제2부 예수와 유다교 • 141

제3장 예수와 침례 운동 / 146

1. 기원후 1세기의 침례 운동의 현상 / 149
2. 세정례와 정화욕 / 150
3. 침례 운동 / 166
4. 요한 세례자와 예수 / 174

제4장 예수, 성전 그리고 율법 / 205

1. 예수는 바리사이 경향의 율법 학자였는가 / 207
2. 성전 문제 / 212
3. 예수와 율법 / 228

제3부 하느님 나라의 예언자 그리고 사람의 아들 • 251

제5장 예언자 예수 / 255

1. 엇갈리는 그리스도교 전승 / 256
2. 메시아사상과 예언자 사상 / 261
3. 새 시대의 예언자들 / 268
4. 예언자 예수 / 277
5. 예수는 종말론적 예언자인가 / 287

제6장 하느님 나라의 표징들 / 301

1. 복음서에 나오는 기적의 문제 / 304
2. 예수의 기적들을 회상하는 그리스도교 / 315
3. 하느님 나라의 예언자 / 343

제7장 사람의 아들 / 365

    1. 방법론과 학계의 견해들 / 368
    2. 그리스도교 공동체와 사람의 아들 / 376
    3. 팔레스티나 본토와 사람의 아들 / 386
    4. 사람의 아들과 예수 / 404

제8장 예수와 하느님 아버지 / 414

    1. 유다교와 그리스도교 첫 공동체에서의 '하느님의 아들'이라는 표현 / 417
    2. 예수와 하느님 아버지 / 422

제4부 그리스도교적 역사의 탄생 • 437

제9장 빵, 말씀 그리고 역사 / 439

    1. 주님의 만찬 / 443
    2. 식사와 말씀 / 461
    3. 말씀과 역사 / 469

부록 • 485

    각 장의 주 / 487
    찾아보기 / 560

약어 풀이

성경 외의 유다교 문헌들

- *2Ba: Apocalypse syriaque* de Baruch(=시리아어 역 바룩서)

- *CDC: Cairo Damascus Document*(=카이로의 다마스쿠스 문헌)

- *4Esd: Apocalypse du Quatrième Esdras*(=4 에즈라)

- *1Hen: 1er livre d'Hénoch*(=에녹 1서. 지금은 이른바 '비유의 장章들', 곧 *1Hen 37-71*이 포함되어 있다.)

- *Jub: Livre des Jubilés*(=희년기)

- *LAB: Livre des Antiquités bibliques du Pseudo-Philon*(=일명 필론의 성경 고대사)

- *M.: Mishna*(=미쉬나), 이어서 각 편의 이름이 따른다(예: *M. Berakhot 1,1*).

- *Or Sib: Oracles Sibyllins*(=시빌레의 신탁)
- *Ps Sal: Psaumes de Salomon*(=솔로몬의 시편)
- 1Q (etc.): 쿰란의 제1 동굴(이어서 해당 문헌의 이름이 따른다.)
- 1Q *GenAp.*: 1Q *Apocryphe de la Genèse*(쿰란 제1 동굴의 창세기 외경)
- 1QS: 1Q *Règle de la communauté*(쿰란 제1 동굴 공동체 회헌)
- 4Q*pIs*: 4Q *Péshèr d'Isaïe*(쿰란 제4 동굴 이사야서 강해)
- *T.b.: Talmud de Babylone*(=바빌론 판 탈무드. 이어서 각 편의 이름이 따른다. 예: *T.b. Berahkot 1a*)
- *T.j.: Talmud de Jérusalem*(=예루살렘 탈무드. 이어서 각 편의 이름이 따른다. 예: *T.j. Berahkot 1,1*)
- 타르굼: *Targum*(=아람어 역 구약 성경 또는 그 해설)
- 타르굼 G: *Targum palestinien* de la Guéniza du Vieux Caire(=카이로 구시가지 게니자에서 발견된 팔레스티나 판 타르굼)
- 타르굼 *J1: Targum 1 de Jérusalem*(=Pseudo-Jonathan)(=예루살렘 타르굼 1. 요나탄 타르굼이라고도 한다.)
- 타르굼 *J2: Targum de Jérusalem fragmentaire*(=예루살렘 타르굼 단편)
- 타르굼 *N: Targum Néofiti*(=타르굼 네오피티. 타르굼 J2의 이본異本으로서 모세 오경 전편全篇 타르굼. 최근에 발견되었다.)

헬라계 유다인 저술가들

· Philon: R. Arnaldez, J. Pouilloux 및 C. Mondésert, *Les œuvres de Philon d'Alexandrie*, Cerf, Paris 1961의 약자에 따라 인용함.

· Flavius Joséphe:

　　AJ: Antiquités Juives(=유다 고대사)

　　Guerre: La Guerre des Juifs(=유다 전쟁사)

성경 본문의 프랑스어 번역은 대체로 프랑스 공동 번역(TOB= Traduction œcuménique de la Bible)을 따랐다. 예외적으로 원문의 자의字 義를 살리고자 손질한 곳도 있다.

옮긴이의 말

1985년에 처음 출판되어 재인쇄를 거듭하던 이 책의 마지막 판이 나온 것은 2000년의 일이다. 몇 년이 흘러 출판사에서 이 책을 재판하겠다고 하기에, 이 기회에 1993년에 재판된 원서의 수정·보완된 내용을 우리말 번역판에도 반영하기로 하였다. 나온 지 오래된 책이지만 '최초의 예수', 곧 각색이 안 된 '본디의 예수'를 이른바 '예수의 자의식'의 수준에서 이해해 보려는 터무니없는 망상을 깨고, 예수님에 대한 제자들의 믿음의 경위를 엄밀한 역사 비평적 방법으로 탐사하는 저자의 모습은 참으로 놀랍고 고무적이다. 교회의 정체성을 둘러싸고 벌어지는 요즈음의 논란에서 '예수의 정체'가 으레 화두에 오르고 있는 우리의 현실에서는 더욱 그렇다.

원고 정리에 애써 주신 나희석 님께 이 자리를 빌려 감사드리며, 출판을 위해 힘써 주신 모든 분들께도 감사드린다.

2009년 3월 대전 구봉마을에서
박상래 신부

소개의 말

샤를르 페로Charles Perrot는 파리 가톨릭대학교의 신약학과 신약성경 신학의 교수로서, 기원후 1세기의 유다교에 관한 저술로 널리 알려져 있다. 따라서 그는 이 책을 집필하는 데 매우 적격이었으며, 그를 이 자리에서 소개한다는 것은 기쁜 일이 아닐 수 없다. 이 책에 앞서 나온 카젤H. Cazelles과 그럴로P. Grelot, 기예J. Guillet와 브리앙J. Briend의 책 들, 그 밖의 다른 몇몇 책들도 마찬가지지만 이 책은 예수 그리스도라는 인물을 유다교라는 구체적인 맥락 안에서 파악해 보려 한다. 실상 이 인물이 역사적 의의를 획득하고 또 여전히 유지하고 있는 것도 이 맥락이다. 저자는 다른 집필자들과 마찬가지로 이 책이 '예수와 예수 그리스도'에 관하여 체계를 세우려 한 방대한 자료들 중에서 그 정상에 해당하는 역사와 성경의 자료들을 수집하고 검토한다.

양식 있고 성실한 현대인이라면 예수가 '희미한 그림자'에 지나지 않는다거나 '인간적으로 미화된 신화'에 지나지 않는다고 주장할 사람은 아무도 없을 것이다. 그러나 현대 성경 학자나 역사학자치고 흔히 통용되는 의미의 '예수의 일생', 곧 예수의 전기傳記는 근본적으로 쓸 수 없다는 사실에 이의를 제기할 사람도 없을 것이다. 예수에 관해서 우리가 가지고 있는 실속 있는 증언들은 신약 성경의 증언들뿐인데, 이것들은 신앙에 입각한 증거 제시지 연대라든가 장소라든가 심리에 대해 순전히 정확성만을 기하면서 작성된 체계적인 조사 보고서가 아니다. 그러나 바로 이 증언들을 통하여 이 역사적 인물에 관한 가치 있는 몇몇 자료들을 수집할 수 있는 가능성은 있다. 오늘날 그리스도인들에 의해 '하느님의 아들 그리스도'로 고백되는 이 예수를 공정하게 다루어 보려고 하는 사람들이 의견 일치를 보이고 있는 최소한의 기초가 바로 이것이다.

그러나 이 기초에서 출발하면서부터 각자의 입장이 달라진다. 저마다 검토하는 자료에 따라, 또 일을 처리하는 과정에 따라, 채택하는 방법론에 따라, 심지어는 이념적 선입견에 따라 자기 나름대로 예수를 찾아 나서는 것이다.

사정이 이런 만큼, 이 책의 일차적인 공로가 무엇인지도 언뜻 알 수 있을 것이다. 실제로 저자는 제1부의 첫 장에서 그가 이제부터 시도하려는 엄격한 의미의 역사적인 접근을 가능하게 하는 데 힘이 되는 여러 학문들을—본문 비판에서 기호론에 이르기까지—소개하는 일부터 시작한다. 이어서 그는 레싱G.E. Lessing 이래 지금까지 예수라는 인물을 복원하려고 시도한 끝에 얻은 주요 실적들을 그 큰 줄거리를 따라 독자에게 떠올려 주고자 마음을 쓰고 있다. 사실 저자 자신도 이 예수라는 인물을 찾아 나설 뜻이 있었던 것이다. 마지막으로 저자는 자신의 고유한 시각이 어떤 것인지를 제시하고, 이 시각의 채택 이유와 효과적 적용 범위와 한계도 밝혀 주고 있다.

이와 같이 저자는 자신의 계획을 적절하게 설정한 다음 그 계획을 방법적으로 실천에 옮기고자 방대한 자료들을 수집하고, 이를 다시 제2부와 제3부로 나누어서 정리하였다. 제2부에서 노리는 목적은 예수가 살았던 기원후 1세기의 유다교라는 종교적이며 윤리적이고 문화적인 배경에 비추어 그의 모습을 파헤치는 데 있다. 제3장과 제4장에서는 예수가 어떠한 유다인이었는지에 대해 이야기하고, 여기에 이어 제3부는 이렇게 파헤친 예수의 모습을 좀 더 정확하게 파악하려 한다. 제5장에서는 예수가 몸소 보여 준 예언자의 모습이 과연 어떠한지에 대한 질문을 제기하고, 제6장에서는 그의 활약에서 어떠한 의의를 알 수 있는지 묻는다. 그리고 제7장에서는 예수가 말씀으로 선포한 그 나라에 대해서, 그리고 예수가 자신의 행동으로 다가올 구원을 미리 드러내 주었을 때 그 구원에 대해서 예수가 가지는 관계가 무엇인지를 묻는다.

이 모든 연구 과정에서 저자는 일관성 있게 자신이 설정한 목표에 맞추어 나간다. 우리에게 예수에 관해서 말해 주는 본문들은, 이 본문들이 햇빛을 보게 된 파스카 체험에 비추어 예수를 그리스도로 여기고 있을 뿐 아니라 '하느님과 동등한 지위'(필리 2장)에 있는 분으로 간주하고 있다. 그렇기 때문에 아무리 본문들의 의도가 지상 생애 동안의 예수에 관한 이야기를 전해 주는 데 있다고 할지라도 이분의 생애와 운명을 우리가 마치 직접 알아볼 수 있다는 주장을 내세우려 해서는 안 된다. 그러기에 신약 성경의 증언들의 상황과 그 목표를 존중하고, 그 저변에 흐르는 논리의 맥락에 가능한 대로 공감할 수 있어야 할 것이다. 그러면서도 동시에 파스카 이후의 상황에서 살아갈 수밖에 없는 인간으로서의 그리고 신앙인으로서의 우리의 처지를 충분히 의식하고 감안해야 할 것이다. 여기서부터 비로소 우리는 비록 표현에서는 모호하면서도 편의상 '역사의 예수'라고 불리는 그분이 '신앙의 그리스도'라고 지칭되는 분과 어떻게 구별되는지를 알아보고, 또 이 구별을 어떻게 평가할 수 있는지를 시도할 수 있을 것이다. 실상 사람들은 너무나도 안이하게 이 '역사의 예수'와 '신앙의 그리스도'를 대립시켜야 한다고 주장하기 때문이다. 그러기에 이 책의 독자들은 '역사의 예수'라는 수준에서만 그분이 '몸소 하신 말씀들ipsissima verba', 그분의 심리 그리고 그분의 개인적인 의식을 경망스럽게 파헤치려 들어서는 안 될 것이다. 물론 다른 학자들 중에는 이 방법을 따른 사람들도 있고, 또 상당한 실적과 공로를 올리기도 했다. 그러나 이 책의 저자는 제1부의 제2장에서 예수가 실제로 살아갔던 시간과 공간의 테두리에 대해서 오늘날 대체로 무슨 말을 할 수 있는지 요약하는 것으로 만족하고 있다. 그는 이 방향을 따라 더 이상 나가고 싶은 생각이 없는 것이다.

그러나—이제 방금 말한 것과 관련되는 이야기지만—이 책에서는 신약 성경의 그리스도론들에 명시적으로 드러나는 '신앙의 그리스도'를 소개할 생각은 전혀 없다. 저자는 물론 그런 일의 이점과 중요성을 모르거나 잊고 있는 것도 아니다. 그러나 그것은 그의 일이 아니다. 저자는 자신의 연구 조사를 일단 마친 다음 그 결과에 항상 충실하면서 사도 시대의 교회 공동체들이 예수의 신비를 고백하고 연구해 가는 동안에 차츰 사용하게 된 예수의 존칭과 명칭들이 어디서 생겨나게 되었는지를 애써 지적해 준다. 여기서 말하는 예수의 신비란 예수가 '아버지'와 나눈 신비스러운 관계이다(제8장).

제2장에서 제8장에 이르는 부분은 예수를 다른 사람들과 비교해서 정확하게 자리매김해 주는 동시에 아울러 저자가 선택한 연구 분야의 한계를 표시해 주기도 한다. 이로써 우리는 이 책이 '역사의 예수'와 '신앙의 그리스도'를 아주 확호하게 이어 준다는 사실

을 알게 된다. 이 책은 '역사의 예수'를 겨냥하면서도 어디까지나 '신앙의 그리스도'를 기점으로 하고 있다. 이렇게 그 한계가 분명하게 정해져 있는 방법은 이 연구에 시종일관하고 있다. 그것은 동시에 에른스트 캐제만E. Käsemann과 같은 학자가 처음으로 착상하여 그 결정적인 가치를 인정받는 데 성공한 이른바 '이중의 차이double différence'를 이용하는 방법이다. 그것은 곧 예수에 관해서 말해 주는 본문에 드러나는 차이로서, 그 하나는 예수 자신과 나중에 예수를 자기 정당화의 권위로 내세우는 신앙 공동체와의 차이요, 다른 하나는 예수와 그를 둘러싸고 있던 사회적이고 문화적이며 또한 신학적이고 종교적인 당대 사회와의 차이다.

이런 방법을 두고 과연 부적절하다든가 불충분하다든가 과소평가하는 방법이라고 탓할 수 있을까? 우리로서는 차라리 겸허한 방법이라고 말하고 싶다. 이 겸허는 이유 있는 겸허이고 의식적으로 선택한 겸허다. 그러기에 또한 그것은 힘든 작업 끝에 얻은 실적에 매우 인상적인 어떤 특징을 부여한다. 독자는 이 책을 읽어 보고 판단할 수 있을 것이다.

예수는 먼저 침례 운동에 가담한 다음 이어서 바리사이파 사람들의 진영에 속하는 사람으로 드러난다. 그러나 예수는 이 책의 제2부 끝에서 어느 의미로 자신도 존중하는 하나의 전승과 하나의 율법, 하나의 종교 의식儀式에 대해서 놀라운 '권위'와 초연한 '자유'

를 행사하는 분으로 나타난다.

예언자로서의 그의 자격, 이적을 행하고 악마를 추방하는 그의 행동 그리고 마지막으로 자칭 사람의 아들이라는 그의 신분에 대해 물을 때, 예수는 제3부 끝에서 그 자신이 한때 그 희망을 함께 나누기도 하고 또 이를 수정하기도 했던 저 유다 백성 한가운데서, 그리고 자신이 그 권위를 표방하고 끌어댄 하느님 앞에서 유례없는 '특이한 존재'로 나타난다.

이것은 무슨 뜻인가? 제5장 끝에서 하는 저자의 다음 말을 들어보자. "여기까지 연구를 해 놓고 보니 맺을 수 있는 결론은 얼마 안 되고 오히려 제기된 질문만 많아졌다는 인상이다." 이 말을 달리 표현하여 결론을 맺어 본다면—그것은 이 책 전체에 해당하는 말이기도 하지만—이 자리에서 계획한 연구가 마지막으로 가져다준 실적을 방금 위에서와 같이 요약해 놓고 볼 때 결국 우리는 하나의 질문 앞에 서게 되었다는 것이다. 예수에 대한 사도 시대의 공동체들의 증언을 모아서 예수 당대의 실정(제2부)과 예수의 궁극적인 기원(제3부)을 교차시켜 놓고 볼 때 거기에 뚜렷한 모습을 띠고 나타나는 예수를 우리는 지켜볼 수 있다. 그런데 바로 이 자리에 하나의 질문이 불가피하게 제기되는 것이다. 과연 그분은 누군가?(마르 4,41 참조) 초세기의 그리스도인들은 자기 자신들에게 바로 이 질문을 제기하고 또 우리로 하여금 같은 질문을 우리 자신에게 제기하도록 기록을 남겼다. 그럼으로써 그들은 자기들의 뒤를 이어 또 자기들처럼 그 질문에 답할 수 있는 자료도 동시에 우리에게 제공하는 것이다. 이 책은 바로 이 사실을 보여 주는 데 성공하였다고 본다.

그러나 저자는 이러한 질문 제기를 확인하는 것으로 그치지 않는다. (그가 이렇게 질문이 제기된 채로 남겨 둔 것은 예나 지금이나 이 질문에 대한 답이 믿는 이나 믿지 않는 이나 결국 각자의 결단에 달려 있다는 사실을 보여 주자는 데에도 그 목적이 있다.) 저자는 여기서 한 걸음 더 나아가 이러한 질문과 그에 대한 답이 매우 적절하게 제시되기 위해서 요구되는 기반이 무엇인지도 밝혀 준다. 저자가 이 책에 제4부를 첨가한 이유도 바로 여기에 있다. 이 마지막 부분에서 저자는 우리에게 예수 이야기를 전해 주는 문헌들의 근원이 무엇인지를 밝혀 주고, 아울러 이 문헌들을 읽고 이해할 때 반드시 참조해야 할 맥락까지 짚어 준다. 이 근원과 맥락은 다름 아닌, '예수를 기념하기 위하여' 한데 모여서 의식을 거행하는 신앙 공동체이다. 이 모임에서 공동체는 그분의 말씀을 양식으로 삼고 그분의 빵을 나누는 가운데 그분이 걸어가신 역사의 발자취에 오늘을 위한 자신의 모습이 새겨져 있음을 알아보게 되는 것이다(제9장). 그리하여 이 마지막 장이 우리에게 마련해 주는 이 근원을 기점으로 하여 (그리고 그 시간 안에서) 이 책은 비로소 그 전체적인 의미를 얻게 된다. 그러기에 이 마지막 장은 거듭거듭 읽어야 할 것이다.

총서 '예수와 예수 그리스도'에 새로 수록된 이 책의 제목은 결코 우연히 선택된 것이 아니다. 그것은 '역사의 예수'도 아니요 '역사 앞에서의 예수'도 아니며 '역사 안의 예수'도 아니다. 그것은 '예수와 역사'다. 그렇다면 여기의 역사는 무엇이며 또 이 역사와 관련을 지어서 이 책이 보여 주려는 예수는 누구인가? 이 역사는 예수 자신만의 역사도 아니요, 그가 태어난 당대 사회의 역사만도 아니다. 또한 그와 특별히 유사하고 친근했던 시류와 사조들의 역사도 아니요, 그분을 뒤따르던 제자들이나 그분을 증언한 사도들의 공동체 역사도 아니다. 더구나 그분에 대해서 말하고 쓰고 그분으로 말미암아 살아간 개인들과 집단들의 역사만도 아니다. 이 모든 것을 포괄하는 이 역사는 무엇보다도 오늘 우리 자신의 역사이기도 하다.

1979년 9월 14일 파리에서
조제프 도레 Joseph Doré

계획

나자렛의 예수에 관한 역사책을 하나 쓰자는 것이 우리가 이 책을 통해 의도하는 것이다. 그의 활약을 시간적으로 그리고 심리적으로 하나하나 추적하면서 소개하는 또 하나의 새로운 전기를 쓰자는 뜻이 아니다. 일련의 연구들을 통하여 갈릴래아의 이 "예언자"(루카 24,19)를 그가 살던 주변 세계에서 구별해 보자는 것이다. 따라서 우리의 연구 분야는 지극히 제한된 것이다. 그것은 역사적인 문제를 제기하는 방식 자체 때문이기도 하다. 동시에 그것은 예수라는 수수께끼를 풀기 위해서 선택되는 자료 때문이기도 하다. 맨 첫 장에서 저자는 어떠한 의미로 역사를 하는지 밝힐 것이다. 실상 역사학자들이 채택하는 실천적인 방법들은 이 경우 매우 다양하다. 그렇다고 역사주의라고 일컫는 함정에 빠지는 일이 절대로 없다고 장담할 수도 없다. 조금 뒤에 소개될 이 첫 장에서는 먼저 방법론적인 문제들을 직접적으로 다룰 것이다. 형편에 따라서는 첫 장을 이 책의 맨 끝에 가서 읽어도 무방하다. 더 정확히 말해서 '빵, 말씀, 그리고 역사'라는 마지막 장에 앞서 읽는 것이 좋다. 마지막 장은 서장序章의 몇 가지 점들을 발전시키고 정확하게 규명해 주기 때문이다. 그러면 서론과 결론이 서로 연결되어 좀 더 잘 이해될 것이다. 서장과 종장의 중간에 있는 장들은 먼저 예수가 활약한 시간과 공간을 여러 가지로 둘러본 다음 여러 구체적인 문제들을 다룰 것이다. 그도 그럴 것이 요즈음 유행하는 주제를 하나 골라 그 무슨 (새로운) 박사 논문이라도 쓰면서 '역사성의 기준들'을 제시하는 것만으로는 부족하기 때문이다. 이 기준들은 실제로 시험해 보아야 한다. 이 시도는 확실히 더 어렵다. 우리는 특히 다음 점들에 유의해야 할 것이다. 과연 우리는 예수를 그 시대의 유다 사회, 특히 침례 운동이라는 범위 안에 정확하게 자리매김할 수 있는가? 기원후 1세기의 유다교는 매우 다양하게 구별되어 있었는데 우리는 과연 이 이상하고 일견 모순에 차 있는 사람 예수에게 접근하여 성전聖殿과 율법에 대한 그의 태도를 어느 정도 정확하게 알아볼 수 있는가? 하느님 나라의 이 예언자는 과연 누구며, 악마를 쫓아내고 병자들을 치유한 이 사람은 누구며, 더구나 자신의 죽음을 넘어서서 승리를 장담하는 이 '사람의 아들'은 과연 누구인가?

이 몇 가지 질문을 앞에 놓고 약간 성급한 독자라면, 우리가 단번에 부활 이전의 예수에게로 껑충 뛰어오르려 하며, 신약 성경이라는 경전 본문을 작성하는 데 파스카 사건이 얼마나 충격적인 영향을 주었는지는 전혀 고려하지 않으려 한다고 결론지을 수도 있을 것이다. 그런데, 교회가 고백하는 주님과 이 갈릴래아 사람의 실재와는 엄연한 간격이 있지 않은가? 즉, 신앙의 그리스도와 역사의 예수 사이에는 엄연히 거리가 있는 것이 아닌가? 적어도 이 정도는 흔히 제기되는 질문이다. 그러나 우리는 바로 이 수준에서 이런 질문들을 다룰 생각은 없다. 우리의 계획은 다르기 때문이다.

이 계획을 한마디로 요약한다면 다음과 같다. 유다계 그리스도교의 가장 오랜 그리스도론적 표상들로부터 출발하면서도, 신약 성경이라는 경전의 본문들이 파스카 신앙에 얼마나 깊이 젖어 있는지를 결코 잊지 않으면서, 우리는 파스카 이전의 인간 예수를 정확하게 맞추어 보려는 시도를 벌이겠다. 그렇다고 당치도 않게 이른바 최초의 사건이라는 수준에서 예수라는 인물을 심리적으로 재구성하겠다거나 전혀 확실성이 없는 그 무슨 전기를 써서 예수의 역사를 복원하겠다는 생각은 전혀 없다. 우리가 걸어갈 길은 이와는 정반대의 방향이다. 즉, 예수에 관한 문헌들을 태어나게 한 것은 어디까지나 그리스도교 공동체(들)라는 사실을 절대로 망각하지 않을 것이다. 그러니까 예수에 관한 역사를 하려면 어디까지나 파스카 이후에 사는 인간으로서만 할 수 있다는 우리의 조건을 받아들이면서, 그래도 우리는 이 공동체들이 자기들의 주님에 관해서 보여 주는 여러 가지 참고 자료들의 역사적인 비중을 가급적이면 정확하게 측정해 보려는 시도를 벌일 것이다. 하지만 이 시도는 그나마 몇몇 분야에만 국한될 것이다. 과연 이 공동체들은 어떻게 자기들의 믿음과 자기들이 제시하는 그분과의 차이를 가늠하고 있는가? 방법으로 보나 목표로 보나 우리의 계획은 한정된 것이다. 우리의 의도는 예수에 대해서라면 무엇이든지 모조리 다 말하려는 데 있지 않다. 그러나 우리가 하고 싶은 말이 정당하다는 것을 보여 주고 싶다. 그렇다고 호교론을 펼칠 생각은 없다. 우리가 보기에 역사책이란 으레 의문이 남아 있게 마련이고, 그래서 더러는 모호하게 마련이기 때문이다. 루카 복음서 2장 34~35절에 전해진 노인 시메온의 말을 빌린다면, 역사가가 겨냥하는 예수라는 과녁은 과연 지금도 사람들의 마음을 갈라놓는, 배척받는 표징이라고 할 것이다. 직업상 역사가는 신앙, 불신앙, 그리고 아무런 대답을 할 수 없다는 어두움 사이를 헤매면서 망설이는 처지이기도 하다. 한 걸음 더 나아가 우리는 이런 책을 쓰면서도 우리가 서 있는 교회 안에서의 우리의 위치가 따로 있다는 사실을 굳이 감출 생각은 추호도 없다. 그러나 예수와 관련되는 그리스도교의 자료들을 역사적으로 평가하려 할 때 이따금 할 말을 못하게 부리망을 씌우는, 그 야릇한 강박 관념 따위는 없다는 것도 아울러 밝혀 두는 바다.

제1부

복음서들과 역사

제1장

예수와 역사 문제

우리는 나자렛의 예수에 대해서 무엇을 알고 있는가?¹ 과연 우리는 그분에 대해서 어떤 정확한 역사적인 판단을 내릴 수 있는가? 그렇다면 과연 무슨 자료와 어떠한 절차 및 과정을 거쳐서 이런 판단을 내릴 수 있는가? 대체로 이런 질문들이 역사가의 호기심을 자극하여 과거를 들추어내게 하는 동시에 그를 매우 난처하게 만들어 놓기도 한다. 그 이유는 예수와 관련되는 자료들이 가령 수적으로 얼마 안 된다든가 그 성격이 매우 이색적이기 때문만은 아니다. 그것은 우리가 다루려는 이 특수한 분야뿐 아니라, 한 걸음 더 나아가 다른 어떠한 역사 연구의 분야에서도 일반적으로 제기되게 마련인 질문이기 때문이다. 그것은 곧, '역사가로서 할 수 있는 작업이 과연 무엇이냐?' 하는 질문이다. 요즈음 유행하는 말로 달리 표현해 본다면, 과연 예수가 성장했던 기원후 1세기의 팔레스티나라는 지역에서 '역사를 할 수 있는' 가능성이 있는가? 예수에 관한 또 하나의 새로운 그러면서도 결정적인 어떤 전기를 쓰지 못할 바에야 예수가 걸어간 흔적을 가리켜 주는 동시에, 아울러 그분을 당대의 주변으로부터 식별해 주는 몇몇 역사적인 간격들을 들추어내고 이를 측정할 수 있는 가능성이 과연 어느 정도인지를 알아보는 도리밖에 없다. 그런데 과연 이런 일도 '역사를 하는' 일이라고 말할 수 있느냐는 질문이 어김없이 제기되기 때문이다.

이런 어려운 문제점들을 다루기 전에, 우리가 이 책에서 다루는 논의의 가치와 비중을 어느 정도 정확하게 규정할 필요가 있다고 생각한다. 그래야만 역사가로서의 작업의 특성도 좀 더 잘 파악할 수 있고, 역사를 복원하는 일에 기여하는 다른 여러 학문과의 차이점도 더욱 뚜렷하게 드러낼 수 있기 때문이다. 역사(학)는 주석학이라는 작업의 한 분야에 지나지 않는다. 그래서 우리는 먼저 구획 정리의 작업부터 시작한 다음, 이어서 역사에 대한 복음의 관계를 평가하고, 마지막으로 해내야 할 작업의 윤곽을 정확하게 제시하고자 한다. 그러려면 자연히 다음의 세 단계로 나누어서 차례로 이야기를 진행하는 것이 좋을 것이다.

    1. 주석학과 역사

    2. 복음과 역사

    3. 역사는 어떻게 하는 것인가

1. 주석학과 역사

예수의 역사에 관해서 실제로 작업을 하는 사람은 누군가? 신약성경의 주석학자가 아닌가? 물론 그렇다. 그러나 이상하게도 사람들은 오랫동안 이 당연한 역할을 인정하려 하지 않았다. 얼마 전까지만 해도 몇몇 신학자들은 성경의 분야에 대해서 역사적인 문제를 제기한다는 그 사실 자체를 천부당만부당한 것으로 생각했다. 이 문서들은 하느님의 영감을 받아 기록된 것인 만큼, 다른 모든 분야에서와 마찬가지로 역사 문제에 대해서도 사실과 완전하게 일치한다고 생각했던 것이다. 따라서 거룩한 문헌을 역사적으로 검토하고 연구한다는 사실 역시, 역사가가 그 학문의 대상을 연구하자면 어쩔 수 없이 그 대상에 대해서 어떤 거리를 취하게 마련인 까닭에 의혹을 불러일으키기에 안성맞춤이었고, 계시된 본문과 비판적인 안목 사이에 어떤 허방을 파 놓는 것 같았다. 그러나 그동안 시대도 바뀌었고 신앙의 확고한 단정과 역사의 분야를 혼동하는 일은 드물어졌다. 특히 제2차 세계대전 이래 역사(학)는 종교와 관련되는 모든 학문에 당당하게 등장할 수 있게 되었으며, 그 결과 전망에서나 사고방식에서나 상당한 변화를 가져다주었다. 그럼에도 아직 상당수의 주석학자들이 의혹을 벗어나지 못하고 있다. 그 이유는 사람들이 주석학자들에게 흔히 요구하는 것, 그것도 매우 힘주어 요구하는 것은 성경, 그중에서도 복음서들의 역사적 진리를 증명하라는 것인데, 주석학자들의 답은 이러한 요청과 기대에 어쩔 수 없이 다소 '어긋날' 수밖에 없기 때문이다. 사실 작업을 하다 보면 함정도 많고 그래서 신중에 신중을 기한다는 주석학자도 구체적으로 복음서의 그 어느 대목의 역사적인 성격을 신축성 있게 이야기하다 보면, 아무래도 이른바 '약한 사람들이 거기서 받을 수 있는 충격과 빈축'을 피하기가 매우 어려워진다. 그러니 차라리 잠자코 가만히 있는 편이 훨씬 나을 법하기도 하다. 특히 자신들과는 역사가 별로 상관없다고 생각하는 사람들이 대부분인 가톨릭계에서는 더욱 그렇다고 할 것이다. 그런데 이와 같은 현상은 앞으로도 계속해서 확대될 공산이 크다. 실상 우리는 옛날에 주석학자에게 주로 배당되었던 역할이 오늘에 와서는 다른 학자들에게까지 확산되고 있는 현실을 목격하고 있다. 전통적으로 성경 주석학의 분야에 오랫동안 통합되어 있었던 여러 가지 특수 학문들이 지금은 하나하나의 독립된 특수 전문 분야로 떨어져 나가고 있는 실정이다. 가령, 자료 고증학자들, 본문 비판학자들, 언어학자들, 기호론이나 의미론의 전문가들은 점점 더 하나의 독립된 전문가들로서의 집단으로 탈바꿈하고 있는 형편이다. 물론 각자는 나름대로 역사 문제를 둘러싼 토론에서 하고 싶은 말이 있을 것이다. 그러나 동시에 본격적인 의미의 '역사학적' 전망을 놓치는 경우도 드물지 않다. 이제 간략하게나마 이 각 전문 분야 간의 차이를 이들이 역사와 가지는 관계라는 측면에서 짚어 보기로 하자. 그 밖의 다른

문제들에 대해서는 신약 성경에 대한 최근의 입문서들을 참고할 것을 독자들에게 권하고 싶다.[2]

1) 자료 수집

엄격하게 말해서 자료를 수집하는 전문가는 역사 문제에 대해서 판단을 내려서는 안 된다. 그럼에도 자료를 수집한다는 일 자체 때문에도 어쩔 수 없이 제기되는 질문이 한둘이 아니다. 실태를 요약해 보자. 신약 성경의 배경, 즉 기원후 1세기의 문화와 역사의 전반적인 맥락에 대한 우리의 인식 또는 지식은 수많은 고고학의 발굴 덕분에 최근 몇 십 년 동안에 괄목할 만한 진보를 한 것은 분명한 사실이다. 굳이 이 자리에서 회상할 필요도 없겠지만, 쿰란 발굴과 그 밖의 팔레스티나 땅에서 지속적으로 발굴해 낸 고고학의 실적은 실로 눈부시게 엄청나다고 할 것이다. 몇 가지 구체적인 사례를 예로 들어 보기로 하자. 예루살렘 성전 터를 중심으로 한 최근의 고고학적 발굴들, 요한 복음서 5장 2절이 말하는 벳자타 못은 성녀 안나 성당의 경내에서 발견된 일종의 수영장으로 확인된 일, 또 1968년에 기브앝 하―미르타브의 동굴 묘혈에서 발견된 어느 십자가형 사형수의 유골로 기원후 70년경 이전에 십자가의 처형이 어떻게 진행되었는지를 비교적 정확하게 알게 된 일 따위다.

그러나 정작 예수 자신의 사건에 대해서는 그동안의 고증 자료에 큰 변화가 없었다. 그에 관한 일차적인 문헌 자료는 여전히 신약 성경이다. 기원후 50년에서 60년 사이에 쓰인 바오로의 기록들, 그 다음이 복음서들인데 그중에 마르코는 70년 전후에 집필된 것이다. 그 밖의 다른 자료들은 유다계나 이방계, 그리고 그리스도교 계통이기는 하지만 이른바 '외경'으로 분류되는 문헌 자료들은 양적으로도 얼마 안 되고 그 중요성도 제한된 것이다.

그래도 본시오 빌라도 치하에서 예수가 죽었다는 사실과 관련해서 몇 가지 세부적인 사실을 이 자리에서 회상하는 것이 좋겠다. 1961년에 사람들은 카이사리아의 옛 노천극장에서 비명碑銘을 하나 발견했는데 거기에는 "본시오 빌라도, 유다의 지사praefectus"라는 이름이 적혀 있었다. 'procurator'(본래의 뜻은 '재산 관리인')이라는 직함은 'praefectus'('지사知事'라고 번역할 수 있겠다.)와 결국은 같은 직위를 가리키는 것인데, 이 직함은 기원후 41년 이후 그러니까 클라우디우스 황제 때에 비로소 공식적으로 사용된다. 따라서 본시오 빌라도의 직함을 이제부터는 'praefectus'라고 고쳐 불러야 할 것이다. 타치투스Tacite 같은 사람도 이 점에서만은 시대착오를 범한 셈이다.[3] 내친김에 이 타치투스가 기원후 116~117년경에 기록한 한 대목을 이 자리에 인용해 보자. "(그리스도인들이라는) 이 이름의 발상이 된 장본인 곧 그리스도는 티베리우스 치세 때 본시오 빌라도에게 처형당했다."(《연대기Annales》 15,44,3)

예수와 관련된 더 오랜 증언의 하나는 유다인 역사가 플라비우스 요세푸스Flavius Josèphe의 책《유다 고대사Antiquités Judaïques》에 나 온다. 이는 기원후 95년경의 것이다. 그는 야고보, 곧 주님의 친족으로서 기원후 62년에 처형당한 야고보의 순교를 다음과 같이 전한다. "(대사제인) 아나니아는 판관들의 모임을 소집하여 그리스도라고 하는 예수의 형제 야고보와 그 밖의 다른 몇몇 사람들을 끌어내서 율법을 어겼다는 이유로 그들을 고발하여 돌로 쳐 죽이도록 넘겨주었다."(《유다 고대사》 20,200) 이보다 더 앞에 있는 대목에서는 예수의 죽음을 회상하고 있는데(《유다 고대사》 18,63-64), 에우세비우스Eusèbe의 《교회사Histoire Ecclésiastique》에도 인용되어 나오는 이 대목의 본문은 짐작컨대 그리스도인들의 손에 의해서 개작된 것으로 보인다. 아무튼 그 대목을 그대로 번역해서 소개한다.

그 무렵 예수라는 지혜로운 사람이 나타났다. 그를 정말로 사람이라고 불러야 하는지는 알 수 없는 일이다. 그 이유는, 그는 놀라운 일들을 하는 장본인이었을 뿐 아니라 진리를 기꺼이 받아들이는 이들의 스승이기도 했던 것이다. 많은 유다인들과 또한 많은 그리스 사람들이 그에게 모여들었다. 그는 그리스도였다. 그런데 우리 중의 으뜸가는 사람들이 그를 고발하자 빌라도는 그를 십자가에 못 박아 처형하였다. 그러나 그전부터 그를 사랑하던 사람들은 없어지지 않았다. 그 까닭은 그분이 다시 살아나서 그들에게 3일째 되는 날에 나타나신 것이다. 하느님의 예언자들은 그분을 두고 이런 일들뿐 아니라 그 밖의 다른 수많은 놀라운 일들을 미리 말해 주었던 것이다. 지금까지도 그리스도인들—이들은 그분 때문에 이렇게 불린다.—의 집단은 사라지지 않고 있다.

그런데 오리게네스Origenes에 따르면, 요세푸스는 예수가 메시아라는 것을 믿지 않았다. 그렇다면 그런 그가 어떻게 "그를 정말로 사람이라고 불러야 할지 알 수 없다."느니 또는 "그는 그리스도였다."느니 하는 말을 쓸 수 있었는지 이해할 수 없게 된다. 그러나 최근에 셜로모 피네스Shlomo Pines 교수, 그리고 여기에 동조하는 뒤바를르A.-M. Dubarle 신부가 이른바 '플라비우스의 증언'을 좀 더 짧게 전하는 10세기의 사본을 발견하여 학계의 주목을 끌고 있다. 시리아의 히에라폴리스의 멜키트파 주교 아가피우스가 전하는 이 이본異本은 12세기의 시리아 사람 미카엘의 《연대기Chronique》라는 책에도 수록되어 있는데 그 내용은 다음과 같다. "이 무렵 예수라는 지혜로운 사람이 있었는데 그 행실이 착했다. 그 덕망도 모두 인정하는 터였다. 그리고 많은 유다인들과 그 밖의 다른 이방인들이 그의 제자가 되었다. 그런데 빌라도가 그를 정죄하여 십자가에 매달아 죽게 하였다. 그러나 그의 제자가 된 사람들이 그의 교리를 설파하였다. 그들이 말하는 바로는, 그가 부활하여 사흘 만에 자기들에게 나타났으며 살아 있다는 것이었다. 어쩌면 그는 메시아일는지도 모르겠다. (다른 번역: 그는 메시아로 생각되었다.) 그분을 두고 예언자들은 여러 가지 놀라운 일들을 미리 말했다." 이 본문에는 그리스도인들의 가필이라고 할 만한 것이 보이지 않는다. 그러니 이 대목은 예수에 대해서 어느 정도의 호감을 가지고 있으면서도 의심을 떨치지 못했던 요세푸스 자신의 증언을 전해 준다고 보아도 무방할 것이다. 그러나 그 내용으로 보아 요세푸스의 이 증언 역시 기원후 1세기 말경의 그리스도교 집단들 가운데서 떠돌던 소문을 이 유다인 역사가가 전해 주는 것에 지나지 않는다고 생각된다. 증언 자체는 매우 간소한 편이고, 또 그 저자 역시 로마인들을 상대로 글을 쓸 때면 으레 기원후 70년의 유다 전쟁 이전에 있었던 이른바 메시아 운동들에 대해서는 일체 언급을 회피하는 편이기 때문에 예수에 대해서도 그는 얼마든지 침묵을 지킬 수도 있었을 것이다. 그가 힐렐Hillel이나 요하난 벤 자카이Johanan ben Zakkaï 같은 유명한 율법 학자들에 대해서도 일체 언급을 회피했던 것처럼 말이다.[5]

지금까지 말한 것 외에는 수에토니우스Suétone의 《클라우디우스 황제 전기 Vie de Claude》 25,4에서 전하는 아리송한 한 구절밖에 별로 덧붙일 만한 것이 없다. "클라우디우스는 유다인들을 로마에서 내쫓았다. 그들이 어떤 크레스토스라는 작자의 선동으로 끊임없이 소요를 일으키기 때문이었다." 한 가지 더 들 수 있는 것은 소小 플리니우스가 트라야누스 황제에게 보낸 편지뿐이다(기원후 110년 이후). 그의 보고에 따르면, 그리스도인들은 정한 날에 모여서 "그리스도가 마치 하느님인 양 성가를 부르며 공경한다."라는 것이다 (《서간집Lettres》 10,96). 지금까지 우리가 모을 수 있었던 예수에 관한 자료는 한마디로 매우 빈약하다.[6] 일반적으로 역사가들에게 제기되는 문제 중의 하나는 수집된 상당량의 자료들에 대해 어떻게 접근하며 통제할 것이냐이다. 실상 역사가의 작업의 풍부한 결실은 이러한 자료의 다양성에서 온다. 그런데 우리의 경우는 오히려 그 반대다. 먼저 신약 성경이라는 경전의 문헌들을 제외한다면 자료는 오히려 드문 편인데다가, 이 경전 문헌들이라는 것도 그것들을 수집한 사람들의 공동 신앙이라는 도가니 속에 일단 흘러들어 간 것들이다. 형편이 이렇다면 오히려 우리의 경우 일체의 역사적인 연구 조사를 아예 단념하는 도리밖에 없을 것만 같다. 사실 증언이 하나밖에 없는 터에 무슨 역사를 할 수 있다는 말인가? 그러나 비록 증언이 하나밖에 없어 보일지라도 역사 비판적인 연구 방법을 잘 써 보면 우리의 복음서 본문에서도 다행히 여러 가지 단층과 편차들을 식별할 수 있다. 그래서 우리는 주의만 잘 기울인다면 얼마든지 계속 전진할 수 있는 것이다.

이와 같이 예수에 대한 우리의 인식은 결국 대부분 그리스도교 계통의 문헌들에 의존하는 도리밖에 없다. 그런데 이 문헌들이 파스카 신앙에 잔뜩 물들어 있다는 데에 문제가 있다. 물론 이 문제는 이미 잘 알려져 있는 터다. 우리는 어떻게 하면 골고타의 사건 이전의 나자렛 예수를 알아볼 수 있을까? 신약 성경이라고 하는 문헌은 믿는 이들의 첫 공동체들이 만들어 낸 것이다. 그 목적도 주로 이들 공동체에 이바지하자는 것이다. 그렇다면 우리는 어떻게 하면 파스카 이전의 예수를 정확하게 그려 주는 상을 제공받을 수 있는가? 잠시 뒤에 우리는 이 문제의 해결을 위해 역사가들이 그동안에 기울인 노력과 얼마만큼의 효과적인 성과를 거둘 가능성이 있는지에 대해서 언급할 기회가 있을 것이다. 다시 한 번 말해 두지만, 우리는 자료의 특수한 성격을 결코 잊어서는 안 된다. 즉, 믿는 사람이든 믿지 않는 사람이든, 그리고 예수 부활의 성격을 무엇으로 생각하든 간에 우리가 신약 성경을 검토할 때에는 파스카 사건을 도외시할 수 없다는 것을 한시도 잊어서는 안 된다. 사실 이 점은 별로 이상할 것도 없다. 예수보다야 훨씬 못하지만 한 가지 예를 들어 보자. 《세인트 헬레나 섬의 회고록 *Mémorial de Sainte-Hélène*》이라는 책을 읽을 때 우리는 사실 그 저자인 라스 카즈Las Cases조차 이미 황제(나폴레옹 1세-역주)의 전설에 깊이 물들어 있었다는 것을 깡그리 잊을 수는 없을 것이다. 마찬가지로, 아니 이보다는 비교도 안 될 정도로 신약 성경의 역사학도는 바로 이 신약 성경의 전반을 꿰뚫고 있는 파스카 신앙의 자취를 그의 연구 대상에 오르는 자료에서 완전히 분리하거나 제거할 수는 없는 노릇이다. 어쨌든 신약 성경이라는 자료를 제대로 검토하자면, 이 자료를 담고 있는 필사본의 전승 가치를 먼저 알아보아야 할 것이다.

2) 본문 비판학자

본문 비판의 전문가는 그리스어 원문판은 물론이고 그 밖의 다른 수많은 번역본판에 좀 더 견실한 본문을 제공하기 위하여 해결해야 할 문제를 많이 안고 있다. 본문 비판학자는 먼저 신약 성경의 구구절절에 이본이 있을 때마다 이를 세심하게 수집해야 한다 (현재까지 확인된 이본 구절은 약 이십만 개에 달한다. 그러나 내용상으로는 대부분이 별로 중요하지 않은 것들이다). 그러자면 지금까지 우리 손에 들어와 있는 필사본들을 하나하나 살펴보아야 하고, 그런 다음 외적으로나 내적으로 비판을 해서 상당한 근거를 가진 '훌륭한 본문'이라고 생각되는 것을 제시해야 할 것이다. 그러나 자기가 제안하는 판본에는 반드시 다른 중요한 '이본들'을 본문 비판 자료란에 함께 제공해야 한다. 그렇게 함으로써 그는 독자에게 다음 사실을 지속적으로 일깨워 주는 것이다. 곧, 성경의 본문은 사마리아인들이 믿고 있는 바와 같은 모세 오경처럼 또는 이슬람 전통에서 믿고 있는 바와 같은 코란처럼 하늘에서 곧바로 내려온 것이 아니라는 사실을 말이다. 하물며 번역 성경의 본문은 더 말할 것도 없다. 성경의 본문이란, 적어도 그 일부는 본문 비판학자의 독창적인 선택과 그가 선택한 본문을 받아들이는 독자 자신의 선택에서 이루어진다고 말할 수 있을 것이다. 이러한 선택이 유효한 것일 수 있으려면, 그 근거를 엄격하게 확인하고 이를 본문 확립에 필요한 객관적인 기초로 삼아야 할 것이다.

　필사본 연구의 학계 현황을 감안하면서 사람들이 신약 성경의 본문을 확립하는 데 근거로 삼는 필사본들을 소개하자면 파피루스 단편으로 된 것들이 81개로서, 그 연대는 기원후 2세기에서 4세기에 이른다. 그리고 4세기에서 9세기에 이르는 대문자 그리스어 필사본들이 270개, 마지막으로 9세기에서 15세기에 이르는 소문자 필사본들은 약 2,700개에 이른다. 그 밖에 수많은 번역어 필사본들과 독서용 성경 필사본들이 있음은 더 말할 나위 없으며, 개중에는 매우 오래된 것들도 꽤 많이 있다. 이 정도 자료라면 상당한 양에 달한다고 말할 수 있을 것이다. 본문 비판학자는 이 자료에 힘입어 신약 성경의 경전 본문의 역사를 다시 써 보려는 것이다. 그러나 그의 야심에는 한계가 엄연하다. 그가 확립할 수 있는 본문의 상태는 기원후 2세기 전반기 이전으로 소급할 수 없기 때문이다. 그래도 그의 기초가 든든하기 때문에 틀림없이 이른바 최초의 원전 또는 최초의 본문을 지적할 수 있는 확률이 꽤 높다고 할 수 있다. 이러한 실정은 고문헌과 관련되는 다른 분야와 비교해 볼 때 오히려 매우 다행한 경우라고 보아야 한다. 가령 베르길리우스의 책은 그의 사본들과 무려 4세기라는 시간적인 간격이 있으며, 유명한 플라톤의 경우는 13세기, 그리고 유리피데스의 경우는 무려 16세기라는 간격이 있다. 신약 성경의 경우는 여기에 비하면 그 간격이 아무것도 아니라고 볼 수 있으며, 필사본 발견에는 이따금 어떤 유머 같은 것도 없지 않다. 가령 현재 파피루스 필사본 단편 중 가장 오랜 것으로 지목되는 이른바 파피루스 〈라일랜즈Rylands〉(52쪽)는 기원후 150년경에 쓰인 것인데, 거기에 적혀 있는 본문은 신약 성경 중에서 가장 나중에 집필되었다고 보는 요한 복음서의 한 구절이라는 사실이다. 실상 요한 복음서는 기원후 1세기 말에 최종적인 편집이 끝났을 것으로 생각되기 때문이다.

그러면서도 훌륭한 필사본들이 이렇게 많이 남아 있다는 사실은 그 사실 자체만으로도 벌써 하나의 놀라운 역사적인 문제를 제기한다. 이렇듯 수많은 필사본들의 존재는 신약 성경이 지중해 연안에서 널리 보급되었다는 것을 의미하는데, 어떻게 그럴 수 있었으며 그러면서도 동시에 지역에 따라 이본들이 없는 것은 아니지만 대체로는 신약 성경의 본문들을 어떻게 그렇게 충실하게 전해 줄 수 있었느냐는 것이다. 여하튼 역사학도로서 작업을 하기 위한 문헌의 기초가 든든한 것만은 의심할 나위가 없다. 그래서 실제로 필사본이 제공하는 자료들을 구체적으로 다루는 본문 비판의 전문가들은 오히려 역사 문제에 대해서 긍정적인 태도를 취하는 경우가 많다. 그들의 그러한 태도는 충분히 취하고도 남음이 있다. 다만 이 경우에도 언제나 필사본 전승의 충실성과 그 문헌 내용의 역사적 가치를 혼동해서는 안 될 것이다. 다른 한편, 위에서 말한 여러 가지 이본들은 역사 문제의 해결에 장애가 되기는커녕, 오히려 새로운 가능성을 많이 제공한다고 보아야 할 것이다. 이 이본들은 필사본들 간에 이러한 이본들이 생겨나게 된 당시의 실정을 반영하고 있을 뿐 아니라, 때에 따라서는 역사적으로 보아 매우 값진 자료나 정보를 제공하기 때문이다.[7]

3) 언어학자

하나의 역사적인 문헌이란 동시에 하나의 문학적인 본문이기도 하다. 글로 쓰인 본문인 이상 언어학자가 여기에 무관할 수가 없다. 그의 연구 기여는 신약 성경의 역사학자에게 매우 중요하다. 그 까닭은, 신약 성경에 나오는 여러 가지 언어학적 자료들을 시간과 공간 안에 자리매김해 줄 수 있기 때문이다. 지금부터 족히 1세기는 되겠지만, 그때 이래 사람들은 많은 고문헌들을 발견한 데 이어 그 여세를 몰아 기원후 1세기 초에 쓰던 헬라 시대의 그리스어에 대한 우리의 인식을 크게 넓힐 수 있게 하였다. 그러나 언어학자는 신약 성경을 대하면서 자신이 해야 할 일이 심심찮게 복잡하다는 사실을 깨닫게 된다. 그도 그럴 것이 그는 이른바 '코이네koine'로 불리는 기원후 1세기의 구어체 그리스어를 완전히 터득해야 할 뿐 아니라, 유다인들의 해외 이산 공동체, 그리고 팔레스티나에서도 유다인들과 그리스도교 공동체들이 사용한 이상한 그리스어, 곧 셈족계 언어에 물든 그리스어도 식별할 줄 알아야 하기 때문이다. 거기에다 그는 기원후 1세기의 아람어도 알아야 한다. 그 이유는 복음서들에 전해진 몇몇 '로기아logia'(=말씀들)는 헬라 계통의 공동체에서 그리스어로 번역되기 이전에 처음에 이 아람어로 지어졌다고 보이기 때문이다. 불행히도 이 모든 점에 대해서 우리는 아직도 잘 모르는 것들이 너무 많다. 우리는 솔직히 말해서 1세기 팔레스티나에서 사용되던 아람어가 어떤 유형(들)의 것인지도 잘 모르는 형편이다. 그것은 혹시 우리가 이 언어로 쓰인 쿰란의 고문헌들에서 볼 수 있는 바와 같은 약간 고풍체의 아람어인가? 가령 창세기 외경(1Q Gen Ap)에서 읽어 볼 수 있는 그런 아람어였을까? 아니면, 특히 기원후 2세기 이후부터 알려져 있는 팔레스티나의 타르굼과 같은 좀 더 발전된 아람어였을까?[8] 이 밖에 또 우리는 경전의 본문 일부를 과연 어느 정도까지 아람어로 역번역할 수 있으며, 과연 꼭 그렇게 번역해야만 하는지도 의문이 아닐 수 없다. 실상, 이 무렵에 팔레스티나에서 그리스어가 사용된 범위는 가령 예루살렘의 헬라계 집단까지를 포함해서 상당히 광범했다고 생각되기 때문이다(사도 6,1).[9] 일반적인 견해에 따르면, 마르코 복음서를 비롯하여 복음서들은 처음부터 직접 그리스어로 쓰였을 것으로 믿어지며, 그 독자들도 주로 이산 공동체의 그리스도교 공동체 신자들이었다. 그렇지만 상당수의 '로기아'는 셈족어의 특징을 아직도 지니고 있기 때문에, 그 원산지인 아람어계의 유다계 그리스도교 공동체까지 거슬러 올라가서 알아볼 수가 있다. 이런 로기아에는 몇몇 아람어 표현들이 보존되어 있을 뿐 아니라(마르 5,41의 '탈리타 쿰';

14,36; 15,34), 아람어 특유의 어법들과 팔레스티나의 구비 문학 특유의 구문법들도 있다. 몇 가지 예를 들어 보자. 먼저 놀랍기는 하지만 다행스러운 예라고 하겠다. 수년 전까지만 해도 최후의 만찬사에 나오는 말씀의 이상한 구문을 도저히 설명할 길이 없었다. 다름이 아니라 "이는 내 계약의 피다."라는 말씀은 그리스어도 아니고 그렇다고 셈족어도 아닌 표현이었기 때문이다. 그런데 디에스 마초A. Díez Macho는 팔레스티나 타르굼을 주의 깊게 연구한 끝에 아람어에 이와 비슷한 구문 사례가 있다는 것을 밝혀내는 데 성공하였다.[10] 이와 같은 사례는 특히 복음서의 '로기아'에서 얼마든지 더 찾아볼 수 있을 것이다. 실상 이 로기아 중에는 그 운율도 완벽하고, 가령 대구법과 같은 '구어체의 기교'들을 십분 이용한 사례들이 없지 않기 때문이다(마태 10,24; 16,19).[11] 또 한 가지 사례는 팔레스티나의 관례를 따라 하느님의 이름을 발음하기를 회피하였으므로 그 대신 여러 가지 다른 표현들을 고안해 낸 경우를 들 수 있다. (그래서 가령, 야훼 대신 '하늘들', '이름', '권능' 따위의 표현을 사용했다.) 또한 하느님의 이름을 직접 대지 않으면서도 그분을 가리키기 위해 동사의 형태를 수동태로 놓는 수법도 여기에 해당한다(마태 5,4: 행복합니다, 슬퍼하는 사람들. '그들은 위로를 받을 것입니다.'=하느님께서 그들을 위로하실 것입니다).[12] 한마디로 상당수의 '로기아'는 그 표현으로 보아 팔레스티나 흙냄새를 물씬 풍기고 있다고 할 수 있으며, 이 냄새는 그곳만의 것이기도 하다.

논란의 여지가 없는 이런 자료를 놓고 어떤 학자들—그중에 예레미아스J. Jeremias가 대표적이다.—은 즉시 여기에서 결론하기를, 이런 '로기아'는 그 판에 박힌 특징으로 보아 파스카 이전의 예수에게까지 직접 소급한다고 하였다. 그래서 그들은 이 '로기아'를 그들 나름대로 아람어로 역번역해서 주님께서 몸소 발설하신 말씀들이라 하여 이를 주님의 'ipsissima verba'(=예수께서 친히 발설하신 말씀들)라고 일컫고 있지만 위에서 말한 불확실성이 아주 없어진 것은 물론 아니다. 이들보다는 좀 덜 현명한 다른 학자들은 특히 복음서 어디서나 이런 셈족어 특유의 어법과 표현들이 발견된다고 믿고 여기에 심취한 나머지 복음서 전체를 아람어나 히브리어로 역번역할 수 있다고 공상하기도 한다.[13] 이렇게 되면 역사적 문제가 이미 다 해결된 듯이 보이지만 실제로는 그렇게 위장되었을 뿐이다. 만에 하나라도 기원후 30년경, 그러니까 파스카 직후에 집필된 아람어나 히브리어로 된 복음서를 그 무슨 경이적인 발굴로 찾아냈다고 하더라도 이 문제는 조금도 변함없이 여전히 남아 있을 것이다. 그러나 역시 언어학의 연구는 복음서 내에서 그리스어, 셈족어 풍의 그리스어, 그리고 아람어권에 속하는 각이한 전승층들을 가려냄으로써 해당하는 각각의 그리스도교 공동체의 역사를 좀 더 정확하게 파악할 수 있게 할 것이다. 나아가 바로 이 공동체들이 각자의 전승을 통해서 제시하고 있는 나자렛 사람 예수의 모습을 좀 더 잘 식별할 수 있게 해 줄 것이다. 달리 말해, 언어학자의 노력으로 우리는 문헌 자료의 일부를 전승층별로 구별할 수 있다. 그래서 가령 어떤 일정한 자료 무더기를 아람어권에 귀속시킬 수 있는 것이다. 그러나 이렇게 수집된 자료들을 최초의 사건이라는 그 유일의 특이성에 직접 가져다 붙일 수는 없을 것이다. 그렇다고 또 그 어법이 훨씬 더 헬라적이라는 이유만으로 어떤 요소들을 처음부터 제쳐 놓아서도 안 된다. 때와 장소에 따라 번안도 필요하고 문맥을 바꿔 놓는 일도 없지 않겠으나, 그렇다고 '역사' 자체가 그 다음 세대에 전달되지 못하리라는 법은 없기 때문이다.

4) 언어학과 기호론

몇 년 전까지만 해도 주석학자들은 역사 문제를 정확하게 파악하고 이를 해결하려 할 때, 현실적이든 가상적이든 그들이 생각하는 문헌의 역사라는 프리즘을 통하여 그들이 읽는 본문들을 분석하면 단번에 소기의 성과를 거둘 수 있으리라고 생각했다. 그러니까 이런 접근 방법은 이를테면 직접적인 의미의 통시적通時的, diachronique 접근 방법이라고 하겠다. 이런 방법에서 주석학의 작업은 현재와 같은 복음서가 최종적으로 편집되기 이전에 있었던 구전이나 문헌 전승의 가장 오래된 층을 먼저 가려내는 것이었다. 그래서 사람들은 복음서 문헌의 가장 원초적인 실태를 발견해 내기만 하면 곧바로 이른바 역사라는 것을 손에 넣을 수 있다고 생각했는데, 생각치고는 순진했다고 하겠다. 심지어 사람들은 본문들을 현재의 문면 그대로 먼저 읽어야 한다는 기본적인 요청마저 잊게 되기도 하고, 읽어도 그 본문을 태어나게 한 문헌의 역사를 통해서만 읽으려 했다. 이런 추세는 역사 서술이라는 작업을 위해서도 당연히 시정되어야 했다. 사실 역사 서술은 어떤 본문의 문헌사 연구에만 국한되지 않기 때문이다. 그러기에 주석자는 먼저 어떤 본문을 그 '공시적共時的, synchronique' 수준에서 정확하게 읽어야 한다. 달리 말해, 그 본문의 '발생사적' 전 단계를 겨냥하지 말고 그에 앞서 그 본문 자체를 한정해서 정확하게 기술하면서 공부해야 한다. 그 이유는 적어도 다음과 같다. 일체의 문헌 또는 문학 작품이란 그것이 문서든, 편지든, 또는 소설이든 그것이 편찬되었던 그 시대에 대한 하나의 역사적인 기록이기 때문이다. 이와 같이 하나의 복음서라는 것도 여러 가지 '생산 조건들'이 교차하는 가운데 이 복음서를 태어나게 한 파스카 이후의 그리스도교 공동체들을 알아보기 위해서 매우 소중한 역사적인 증언이기도 하다. 그리고 역사가도 자기 자신의 역사와 이 역사적 증언을 출발점으로 해서만 '역사를 할 수' 있는 것이다.

따라서 역사가는 먼저 본문을 본문 그 자체의 수준에서 읽어야 한다. 아울러 그는 ─ 요즈음 유행하는 말을 빌린다면 ─ 이 본문의 '복수적復數的' 의미를, 따라서 언제나 새로운 의미를 터져 나오게 하는 이른바 '기표들記表, signifiants'의 사슬에 사로잡힐 줄 알아야 하고 거기에 말려들어 갈 줄 알아야 한다. 그래서 가령, 설화적 기호론의 노선을 따라 언어 현상을 연구해 보면, 역사가는 이른바 '의미 생산 및 의미 순환'의 외적 조건을 전혀 문제시하지 않으면서도 그 내적인 조건들을 식별할 수 있는 것이다. 이 점에 있어서 기호론에 대한 일부의 비난은 부당하다. 즉, 기호론 때문에 역사학적 방법이 쓸모없게 되었다고 생각한다면 그것은 큰 오산이 아닐 수 없다. 사정은 전혀 다르다. 오히려 역사가는 기호론의 전문가가 문헌 저 너머로 시선을 돌려 이른바 '지시적 착각指示的 錯覺, illusion referentielle'에 빠지지 않도록 경계해야 한다. 또 한 가지 역사가가 경계해야 할 것은 기호론의 전문 학자가 자신의 연구 과정 곧 의미 순환의 통로를 검증하는 과정에서 슬그머니 어떤 해석학적 행위를 임의로 하는 일이 없도록 하는 것이다. 이러한 부당 행위는 언제 일어나는가? 그가 만일 역사란 독자 자신이 자신의 판독 행위를 통해서 몸소 구축하는 역사 외에는 다른 역사가 없다고 선언하면서 역사학적인 시각視角 자체를 조직적으로 거부한다면, 이런 기호론자는 자신의 분수를 넘어 하나의 해석학적인 판단을 내리고 있다고 보아야 할 것이다. 또는 그가 의미 생산의 어떤 과정만을 특별히 비호한다든지 본문을 판독하는 데 어떤 방법만을 써야 한다고 주장하면서 이를 합리화하기 위한 명목으로 이른바 학술성이라는 것을 내세운다면, 이런 터무니없는 주장은 이 기호론자를 성경 분야에서 역사가들이 가장 금기시하는 공적公敵 제1호인 '근본주의자'로 만들어 버리고 말 것이다.

　물론 성경 본문의 흐름을 따라 그 안에 들어간다는 것, 그것은 참으로 우리 자신의 역사를 구축한다는 것과 같은 뜻이다. 그것은 언제나 우리 앞에 하나의 과제로 놓여 있는 역사다. 그럼에도 지금 한창 '구성 중에 있는' 우리의 역사에는 한 가지 꼭 필요한 것이 있다. 곧 역사가가 과거를 회고적으로 연구하는 동안 거기서 길어 낸 하나의 비판적인 기준 또는 권위라는 것인데, 이는 우리가 꾸미는 역사를 절대화하지 않기 위해서 반드시 필요한 것이다. 그렇다고 이른바 역사에 호소하여 현재 자신이 선택한 신앙을 정당화하기 위하여 찾아가 보아야 할 (최초의) '지시물指示物'이라고 하는 신화에 무릎을 꿇자는 이야기는 아니다. 역사가로 말하면, 기원후 1세기라는 그의 역사 연구의 분야라고 해서 특별히 거기에 남다른 가치나 의미를 부여해야 할 이유가 없다. 그러나 신학자는 물론 다르다. 이 시대는 그가 맨 먼저 찾아가 보아야 할 특전적인 시대이기 때문이다. 그러니 그 무엇이건 그것을 정당화하기 위해서라면 역사에 호소할 수 없으면서도 역사를 하지 않을 수도 없는 것이 우리의 처지이고 보면, 우리 같은 사람은 참으로 불행하다고나 할까…….

　이와 같은 함정들을 일단 제거하고 난 다음에, 역사가는 자기 나름대로 기호론적인 이론 구축을 위해서 이바지할 수 있다. 가령 그는 어떤 한 무더기의 문학 작품들의 집합체를 동일한 역사적 분야에 속하는 것으로 한계 지어 줌으로써 기호론자의 연구를 촉진해 줄 수 있다. 또 역사가는 여러 가지 판독 부호 체계와 그 역사적인 변천들을 평가하는 데 해 줄 말이 있을 것이다. 다른 한편, 기존하는 형태의 어떤 문학적인 편집물 안에서 기호론이 여러 가지 공시적인 단층들을 알아내 준다면 역사가는 여기에 즉시 관심을 가질 수 있을 것이다. 마찬가지로 '설화 구조'의 어떤 일정한 유형이 어떻게 생성되었는지의 문제는 이른바 문학 유형에 관한 고전적인 문제를 다시 불러일으키기 때문에 역사가는 자신의 작업에 그 결과를 반영시키지 않을 수 없을 것이다. 이 모든 것은 결국 역사가가 언어에 대한 현대 학계의 연구와 접촉할 때 얼마나 풍성한 가외 소득을 거둘 수 있는지를 잘 말해 주고 있다. 그리고 다음과 같은 기본적인 진리는 새삼스레 말할 필요조차 없을 것이다. '언어 외적'인 현상과 의미 생산의 외적인 조건들에 대한 진술 역시 어디까지나 하나의 언어학적인 진술이라는 사실을 두고 하는 말이다. 역사적인 진술 역시 마찬가지로 언어의 규칙에 매여 있게 마련이다. 그래서 자기의 역사적인 진술을 기호론적으로 분석한다는 것은 역사가 자신을 위해서도 '사람들의 정신을 식별해 주는' 가장 좋은 기회가 될 것이다. 사실 역사 문제에 대해서도 이 식별은 필요하다. 역사를 한다고 해서 언어학적으로 '추상된' 역사를 아무렇게나 할 수는 없는 노릇이기 때문이다.

5) 역사 비판적 성경 주석학

약 1세기 전부터, 특히 웰하우젠J. Wellhausen의 뒤를 이어, 다른 학문에서와 마찬가지로 성경 주석학에서도 이른바 발생학이라는 것이 맹위를 떨치게 되었다. 물론 거기에는 위에서 지적한 불편들이 따랐다. 그래서인지 요즈음에는 이른바 역사 비판적 성경 주석학에 반대하는 강력한 반발이 일고 있다. 이런 종류의 주석학이 특히 프랑스에서 반대를 받고 있다는 사실은 그 나름대로 재미있는 현상이 아닐 수 없다. 사실 프랑스에는 이 주석 방법이 한 번도 제대로 파고들어 가 본 적이 없는 나라들 중의 하나로서, 예외가 있다면 극소수의 몇몇 학자들밖에 없다(E. Trocmé, J. Schmitt, X. Léon Dufour, S. Légasse와 M. E. Boismard). 그렇지만 어떤 주어진 성경 본문에 대한 문학사적 연구는 역사 문제의 진전을 위하여 여전히 매우 중요한 것이다. 이 점을 밝히기에 앞서 먼저 이런 유형의 성경 주석학이 부딪치게 마련인 한계 하나를 지적하는 것이 좋겠다. 역사 비판적인 주석학자는 본문들을 읽고 그 안에서 역사를 알아보려는 데 부심한 나머지, 달리 말해 그 본문들에 깔려 있는 일련의 문학적인 단면들을 '통시적'으로 판독하여 역사를 알아내는 데 부심한 나머지, 흔히 어떤 본문의 문학사적 측면과 본격적 의미의 역사학 작업을 혼동한다. 그래서 마치 예수에 대한 하나의 역사학적 작업은 신약 성경이라는 경전의 본문들이 문학사적으로 어떻게 생겨나게 되었는지를 밝힐 수만 있으면 그것으로 모든 것이 다 해결되는 줄로 생각하는 것 같다. 그러나 이러한 생각은 어떤 본문을 구성하는 언어학적인 편집물에 대한 이런 발생학적인 연구가 기껏해야 그 같은 문학적인 작품 활동과 동시대적인 또는 그 이전의 상태에까지 올라갈 수 있을지는 몰라도 결코 '사건' 그 자체를 지적할 수는 없다는 점을 잊고 있는 소치다. 기호론자가 스스로 자신의 위치를 부인하지 않고서는 결코 본문 그 자체를 벗어날 수 없듯이, 같은 이치로, 역사 비판적인 주석학자도 얽히고설킨 문학적인 상호 변천 가운데서 꼴을 갖추어 이루어진 본문만을 파악할 수 있을 뿐이다. 거기서부터 최초의 기원에까지 이르는 거리는 거의 무한대에 가깝다고 해도 과언이 아닐 것이다. 어떠한 본문이든지 거기에는 반드시 그에 앞선 본문 이전의 본문이 있는 법이다. 그리고 '최초l'originaire'라고 하는 것은 아무리 거기에 모든 가치들이 집합적으로 농축되어 있다고 하더라도 그것만을 연구하다 보면 현실적으로 주어져 있는 본문 그 자체를 가릴 수 있는 위험이 있다. 그리하여 본문이란 결국 주석학자가 아무리 복원하려고 애는 써 보지만 그렇게 쉽게 복원되지 않는 어느 '실낙원'의 창백한 반영에 지나지 않는 것처럼 생각할 수도 있는 것이다.

이와 같은 한계들을 일단 시인하고, 그러니까 최초라고 하는 것도 신화요, 문학사적인 발전의 이른바 지속성과 동질성이라는 것도 신화라고 인정해야 할지라도, 역사 비판적 주석학자는 여전히 역사 연구에 상당한 자료를 제공한다. 우리가 이 책에서 시도하는 계획의 범위 안에서는 그 자료가 무엇이며 얼마나 되는지 재고 정리를 할 자리가 못 되고, 다만 역사에 직접으로 관련되는 몇몇 자료들을 간략하게 소개하는 것으로 만족해야 할 것이다. 이 자료들은 역사 비판적 방법을 활용하는 여러 가지 분야 중에서 특히 원전 비판과 '양식사樣式史, Formgeschichte' 및 '전승사傳承史, Traditiongeschichte' 비판의 방법에서 얻을 수 있는 자료들이다.

(1) 원전 비판

원전 비판은 역사 비판적 주석학의 가장 중요한 버팀목 중의 하나다. 이 원전 비판으로 얻은 결과 또한 중요하며 역사 연구에 이바지한 몫도 상당하다. 이 자리에서는 일반적으로 인정받고 있는 세 가지 결론만을 다시 한 번 상기하기로 한다. ① 우리의 네 복음서 중에서 가장 오래된 것은 역시 마르코 복음서다. 따라서 일체의 문학적이며 역사학적인 연구는 기원후 70년경에 쓰인 이 이야기로부터 시작해야 할 것이다. ② 마태오와 루카는 서로 아무런 관련 없이 각자 독자적으로 집필하였다. 마르코, 루카, 마태오 세 복음서에 공통된 요소들을 포함하는 3중 전승의 범위 안에서 마태오와 루카 두 복음서의 일부분은 적어도 각기 그 정도는 다르지만 마르코에 종속한다. 달리 말해 마르코를 자료로 이용하였다. ③ 이른바 'Q'(=Quelle, 곧 '원천' 또는 '자료'라는 뜻의 독일어 낱말에서 따온 약자)라는 제2의 자료는 마태오와 루카에게만 공통되는 자료(이중 전승)의 기초를 이루고 있다. 이 자료 역시 기원후 70년 이전의 것이다. 물론 아직도 여러 가지 점에 대해서 논란이 계속되고 있다. 그래서 가령 마르코는 과연 마태오와 루카에 비해서 언제나 앞선다고 보아야 할 것인지, 아니면 상대적인 우선성만을 인정해 주어야 할 것인지를 따지고 있는 것이다. 달리 말해 삼중 전승에서 마르코는 마태오와 루카가 취재한 자료의 유일한 원천인지, 아니면 마르코를 넘어서서 그 이전 단계에 속하는 팔레스티나의 좀 더 오랜 어떤 자료를 상정해야 할 것인지, 아니면 마르코 이전의 어떤 교리서 같은 것이 있었다고 보아야 할 것인지를 따지고 있는 것이다.[14]

현재 학계의 토론은 마르코의 시간적인 우선성을 절대적으로 고수하는 학자들과 이와는 반대로 마태오의 우선성을 주장하는 학자들로 대별된다. 전자의 대표적 학자로는 나이링크F. Neirynck를, 후자를 대변하는 학자로는 파머W. R. Farmer를 들 수 있다. 필자로서는 '두 자료설'(마르코와 'Q')을 받아들인다. 조금 전에 살펴보았듯이, 이 이론은 복음서의 어떤 단락을 공부하는 데 방법론적으로 하나의 힘 있는 지렛대로 써도 무방할 것이다. 그러나 이 점에 있어서도 너무 지나치게 조직적으로 결론짓는 일은 삼가야 할 것이다. 왜냐하면 복음서들은 '교회의 문학적인 산물'들로 거기에 집적된 자료는 시대도 서로 다르고, 그 산출 배경도 여러 가지이기 때문이다. 그것은 어떤 주어진 교회, 가령 로마(마르코), 안티오키아(마태오), 그 밖의 다른 교회들의 구체적인 필요성에 따라 거기에 좀 더 잘 호응하자는 데 목적이 있었다. 그러니까 이 본문들은 그야말로 '살아 있는 본문들'이다. 문학사적으로 볼 때 마르코가 마태오와 루카에 비해서 시간적으로 앞선다고 하더라도, 그리고 마태오 또는 루카가 대체로 자기네 복음서를 일단은 마르코 복음서를 출발점으로 하여 집필했다 하더라도 그 과정 중에 마르코라는 '교회의 본문'을 다소간 손질하는 데는 아무런 지장이 되지 않았다. 한편 이와는 정반대로 마태오 또는 루카 역시 그들 나름대로 문학사적으로나 역사적으로나 마르코보다 더 오래된 전승들을 이따금씩 곁들여 넣을 수 있었다는 사실에 방해가 되는 것은 아무것도 없었다. 마르코-마태오-루카에 공통하는 이른바 삼중 전승에 속하는 요소들도 여기에서 예외가 아니다. 그러니 문제가 얼마나 복잡한지 금방 알아볼 수 있다. 원전 비판 방법을 너무 조직적으로 과용한다는 것은 때로 매우 위험할 수 있다는 사실이 여기에 드러난다. Q전승에서 예를 하나 들어 보겠다. 마태오 복음서 5장 3절("행복하여라, 마음이 가난한 사람들!")의 본문은 루카 복음서 6장 20절("행복하여라, 가난한 사람들!")에 비해서 문학적인 수준에서는 이차적인 것으로 드러난다. 루카가 암시하는 실질적인 가난 또는 사회학적인 가난이 나중에 그리스 말 마태오 복음서에 와서는 이를테면 정신적인 가난으로 '영성화'한 셈이 된다. 그런데 쿰란의 발굴들은 바로 이런 판단을 새삼 문제 삼는 계기가 되었다. 왜냐하면 바로 참된 행복이라는 맥락에서 "마음이 가난한 사람들"이라는 말을 하고 있기 때문이다. 달리 말하면 쿰란의 에세네 사람들에게 그처럼 큰 비중을 차지하고 있었던 저 '마음'과 관련해서 가난한 사람들이라는 표현을 쓰고 있기 때문이다. 이 말은 공관 복음서에 대한 우리의 이론들을 지나치게 경직하게 적용하기 이전에 현명한 판단을 내려야 한다는 것을 경고해 준다.[15]

이상과 같이 다소의 불확실성은 불가피하겠지만 그래도 전반적인 결과를 놓고 볼 때 그 수확은 대단하다고 할 것이다. 그리하여 복음서의 문헌이 형성되기까지 그 과정을 공간적으로나 시대적으로나 차등화하고 거기에서 얻은 결론을 바탕으로 본문을 다루는 역사가의 작업을 시작할 수 있는 단초를 마련할 수 있게 되었다. 그리하여 이제는 자료들을 효과적으로 지적할 수 있게 되었고, 이 자료들은 저마다 일정한 어떤 교회의 상황을 가리켜 주는 징표가 된다. 마태오와 루카는 각자 자기들 나름대로 마르코를 다시 썼다. 이 말은 어떤 주어진 시기에 마태오와 루카의 교회들이 마르코의 교회에 비해서 그 상황이 달라졌고 그래서 이 차이를 감안하면서 마르코를 수정하고 그 밖의 다른 전승들도 활용하면서 그 장점을 살리려 한 것이다.[16] 마태오의 유다계 그리스도 교회는 루카의 헬라계 그리스도 교회와 상당한 차이가 있다는 것을 알 수 있다. 요컨대, 여러 가지 자료들을 문학적으로 식별해 놓고 보면 어떤 주어진 편집층을 지니고 있던 그 공동체 또는 그 공동체들을 어느 정도 알 수 있게 해 준다. 그래서 Q의 그리스도론은 (따라서 마태오-루카에 공통하는 예수에 관한 자료) 마르코 또는 마태오의 그리스도론과 정확하게 일치하지 않는 이유도 여기에 있다. 루카의 예수도 마르코 또는 마태오의 예수와 절대적으로 동일한 것은 아니다. 자료 비판은 또한 본문의 문학사를 일부 복원하여 주며 그 결과 초기 그리스도교 집단들의 역사를 밝혀 준다. 아울러 그들이 지니고 있던 예수에 관한 자료도 서로 일치하면서도 다르다는 것을 알려 준다. 기원후 70년 전후의 초기 그리스도교 작가들은 그들이 각자 몸담고 있었던 공동체에 따라 이처럼 시각을 달리하고 있었다는 사실은 역사비판에 크게 이바지하는 하나의 힘 있는 지렛대가 될 것이다.

그렇다고 할지라도 몇 가지 혼동은 피해야 한다. 가령, 옛날의 에라스무스처럼 어떤 사람들은 가장 오랜 자료이기만 하면 그것이 곧 가장 '역사성 있는' 자료라고 생각하기 일쑤인데 그것은 착각이다. 자료가 가장 오래되었다고 해서 그것이 곧 사건 그 자체의 복사물은 아닌 것이다. 그런데도 원전 비판의 발전 과정에서 이런 망상에 사로잡혀 네 복음서 중에서 어떤 것이 가장 먼저 기록되었는지를 알아내려 하였고, 그렇게 알아내기만 하면 현장을 목격한 증언을 손에 넣을 수 있으리라고 생각했다. 그러나 실제로는 마르코의 문학적인 우선성優先性을 선언한다고 해서 그것이 곧 그의 책이 지니는 역사적인 가치의 견고성에 대한 어떤 판단을 반드시 함축하는 것은 결코 아니다. 마르코의 우선성은 역사성의 보증이 결코 아니다. 뭐니 뭐니 해도 역사성에 대한 판단은 시간을 끄는 것이 상책일 경우가 드물지 않다. 다른 한편, 문학적으로는 이차적이라는 평가를 받은 요소라도—예컨대 마르코에 대한 루카의 몇몇 추가 부분들을 들 수 있다.—역사성에서는 정말 무게 있는 요소일 가능성을 우리는 경시해서는 안 될 것이다. 요컨대, 원전 비판은 분명 복음서의 어느 본문의 문학적 측면의 역사를 정리하는 데 없어서는 안 될 수단이지만, 그렇다고 이 원전 비판만으로는 역사성에 관한 시시비비를 완전히 가릴 수는 없다.

(2) 양식사 학파와 전승의 역사

'문학적 양식의 형성사Formgeschichte'(또는 줄여서 '양식사')라는 비판 학파는 특히 마르틴 디벨리우스Martin Dibelius와 루돌프 불트만Rudolp Bultmann의 혁혁한 공로로 성경 주석학의 연구 수행에 커다란 변화를 가져다주었다.[17] 원전 비판이 본문들을 해부하여 최초의 문헌을 찾아내는 데 그 목적이 있었다면, 이제는 경전의 본문들을 기록에 옮기기 전에 그리스도교 공동체에서 구전으로 내려오던 하나하나의 전승 자료에 주의를 기울이게 되었다. 이러한 하나하나의 독립된 자료들을 일단 구별한 다음에는 현재 우리 손에 전해진 복음서들의 문학적인 발생을 일부 규명할 수 있게 된 것이다. 구전적인 전승이 처음에 어떻게 집결되어 마지막 편집에까지 이르게 되었는지를 밝힐 수 있게 된 것이다. 불트만의 주장과 명제는 특히 문학적이며 역사적인 측면에서 커다란 반향을 불러일으켰으며 아직도 그 영향은 괄목할 만하다. 처음에는 사람들이 예수의 역사가 아예 무너져 버리는 줄로 생각했다. 불트만은 루터파의 성경 학자로서 이와 같은 역사의 소실消失을 신앙의 무상성無償性이라는 이름으로 정당화하려 했기 때문에 더욱 그러했다. 이제부터 신앙인은 자신의 신앙을 정당화하기 위해서라면, 자기의 신앙이 진실하다는 것을 검증하기 위해서라면, 역사에 의존해서는 안 되었던 것이다. 그도 그럴 것이 '케리그마kerygma(=복음 선포)의 정당성을 학술적인 연구로 증명할 수는 없는 노릇'이었던 것이다.[18] '양식사' 학파의 파괴적인 효과는 겉으로만 그랬을 뿐 실제로는 역사 문제에서 이 학파의 방법론이 새로운 가능성들을 풍부하게 제공할 수 있는 것으로 판명되었다. 그러나 그러기 위해서는 먼저 자연 과학과 신앙을 어설프게 화해시키려는 이른바 '역타협주의逆妥協主義'를 거부해야 했는데 불트만은 그러지 못하고 이 타협주의에 이끌려 결국 그 자신은 역설적으로 가장 반역사주의적인 입장을 취하지 않을 수 없게 되었다. 사실 그는 선의에서 이 화해를 시도하려 했지만 그가 명분으로 내세운 이성적 논리가 아직도 역사주의의 세찬 흐름을 벗어나지 못했기 때문이다. 그 밖에도 성경 분야뿐 아니라 역사학의 다른 분야들에서도 일종의 '역사의 전위轉位, déplacement de l'histoire'가 이루어져야 할 것이다. 그러나 이 점은 나중에 밝히기로 하고 먼저 이 '양식사' 학파의 중요한 통찰과 결론들을 모아서 소개하고 그것들이 역사 분야에 미칠 수 있는 결과들에 대해서 알아보기로 한다.

① 1919년 《예수 역사의 테두리들 les cadres de l'histoire de Jésus》이라는 제목으로 출판된 한 책에서 카를 루드비히 슈미트 Karl Ludwig Schmidt는 복음서의 구성이 인위적이라는 사실을 보여 주지 않을 수 없었다.[19] 예수의 수난사를 제외한다면 우리의 복음서들은 예수의 일생을 공간과 시간 안에서 벌어진 순서에 따라 전해 주는 전기들이 아니다. 수난 이전의 이야기들에서 찾아볼 수 있는 연대와 장소들에 관한 자료들은 마르코 복음서에 있는 것까지 합해서 모두 인위적인 것들이다. 물론 연대(요한의 세례로부터 예수의 죽음에 이르기까지)와 장소(갈릴래아로부터 예루살렘에 이르기까지)의 대체적인 윤곽은 그 출발점과 종착점에서 사실과 일치한다고 보아야 할 것이다. 그러나 이 두 한계 사이에서 언제 어디서 무슨 일이 어떤 순서로 일어났는지에 대해서는 확실한 것이 아무것도 없다고 하여도 과언이 아니다. 그리하여 어떤 주어진 사건의 역사적인 실제 상황은 그 사건 보도가 복음서 전체에서 차지하고 있는 그 문학적 상황으로부터는 결코 알아낼 수 없을 것이다. 마르코의 짜임새는 극히 간소하기는 하지만 그렇다고 그것을 액면 그대로 받아들일 수는 없다. 모아 놓은 자료들이 갈릴래아를 중심으로 또는 예루살렘 상경 도중에(마르 8,27 이하부터) 있었던 것으로 처리되었다. 그렇게 놓고 보면 예수의 공생활 기간도 기껏 몇 주간 또는 몇 달 안에 다

제1부 복음서들과 역사

끝날 수 있다는 인상을 준다. 반면에 요한 복음서가 소개하는 예수의 활동은 이보다는 좀 더 복잡해서 다행이라면 다행이라고 하겠다. 그래서 가령 우리는 예수의 공생활 중 파스카 축제가 적어도 세 번 있었다는 것을 알 수 있으며(요한 2,13; 6,4; 12,1), 갈릴래아에서 예루살렘에 이르는 동안에도 예수가 여기저기 장소를 옮기면서 끊임없이 여행하였다는 사실도 알 수 있다.[20] 물론 이 점들은 이미 잘 알려져 있는 사실이다. 그런데도 많은 주석학자들은 아직도 거듭거듭 마르코의 진술 순서를 고집하는데 그 까닭을 알 수 없다.

그렇다고 마태오와 루카의 전반적인 짜임새가 마르코의 그것보다 더 나은 것도 아니다. 즉, 루카만 해도 그는 마르코의 이야기 줄거리를 주의 깊게 잘 따라가다가 예수의 예루살렘 상경 여행 바로 첫머리에 각양각색의 산만한 단편들을 모아다 무더기로 집어넣었다(루카 9,51-18,14). 그러니까 우리 복음사가들은 어떤 일정한 연대순에 굳이 매일 필요가 없다고 생각했던 것 같다. 자료를 정리하고 배열하는 원칙이 각자에 따라 달랐다. 이 점에서 볼 때, 우리 복음사가들은 모세의 율법에는 "앞도 없고 뒤도 없다."라고 한 팔레스티나의 율법 학자들을 약간 닮았다고 하겠다. 19세기에 그토록 예찬을 받았던 실증주의적 역사 서술의 기준에서 볼 때, 이런 산만한 태도는 도저히 용서받지 못할 것이다. 그러나 현재는 다르다. 역사가들도 이제는 좀 더 현명해졌으며, 알지르다스 그레마스Algirdas Greimas가 상기시켜 주는 대로 "시간과 공간이란 언어학적인 용어를 빌려 표현하자면 주변적인 요소에 불과하다. 그래서 그것들은 아예 없어도 무방한 것이며 부정확할 때도 얼마든지 있는 법이다."[21] 그리고 그는 이렇게 덧붙인다. "역사적인 사건들과 이 사건들이 역사성 안에 정착한다는 사실과는 구별해야 하는데, 이 구별은 계속 유지해야 할 필요가 있는 것 같다." 그렇지 않아도 헬라 세계의 역사 서술가들과 전기 작가들은 이런 모양으로 자료들을 '제재별로' 집결해 놓으면서도 어떤 주어진 제재를 중심으로 모아 놓은 여러 요소들 간의 연대순에 대해서는 전혀 개의할 필요가 없다는 것을 잘 알고 있었다.[22]

양식사 학파는 마르코가 설정한 시공時空상의 대체적인 좌표를 문제 삼았을 뿐 아니라 어떤 의미로는 복음서에 전해진 문학적인 자료 전부를 미세한 '원자'로 분해해 버렸다고 해도 과언이 아니다. 예수에 관한 이야기들과 그분이 하신 말씀들은 처음에 공동체 안에서 구전으로 각각 따로따로 전해지다가 나중에야 한데 엉겨 붙어 성격상 비슷하거나 일관성 있는 설화 단위들과 오늘날 예수의 담화 또는 설교라고 일컬어지는 것들을 이루게 된 것이다. 이 일련의 예수의 '로기아' 즉 그분의 말씀을 예거해 보자. 어떤 것들은 단순히 나열된 것에 불과하며, 어떤 것들은 '고리 말'(=연쇄어)을 이용하여 한데 모아 놓은 것들이다.

산상 설교, 마태 5-7장 그리고 루카 6,12-47

비유 담화, 마르 4,1-34와 병행 구절들

제자 파견 연설, 마르 6,7-13과 병행 구절

공동체에 관한 말씀, 마르 9,33-50과 병행 구절

종말에 관한 말씀, 마르 13,1-37과 병행 구절

또 우리는 여러 개의 설화 그룹들을 알아볼 수 있는데[23] 이들은 보통 어떤 일정한 시간과 장소에서 일어난 것으로 전해지는 것들로서, 일정한 주제를 중심으로 편성되어 있는 것으로 미루어 보아서도 예외는 있겠지만 역시 마르코 자신이 편집한 것들이 틀림없을 것이다. 그는 나중에 편집된 설화군들을 그의 복음서의 전반적인 구조 안에 삽입하였다. 그 설화군들을 현재의 복음서 순서대로 나열하면 다음과 같다.

마르 1,1-13: 요한의 세례에서 예수의 세례에 이르는 서론 부분

마르 1,21-39: 카파르나움에서의 첫날

마르 3,20-35: 예수와 귀신들

마르 4,35-5,43: 호수를 중심으로 하는 일단의 기적 이야기들

마르 6,30-7,37(8, 1-26): 빵의 기적 사화 부분

마르 8,27-9,29: 예수의 정체(거룩한 변모 기사)

마르 10,1-31: 하느님 나라의 새 계명들

마르 10,32-52: 두 가지 청원

마르 11,1-12,12: 예루살렘에서의 예수

이 밖에 언급해야 할 설화군은 짤막한 이야기 안에 전해지는 두 개의 쟁론 말씀 모음이다. 이 두 말씀 모음은 성격상 매우 비슷하며 마르코 복음서 전체와도 구별된다. 이 둘의 자유주의적인 역점은 헬라계 그리스도인들의 주장과 노선을 함께한다고 본다. 이 두 말씀 모음이란 다름 아닌 마르코 복음서 2장 1절~3장 6절 그리고 12장 13~44절에 전해지는 것들이다.[24] 그렇지만 문제의 이 두 설화군은 여전히 마르코의 집필임에는 변함이 없다. 이 사실은 물론 문헌 비판상 하나의 중대한 문제를 제기한다. 이 자리에서 그 문제를 상세히 다룰 겨를은 없지만 거기에 대해서 우리의 견해만은 밝혀 두고 싶다. 우리 생각에는 본래 마르코의 본문에 서로 구별되는 두 개의 형태가 있었다고 본다. 그 첫 형태는 현재의 복음서에서 앞서 말한 네 개의 연설과 두 개의 쟁론 사화군 그리고 어쩌면 이중 기사로 전해지는 빵의 기적 사화 부분의 몇몇 요소들(마르 8,1-26)을 빼내면 어느 정도 분명한 윤곽을 드러낸다. 그러나 문헌 비판상의 이 가설은 잠시 접어 두기로 하자. 사실 이 가설은 이 책의 내용에서 실질적으로 아무런 역할도 하지 못하기 때문이다.

예수의 수난사(마르 14,1-16,8)는 예외로 하고, 예수의 말씀을 묶어 놓은 이런 보따리들과 여러 덩치의 설화군을 대하는 역사가는 당황하지 않을 수 없을 것이다. 그도 그럴 것이 이런 이야기들은 인과율이라고 하는 원칙에 따라 조직되지도 않고 따라서 그 이야기의 줄거리도 앞뒤가 전혀 이어지지 않기 때문이다. 이런 짜임새의 마르코 복음서에서는 어떤 이야기 단락을 그에 앞서 전해지는 요소들로부터 도무지 '설명할' 길이 없다. 19세기 역사 서술에서 매우 유행했던 인과율의 원칙, 곧 '이러저러한 일이 먼저 있었고 그래서 그다음에 이러저러한 일이 있었다Post hoc ergo propter hoc.'라는 식의 서술 방법이 여기서는 아무런 구실도 하지 못하고 있다. 그러나 이런 현상이야말로 역사를 위한 하나의 좋은 기회가 아닐까? 역사적인 자료들이란 각 역사가의 고유한 목표에 따라 취사선택하게 되는 과정 중에 다소 가감되는 것이 사실이라면 복음서에 담겨진 자료들은 이런 의미에서는 비교적 양적으로나 질적으로 그대로 보존되어 있다고 말할 수 있을 것이다. 그렇다고 '최초에 대한 신화'라는 유혹에 희생된 것이라고는 말할 수 없다. 복음서들에는 경우에 따라 비유들, 기적들, 또는 쟁론 사화에 전해지는 '아포프테그마apophtegma'와 같이 서로 비슷하거나 다소간 동질적인 자료들이 한데 모여 이루어진 문학적인 단위들이 있는데, 그중에서 역사가는 그 이전에 이미 수집되고 이를 어떤 동일한 의도에 따라 다시 정리해 놓은 요소들이 있다는 것을 발견하게 된다. 그런데 이 문학 단위들을 한데 모아들이는 원칙은 과거에 사건이 일어난 순서를 따르는 것이 아니라 교회 내의 어떤 일정한 실제적인 문제를 해결하기 위하여 하나의 문학적인 총체를 만든다는 데 있었다. 그러니까 그것은 일련의 사건들을 마치 사진처럼 서술하는 데 있는 것이 아니다. 예수는 맨 처음 비유들만 말씀하시고(마르 4,1-34), 그 다음에는 기적들만 행하신 것이 아니다(마르 4,35-5,43). 비유들과 기적들은 그가 활동하는 동안 시시때때로 있어 왔다. 그러나 당시의 저술 방식에서는 이 비유들과 기적들을 각각 고유한 유형에 따라 다시 모아서 정리하도록 요청하였다. 그것은 초대 교회 공동체의 교리 교육에 좀 더 잘 이바지하자는 데 목적이 있었다. 한마디로, 사건이 진전되는 시간에 따라 차례로 기록하고 있는 수난사의 경우를 예외로 한다면, 복음서들이 전하는 그 밖의 다른 요소들을 시간적으로나 공간적으로 자리매김하는 데 어려울 때가 자주 있다. 그리하여 우리 복음서들이 전하는 예수의 일생은 매우 통일성이 있으면서도 동시에 매우 단편적인 모습을 보여 준다고 하겠다.

② 양식사 학파의 가장 기본적이고도 건설적인 통찰은 역사 분야에서 상당한 결과를 가져다주었다. 그중에 몇 가지를 이 자리에 열거해 보자.[25] 주석학자는 먼저 격언체의 지혜 문학 단편, 아포프테그마, 비유들, 공동체의 규범들과 같이 각기 다른 자료들을 그 고유한 문학 형태에 따라 일단 분류한 다음, 어떤 주어진 문학 단위의 이른바 Sitz im Leben, 달리 말해 그것이 실생활에서 차지하고 있는 자리를 규정할 수 있도록 노력해야 한다. 달리 말해 그는 이 문학 단위가 실제로 삽입될 수 있는 삶의 현장 또는 이 문학 단위가 생산된 구체적인 환경을 규정할 수 있어야 한다. 좀 더 정확

하게 말하면 비판학자는 문제의 그 문학 단위의 '기능' 또는 어떤 문학적인 형태와 그 사회적인 기능 사이에 존재하는 유대를 밝혀내야 한다. 그래서 이런 경우에 제기해야 할 질문을 예거한다면 대표적인 것으로 다음과 같은 것이 있다. 왜 이런 이야기가 쓰였을까? 이 이야기는 공동체의 어떠한 필요에 부응하는 것일까? 이런 질문에 주어지는 답변들은 기원후 1세기의 그리스도교 공동체(들)의 역사를 직접적으로 밝혀 주게 된다. 신약 성경의 문헌에는 여러 가지가 있다. 복음 선포를 목표로 하는 문헌이 있는가 하면 교리 교육용 문헌도 있으며 전례에 사용되는 것도 있다. 호교와 논쟁을 위한 문헌도 있으며 기적 이야기와 악마 추방 이야기를 전하는 것도 있다. 그러나 이 모든 문헌이 '생겨난' 것은 옛날의 그 거룩한 추억을 단순히 되살리기 위해서가 아니라 말씀의 봉사자들이 겪는 현재의 어려움과 필요성에 대처하기 위함이었고 궁극적으로는 교회의 건설을 위함이었다. 불트만 이래 이런 유형의 질문은 계속 늘어 왔으며 오늘날에도 비록 그 양상은 많이 바뀌었지만 여전히 이런 질문들을 제기하는 데는 변함이 없다. 어떤 문헌에 대한 저자의 의도를 들추어내어 그 문헌을 해석하려던 방법보다는 이제는 그 문헌의 이를테면 생산 과정이 안고 있는 문제를 더 유의하게 되었다. 따라서 주석자는 이제 이 문헌이 어떤 '구실'을 해내는지를 지켜봄으로써 그 문헌의 구실이 어디에 소용될 수 있을지를 추구해 나가거나 이 문헌을 남기게 한 여러 가지 요인들의 흔적을 거기서 찾아보려 하는 것이다. 앙투완 바넬Antoine Vanel이 말하는 바와 같이 "작품 생산의 문제점은 사실 확인의 문제점 및 해석의 문제점과 직접적으로 연결되는 것이다."²⁶ 따라서 어떤 주어진 문헌의 종교적 사회적 정치적 또는 문화적인 배경을 출발점으로 하여 그 문헌의 여러 가지 생산 요인들을 부각시킬 수 있어야 한다. 이런 측면에서 볼 때 역사학에는 아직도 개척되지 않은 분야가 많이 있으며, 다만 팔레스티나와 이웃하고 있는 헬라 문화권에 대한 우리의 인식이 흔히는 빈약하고 서로 모순되기 때문에 우리는 한계를 느끼고 있을 뿐이다.²⁷ 여러 가지 다른 방법들이 있겠지만 우리는 다음 장들에서 이 길을 선택해 나가기로 하겠다. 그러자니 우리는 기원후 1세기의 유다 민족과 유다교를 비교적 자세히 살펴보게 될 것이다. 그렇다고 유다교라는 융단을 하나 짜 놓은 다음 거기에서 예수의 생애를 조각조각 오려 내겠다는 것은 아니다. 오히려 우리는 유다교가 복음서의 문헌을 생산한 본질적인 요인 중의 하나라는 것을 직시하고 이를 중요시하려는 것이다. 또 그렇다고 해서 역사라는 것을 문헌의 생산 조건들을 연구하는 일로만 제한하자는 뜻은 결코 아니다.

③ 한편 우리는 복음서의 전승사를 복원함으로써 우리의 연구를 한층 더 진척시킬 수 있을 것이다(전승사 비판). 문헌을 자세히 공부하다 보면 복음서의 전승 안에서 우리는 그 이전의 전통으로부터 물려받은 요소들과 순전히 복음사가의 편집에 의한 요소들을

식별할 수 있는데, 실상 복음서의 이야기 단락들에는 이런 요소들을 식별할 수는 문학적인 이음새들이 발견되는 것이다. 예를 하나 들자. 마르코 복음서 2장 13~17절에는 전기적인 아포프테그마와 쟁론적인 아포프테그마가 차례로 하나씩 전해져 있다(아포프테그마란 어떤 짧은 이야기들 안에 끼워져 전해지는 예수의 말씀을 뜻한다). 이 전기적인 아포프테그마는 짤막한 소명 사화를 하나 전해 주고 있는데 그 짜임새는 이런 이야기를 전해 주는 문학적인 밑그림을 따르고 있다(마르 2,14; 1,16-20 참조). 그리고 쟁론적인 아포프테그마는 다음과 같은 첫 로기온(=예수의 말씀)을 포함한다. "건강한 이들에게는 의사가 필요하지 않으나 병든 이들에게는 필요하다."(2,17ㄴ: 이것은 당시 헬라 세계에 널리 알려져 있던 격언이다.) 그리고 이어서 예수가 자신의 사명을 정의해 주는 다음의 둘째 말씀이 전해진다. "나는 의인이 아니라 죄인을 부르러 왔다."(2,17ㄷ) 이렇게 놓고 볼 때 15절이 하나의 문학적인 이음매 구실을 하고 있음이 분명하다. 따라서 주석자는 이 두 '로기온' 중에 어느 것이 본래의 쟁론 사화에 속하는 것인지 알아내야 한다. 실상 아포프테그마란 대개 한 가지 말씀만을 포함하기 때문이다.[28] 이런 방법을 복음서 전반에 적용함으로써 우리는 복음서의 모든 문헌을 이를테면 일단 걸러 내어 거기에서 편집 요소들과 전승에서 물려받은 요소들을 구별할 수 있게 되었다. 이와 같은 자료를 기초로 하여 주석자는 전승의 (문학적인) 역사를 구성할 수 있는 것이다. 그러나 여기서도 이른바 전통적이라는 앙상한 자료만을 너무 신임한 채 편집 요소들은 아무런 가치가 없다고 생각한다면 그것은 분명 무분별하고 성급한 태도가 아닐 수 없다. 어떤 요소가 전통적이라고 해서 그 '사실 자체만으로ipso facto' 예수의 '본래의' 말씀들이나 동작으로 간주될 수는 없을 것이며, 역으로 편집 요소들에 대해서도 같은 말을 할 수 있을 것이다. 바로 이 점에서는 문학사와 역사적인 가치 판단을 혼동하는 일이 절대로 있어서는 안 될 것이다. 한편, '순전히 편집적'이라고 단정받은 요소도 나름대로 어떤 역사적인 가치를 지닌다. 이 요소는 그를 낳아 준 공동체의 역사를 반영하기 때문이다.[29]

그렇다면 이제 역사 문제를 어떻게 제기할 것인가? 지금까지 간단하게 소개한 여러 가지 전문 분야의 학문과 방법들은 이미 상당한 실적들을 쌓아 올렸지만 역사 문제의 특성을 정확하게 파악해서 이를 해결했다고 보기는 어려울 것이다. 이 목표에 도달하려면 마지막 단계를 하나 더 거쳐야 한다. 곧 복음서라는 문학 유형의 고유한 특징들을 들추어내어 역사에 대한 이 복음서의 관계를 규명해야 한다. 그러자면 우리는 복음서라는 책이 최종적으로 편찬된 단계에까지 내려와야 한다(편집사 비판).[30]

다음 절의 목적은 신자든 아니든 예수에 대한 역사를 공부하는 사람이라면 자기의 연구 대상을 정확하게 파악하고 명제적으로 제시하기 위해서도 다양한 모습을 하고 있던 초창기 교회의 전승을 완전히 도외시할 수 없다는 사실을 알려 주려는 데 있다.[31]

2. 복음과 역사

　벌써 수십 년이 되지만 주석학자들은 어떤 문헌을 역사적으로 연구하고 검토하는 양식이 그 문헌의 '문학 유형'에 따라 달라진다는 사실을 깨달았다.[32] 그러니까 어떤 이야기를 역사적인 수준에서 탐구하기 이전에 그 문헌의 저자가 역사 문제를 어떻게 제기하였는지를 가능한 대로 알아보아야 한다는 것이다. 자신의 작품을 설화의 시제인 아오리스트(=부정 과거不定過去)에 놓고 그가 지적해 내려던 것이 정확히 무엇인가? 그가 이용하는 '지시물référence'은 어떠한 것인가? 이런 질문들은 '편집사 비판Redaktiongeschichte'에서 제기하는 것들로서 그 타당성은 여전히 남아 있다. 물론 현대 역사학자들은 어떤 저자의 의도를 객관적으로 알아내는 것이 역사학자로서의 자기 자신의 객관적인 연구 작업에 의한 산물이라는 것을 좀 더 잘 깨닫게 되었더라도 말이다. 또는 어떤 이야기 안에 여러 가지 의도가 곁들여 있을지라도 이 여러 가지 의도들은 그것을 산출한 사회 환경의 반영이라는 사실을 오늘의 역사 연구가들은 잘 알게 되었더라도 말이다. 요컨대, 우리가 여기서 다루려는 질문은 이렇다. 과연 복음사가들은 역사를 할 의도가 있었으며, 과연 그 의도는 어떠한 것이었는가?

1) 복음서란 무엇인가

마르코는 '복음서'를 썼다. 여러 학자들 중에, 가령 빌리 마르크센Willi Marxsen에 따르면, 마르코는 복음서라는 이 문학 유형의 창시자라고 한다.[33] 구원의 '기쁜 소식' 또는 구원의 참된 선포라는 의미의 그리스어 낱말 '에우안겔리온euaggelion'은 특히 마르코에 많이 나오는 것이 사실이다(1,1.14; 8,35; 10,29; 13,10; 14,9). 마르코를 참조하면서 자기의 복음서를 저술한 루카는 이 낱말을 피했다. 마태오는 마르코의 이야기 줄거리를 충실하게 따르는 대목에서만 이 낱말을 사용한다. 그러니까 이 낱말은 어떤 의미에서 마르코의 어휘라고 할 만하다. 바오로의 전승과 연관이 없는 것은 아니지만 마르코는 이 낱말을 자기 나름대로 해석해서 사용한다. 바오로에게서는 '복음'이라는 말이 복음 선포를 담고 있는 하나의 문학 작품을 가리키는 것이 아니라 예수 그리스도로 말미암은 구원을 선포하는 사도의 선포 활동 자체를 의미한다(로마 1,1-3). 따라서 바오로가 말하는 복음이란 부활하신 예수가 가져다준 그 구원을 지금 당장 베풀어 주는 효과적인 말씀이다. 마르코에게서는 이 말이 선포를 담고 있는 문헌을 뜻한다. 따라서 "예수 그리스도의 복음의 시작"(마르 1,1)이라는 말은 구원을 가져다주는 일종의 새로운 토라Tôrah, 곧 율법(새로운 모세 오경)의 첫머리와 같다고 하겠다(창세 1,1의 "한처음에"를 참고하라). 하나의 문헌에 지나지 않지만 그것이, 흩어져 있는 여러 공동체에게 읽힐 때 그 문헌은 다시 한 번 그리스도 자신이 가져다준 말씀이 되어 청중의 귀를 때린다. 그리스도는 지속적인 말씀의 선포를 통해서 공동체 안에서 다시 한 번 볼 수 있고 들을 수 있게 임재하게 되기 때문이다. 사실 마르코는 예수를 과거라는 시제에 놓고 말하는 것이 아니라 공동체 생활이라는 현실 안에 '재현재화再現在化'시키는 것이다. 구체적으로 말해서 말씀의 가장 탁월한 선포 장소인 그리스도교 성찬례라는 맥락 안에 그분을 '재현재화'시키는 것이다. 그 까닭은 부활하신 분이 언제나 당신의 공동체를 모아서 '주님의 성찬'을 함께 나누게 하기 때문이다(1코린 11,20). 그분은 그리스도교 성찬례라는 동작 자체로 공동체 안에 다시 볼 수 있게 임재하게 되는 것이다. 따라서 그분의 이 임재는 복음이라는 말씀의 선포로 가능하게 된 임재와 같은 것이며, 이를 우리는 '성사적 현존'이라고 해도 좋을 것이다.

마르코는 옛날 이야기체에서 사용되는 시제인 아오리스트(=부정과거) 말고도 '역사적 현재'라는 시제를 특히 많이 사용했다(151번). 이와 같은 인위적인 문체는 이야기를 '실감'나게 하는 데 매우 적절한 것으로서 다음과 같은 깊은 확신의 소산이기도 하다. 즉 복음서 문헌에서 말씀과 행동의 주인공으로서 '지시되어 나오는' 이 예수는 언제나 우리를 지금 당장 연합시키고 말씀을 건네 오며 행동하는 분이라는 것이다. 한 걸음 더 나아가 복음사가가 지시하는 예수는 엄격히 말해서 어떤 거리를 멀찌감치 떼어 놓고 과거의 역사를 되돌아보면서 지시하는 그 옛날의 예수가 아니다. 오히려 복음사가는 정반대의 방향을 잡아 부활하신 분을 선포하고 그 현존이 현실적이라는 것을 말해 주기 위해 나자렛의 예수를 '회상'하는 것이다. 부활하신 분의 선포가 나자렛 예수를 '살아 계신 분으로 회상하도록' 작동시킨 것이다. 오늘날 그리스도교 공동체가 함께 모여 집회를 이루고 아직도 계속해서 '주님의 성찬'을 함께 들 수 있는 것은 파스카 이전의 공동체를 [재]소집하는 분이 이렇게 모여든 공동체 안에 언제나 현존하기 때문이다. 이와 마찬가지로 교회는 선포하는 분(선포자 예수)에 관한 말을 하면서 자신이 선포하는 분(선포된 그리스도)에 관한 말을 계속해서 할 수 있는 것이다. 따라서 복음은 주 예수에 관한 회고적인 선포라고 하겠다. 주님의 선포는 현재에 의해서 재발견된 과거를 되살아나게 하고 그 과거를 현재 안에 치솟게 한다. 그러기에 회상은 '오늘'을 꿰뚫는 '한 옛날'에 대한 거리와 아울러 이 둘 사이의 근원적인 일치를 동시에 표시한다. 그것은 마치 성찬례가 주님의 죽음을 표시하고 아울러 그분의 현존을 말해 주는 것과 꼭 같다. "여러분은 이 빵을 먹을 때마다 ······. 여러분은 (지금) 주님의 죽음을 선포합니다." 이 주님은 그 부활과 함께 부재하는 분이기도 하고 동시에 현존하는 분이기도 하다(1코린 11,26). 여기에서 볼 수 있는 바와 같이 오늘날 그리스도교 신학을 크게 동요시키고 있는 문제가 이미 첫 복음 선포의 한가운데에 자리하고 있음을 알 수 있는데, 이 문제는 빈 무덤에서 천사가 한 다음의 말로 요약될 수가 있을 것이다. "십자가에 처형되신 나자렛 사람 예수님은 부활하셨습니다."(마르 16,6) 파스카의 '이전'과 '이후'가 수난사라는 같은 이야기 안에 이렇게 이어져 나온다. 마르코 복음서 마지막에 나오는 천사는 같은 복음서의 첫머리에서처럼 제자를 시켜 갈릴래아로 찾아가 보도록 한다. '안이스테미anistèmi'라는 그리스어 동사가 암시하듯이 예수는 이처럼 다시 한 번 현재의 수준으로 살아 돌아온 것이다. 이런 의미에서 마르코의 복음서는 부활의 이야기라고 하겠다. 사실 다른 이야기라고는 있을 수 없다. 이와 같이 교회의 시간 안에 다시 현존하게 된 역사의 예수는 문자 그대로 신앙의 그리스도 안에 되살아나는 것이다. 이 '역사의 예수'와 '신앙의 그리스도'를 갈라놓는 것이야말로 가장 못된 짓이라 하겠다. 그 까닭은 그렇게 함으로써 복음이라는 개념 자체를 파괴하기 때문이다.

2) 선포에서 역사로

물론 복음서의 문학적 발전 과정을 상세히 연구해 보면 지금까지 말한 내용에 대해서 다소 신축성 있게 알아들어야 할 부분이 많을 것이다. 그 내용을 한마디로 요약해야 한다면, 전승은 선포라는 의미의 복음으로부터 역사라는 의미의 복음으로 차례로 옮겨 갔다고 말할 수 있을 것이다. 초창기의 공동체에서 신자들은 예수의 현존을 실감하고 살았으며 그분께서 언제나 말씀하시는 것을 들을 수 있었다. 그런데 부활하신 분의 현존은 그분의 죽음을 회상하지 않고서는 말해질 수 없는 것이었다. 왜냐하면 부활하신 분의 살아 있는 말씀을 솟아나게 하는 것은 바로 이 예수의 죽음이기 때문이다. 초창기 그리스도교가 회상한 예수의 역사는 먼저 그분의 수난에 관한 이야기였다. 이미 지나가 버린 과거를 회상하자는 뜻이 아니라 지금 우리를 구원하시는 예언자이자 순교자이신 분의 '통과通過'의 이야기로서의 수난 사화였다. 그것은 마치 탈출기의 '통과'의 이야기 곧 파스카의 이야기와 같다. 그러기에 십자가에 달렸다가 부활하신 예수는 자신의 대변자인 그리스도교의 사도와 예언자를 통하여 계속 말씀하고 있다. 실상 이 사도와 예언자는 '성령 안에서' 자기들의 주님이 주신 결정적인 말씀들을 선포하는 것이다. 이와 같이 회상은 오늘의 말씀을 낳는다.[34]

그러나 시간적인 간격이 차츰차츰 벌어짐에 따라 이 말씀 자체가 위험을 맞게 된다.[35] 그리스도교의 교사들은 이 '말씀들'을 보존하고 설화라고 하는 상자 안에 쌓아 놓을 필요성을 느끼게 된다. 그리고 이 말씀들을 분류하고 몇몇 무더기로 모아서 설교자들의 기억을 돕는 데 이바지하도록 하였다. 이것이 곧 디다케Didachè 라는 작업의 전부다. 디다케란 '케리그마'를 보존하고 이를 유효적절하게 '신학화'하는 교회의 교리 교육을 뜻한다. 오늘의 역사가로서는 이 주님의 말씀들이 그리스도교적 회상의 산물이 아닌 것처럼 그리고 또 공동체의 현실적인 문제를 위해서 교회의 기억 속에 보존한 말씀이 아닌 것처럼 따로 고립시켜 다루어서는 결코 안 될 것이다.[36] 또 사실 회상이라고는 하지만 모든 것을 하나도 빠짐없이 회상하는 것도 아니다. 성 요한이 말한 것처럼 "예수님께서 하신 일은 이 밖에도 많이 있다. 그래서 그것들을 낱낱이 기록하면, 온 세상이라도 그렇게 기록된 책들을 다 담아 내지 못하리라"(요한 21,25).

초창기 그리스도교의 첫 세대 증인들이 사라지고 예루살렘에 폭풍이 밀어닥치자 교회는 자신에게 '하나의 과거'가 있다는 사실을 깨닫게 되었다. 하기는 역사란 어떤 둘째 시간, 곧 출발점이 되는 사건과 현재의 독자나 청중 사이에 어떤 괴리가 생겼을 때 또는 이 괴리의 위험이 있을 때 비로소 가능하다. 바로 이런 때 복음사가는 사도들과 예언자들의 유산을 넘겨받고 교사들이 모아서 명상한 자료들을 정리하여 주님의 '지속적인 현존'을 말해 주고, 아울러 그리스도인으로서의 현실적인 행동과 처신을 말해 주려 했다. 만일 복음서가 나그함마디에서 발견된 《토마스 복음서 *Évangile selon Thomas*》처럼[37] 짤막한 경구체의 말씀들만을 모아 놓은 것이라면 교회는 하나의 새로운 철학파에 지나지 않았을 것이다. 교회는 자기의 주님을 잊었을 터이니 말이다. 스승의 말씀들을 포괄하는 그분에 관한 이야기는 그분의 현존을 표현하기 위해서 불가결한 것이 되었다(그러니까 그 역이 아니다). 설화와 상징 곧 문학적으로 현재화된 역사는 어제의 현존을 가리키는 상징으로서 부활하신 분의 부재와 현존을 보여 준다. 그분은 비록 감각적으로는 부재중이지만 믿음은 영 안에서 그분의 현존을 깨닫는다. 그리하여 그분은 복음의 이야기라는 매개를 통하여 계속해서 자신을 보여 준다.

한편 바오로 때부터 벌써 팽팽했던 긴장들이 공동체들을 휩싸게 되었다. 특히 헬라계 그리스도 교회들에서는 하나의 창립 설화를 마련해야 할 필요성이 생겼다. 창립 설화란 이 공동체들의 구원의 메시지가 진정하고 합당하다는 것을 확인하고 보장하는 근거를 제시해 주는 이야기를 두고 하는 말이다. "귀하께서 배우신 것들이 진실임을 알게"(루카 1,4) 하기 위하여 썼다는 루카의 복음서 이야기는 복음서가 전승되어 온 긴 과정을 놓고 볼 때 바로 이 역할을 정확하게 담당하고 있다고 하겠다. 그러나 루카가 자기 복음서를 저술하면서 그 첫머리에 제시한 집필 의도를 현대적인 의미로 '역사학적'이라는 딱지를 붙인다면 그것은 큰 잘못일 것이다. 그러나 그렇다고 루카 복음서를 연구하는 역사가가 손해 볼 것은 아무것도 없다. 루카 복음서를 연구하는 이 역사가는 역사를 할 의도가 전혀 없었던 자료들을 가지고도 얼마든지 그 이상으로 훌륭하게 역사를 할 수 있다고 자신하고 있기 때문이다. 다만 그는 자료의 특성을 존중하면 되는 것이다. 물론 역사가는 마술을 부려 어제의 사건을 오늘이라는 현재에 되살려 내기는 하지만, 역사를 쓴다는 것은 그 자체로서 어떤 과거가 결정적으로 사멸하여 없어졌다는 것을 표시하기도 한다. 그렇다면 이제 자기들의 주님이 살아 계시고 자기들 가운데 현존하고 있다는 사실을 확신하고 있던 첫 그리스도인들이 어떻게 감히 예수에 관한 '죽은' 역사를 쓸 수 있었겠는가?[38] 이 밖에도 역사 연구라는 작업은 매우 모호하다. 역사란 신뢰도를 높여 주기도 하고 낮춰 주기도 한다. 역사는 어떤 공동체 집단의 정체를 진실한 것으로 확인해 주기도 하고 때에 따라서는 이 공동체의 주님을 이제는 죽어 버린 하나의 과거에 매장할 수도 있다. 확실히 '역사'라는 유형은 그리스도교의 복음 선포를 촉진시키는 데 가장 적합한 수단이 아니다. 그러나 동시에 역사성에 뿌리박지 않았더라면 이제 막 자라나기 시작한 믿음도 신화 속에 휩쓸려 버렸거나 끝내는 영지주의 속으로 녹아 없어진 헬라 세계의 구원 종교들과 같은 운명을 모면할 수 없었을 것이다.

3) 근거 제시에 관하여

바오로는 그리스도교의 전갈에 일관하는 일견 모순되는 듯한 이 요청을 완전히 깨닫고 있었다. 때마침 출현하기 시작한 도케티즘 곧 가현설假現說과는 정반대로 바오로는 복음 선포를 그 역사성 안에 계속 뿌리박게 하였다. 그러나 다른 한편 그는 그 복음 선포를 정당화하기 위해서 역사에 호소하기를 거부한다. 잘 알다시피 그는 예수의 생애를 전혀 서술하지 않고 그 몇몇 중요한 자료들을 회상하고 있을 뿐이다. 예수는 "여인에게 태어나 율법 아래" 있었다(갈라 4,4). 예수는 다윗의 자손이다(로마 1,3). "주 예수님께서는 잡히시던 날 밤에……."(1코린 11,23-25) 그는 십자가에 처형되었으며 죽으시고 묻히셨다(1코린 2,2.8; 15,3.4; 갈라 2,20; 3,1; 필리 2,5). 또 그가 인용하는 주님의 말씀도 겨우 몇 마디에 지나지 않는다(1코린 7,10; 9,14; 1테살 4,15ㄱ).[39] 그러니까 바오로가 예수의 사건을 전하고 있는 것은 분명하다. 그러나 어디까지나 이 사건을 냉혹한 객관성에 입각해서 십자가에 매달린 메시아라는 표현으로 묘사한다(1코린 1,18.23). 그러나 최후의 만찬(1코린 11,23-25)의 경우를 예외로 한다면 바오로는 예수의 사건을 자세하게 그려 주는 일이 없다. 이와 같은 침묵의 이유는 무엇인가? 바오로의 편지는 저마다 복음서가 증언하는 구원의 전갈을 계속 메아리치게 하면서도 어떤 설화나 상징의 표현 수단으로 구세주의 인물을 역력하게 보여 주거나 그려 주지 않는다. 이 이상한 사실을 어떻게 해명할 것인가? 그러니까 예수의 역사를 전하지 않으면서도 예수의 사건을 말해 줄 수 있는 또 다른 방식이 있어서 그랬다는 말인가?

사도의 이와 같은 이상한 태도는 그가 과거에 호소하는 근거 제시를 단호하게 거부한다는 사실에서 더욱 뚜렷해진다. 이 과거가 시나이 사건이라는 과거, 달리 말해 하느님 계시의 가장 탁월한 근거 제시라 할지라도 말이다. 코린토 신자들에게 보낸 둘째 서간 3장 1~18절에서 바오로는 어떤 사람들이 자기에게 요구하는 자격증을 거부한다. 그가 내세우는 단 하나의 자격은 현실적으로 활기에 넘쳐 있는 그리스도교 공동체이다. "우리의 추천서는 여러분 자신입니다."(2코린 3,2) 그리고 그다음에 이어지는 구절에서 바오로는 시나이 산의 돌판에 새겨진 문자를 거부하고 코린토 교회라는 살아 있는 문자 곧 살아 계신 하느님의 영으로 쓴 산 편지를 선택한다고 선언한다.[40] 코린토 신자들에게 보낸 둘째 서간 5장 12절에서 사도는 다시 한 번 어떠한 형태의 추천도 거부한다. 그는 '겉으로만 자랑할 뿐 마음속으로는 자랑할 것이 없는' 반대자들과는 그야말로 정반대였다. 이들에게는 존재와 외관 사이에 어떤 단층이 있는 것이다.

이 점은 코린토 신자들에게 보낸 둘째 서간 5장 16절에 전해진 유명한 본문에서 다시 한 번 분명하게 나타난다. 물론 이 본문도 그 문맥에 따라 파악해야 한다.[41] 사도가 보기에 예수의 죽음과 부활은 모든 것을 바꾸어 놓았다. 따라서 우리가 예수를 어떤 근거로 제시하는 방법도 바뀐 것이다. 그에 따르면 죽으시고 부활하신 그리스도 안에서 우리 모두는 이미 죽었고(5,14), 우리가 비록 살아 있다고는 하지만 우리는 이미 그 옛날의 모습대로 우리 자신을 위해서 사는 것이 아니라 자신들을 위해서 죽은 그분을 위해서 사는 것이다. 이것은 겉모양이 아닌 새로운 존재다. 그러기에 우리는 더 이상 그전처럼, 부활하신 그리스도를 묵살하는 어떤 겉모양에 따라 인식해서는 안 된다. 그리고 이것은 예수 자신의 경우에도 해당한다. "그러므로 우리는 이제부터 아무도 속된 기준으로(글자대로는 '육체에 따라') 이해하지 않습니다. 우리가 그리스도를 속된 기준으로 이해하였을지라도 이제는 더 이상 그렇게 이해하지 않습니다."(2코린 5,16) 그러니까 예수 자신의 경우에 있어서도 존재와 외관의 구별이 있을 수 있다는 것이다. 그리하여 그리스도에 관해서 말을 할 때에도 비그리스도교적인 방식이 있을 수 있다는 결론을 내릴 수 있다. 어쩌면 바오로의 반대자들은 자기 자신들의 주장을 정당화하기 위하여 '예수를 끌어대는' 어떤 특정의 방식을 그 핑계로 내세웠을지도 모른다. 몇몇 유다계 그리스도교 집단들이 내세우는 예수, 그들이 회상하는 이 예수의 말씀과 동작들이 혹시 바오로의 그리스도 그리고 그가 선택한 선교관과 그 실천적인 방법을 직접적으로 문제시한 것은 아니었을까……. 그런데 이와 같은 예수의 모습은, 교회 내의 여러 가지 갈등과 모순까지 포함하여 모든 것을 한데 모아 놓고 있는 복음서의 본문에까지 반영되어 있다. 그 한 가지 예로 "내가 진실로 너희에게 말한다. 하늘과 땅이 없어지기 전에는, 모든 것이 이루어질 때까지 율법에서 한 자 한 획도 없어지지 않을 것이다."라고 전하는 마태오 복음서 5장 18절을 들 수 있다. 그러니까 어떻게 보면 '역사'라고 하는 것이 바오로에게는 불리하게 작용하고 있었던 것이다. 그래서 바오로 사도도 '육에 근거하는kata sarka' 이 인식을 거부한다. 그 이유는 이 인식이 어떤 '외관'의 수준에 놓여 있으며 그리스도교의 복음 선포를 벗어나, 그러기에 또한 바오로의 복음에서 벗어나 이를테면 '예수를 그 자체'로, 달리 말해 예수를 중립적인 입장에서 객관적으로 제공하는 인식이라고 생각했기 때문이었을 것이다.

물론 바오로는 십자가에 못 박힌 예수의 살을 거부하는 것이 아니다. 그에게 있어서도 예수의 죽음이라는 사건에 대한 '제시'는 기본적이었다. 역사란 시간이 밀어 주는 압력으로 비로소 개막된다. 바오로에게는 십자가가 바로 이 시간의 압력이다. 바오로의 선포가 '무시간' 속에 가라앉지 않는 것도 이 때문이다. 그런데도 파스카의 통과라는 사건 이전의 역사는 그에게 결정적인 것으로 나타나지 않는다. 그러니까 그 역사는 바오로의 복음과는 다른 어떤 복음을 '육에 따라' 정당화할 수 있으리만큼 조작 가능성이 많다는 것이다. 우리는 바오로가 "다른 민족들에게 가는 길로 가지 말고, 사마리아인들의 고을에도 들어가지 마라."(마태 10,5)와 같은 예수의 말씀을 자신의 친서에 인용할 수 있었으리라고는 한순간도 생각해 볼 수 없다. 바오로에게서 볼 수 있는 이와 같은 반응은 그 옛날의 예수와 현재의 공동체 사이에 어떤 거리가 있다는 것을 의식하는 표시다. 또 이 반응은 여러 그리스도인 집단들 간에 논쟁이 발전해 갈수록 과거의 역사를 현재를 정당화하기 위한 근거로 제시하는 사례가 점증해 간다는 사실도 보여 준다. 이와 같이 역사의 예수와 케리그마의 그리스도 사이의 관계에 관한 문제, 그러니까 근거 제시에 관한 문제가 언제나 그렇듯이 이미 바오로에게서도 매우 뜨

겁게 제기된 것이다. '역사의 예수'라는 말을 한다는 것 자체가 벌써 과거와 현재 사이에 어떤 차이가 있다는 것을 요구하는 것이다. 그것은 곧 '그전의' 예수와 예수에 대한 각양각색의 근거 제시 사이에는 어떤 편차가 있을 수 있다는 것을 인정하는 것이다. 그런데 바오로는 이 미묘한 문제에 직접적으로 개입하기를 수락하지 않은 것이다. 이 차이와 편차를 없애고 어떤 의미의 동시화同時化를 시도하기까지는 복음서의 저자들을 기다려야 했다. 그리고 사실 '복음서'라는 유형이 떠맡은 기능 중의 하나가 바로 이 '이전'과 '이후' 사이의 지속성을 드러내고 그리고 '이후'를 '이전'으로써 정당화하는 데 있었다.

여기서 한 가지 중요한 점을 지적할 필요가 있다. 복음서에서 사건의 추이를 그것이 일어난 시간적인 순서에 따라 제시하는 이야기가 있다면 그것은 예수의 수난사뿐이다. 이 수난의 이야기에 앞서는 교리 교육용 이야기 모음들은 여기에 비하면 상당히 다른 유형에 속한다. 그리고 이 두 경우에 있어서 역사에 대한 제시도 정확하게 일치하는 것은 아니다. 다시 한 번 '사도행전'의 예를 들어 보자.[42] 루카가 바오로에 관해서 전해 주는 일련의 이야기들은 사도행전 13장에서 28장에 이르는 이른바 '바오로의 이야기 모음'이라는 부분에서 헬라계 그리스도교 공동체들을 세우는 사도의 활동을 주로 묘사하고 있다. 그러나 이 연속적인 이야기에 앞서 루카는 사도행전 1장에서 12장에 이르는 이른바 '베드로의 이야기 모음'이라는 부분에서 예루살렘 모교회의 활약상을 전함으로써 바오로가 세운 교회들과의 일치의 거점을 마련하였다. 그런데 이 베드로의 이야기 모음은 산발적으로 있었던 여러 가지 이야기를 나열해 놓은 여러 폭의 그림과 같다고 하겠다. 복음서에서도 우리는 이 두 가지 유형의 기록을 알아볼 수 있다. 하나는 지속적인 것이고 다른 하나는 단속적인 것이다. 예수 수난의 '사건들 하나하나'를 전하는 이야기는 연대순에 따라 짜여 있는데 그것은 말하자면 창립 설화 또는 가장 기본적인 통과 설화라고 하겠다. 여기에 비해서 그에 앞서는 단편적인 이야기 모음이나 담화 모음들은 다소간 산만하게 병렬된 것으로서 (공동체의 회상에서 산출한 예수의 말씀과 그 처신들을 이용하여 작성한) 예수'에 대한' 그리스도교의 설교를 한데 모아 예수 자신'의' 설교로 만든 것이다. 수난의 이야기는 공동체의 존재에 기초가 되는 이야기이고, 그에 앞서는 기다란 '서론'은 교회가 그 주님의 말씀을 듣는 가운데 자신의 말을 하는 장소이기도 하다. 실상 예수는 계속해서 그 공동체에게 말씀하고 있으며, 더 나아가서는 파스카 이후의 그의 교회가 하는 말씀을 정당화시켜 준다. 이렇게 놓고 볼 때 예수라는 근거 제시는 비로소 제구실을 유감없이 발휘하게 된다. 기원을 알아보려는 퇴행적인 운동을 통해서 이 근거 제시는 구원의 말씀의 진실성을 보장하고, 예수로부터 공동체로 다시 돌아오는 운동에서는 집단의 지속성과 존속 그리고 기본 사건의 유일성 사이에 그 일치를 근거 지워 준다. 그러므로 예수는 헬라계 그리스도교의 참된 교회가 오늘 선포하는 바로 그분이었다. 이와 같은 반작용은 참으로 필요한 것이었다. 그리스도교의 구원의 전갈을 헬라 종교의 무시간적인 신화 속에 무산시키려던 광신주의자들과 가현설자들을 대적하기 위해서나, 이른바 '육(肉)'이라는 명분을 내세워 주류 교회의 예수를 다소간 거부하고 그 결과 교회의 분열을 조장하던 유다계 그리스도인들을 대적하기 위해서도 이러한 반작용이 필요하였던 것이다.

지금까지의 우리의 상황 분석이 정확하다면 역사가가 해야 할 과제는 먼저 각이한 그리스도교 집단들에 따라 달라지는 예수의 다양한 모습을 다시 찾아내는 데 있을 것이다. 최초의 신앙이 여러 가지 표현으로 확산되었다고 해서 교회가 그 '교향악'과도 같은 특징을 상실한다면 혹시 그 일치를 위해서 해가 될지 모르지만 우리처럼 역사 공부를 하려는 사람에게는 역설적으로 하나의 새로운 좋은 기회가 된다. 이 기회를 잘 살릴 수만 있다면 우리는 역사의 예수와 케리그마의 그리스도 사이의 거리를, 아니 좀 더 정확히 말하면 오늘날 역사학의 작업으로 복원할 수 있는 예수에 대한 여러 가지 표상들과 첫 공동체에 의해서 산출된 이에 못지않은 여러 가지 모습들과의 차이를 좀 더 잘 평가할 수 있을 것이다. 뒤에 이어지는 장들에서 우리는 적어도 부분적으로는 이런 방법론을 따르겠다. 따라서 우리는 바오로가 거부했던 바로 그것을 어떤 의미에서는 다시 하게 될 것이다. 역사란 하나의 탈취 작업이다.[43]

3. 역사는 어떻게 하는 것인가

'역사'라는 작품을 구성하는 데는 이미 필자가 말한 바와 같이 여러 가지 학문이 이바지한다. 언어학자의 연구를 비롯, 각 복음서 특유의 취지와 유형을 묻는 '편집사 비판'의 성찰에 이르기까지 실로 다양하다. 이제 역사 연구의 특성을 파악하고 역사가이기도 한 성경 주석가가 어떻게 자기 고유의 담론談論이라는 편물編物을 엮어 가는지를 보여 줄 차례다. 그러나 여기에도 암초는 많고 실제로 작업하는 방법도 가지가지이다. 거기에 앞서 그 옛날의 이른바 '예수의 전기傳記'들과 이 전기들의 기획이 소기의 목적을 이루지 못한 이유를 잠깐 되돌아보는 것이 좋겠다. 여기에 이어 현재 당면한 과제가 무엇인지를 좀 더 정확하게 규명해 보겠다.[44]

1) 예수의 전기들

예수에 관한 첫 비판적인 전기가 쓰이기는 지금부터 겨우 200여 년밖에 안 된다. 레싱이 라이마루스H. S. Reimarus의 유고집을 정리하여 《예수와 그 제자들의 목표Le dessein de Jésus et de ses disciples》라는 이름으로 출판한 것이었다(불어판도 1778년에 나왔다). 이 행보는 새로운 것이었으며 '계몽주의 시대'의 인간과 그때까지 아무런 낌새도 차리지 못한 채 '거룩한' 본문에 탐닉하고 있던 세계와의 점증하는 단층을 역력히 보여 주었다. 그래서 이 거룩한 본문은 다 지나가 버린 한 역사를 담고 있는 것에 지나지 않게 되었다. 교회 생활 전반을 정당화해 주던 하나의 '거룩한 역사'를 산산조각 내어 그 대신 하나의 '진짜 역사'를 꾸며 보려 했다. 최초의 것을 근거로 제시하여 종래의 가치를 떨어뜨리고 최초와 지금과의 거리를 더욱 대조적으로 드러내려 했다. 근거 제시의 역기능이라고 하겠다. 트로크메E. Trocmé가 잘 지적한 바와 같이, 이 과정은 두 가지 경위를 거쳐 이루어졌다.[45]

① 이 무렵의 역사가들은 본문이 가리키는 지시물을 대뜸 사실적史實的인 것으로 대하였다. 그다음에 이들은 신앙에 입각한 일체의 해석을 뿌리치고 그와는 전혀 '다른' 예수의 '역사'를 심리적으로 재구성하려 했다. 이렇게 함으로써 잊어버렸던 예수의 역사적인 모습을 되찾을 수 있으며 아울러 해석이라는 겉껍질을 벗겨 내고 '있었던 대로의 사실들'이 제모습을 드러내리라고 생각했다. 이것이 바로 라이마루스가 개척한 길이었고, 에르네스트 르낭Ernest Renan이 그의 책《예수의 일생Vie de Jésus》(1863년 발행)에서 밟은 길이었으며, 그 밖의 많은 저자들이 똑같은 역사주의라는 함정에 빠져 걸어간 길이었다. 여기서 한 가지 해괴한 현상을 지켜볼 수 있다. 경전의 본문이라는 가리개 저 너머에서 알아냈다는 이른바 예수는 이상하게도 그 역사가의 모습을 닮았다는 것이다. 그리하여 그 예수는 때로는 계몽 사상의 선생이 되기도 하고, 때로는 낭만주의의

천재가 되기도 하며, 칸트와 같은 철학자가 되기도 한다. 차라리 청교도적이라고 할 도덕가 또는 사회 혁명의 투사, 터무니없는 거친 말로 시간과 세상의 종말을 통고하는 사이비 예언자로도 나타난다. 알버트 슈바이처Albert Schweitzer는 1906년에 발표한 그의 유명한 《예수 생애의 연구사Histoire de la recherche sur la vie de Jésus》라는 책에서[46] 이런 연구 방법의 병폐를 정확하게 진단하였다. 그러나 그는 이 병폐를 고치지도 못했고 더구나 그 기원을 충분히 밝혀 주지도 못했다. 다음과 같은 질문이 여전히 남아 있기 때문이다. 왜 그렇게 많은 신앙인들과 또한 비신앙인들까지도 이 나자렛 사람의 모습을 그다지도 현대화해야 할 필요를 느끼고 있는가? 도대체 이 사람에게 무엇이 있기에 우리는 그에게 우리 자신의 꿈과 이상을 투사하기를 마다하지 않는가?

연구의 실적은 과연 훌륭하였지만 각양각색의 이념들에 의해 원격 조정을 받은 것이어서 그다음에 이어 온 주석학자들은 좀 더 신중을 기하게 되었다. 물론 유명한 작가들과 문필가들은 아무런 문헌 비판 없이도 4복음서를 적당히 뒤섞어서 이른바 '예수의 일생'이라는 것을 계속해서 집필해 냈다. 그렇지만 어떤 변화가 일기 시작했다. 라그랑즈M. J. Lagrange, 그랑매종L. Grandmaison, 프라F. Prat와 같은 역사가들과 호교론 학자들이 거의 한 세대가 다하도록 기울인 노력들이 마침내 결실을 거두기 시작했다. 다니엘 롭스Daniel Rops는 이와 같은 업적을 이용하여 1945년에 《그의 시대의 예수*Jésus en son temps*》라는 책을 펴냈다.[47] 그 부류에 속하는 책으로서는 매우 훌륭한 것이었다. 사람들은 벌써 가급적 피해야 할 것이 무엇인지를 점점 더 잘 깨닫게 되었고 그러다 보니 어떤 때는 속수무책이 되는 수도 있었다. 그러면서 라그랑즈 신부의 다음과 같은 말을 변명 삼아 인용하기도 쉬웠다. "4복음서야말로 사람들이 쓸 수 있는 유일의 예수전이다. 그러니 이 4복음서들을 가능한 대로 잘 이해하는 도리밖에 없다."[48] 요컨대, 복음서의 사본 전승이 든든하고 문헌 비판적으로 보아 자료가 의문의 여지가 없으며, 목격 증인들이 믿을 만하고, 하느님의 영감을 받아 기록하는 복음사가들이 지적으로나 도덕적으로 정직하다는 사실을 보여 주기만 하면 복음서는 문자 그대로 해석하는 것으로 넉넉하다는 것이다. 루카 복음서의 첫 문장은 이와 같은 논증 전개를 확인해 준다고 생각하였다. 루카는 여기서 자기가 성심껏 수집한 정보가 믿을 만하다는 것을 역설하고 있기 때문이다(루카 1,1-3). 그리하여 마침내 부활이라는 '기적'은 이 모든 증명을 마지막으로 확인해 주는 증거로 간주되었다. 이와 같은 호교론적인 작업은 20세기 초의 합리주의 일방의 설명들을 효과적으로 대적하는 데 일익이 되었다. 그러나 제1, 2차 세계대전 뒤에 이어 올 새로운 성경학 연구에 사람들의 마음을 준비시키는 데는 미흡했다.[49]

이미 위에서 설명한 여러 가지 방법들을 기점으로 하여 많은 학자들은 새로운 길을 개척하려 애썼다. 그리하여 복음서의 여러 가지 자료들을 대상으로 문학적인 선별 작업을 시도했다. 그 결과 사건 그 자체들과 복음서라는 본문 사이에는 어느 정도의 차이가 있다는 것을 비교적 쉽게 인정하게 되었다. 그런데 이 복음서의 본문이야말로 충실하게 해석해야 할 그 무엇, in fide 곧 '신앙 안'에서 해석해야 할 그 무엇이었다.[50] 또 사람들은 예수를 심리적으로 복원하여 그분의 공생활 기간에 그의 사상이 어떻게 내면적으로 발전해 갔는지를 묘사할 수 없다는 것도 시인하였다. 그럼에도 문헌 비판 끝에 살아남을 수 있었던 이른바 '역사성 있는 잔여 부분'을 정직하게 평가할 때 예수의 사건과 복음서의 해석이 '실체적으로' 일치한다는 사실을 긍정할 수 있다는 것이다. 실상 이런 유형의 성경학에서는 '실체적'이니 '본질적'이니 하는 형용사를 자주 사용한다. 좀 더 가까이 들여다보면 이 형용사들은 그렇게 큰 뜻이 있는 것은 아니다. 그러나 어떤 저자의 문제점이 어디 있는지를 금방 들추어내는 데는 여전히 유익하다. 이 자리에서 예수의 말씀들을 연구하여 많은 책을 발표한 예레미아스나 최근 인기를 모았던 《그리스도교의 창설자 *Le Fondateur du Christiansisme*》라는 책을 낸 도드C. H. Dodd와 같은 유명한 학자들의 이름을 굳이 열거할 필요는 없을 것이다.[51] 이런 학자들의 책을 읽노라면 으레 파스카 이전의 예수, 심지어는 예수의 자의식까지도 알 수 있을 것 같은 인상을 받는다. 마치 과거에 대한 이와 같은 투사가 지극히 당연하고 또한 역사가는 중립적인 입장에서 있었던 대로의 사실, 이를테면 사실대로의 사실을 가려내고 그 위에 덧붙여진 일체의 해석을 떨어낼 수 있다는 듯이 말이다. 그런데 사실과 그 해석을 이렇게 분리한다는 것 자체부터가 그릇된 것이 아닐까? 왜냐하면 모든 역사적인 증언은 그 증언이 떠올리는 인간의 체험을 이미 해석하고 있기 때문이다. 그리고 또한 특히 쿨만O. Cullmann의 노선을 따라 '속사俗史'와 이른바 '구원사救援史'를 구별하는 값싼 유행도 하나의 함정이라는 것을 고발할 필요가 있다. 호교론자가 조심을 하지 않으면 어떤 난관에 부딪쳤을 때 구원사라는 수준에까지 올라서서 그 난관을 '초자연적으로' 처리하여 그 해결을 위장할 수 있기 때문이다. 그러나 다행히도 이와 같은 혼동들은 점차 줄어들고 있는 편이다.

② 비판학계에서 걸어간 둘째 길은 처음부터 종교적인 관념들에 집착하는 경향을 띠고 있었다. 물론 여기서 말하는 종교적인 관념들이란 복음서에서 발견되는 것들로서 흔히 사람들은 이 관념들에 대해 '신화적'이라는 딱지를 붙여 주었다. 1835년부터 벌써 이 방법을 시작한 사람이 바로 슈트라우스D. F. Strauss다.[52] 이 방법에서는 역사적인 사건 자체는 묻어 두고 이른바 신화적인 관념과 주제들이 어떻게 역사적으로 계속 퇴락해 왔는지를 살펴보려고 한다. 그러니까 여기서 분명하게 제기된 것은 언어의 문제였으며 언어가 사건을 마치 집어삼키는 듯하였다. 사건이 일련의 해석 속으로 사라져 버렸다. 그리하여 사람들은 마침내 이제는 신화적인 인물로 변신된 예수의 실존 자체를 부인하는 이상한 결과에 이른 것

이다. 독일에서는 슈트라우스 시대에 브루노 바우어Bruno Bauer가 그랬고, 프랑스에서는 알파릭P. Alfaric과 쿠슈P. L. Couchoud가 그랬다.[53] 기세는 약간 누그러졌지만 머지않아 사람들은 예수의 역사적 실존 자체를 무기력하게 만드는 결과에 이르게 되었다. 불트만이 1926년에 발표한 《예수Jésus》라는 소책자는 그 좋은 본보기이다.[54] 불트만은 타협의 여지가 없는 자기의 입장을 신학적으로까지 정당화하려 했는데 그에게는 역사를 신앙의 근거로 삼으려는 생각부터가 도저히 용납할 수 없는 것처럼 보였다. 그에 따르면, 신앙의 선포는 순수한 사실을, 달리 말해 예수가 존재했다는 사실 '자체daß' 외에는 아무것도 요구하지 않는다고 한다. 따라서 예수가 실제로 살아간 양식과 그의 인생관 또는 자신의 죽음에 관한 의의에 관련되는 그 '무엇was'을 자세하게 묘사할 수 있어야 한다든가 알 수 있어야 한다는 필요성은 전혀 없으며 사실 그럴 가능성도 없다는 것이다. 그렇지만 이 대학자 역시 예수의 이른바 참된 말씀들을 근거로 하여, 하느님 나라를 통고하는 이 유다인 선포자와 그리스도교 공동체에 의해서 '선포되는 그분'과의 연계성을 보여 줄 줄 안다. 예수와 그 공동체에게 공통하는 점이 있다면 그것은 근본적인 결단을 재촉하는 호소이기 때문이라고 한다. 우리는 불트만의 책에서 이 측면을 소홀히 해서는 안 된다.

그러나 불트만과 같은 이러한 입장은 어떤 새로운 형태의 가현설에 떨어질 위험이 없지 않았다. 그래서 이에 대한 반발도 오래되지 않아 나타났고 불트만의 옛 제자들도 가담하였다. 이미 1953년부터 캐제만은[55] 이른바 '불트만 이후'라는 운동을 벌이기 시작해 역사의 예수를 새로이 찾아 나섰다.[56] 여기서 먼저 단언할 수 있었던 것은 파스카 사건에 의해서 생겨난 그 이전과 이후 사이의 단층이 불트만이 생각했던 것처럼 그렇게까지 심각하지는 않다는 사실이다. 이 같은 비판에 다음의 성찰도 덧붙여 두자. 곧 그 자신이 마련한 역사가로서의 구분 작업은 의심 없이 정당한 것이지만 그렇지 않을 경우 사실 역사가에게는 이러한 단층들이란 거의 존재하지 않는다는 것이다. 불트만은 가끔 역사의 탐구와 신학적인 긍정을 혼동하는데, 그 결과 파스카를 전후로 한 구분이 오히려 더욱 뚜렷하게 드러난다. 요컨대, 불트만 이후의 학자들에 따르면, 파스카 이전의 예수에 대한 어떤 인식의 가능성은 여전히 남아 있다. 전승의 가장 '견고한' 요소들이라고 할 수 있는 비유들이라든가, 산상 설교에 나오는 대립 명제들, 하느님 나라, 요한 세례자 그리고 악마들의 추방에 대한 예수의 '로기아'와 같은 것들은 이러한 인식의 출발점이 된다. 이 같은 전승의 요소들은 우리에게 예수가 자신에 대해서 가지고 있던 자기 이해조차 발견할 수 있게 해 준다. 가장 논란의 여지가 없는 그의 말씀들은 삶에 대한 그의 개념을 드러내 준다. 그리고 그의 말씀들뿐만 아니라 그의 활동 역시 그렇다는 것이 푹스E. Fuchs의 지적이다.[57] 물론 여기서 말하는 예수의 동작들은 그 하나하나를 따로 놓고 볼 것이 아니라 이 동작들이 어떤 일반적인 행태, 예컨대 악마 추방자로서의 그의 일반적인 행태를 드러낸다는 의미로 알아들어야 한다. 그런데 바로 이 나자렛 사람의 특이한 행태 안에는 이미 하나의 그리스도론이 싹트고 있는 것이다. 이렇게 해서 역사가는 적어도 부분적으로는 예수의 말씀과 그 동작에 담겨진 애초의 취지와, 원시 그리스도교 케리그마에 흐르고 있는 사상이 서로 호응한다는 사실을 검증할 수 있다.

이와 같은 입지를 취함으로써 역사 연구는 단연 활기를 띠게 되었다. 가톨릭 성경 학자들도 이러한 경향을 재빨리 파악하고 연구를 게을리하지 않았다. 특히 쉬르만H. Schürmann은《예수는 어떻게 자신의 죽음을 겪었는가?Comment Jésus a-t-il vécu sa mort?》라는 책에서 예수가 몸소 발설하셨다는 말씀들, 이른바 ipsissima verba와 몸소 취하셨다는 행동들ipsissima facta 그리고 심지어는 예수가 품고 있었던 그분의 본래 의도ipsissima intentio를 각각 세밀하게 구분한 다음 예수 자신의 의식이라는 도가니 속을 헤집으며 시종일관 그분의 수준에 서서 말하기를 주저하지 않는다.[58] 물론 이처럼 예수의 취지와 의도를 평가하는 작업은 편집사 비판Redaktionsgeschichte 방법을 그 고유한 절차에 따라 어떻게 활용하는지에 많이 달려 있다. 편집사 비판에서는 어떤 주어진 이야기 안에서 그 저자의 의도를 발굴하려고 끊임없이 애쓰기 때문이다. 쉬르만은 자기 이전이나 이후의 다른 많은 학자들과 마찬가지로 성경의 의도를 묻는 이 연구를 이야기에 등장하는 인물들에게까지 확대해서 알아보려 한다. 이렇게까지 해서 그는 [절대] 타자와 타인들 곧 하느님과 이웃 사람들에 대한 투신에 있어서 예수를 지탱해 준 '남을 위한 삶[爲他存在]'이라는 그 모든 움직임을 훌륭하게 보여 주려 한다. 이와 같이 저자는 그리스도론적인 칭호로 '계시되는' 예수보다도 '계시하는' 예수에 대해서 더 많은 관심을 표명하는 우리 시대의 전반적인 신학적 동향에 동참하고 있는 셈이다. 신앙 안에서 추상적으로 알고 있는 그리스도보다는 조건 없는 사랑, 곧 무상의 사랑을 끝까지 베풀면서 살다 간 그분이 더 매력적인가 보다.

쉬르만이 쓴 것이나 그 밖에 이와 유사한 다른 책들로 말하자면 이들은 모두 영성이 깊은 책들로서 이 세상에서 실제로 예수가 어떠한 방식으로 살아갔는지를 말해 주려 한다. 그러면 그럴수록 우리로서는 이 저자들이 혹시 어떤 의미의 심리주의에 떨어진 것이 아닌가 하는 의문을 품게 된다.[59] 그리고 특히 우리는 과연 어느 정도까지 '지시물'—우리의 경우, 예수—을 사실史實의 수준에 올려놓고 아울러 복음서의 이야기에 등장하는 인물들에게 '그들 자신의 것'이라고는 하지만, 실은 우리 현대인들의 말에 따라 크게 좌우되는 어떤 자기 이해를 부여할 수 있는가? 신학자이기도 한 어떤 성경 학자들은 예수의 의식을 신앙이 고백하는 대로의 신성이라는 높은 수준에까지 들어 올려 그 의식을 좀 더 잘 꿰뚫어 보려고도 하고, 어떤 사람들은 성급하게도 예수에게는 이런 신성의 의식이 없었다고 선언하기도 한다. 그런데 이들 학자가 깨닫지 못하는 것이 있다. 곧 이런 식으로 예수의 의식이라는 최종적인 근거를 제시하는 가운데 실은 예수에 대한 자기 자신들의 생각을 예수의 자의식이라는 명목으로 호도하여 자기들의 독자들에게 좀 더 근거 있는 예수로 인정받으려 한다는 사실이다. 과연 독자들은 이렇게 소개되는 인물에 반기를 들고 이런 인물을 자기들에게 드러내 주는 그 성경 학자에게 항의할 수 있겠는가? 다행히도 이른바 '예수의 자의식'이라는 것들도 저자들에 따라 여러 가지로 다르다. 그것은 곧 이 문제에 대해서 우리가 좀 더 신중해야 한다는 경고다.

교회와 함께 교회를 통해서 나는 예수를 나의 구세주로 그려 볼 수는 있다. 그러나 내가 그의 자리를 빼앗을 수는 없는 노릇이다. 역사책을 쓰면서 나는 물론 나자렛의 이 사람에 대해서 내 의견을 말할 수는 있다. 그러나 나는 그 인격의 신비를 그에게서 강탈할 수는 없는 노릇이다. 이와 같이 함정은 수없이 많다. 역사주의에 빠져 아예 침몰할 수도 있는 끊임없는 위협도 그중의 하나다. 그러나 이제 이 말에 우리가 부여하는 의미를 규명할 때가 마침내 다가왔다. 얼마 되지 않는 지면에 이 주제를 다루기가 두려운 것도 사실이다. 이 주제는 역사 분야에서의 인식론이라는, 손대기 어려운 질문으로 확대되기 때문이다.

2) 역사주의에서 역사 서술로[60]

역사주의란 무엇인가? 그것은 어떤 설화 본문에 문학적으로 표현된 역사와 실제로 과거에 구체적으로 일어났거나 일어났을지도 모르는 역사 사이의 거리를 지워 버리고, 역사 이야기와 과거의 사건 이 둘 사이의 혼동을 도발하는 사상의 한 움직임이라고 하겠다. 어떤 이야기를 읽는 독자는 생각을 통해서 그 이야기에 표현된 역사의 수준에 자연히 자기 자신을 투사한다. 아니 오히려 역투사한다는 것이 정확한 표현일 것이다. 마치 이렇게 표현된 이 역사가 어떤 '언어 외적'인 현실을 단순히 옮겨 적어 놓은 것[외시外示]에 지나지 않는다는 듯이 말이다. 그게 사실이라면 이 이야기를 표현하는 본문은 마치 '사건' 자체를 다시 한 번 영화처럼 보여 주는 투명한 유리창과 같다고 할 것이다. 역사주의의 이 착각은 매우 큰 것이어서 독자는 과거를 정말로 되살려 준다고 생각하기 십상이다. 그는 시간의 공백을 메워 버리고 그가 지금 검토하는 대상과 자신이 마치 동시대에 있는 것으로 느낀다. 그런데 이와 같은 착각은, 예를 들어 불트만과 같이 스스로 '반역사주의자'라고 하는 사람들조차도 흔히 범하고 있다. 그들은 사실 어떤 문학적인 표현의 단층들을 식별해 내기는 한다. 그런데 그다음 단계에 그들은 이 단층들이 '거짓'이거나 역사적으로는 실재하지 않는다고 선언한다. 그런데 이와 같은 선언의 저변에 깔려 있는 개념은 역시 '역사주의적'

이다. 달리 말해 '참된' 역사는 사건의 탁본, 곧 사건을 그대로 본뜬 것이라야 한다는 개념이다. 이 착각은 사건 그 자체와 거기에 덧붙여진 여러 가지 해석을 구별하라고 주장하는 사람들에게서도 발견된다.[61] 마치 참된 이야기란 그 이야기를 읽는 독자를 이른바 있었던 대로의 사실들, 따라서 일체의 의미가 제거된 있었던 대로의 사실들과 직접적으로 연결시켜야 한다는 듯이 말이다(그런데 사실을 사건으로 만들어 주는 것은 바로 이 의미다). 혹자는 파스카 이전의 예수, 그러니까 신앙 또는 비신앙이 덮어씌운 일체의 해석 이전에 파악된 파스카 이전의 예수를 일컬어 있었던 대로의 사실, '적나라한 사실'이라고 할지 모른다. 그러나 이런 예수도 사실은 역사주의의 한 조작에 지나지 않는다. 한 가지 중요한 점을 덧붙이자. 성경 학자들은 너무나도 자주 '진짜'니 '가짜'니 하는 말을 사용하는데 그 뜻이 모호할 때가 많다. 가령 어떤 복음의 말씀이 진짜라고 할 때 그것은 문학적인 친저성親著性을 두고 하는 말인가, 또는 역사적인 진실성을 두고 하는 말인가? 생각이 단순한 독자로서는 학자들이 진짜라고 다짐하는 말만 믿고 어떤 주어진 이야기에 문학적으로 서술된 사건으로부터 사실史實이라는 '지시물'의 수준으로 옮겨간다. 그리하여 그는 본문은 잊어 먹고 문학 작품의 이야기에 등장하는 인물들과 사건들을 직접 대할 수 있는 '현장'에 들어와 있다고 믿는 것이다. 그러는 동안에 그는 자기가 역사주의라는 함정에 빠져들었다는 사실을 까맣게 모르고 있다. 그리하여 그는 언어라는 매개와 사회적 또는 공동체적 매개라는 두 가지 무시할 수 없는 매개를 대담하게도 묵살해 버린다. 먼저 언어의 매개를 말해 보기로 한다. 주어진 한 사건을 묘사하는 데 본문이라고 하는 천이 얼마나 두꺼운 것인지를 좀 더 잘 깨닫기 위해서다. 그리고 사회적 또는 공동체적 매개의 중요성에 대해서는 잠시 뒤에 따로 언급하기로 한다. 왜냐하면 복음서의 어떤 이야기에 등장하는 인물들이나 서술되는 사건들은 이 본문들을 '생산하는 데 거든' 사회 또는 공동체의 필연적인 중개나 매개 없이는 역사적으로 파악될 수 없기 때문이다. 그러나 '생산하는 데 거들었다'는 말을 제대로 이해해 주기 바란다. 이 공동체들이 현실의 뒷받침이 전혀 없는 순수한 가상의 세계를 그려 내는 작품을 '꾸며 냈다'는 뜻이 아니다. 그리스도교의 공동체들은 그들의 주님을 진정으로 기억하면서 거기에 맞춰 실생활을 살아가려고, 그리고 또 부활하신 분이 계속 당신을 믿는 이들에게 건네시는 늘 살아 있는 말씀을 새로운 정황에서 충실하게 전달하면서 이를 '재생산'하는 데 온갖 정성을 다 기울였다는 뜻이다.

'일어난 일'이라고 하는 하나의 분리될 수 없는 세계는 바로 그 일을 '사건'으로 만들어 주는 말씀 없이는 결코 표현될 수 없으며 그 일만이 지니고 있는 의미 있는 차이를 드러내 주는 것도 역시 말씀이다. 말이란 일어난 이 일의 세계를 객관적으로 추상하고 사건으로 구축한다. 그리하여 이 말의 발화라는 작용은 그 일을 하나의 '지나간 일, 있었던 일'로 표시해 준다. 이른바 역사적이라는 이야기에는 문학적으로 구성된 이야기와 한 번 일어났다가 이제는 돌이킬 수 없이 죽어 있는 것 사이에 필연적으로 어떤 격차가 있게 마련이다. 그렇다고 이런 이야기들을 역사보다 못한 것으로 생각할 것은 아니다. 이런 이야기들을 대할 때 겪는 어려움은 오히려 거기에 너무나 많은 역사가 잔뜩 재여 있다는 사실에 있다. 그것은 마치 역사가가 두 시간짜리 영화 필름에다 실제로 일어났던 일의 영상을 실제보다 더 실감 나게 압축해 놓은 경우와 비교할 수 있을 것이다. 그리하여 이 필름은 종잡을 수 없는 어떤 과거를 회상하는 데 완전히 객관적일 수 있으며(이미 일어난 일은 사실 일어나지 않을 수 없는 것이었을 테니 말이다.), 동시에 이 필름은 그 제작자인 역사가와 이 역사가가 사는 세계에 철저하게 종속되어 구성된 것일 수밖에 없다. 이 '소급 진술rétrodiction'은 관객이기도 한 독자가 필름의 영상에 이끌려 역사라는 세계 속으로 빠져들어 갈 때 성공했다고 할 수 있다. 한편 영화 제작자인 이 역사가의 동료는, 다른 필름이 있다면 모를까 그렇지 않으면, 가상적인 소급 진술의 객관적 가치를 인정하면서도 동시에 그는 영화로 상영된 이 이야기에 얼마나 많은 '역사의 전위轉位'가 누적되어 있는지도 즉시 파악할 수 있을 것이다. 경우에 따라서는 그는 이 필름을 아예 작살을 내서 역사의 영상을 뛰어넘어 역사 그 자체를 좀 더 잘 식별하려 들 수도 있을 것이다. 그렇다고 그가 이미 이루어진 역사의 전위를 모조리 가려낼 수 있다는 말은 아니다. 마치 그 자신이 역사가 이야기되기도 전에 이미 그 역사를 소유하고 있었다는 듯이 말이다. 그도 그럴 수 없는 것이 역사를 소유하기 이전에 먼저 그는 그 자신으로부터 빠져나오고 자기중심으로부터 이탈해야 하기 때문이다.[62] 그는 과거가 있는 곳, 따라서 여기일 수 없는 다른 곳을 찾아 끊임없이 그리고 지칠 줄 모르게 나서야 한다. 물론 그는 그 자신으로서는 이 과거를 그 고유의 이색성을 고스란히 간직한 채 손에 넣을 수는 없다는 사실을 알고 있다.[63] 그런데도 실망하지 않고 이 과거를 식별하고 또 그려 보려 하는 것이다. 식별한다는 것은 일련의 주어진 상황 속에서 차이를 드러내는 표지로서 또는 어떤 거리를 표시하는 특징으로서 이 과거를 구별해 낸다는 것이요, 이 과거를 그린다고 하는 것은 이 과거의 의미를 비추어 볼 수 있도록 새로이 소급 진술을 시도한다는 것이다. 사건이란 여타의 사건들'로부터' 구별된다는 의미에서 하나의 차이이며, 또한 다른 사건들과 '함께' 연관을 맺는다는 뜻에서 의미가 관통하고 있는 것이다. 역사가가 수행하는 작업의 본질적인 두 방향은 바로 여기에 그 깊은 근거를 가지고 있는 것이다. 곧 역사적인 단속성이 드러났을 때 그것은 하나의 훌륭한 연구 도구가 되며, 반면에 소급 진술은 차이들을 줄이고 공백을 메우며 거리가 생기지 않도록 줄기차게 노력을 기울인다. 그렇게 함으로써 어떤 지속성 있는 역사 이야기를 유지하는 것이다.[64] 그때에야 비로소 독자는 역사가가 그토록 힘들여 거슬러 올라갔던 역사의 흐름을 타고 어느 정도 통일성 있게 순서에 따라 내려올 수 있는 것이다.

그렇다면 이와 같은 연구 계획을 우리가 다루는 분야에서 어느 정도까지 응용할 수 있을까? 그리고 그것은 신학적으로 어느 정도까지 타당할 수 있는가? 역사적인 소급 진술은 생명을 회복시키는 것이 아니다. 그것은 오히려 죽음을 확인한다. 19세기의 사람들은 역사란 '과거의 부활'이라고 했다. 오늘날의 사람들은 오히려 '역사란 죽음에 이르게 하는 것'이라고 한다. 바로 이 때문에도 사람들은 예수의 역사를 묘비에 새겨 넣으려는 오만한 야심에 바오로 사도와 함께 반기를 들고 일어서는 것이 아닐까? 실상 이와 같은 신학적인 논증은 역사가로서의 호기심을 더욱 자극할 뿐이다. 불트만과 같은 사람이 역사를 알아보려는 기도企圖를 '불법'이라고 선언할 때, 법을 어겨서라도 역사를 알아보려고 나서지 않을 역사가가 어디 있겠는가?[65]

3) 역사성의 기준들

차이들을 부각시키는 것, 이것이 곧 역사가로서 해야 할 첫 과제다. 성경 학자들도 이미 오래전부터 이 사실을 알고 있었다. 숱한 연구 문헌들이 예수의 '진정한' 말씀과 행동을 분리해 낼 수 있는 식별 기준들을 알아내는 데 많은 노력을 기울인 지 벌써 20년도 더 된다. 당시의 문제는 이것이었다. 어떻게 하면 나자렛 사람의 본래의 말씀과, 파스카 이후의 공동체나 복음사가들에 의해서 제작되어 나중에 예수의 입에 오르도록 한 말씀들을 좀 더 확실하게 구별할 수 있는가? 그 한 가지 예로 마르코 복음서 8장 31절 이하와 9장 31절 그리고 10장 33~34절에서 읽어 볼 수 있는 현재와 같은 수난 예고의 정식화된 표현을 생각해 볼 수 있다.[66] 캐제만에 따르면, 이와 같은 식별에 기본이 되는 원칙은 차이의 원칙 또는 비유사성의 원칙이다. 그러니까 한편으로는 유다교 세계와 다른 편으로는 첫 그리스도교의 사상 및 실천과 비교해서 어떤 차이를 식별하려는 원칙이다. "우리가 딛고 설 수 있는 든든한 지반은 어떤 의미로 한 가지 경우밖에 없다고 하겠다. 곧 어떤 전승이 어떠한 이유로든지 간에 유다교에서도 연역될 수 없고 원시 그리스도교에도 귀속될 수 없을 때가 이 경우에 해당한다. 특히 유다계 그리스도교에서 그가 받은 전승이 너무 대담하다고 하여 이를 누그러뜨리거나 수정했을 때가 그렇다."[67] 이와 같은 기준은 과연 다른 어디에도 환원시킬 수 없는 것으로 간주되는 상당한 양의 자료를 식별하게 해 줄 것이다. 예를 들어 모세의 율법에 반대되는 예수의 이런저런 말씀을 생각해 보자. 마태오 복음서 5장 31~42절의 대립 명제들이 여기에 해당한다고 하겠다. 그 밖에 마르코 복음서 10장 18절("어찌하여 나를 선하다고 하느냐?") 또는 13장 32절("아들도 모른다.")에서 읽어 볼 수 있는 예수의 '이해하기 곤란한' 말씀들을 들 수 있을 것이다. 왜냐하면 이런 말씀은 예수를 단순한 인간으로 격하시키는 듯이 보이기 때문이다. 더구나 구약 성경이나 그리스도교 공동체의 언어에서는 그 유례를 찾아볼 수 없는 예수의 '아멘Amen' 말씀은 실로 놀라운 것이 아닐 수 없다. "내가 진실로 진실로 너희에게 말한다."(요한 1,51; 마태 5,18 등) 유다교에서는 기도 끝에 후렴으로 오는 '아멘'이 여기서는 교감적 암호code phatique에 속하는 한 요소로 등장한다. 그 기능은 이른바 수행적performatif인 담화, 곧 결단을 재촉하는 말씀을 도입하는 데 있다. 우리가 잘 아는 '아빠Abba'라는 표현으로 말하면 특히 그것이 기도라는 맥락 안에 자리하고 있을 때 그 생소함은 더욱 커진다. 그리하여 하느님께 이런 말씀으로 기도하는 아드님의 특수한 처지 때문에 이 표현은 하나의 훌륭한 그리스도론을 함축하고 있다고 하겠다.

이러한 기본적인 비판 원칙에 다른 학자들은 몇 가지 기준들을 추가하려 한다. 이른바 진짜라고 하는 자료 중에서 우리가 기꺼이 수락할 수 있는 것으로서는 ① 유다교의 사상 및 실천과 구별되거나 모순되는 요소들, ② 교회에 환원시킬 수도 없고 파스카 신앙의 조명을 직접으로 받지는 않은 것 같은 요소들, ③ 아람어의 표현으로서 예수 특유의 근동어적인 문체가 곁들여진 요소들로 '신론적 수동태passivum theologicum', 대조법, 말놀이, 운율, 유음 조화類音調和 등, ④ 기록된 원전이나 구비 전승에 여러 가지로 나타나는 자료들로서 제의적祭儀的으로나 지역적으로나 각각 구별되는 공동체에서 어떤 한 가지 사실을 여러 겹으로 그러면서도 집중적으로 증언해 주는 것들, 예컨대 마르코와 Q(=어록 전승)에 발견되는 자료들이 여기에 속한다. ⑤ 그리고 마지막으로 흔히 추가하는 것으로서는 위에 열거한 모든 요소들이 서로 어떤 일관성을 드러내 주어야 한다는 요청이다. 예수의 말씀들과 동작들이 이를테면 서로서로 불러들이고 하나가 다른 하나와 가급적이면 정확하게 맞아떨어져야 한다는 것이다. 이 여러 가지 기준들, 그중에도 특히 차이의 기준 곧 비유사성의 기준과 일관성의 기준은 예수의 사상과 처신의 몇몇 특징들을 탐지하게 해 준다. 한 F. Hahn은 흥미 있는 한 논설에서 이와 같은 특징들을 여러 개 들고 있다.[68] 그중에 몇 가지를 소개해 보자. 자주 물의를 빚은 예수의 태도, 이상하고도 새로운 그의 동작들, 그의 소명의 근본적인 단호성, 예수 자신의 인격에 인정해야 하는 위치와 의미의 역설 등이다. 필자도 뒤에 이어 오는 장들에서 그중의 몇 가지 점들은 좀 더 상세하게 다룰 것이다.

그러나 이렇게 기준을 늘려 가다 보면 다른 문제들이 제기되지 않을 수 없다. 언어의 연구를 비롯해서 한 본문의 문학사를 발굴하려는 연구에 이르기까지 여러 학문들이 있지만 그중의 어느 것도 정작 '역사'를 말해 주지는 않는다. 그런데도 이 학문들이 제공하는 자료들을 무차별하게 혼합한다는 것이 과연 옳은 일인가? 가령 어떤 '로기온'에 아람어적인 밑바탕이 깔려 있다고 인정하더라도 그것으로 우리가 거슬러 올라갈 수 있는 전승의 단계는 아람어를 말하던 전승 단계뿐이다. 또 문학적인 증언이 많이 있다고 하더라도 그것은 그 이전의 전승이 어쩌면 하나만 있었다는 사실을 보여 줄 뿐이다. 그렇다고 이 두 가지 경우에서 역사적인 진실성이 증명된 것은 아니다. 그러나 이런 말씀 또는 저런 동작을 그때마다 해당되는 '각이한' 사건의 진실성 안에 뿌리박게 하려는 이 욕심의 밑바탕에는 어떤 의미의 역사주의가 아직도 잠재하는 것이 아닐까? 그리하여 성경 학자는 성경학이라는 유식한 가위를 가지고 오려 낸 그분 자신의 목소리ipsissima vox를 다시 한 번 듣기 위하여 예수 자신의 수준에 당당하게 올라섬으로써 이른바 지시적인 착각에 스스로 떨어지는 것이 아닐까? 이 새로운 형태의 근본주의는 바오로와는 정반대로 자기들의 제1차적인 근거 제시를 오늘의 교회에서 긷지 않고 최초의 책이라는 어제에서 길으려는 그리스도인들한테서 자주 발견할 수 있다. 요컨대, 무질서하게 기준을 늘리고 반복한다면 여러 가지 질문이 제기되지 않을 수 없을 것이다. 기준의 수가 많다고 해서 역사 문제에 관한 독자의 불안이 없어진다는 법은 없다. 그리고 성경 학자가 자신의 논증을 전개하고 나서 다음과 같은 말을 했다고 치자. "이제부터 증명의 부담은 진실성을 믿고 있는(또는 믿지 않는) 사람들이 져야 한다." 그렇다고 해서 문제의 해결에 어떤 진전이 이루어진 것은 아니다.[69] 이런 권위주의적인 이야기는 참된 의미의 성경 해석이나 역사와는 아무 상관이 없다.

    필자의 견해로는 캐제만의 비판 원칙만을 전폭적으로 받아들일 수 있을 것 같다. 물론 다른 기준들도 특별히 문학사를 위해서 흥미 있는 것이 있지만 역사가로서의 소급 진술에 있어서 이 다른 기준들의 역할은 그 나름대로 평가해야 할 것이다. 성경 학자는 통시형diachronique의 문학 분석에 힘입어 탐지해 낸 가장 오랜 상태에 있는 전승들로부터 출발한다. 성경 학자는 이제 갓 태어난 여러 공동체가 남겨 준 이 첫 증언들을 출발점으로 하여 이 공동체들이 회상하는 주님을 좀 더 잘 가리켜 줄 수 있을 것이다. 일관성의 기준 또는 집중 논증의 기준 역시 역사가가 하는 둘째 단계의 작업에서 매우 본질적인 구실을 떠맡고 있다. 이 기준은 성격상 어떤 종합의 가치가 있기 때문에 역사가의 담론에 성공을 다짐한다. 그때 이 기준은 검증 구실도 한다. 퀌멜W. G. Kümmel이 말하듯이, "인식의 정확성을 결정적으로 통제한다는 것은 다음과 같은 것일 수밖에 없다. 곧 추출된 각이한 전승들을 배열할 때 거기에 나타나는 예수의 모습과 그분의 설교가 역사적으로 충분히 납득할 수 있고 일관성 있는 하나의 전체를 이루며, 동시에 그리스도교의 발전을 납득시켜 준다는 사실을 보여 주는 일이다."[70]

연구의 일차적인 도구는 역시 차이라고 하는 기준이다. 좀 더 정확하게 말해서 비유사성의 기준은 역사적인 성경 주해의 기준이요, 일관성의 기준은 역사가의 소급 진술로서의 역사 서술의 기준이다. 물론 어떤 학자들은 더러 놀라기도 할 것이다. 캐제만의 비평 원칙은 혹시 역사적인 실상을 움츠러들게 하거나 일그러지게 할 위험이 있는 것은 아닐까? 쉬르만의 다음 말은 이런 의구심을 단적으로 보여 준다. "선별의 원칙은 일그러진 예수, '전혀 다른' 예수의 모습을 보여 줄 뿐이다. 이런 모습의 예수는 그가 속해 있던 당대 유다교 세계와는 그야말로 아무런 접촉도 없었던 예수일 것이다. 이 경우, 예수가 정신 의학적으로 보아서 이상한 사람이 되지 않을지 걱정이 될 정도다. 이런 예수가 그 무슨 역사적인 운동을 일으켰을 리가 만무하다. 그러나 이것은 역사라는 수준에서 볼 때 전혀 믿을 수 없는 가정에 지나지 않는다."[71] 쉬르만은 아마도 문제의 그 비판 기준이 지니는 장점이 본질적으로 일종의 '발견술'에 있다는 사실을 충분히 깨닫지 못하는 것 같다. 이 기준은 역사를 재진술해 주지도 않고, '어떤' 주어진 말씀이나 동작이 사실史實적인 특성을 지닌다는 것을 검증해 주지도 않는다. 그렇다고 '역사'라고 하는 것을 '모조리' 무가치한 것으로 만드는 것도 아니다. 마치 프로크루스테스의 침대처럼 이 기준에 맞지 않는 것은 '진실이 아니다.'라고 선언해야 할 듯이 말이다. 실제로 이 비판 기준을 작업 도구로 사용할 때 그것은 기원후 1세기의 유다교와 그리스도교 첫 집단에 대한 자료가 아무리 결함 있는 것이라 할지라도 이것을 평가해야 하는 경우에 제구실을 하는 것이다. 그러나 역사란 특히 우리 인식의 단층에서 솟아오르는 것이 아닐까? 달리 말해 결함과 공백을 메우려 하다 보면 바로 그것이 역사라는 담론으로 표현되는 것이 아닐까? 또는 그럴로의 어휘를 빌려 말한다면, 이러한 기준은 어떤 주어진 요소의 '사실성史實性'을 식별해 준다. 그러나 실제로 일어난 일의 광대한 영역에서의 이 사건의 '역사적 연계성'을 미리부터 단정해 주는 것은 아니다.[72] 앞으로 천 년이 지난 다음 오늘의 21세기 문명에서 남는 것이 있다고 할 때 그 사실성史實性을 증명할 수 있는 것은 무엇일까? 그러나 모든 역사가의 설명은 '역사적 연계성'이라는 수준에서 그 사실성의 의미를 파악하고 이해하려는 데에 그 목적이 있는 것이 아닐까?

이보다 더욱 중요한 것은 캐제만의 원칙에서 다음 두 가지 점을 분명하게 구별할 줄 알아야 한다는 것이다. 왜냐하면 이들은 같은 수준에 있지 않기 때문이다. 첫째로 우리는 (바리사이들과 침례주의자들을 포함하여) 유다교에 대한 예수의 관계와 더불어 그가 취한 유다교와의 거리, 그에 의해서 단행된 결별까지도 고찰해야 한다. 차이의 기준은 팔레스티나라고 하는 동일한 공간 안에서 동시에 적용된다. 한편 우리는 예수의 시간과 그 예수를 주님으로 고백하는 공동체의 시간 사이의 관계가 지속성인지 또는 단속성인지를 동시에 정확하게 측정할 줄 알아야 한다. 이 경우 그 차이는 시간이 지날수록 길게 늘어난다. 물론 여기서도 먼저 파스카 이전의 예수의 수준에 올라선 다음 교회의 수준으로 옮겨 오자는 것이 아니다. 이런 방식은 흔히 허망하게 끝날 위험이 많다. 여기서 우리는 다시 한 번 다음 사실을 떠올릴 필요가 있다. 예수의 '로기아'(=말씀들)가 바로 예수의 것으로서 인정을 받고 복음서라는 문집에 수록된 것은 어디까지나 그리스도교의 예언자들 또는 그 밖의 다른 말씀의 종사자들이 파스카 공동체 안에서 '영에 힘입어in spiritu' 되새겨 말해 준 것이다. 예수의 동작에 대해서도 마찬가지다. 그것은 공동체가 처한 상황과 연관을 지어 회상한 것들이다. 그러니까 교회를 벗어나는 것은 아무것도 없다. 그러므로 우리도 먼저 신앙을 고백한 첫 집단들이 아무리 다양하다 할지라도 책임 맡은 지도자들의 인도에 따라 이루어진 이들의 조직을 먼저 있는 그대로 받아들여야 한다. 그런 다음 이 공동체들의 증언에 입각하여 예수를 회상하는 가운데에서도 나자렛의 스승이자 하느님 나라의 통고자인 분과 초기 공동체와의 사이를 갈라 주는 그 거리를 어떻게 말할 줄 알았는지를 살펴볼 줄 알아야 한다. 실상 예수에게는 맞는 말이라도 초기 공동체들에는 적어도 같은 방식으로는 맞지 않을 수 있기 때문이다. 교회는 예수에 비해서 자기 자신이 지니는 이타성과 차이에 대한 의식을 가지고 있었다. 이 의식은 오늘의 우리에게는 그 역사성을 다짐하는 가장 중요한 표지들 중의 하나다.[73] 교회는 어느 정도까지 요한의 세례와 예수의 세례와 자신의 세례를 구별하였는가? 또한 교회는 파스카의 광명에 비추어 예수의 공생활을 회상하였는데 이 공생활 동안에 일게 된 예수의 운동을 어느 의미에서 수정하면서도 바로 이 종말의 예언자 예수를 어떻게 추종하였는가? 왜 교회는 '사람의 아들'이라는 놀라운 표현을 그 스승의 입에 줄곧 오르게 하면서도 그 자신은 예수를 이 칭호로 지칭하지 않았는가? 또한 왜 교회는 메시아라는 칭호에 대해서 예수가 침묵을 지켰다는 사실을 잘 회상시켜 주면서도 동시에 그 예수를 메시아 곧 그리스도라고 고백하였는가? 그러니까 여기에는 그때마다 하나의 거리가 있으며, 교회는 이 거리에서 탄생한 것이다.[74]

4) 소급 진술 또는 역사가로서의 담론

역사가는 이와 같은 여러 가지 벌어진 틈과 단층의 목록을 작성하는 것으로 만족할 수는 없다. 그는 과거에 일어났던 체험 사실을 표시해 주는 역사가로서의 담론에서 스스로 어떤 타협을 하지 않으면 안 된다. 그는 이 체험 사실을 사건이 일어난 그 특성을 고스란히 살려 내어 마치 사진처럼 촬영했노라는 주장을 결코 내세울 수 없기 때문이다. 역사가는 역시 역사주의의 기치 아래 있었던 슈바이처 박사의 열등감을 떨어 버리고 예수에 대한 어떤 담론을 과감하게 기술해야 한다. 물론 그도 역사를 객관적으로 '추상한다.' 그도 그 자신의 사람됨과 그가 사는 세계, 그가 이 과거를 현재로 되살려 내어 열어 주는 미래와도 관련을 맺는 가운데 자기의 담론을 엮어 낸다. 소급 진술은 하나의 해석 작업, 곧 시간적인 거리 안에서 해석을 산출할 수 있는 비결을 길어 내는 하나의 '해석학적' 실천이다. 역사가의 담론은 그 자신의 '역사성historicité'으로부터 이탈할 수 없다. 그러나 역사가가 자기 연구의 한계와 결함을 인정하는 가운데에도 언제나 좀 더 객관적이기를 스스로 바라기만 한다면 그의 연구가 단죄되어야 할 이유는 없다.

이러한 소급 진술에 쓸 수 있는 도구들은 여러 가지가 있다. 해석학자 또는 신학자와 마찬가지로 역사가도 일치를 추구하는 사람이다. 그의 담론은 위에 열거한 모든 학문들 간에 일치의 유대를 엮어 주는 직조공과도 같다. 그러나 그는 이른바 평준화를 일삼는 사람이 결코 아니다. 사실 역사는 간격의 학문이며, 스스로 세운 종합을 끊임없이 문제 삼기 때문이다. 그는 이제까지 검출된 법칙성들, 그가 설정한 모형들과 언어학적, 사회학적 그리고 그 밖의 다른 상수常數들을 감안하여 어떤 일관성 있는 담론을 개진해야 하는 것이다(인간은 그가 어디 있든지 인간으로 남아 있다). 그 밖에 감안해야 할 것들에는 역사의 종점에 비추어 자료들을 정리해 주는 후천적인a posteriori 궁극 목표라는 것도 있다. 동시에 그는 인과율이라는 명목으로, 언제나 독특하게 마련인 각 사건의 비일관성과 단속성을 사정없이 제거해 버리는 일률적인 체계화도 늘 조심해야 한다. 그의 담론이 어떤 논리를 지향하는 것은 좋다. 그러나 그의 연구는 지칠 줄 모르게 이 논리를 깬다. 예수의 경우 이 점은 매우 중요하다. 역사가가 대하는 이 인물은 가장 탁월한 의미에서 매우 역설적이기 때문이다.[75]

역사가가 복음서라는 분야를 연구할 때는 그 단계들, 그중에도 특히 다음 세 가지 단계를 존중해야 한다. ① 각 복음서는 그 자체로 놓고 고찰해야 한다. 그것은 이미 하나의 역사적인 문헌이다.

예수와 관련되는 사실들과 동작들이라는 어떤 실천적인 내용을 전해 주는 문헌이며 그 본문은 역사적으로 검출할 수 있는 공동체의 실천을 반영한다. 그다음에야 비로소 이 본문은 독자에게 호소하여 이 본문을 읽는 행위 자체로써 거기에 전해진 실천에 준하여 독자가 자기 자신의 역사를 구축하도록 한다. ② 이 밖에 각 문집은 그 문학사에서 통시적으로 고찰되어야 한다. 이렇게 함으로써 본문의 휴대자인 교회들의 태동기 역사가 발굴될 것이다. 그도 그럴 것이 이 교회들은 바야흐로 출산 중인 이 본문을 배태하고 있었고, 책임 있는 여러 저자들이 여기에 지금과 같은 꼴을 차츰차츰 갖추어 줌에 따라 햇빛을 보게 되었던 것이다. ③ 이렇게 역사가는 필요한 모든 조치를 취한 다음 마지막 단계에서 비로소 자신도 예수를 그려 낼 수 있을 것이다. 그러나 이 단계에서도 그는 자신의 담론을 작성하게 해 준 파스카 공동체와의 손을 놓아서는 안 된다.

이어지는 다음 장들에서는 필자는 단번에 이 마지막 셋째 단계에 서서 이야기를 전개할 것이다. 첫 두 단계에 대한 연구는 많이 있는데 필자도 물론 이들을 많이 참작할 것이다. 뜻은 좋지만 실제로 거두는 실적은 얼마 되지 않는다. 그러나 가능한 대로 필자는 예수의 칭호나 그 말씀들이 아니라 먼저 그의 결정적인 행동이나 처신에 따라 예수는 이런 분이라고 지칭해 보겠다. 우리는 본질적으로 예수를 그 주변으로부터 구별하여 차이를 지어 주는 '행위'에 더욱 주의를 기울일 것이다. 그렇다고 그의 처신의 의미를 보여 주는 말씀을 잊자는 것은 아니다. 그러나 우리의 시선은 몇몇 분야에 한정될 것이고, 예수의 역사적인 동작 중에 가장 탁월한 동작 곧 그의 죽음도 여기서는 제외하기로 한다. 필자는 또한 예수의 생애 중에 있었던 어떤 특수한 일화의 역사성을 증명하려 들지는 않겠다. 사건을 그 특이성에서 파악하려다 보면 때로는 역사 연구의 작업이 실현 불가능한 것으로 판명되기도 한다. 예외가 있다면 예수의 죽음이라는 사건뿐이다. 또한 일반적으로 우리가 보게 될 전망은 전체를 바라볼 수 있는 전망이다. 그러자니 우리는 양적으로 결코 무시할 수 없는 자료들을 간략하게나마 다시 모아서 정리해야 한다는 의무를 지게 된다. 우리가 말하는 소급 진술로서의 역사는 하나의 종합이다. 다른 한편 우리는 예수 자신의 처지에서 그의 의식이라는 영역을 직접적으로 탐사하려는 시도를 결코 벌이지 않을 것이다. 솔직히 말해서, 근본적으로 이런 입장을 취하고 보면 거기에는 많은 인내와 절제가 요구된다. 사실 역사가로서 예수가 친히 말하고 행동했을 것과 똑같은 담론을 왜 반복하고 싶지 않겠는가? 그러나 이것은 하나의 신기루다. 쉬운 일이 아니지만 거기에 추호도 이끌리지 않기로 마음을 먹는다면 역사가로서의 새로운 담론을 시도하여 참된 의미의 '역사의 전위轉位'를 가져오게 할 수도 있을 것이다. 그렇다고 역사를 '복원'하려는 일체의 시도를 비웃자는 뜻은 아니다. 비록 인위적이기는 하지만 이러한 복원도 그 나름의 가치가 있다. 왜냐하면 역사가는 이런 복원을 시도함으로써 자기 자신의 담론의 일관성을 검증할 수 있기 때문이다. 그러므로 예수의 전기도 다시 한 번 써 보아야 할 것이다. 다만 이러한 전기류의 담론의 한계와 그 위험도 사전에 인정하기만 하면 된다.

그 까닭은 실상 이런 위험들이 현실화될 가능성이 많이 있기 때문이다. 특히 성경 주석자 또는 자칭 성경 학자라는 사람이 소설 같은 이야기를 아무런 비판 의식도 없이, 더구나 학술성이 있다는 그릇된 명분을 내세워 가면서 작품으로 내놓을 때 그렇다. 예수에 관한 소설책들을 공격하자는 말이 아니다. 예를 들면 타이센 G. Theissen과 같은 유능한 주석가는 그의 책《갈릴래아 사람의 그늘 L'Ombre du Galiléen》에서 자기는 자유스럽게 글을 쓴다는 사실을 처음부터 밝힌다. 이런 소설책을 펴낸다면[76] 그 소설들은 나름대로 가치와 흥미가 있는 것이 분명하다. 반면에 메사디에G. Messadié의《하느님이 된 이 사람L'Homme qui devint Dieu》과 같은 소설은[77] 도저히 받아들일 수 없다. 예수에 관한 그리스도교적 이해와 정면으로 충돌되기 때문이라서 그런 게 아니다. 이들이 내세우는 이론과 주장이 엉뚱하고 그 근거를 존중할 수 없거나 거기에 표현되는 판단들이 주제넘기 때문이다. 왜냐하면 성경 주석에서는 다른 학문과 마찬가지로 필요하다면 때로는 이미 잘 닦여진 길을 버릴 줄도 알아야 하고, 상식적으로도 절제가 요구되기도 한다. 하나의 가설이 놀랍다고 해서 그것이 더 신빙성이 있게 되는 것은 아니다. 이런 가설은 당연히 검증되어야 하고 또 다른 주석가들이나 역사가들에 의해서 검증할 수 있는 것이어야 한다. 실제로 바오로 사도는 뒤죽박죽 되는대로 지껄이는 일부 그리스도교 예언자들에 대항하여 바로 '사람들의 마음을 식별할 줄 아는' 카리스마의 권위를 끌어댄다. 달리 말해 성경 주석이라는 탁월한 의미의 카리스마의 권위를 끌어댄다. 이렇게 놓고 볼 때 정통 신앙의 기준이라고 하는 것은 반드시 하나의 훌륭한 역사적 성경 주석이라는 딱지와 일치하는 것은 아니다. 또한 맥B. L. Mack의 《무죄의 신화*A Myth of Innocence*》와 같은 책들은 주석학적으로는 나름대로 가치를 지니고 있지만 일부 그리스도인들의 감수성에는 상처를 줄 수도 있을 것이다.[78] 그렇다고 해도 그리스도를 믿는 성경 학자는 예수에 관한 역사적 담론을 거의 완벽하게 지어낼 수도 있을 것이다. 이런 시도야말로 그를 예수의 사건을 구경하는 관객의 상황에 옮겨 줄 것이다. 이와 같이 그의 위치는 모호한 것이 된다. 그는 갈릴래아의 이 예언자를 에워싸고 따라다니던 군중 가운데 자신을 발견하고 수락 아니면 거부해야 할 결단의 기로에 서 있음을 깨닫게 될 것이기 때문이다. 그러나 어쩌면 이것이야말로 그리스도교 역사가로 하여금 작업에 달려들도록 자극하는 가장 강력한 동기가 아닐까? 자신의 믿음을 이제 갓 태어나는 상태에서 파악하는 작업이기 때문이다. 물론 이것은 그의 이상일지도 모른다. 그러나 그것은 동시에 그의 마음을 말씀에 열어 주는 것이기도 하다.

먼저 예수의 공생활이 벌어진 시간과 공간을 잠깐 살펴본 다음 거기에 이어 올 소급 진술에서 서로 밀접하게 연결되는 두 개의 커다란 주제를 다룰 것이다. 첫째는 예수와 당시의 유다교 내의 여러 운동을 다룰 것이고, 둘째는 하느님 나라의 예언자로서의 예수를 살필 것이다. 첫 주제를 다루는 제2부에서 우리는 유다계 그리스도교의 공동체가 예수를 기억하면서 주변 세계와 비교하여 그분을 어떻게 자리매김하려 했는지를 중점적으로 보게 될 것이다. 달리 말해 유다교와 비교해서 예수의 지속성과 단속성을 동시에 살펴볼 것이다. 유다교와 관계를 주고받은 경위는 때로는 모호하기 때문에 예수가 걸어간 역사적인 발자취는 그의 특징을 파악하게 해 준다. 실상 공동체가 발견한 예수는 그의 주변 세계와 일치되기도 하고 동시에 그 세계에서 추방당하기도 하기 때문이다. 두 번째의 큰 주제를 다루는 제3부에서는, 예수를 그 자신의 인격 안에 이미 현실화한 구원의 예언자로 그려 주기도 하고 동시에 장차 이루어질 구원의 예언자로 그려 주고 있는 유다계 그리스도교의 모순되는 여러 가지 표상들을 고찰할 것이다. 여기서 가장 의미 있는 것은 시간과 나누는 예수의 모호한 관계다. 그러니까 그리스도교의 회상은 그의 주님을 구별 짓되 한편으로는 그의 문화적인 공간에서 추방된 주님으로, 다른 편으로는 시간의 차례를 뒤엎는 분으로 그려 준다. 이와 같이 사건을 일으키는 가운데 균열들과 완전한 역전을 거쳐 간 예수의 발자취가 공동체의 기억 안에 메아리친 것이다.

교회는 그 모든 사도들과 증인들, 모든 예언자들과 교사들을 통하여 또 그들과 함께 예수의 사건을 말해 주었지만 결코 그의 역사를 마감하지는 않았다. 실상 그의 역사는 교회가 말할 수 있는 것을 언제나 초월해 있었다. 교회가 역사적으로 그려서 고백해 모시려던 그분은 언제나 그 인격이나 말씀이나 행동에 있어서 다른 분이었다. 첫 그리스도교가 역사가의 입장에서 겪었던 체험은 결국 어떤 철저한 이타성의 체험이었다.

바오로는 이 이타성을 다음과 같은 한마디 말씀으로 압권하였다. "우리는 십자가에 못 박히신 그리스도를 선포합니다. 그리스도는 유다인들에게는 걸림돌이고 다른 민족에게는 어리석음입니다."(1코린 1,23) 역사가의 작업라고 해서 어떻게 이 필연성을 모면할 수 있겠는가?

제2장

공간과 시간 안에서

역사가는 자기의 작업을 시작하기 전에 자기가 다루고자 하는 역사 분야에 시간적으로 그리고 공간적으로 어떤 한계를 짓게 마련이다. 그렇다면 우리의 경우 '예수는 언제 어디서 당신의 활동을 벌였나?' 하는 질문 또한 불가피하다. 또 '우리가 어느 정도 신임할 수 있는 자료는 어떠한 것들이 있는가?' 하는 질문 역시 당연히 제기해 봄 직하다. 그러나 여기서는 주요한 자료 몇 가지만을 다시 한 번 상기시키는 것으로 그칠 것이다. 전문적인 학술 자료들을 모조리 동원하여 이 자료들이 믿을 만하다는 것을 굳이 증명할 생각은 없다. 결국 우리의 관심은 예수가 활약한 장소와 시간을 대체로 붙박아 보려는 데 있을 뿐이다. 그 받침대가 든든한지를 알아보려는 것이며, 이를 함부로 뒤엎어서는 안 될 것이다. 또 그래야만 비교적 널따란 이 테두리 안에서 역사가의 이른바 '자유'라는 것도 비로소 확보될 수 있을 것이다.

이 장에서 다루려는 내용을 한마디로 요약하면 예수는 본시오 빌라도 통치 때에, 거의 틀림없이 기원후 30년에 죽었다는 것이다. 그의 출생 연도는 아마도 헤로데 대왕이 죽기 직전, 그러니까 기원전 4년 이전으로 어림잡아야 할 근거가 상당하다고 하겠다. 예수가 여기저기 다니시면서 벌인 활동의 시기와 시간을 확정하는 데는 벌써 어려움이 많다. 그러나 한 가지 점만은 확실하게 지적하는 것이 좋을 것이다. 예수는 오랫동안 유랑 생활을 하다가 그 끝에 가서 예루살렘에서 활동을 벌였다는 것이다. 그러니까 그분은 마치 생애의 마지막 주간에만 그곳에서 활동하신 것이 아니다. 마르코 복음서만 읽어 보면 그렇다는 인상을 받을 수밖에 없으니 하는 말이다. 앞에서 열거한 점들은 이미 잘 알려져 있는 사실이기도 하다. 그러나 이렇듯 확실하거나 확실한 것이나 다름없는 자료들이 있는가 하면 어두운 구석도 없지 않다는 것도 솔직히 인정해야 한다. 우리는 특히 연대 문제를 강조하고 싶다.[1]

1. 한 생애와 한 죽음의 시간

① 예수의 '사망 연월일'에 대해서는 현재 학계에서 정설로 통하

는 설이 있다. 이 설에 따르면, 예수는 본시오 빌라도 통치 때인 기원후 30년, 더 정확히는 그해 4월 7일에 죽었다는 것이다. 어떻게 이렇게 정확한 날짜를 얻어 낼 수 있는가? 마르코 복음서 15장 42절과 요한 복음서 19장 31절에 따르면, 예수는 어느 금요일에 죽었다. 요한의 전승에 따르면(요한 18,8; 19,14), 이날은 "준비의 날"이었다. 달리 말해, '니산' 달(양력 3~4월) 14일이었다. 이날 오후 2시 30분경부터 파스카의 어린양들이 도살되는데, 이렇게 도살된 어린양은 파스카 축제의 시작을 알리는 첫 저녁별이 떠오르면, 달리 말해 '니산' 달 15일이 시작되면 먹게 되어 있었다.[2] 예수는 파스카 축제가 정식으로 시작하기 직전, 그러니까 파스카 잔치의 어린양들이 예루살렘 성전 뜰에서 대량으로 도살되던 바로 그 시각에 죽은 것이다. 이렇게 놓고 볼 때, 우리는 다음과 같은 바오로의 말을 이해할 수 있게 되는 것이다. "우리의 파스카 양이신 그리스도께서 희생되셨기 때문입니다. 그러므로 누룩 없는 빵을 가지고 축제를 지냅시다."(1코린 5,7-8) 예수야말로 희생된 어린양이라는 것이다(요한 19,36 참조). 이러한 관찰 외에도, 어느 해의 니산 달 14일이 금요일이었는지를 역산曆算법으로 계산해서 알아낼 수 있는 것이다. 이 계산에 따르면, 먼저 기원후 28년, 29년 그리고 32년은 여기에 해당되지 않는 것으로 제외해야 한다. 같은 계산에 따르면, 기원후 30년 4월 7일이 가장 그럴듯한 날짜로 나타난다. 기원후 33년 4월 3일도 불가능하지는 않지만 개연성이 희박하다고 하겠다.

그러나 사정은 좀 복잡하다. 그 이유는 다음과 같다. 마르코 (14,12)와 루카 (22,8.11.15)의 복음서에 따르면, 예수는 목요일 저녁, 또는 더 정확히 말해서 '니산' 달 15일이 시작되는 첫 저녁별이 떠오른 다음, 최후의 만찬 때에 파스카의 저녁 잔치를 들었다. 따라서 그분은 파스카 축제를 한창 지내고 있던 금요일에 죽은 셈이 된다. 한마디로 공관 복음서의 연대는 요한 복음서의 연대와 맞지 않는다. 하루의 차이가 있는 것이다. 이 차이를 해소하려고 여러 가지로 노력을 기울여 보았지만 설득력 있는 해결안은 아직 찾아내지 못했다.[3] 현재 신약학계에서는 오히려 요한의 연대순을 따르고 있는 편이다. 사실 당대의 관행으로 보나 율법의 규정으로 보나 이스라엘 최대의 종교적이며 동시에 민족적인 파스카 축제가 이미 시작하였는데 그 시간에 어떤 사람을 정죄하여 십자가에 매달아 죽인다는 것은 도저히 상상하기 어려운 일이기 때문이다. 마르코 복음서 14장 2절에 전해진 군중들의 반응도 같은 방향을 가리키고 있다. "축제 기간에는 안 된다." 이게 사실이라면 최후의 만찬은 희생된 어린양을 먹게 되어 있는 본격적 의미의 파스카 잔치는 이미 아니게 된다. 하긴 복음서들도 최후의 만찬 때 예수와 그 제자들이 어린양을 먹었다는 말을 하지는 않는다. '파스카 음식을 먹는다'는 말은 하고 있다(마르 14,12). 그러나 여기서도 요한의 경우에서와 같이 똑같은 질문이 제기된다. 공관 복음사가들은 예수의 최후의 만찬이 지니는 파스카의 상징적 의미를 어느 정도 '역사화'시켜 보도

하고 있는 것은 아닐까? 예수의 최후의 만찬이 초창기 그리스도교에서는 이제 그리스도교 고유의 해방과 '통과', 즉 파스카의 잔치가 되어 있었기 때문에 이러한 신학적 동기를 부각시키려다 보니 연대순의 정확성 따위는 어느 정도 무시하게 되었다는 말이다. 어떻든 우리의 처지에서는 요한과 공관 복음사가들, 이 둘 중에 하나를 선택해야 한다. 필자는 요한의 연대순을 선택하기로 한다. 역산법으로 따져 가장 그럴듯한 연대, 곧 기원후 30년이다. 따라서 같은 말이지만, 같은 역산법을 기준으로 할 때 공관 복음사가들의 것으로 보이는 연대순은 그만큼 불리해질 수밖에 없다. 이 공관 복음사가들의 연대순은 '니산' 달 15일이 어느 금요일일 것을 요구하기 때문이다(기원후 31년 4월 27일?).[4]

② 루카는 예수의 '공생활의 시작'을 '티베리우스 황제 치세 제15년'이라고(루카 3,1) 지적한다. 역사가 투키디데스처럼, 루카도 자기가 기술하는 사건들을 동시대적 맥락 안에 자리매김하기를 좋아한다. 그런데 아우구스투스 황제는 기원후 14년 8월 19일에 죽었기 때문에 그의 후임인 티베리우스의 즉위 제1년은 기원후 14년 8월 19일에서 그 이듬해인 15년 8월 18일에 이르는 기간에 해당한다. 그리고 그의 치세 제15년은 당시의 관례적인 연대 계산에 따르면 기원후 28~29년에 해당한다. 그러나 시리아 지방의 근동에서는 계산하는 법이 달랐다. 새 군주나 황제의 즉위 또는 치세 제1년은 해당 연도의 연말과 함께 마감하게 하고, 따라서 그의 치세 제2년은

10월 1일에 시작하는 새해와 함께 시작하는 것으로 셈했다. 따라서 시리아 지방의 역산법에 따르면, 루카가 말하는 제15년은 기원후 27년 10월 1일부터 28년 9월 30일에 이른다.

그런데 이 연대는 예수의 공생활에 관해서 요한이 전하는 자료와 비교적 잘 들어맞는다. 공관 복음서의 전승과는 달리 요한은 그의 복음서에서 이른바 성전 사건을 예수의 공생활의 벽두에 보도하고 있다(요한 2,13-22; 마르 11,15-17). 요한 복음사가가 공관 복음서들의 자료를 시정하는 경우 우리는 항상 여기에 응분의 주의를 기울여야 한다. 그리고 우리가 다음 장에서 살필 기회가 있겠지만, 성전에 대한 예수의 이 폭탄선언과 같은 동작은 침례주의 사상의 테두리 안에 완벽하게 들어맞는 동작이기도 하다. 각설하고, 요한 복음사가는 예수의 이 행동에 대한 유다인들의 반응을 이렇게 전한다. "이 성전을 짓는 데는 46년이나 걸려야 했다."(요한 2,20) 그런데 헤로데 대왕의 성전 증축 공사는, 플라비우스 요세푸스가 전하는 대로(《유다 고대사》 15,380), 기원전 20~19년에 시작하였으므로, 예수의 공생활 시작은 기원후 27~28년으로 잡아야 할 것이다. 그런데 그해는 마침 '안식년'이었다(레위 25장). 휴식과 은총의 해로서 기원후 27년 티쉬리 달 초하루부터 그 이듬해 28년 티쉬리 달에 이르는 기간이었다. 이러한 시기와 상황은 예수가 설교를 시작하는 데도 매우 적절하였다고 말할 수 있다. 실상 우리가 잘 알고 있는 바와 같이 루카는 예수가 나자렛에서 처음으로 설교하였을 때 유다고 회당의 관례에 따라 구약 성경의 독서로서 이사야서 61장 1절 이하를 읽었다고 전한다(루카 4,16-30). 그런데 이 독서 구절이야말로 지금 우리가 말하고 있는 안식년, 곧 '은총의 해'로서의 안식년을 위한 가장 훌륭한 성경 독서였다는 것도 아울러 지적해 두자.[5] 이와 같이 우리는 이러한 여러 가지 자료와 암시를 종합해서 볼 때 거기에 참된 조화와 일관성이 있음을 확인할 수 있다고 하겠다. 아울러 다음 장에서 논할 기회가 있겠지만, 예수와 요한 세례자는 한동안 같은 시기에 활동을 벌였다는 추정과도 이러한 자료들은 어느 정도 일치하고 있다고 본다. 이상의 관찰들에 상당한 개연성이 있고 보면, 우리는 예수의 공생활의 기간도 이제 상당한 개연성을 가지고 규정할 수 있게 된다. 기원후 27~28년에서 30년 4월 7일까지라고 말이다. 그러니까 만 2년 내지 3년의 기간에 해당한다. 요한의 전승은 예수의 공생활 중에 적어도 세 번의 파스카 축일이 있었다는 것을 전제하고 있다. 그럴수록 우리가 앞서 제시한 추산은 그 근거가 그만큼 더 확실해진다(요한 2,13; 6,4; 11,55). 여기서도, 교리 교육에 더 많은 관심을 가지고 있었던 공관 복음사가들은 복음 전승의 자료들을 한데 모아 놓기는 했지만 연대 문제에 대해서는 별로 신경을 쓰지 않았음을 다시 한 번 알 수 있다. 따라서 착각을 범해서는 안 된다. 특히 마태오의 경우가 그렇다. 마르코의 경우도 사정은 비슷하다. 마르코 복음서가 전하는 대로라면 예수의 공생활 기간은 몇 달에 지나지 않았을 수도 있다.

③ 예수의 '출생 연도'를 계산해 내기는 더욱 까다롭다. 루카에 따르면, "예수님께서는 서른 살쯤에 활동을 시작하셨다."라고 한다(루카 3,23). 우리는 과연 이 연령을 액면 그대로 받아들여야 할 것인가? 서른이라는 나이는 그 당시로서는 일종의 이상적인 나이였다고 하여도 과언이 아니다. 확실하지는 않지만, 에제키엘이 예언자로서 불림을 받았을 때도 그의 나이 '서른'이었다는 설이 있고(에제 1,1), 무엇보다도 다윗이 임금으로서 기름부음을 받았을 때에도 그의 나이 '서른'이었다는 기록이 남아 있다(2사무 5,4). 다른 한편, "당신은 쉰 살도 안 되었다."(요한 8,57)라고 하면서 예수에게 대들던 유다인들의 태도를 설명하기는 그리 쉽지 않다. 또는 요한 사도의 제자들의 증언이라고 하면서, 예수가 죽었을 때의 나이는 쉰 살이었다고 하는 리옹의 주교 이레네우스의 말을 어떻게 이해해야 할는지는 더욱 난감한 노릇이다.[6] 물론 마태오가 전하는 예수의 유년기 사화는 그의 출생을 헤로데 임금이 죽기 얼마 전의 일로 보도한다(마태 2,1.19). 이 헤로데 임금은 로마의 건도建都 제750년에 파스카 축제를 며칠 앞두고 예리코에서 죽었다.[7] 기원전 4년 3~4월이었다. 그러나 시간적으로 보아 상당히 뒤늦게 형성된 마태오의 이 유년기 사화의 연대 자료를 우리는 과연 어느 정도까지 신임할 수 있을까? 물론 루카도 즈카르야에게 전한 천사의 전갈 이야기에 앞서 헤로데 임금을 언급하기는 한다(루카 1,5). 마태오와 루카의 이 일치는 나름대로 가치가 있는 것이 사실이다. 아마도 이 전승 자료

는 이 두 복음사가 이전에 형성된 유다계 그리스도교의 옛 전승에서 유래한 것이 틀림없다. 둘은 서로 모르는 사이였던 것이다.

그러나 유감스럽게도 루카는 퀴리니우스 때 있었다는 호구 조사의 이야기를 전하고 있는데 이 때문에 문제는 더욱 복잡해진다. 그의 본문을 읽어 보자. "그 무렵 아우구스투스 황제에게서 칙령이 내려, 온 세상이 호적 등록을 하게 되었다. 이 첫 번째 호적 등록은 퀴리니우스가 시리아 총독으로 있을 때에 실시되었다."(루카 2,1-2) 그런데 이 술피치우스 퀴리니우스P. Sulpicius Quirinius는 요세푸스가 전하는 대로 기원후 6년에야 시리아의 총독이 되었다(《유다 고대사》 17,35; 18,1-2). 이 호구 조사는 잘 알다시피 갈릴래아의 유다를 두목으로 하는 민중 봉기의 계기가 되었다. 그리고 이 유다에 대해서는 루카도 그의 사도행전 5장 37절에서 언급하고 있는 터다. 그렇다면 루카는 사건을 혼동하고 호구 조사를 십여 년 앞당겨 있던 것으로 보도하고 있는 셈이다. 물론 브놔P. Benoit 신부 같은 이는, 헤로데 임금 때부터 벌써 인구 조사가 있을 수 있었다고 주장하기도 한다. 속국 왕이 황제에게 충성을 서약하는 뜻으로 인구 조사를 실시하던 당시의 관례를 따른 것이라고 한다(요세푸스, 《유다 고대사》 18,124 참조). 그렇다고 치더라도 우리의 경우 이 호구 조사를 실시한 장본인은 이미 시리아의 총독 퀴리니우스가 아니다.[8] 테르툴리아누스가 전하는 바에 따르면, 이와 같은 호구 조사가 유다 지방에 실제로 있었던 것은 사실이지만 그것은 기원전 9~6년 시리아의 총독으로 있었던 센티우스 사투르니누스 Sentius Saturninus 때였다.[9] 여하튼 문제는 아직 미결로 남아 있다.

④ 이제까지 우리가 되돌아본 연대순의 대체적인 윤곽과 특히 요한 복음서의 순서를 따라 전개되는 수난사의 전체적인 진행 과정을 제외한다면, 사실 주석학자가 신임할 만한 정확한 연대 자료는 없다는 것이 솔직한 고백이리라. 앞의 장에서도 이미 말했거니와,[10] 공관 복음서들이 전하는 이야기나 담화의 순서는 대체로 어떤 일정한 제재를 중심으로 엮어 놓은 것이기 때문에 거기서 어떤 연대 자료를 얻어 내기란 사실상 불가능하다. 제재별로 모아 놓은 이러한 이야기나 담화에는 이를테면 '앞도 뒤도' 없다. 달리 말해 시간적인 선후가 없다는 것이다. 따라서 일화나 토막 이야기 하나하나를 그 자체로 놓고 고찰해야 하는 것이다. 그럼에도 우리는 복음서들에 어떤 문학적 수법이 꽤 일관성 있게 구사되어 있음을 알 수 있다. 실상 복음서들에는 어떤 일정한 시간적인 단위 안에 여러 가지 자료들이 제재별로 한데 집합되어 있는 것이 상례이기 때문이다. 예컨대 '카파르나움에서의 하루'(마르 1,21-39)라든가 호수를 중심으로 일어나는 기적 이야기 모음(4,35-5,43)을 들 수 있을 것이다. 한 걸음 더 나아가 우리는 제4 복음서에서 사건들이 첫째 날, 둘째 날…… 이런 식으로 연이어 일어난 것으로 자료들을 재배열하고 있음을 지켜볼 수 있다. 그렇다고 창세기의 창조 사업처럼, 이 사건들을 한 주간이라는 시간적 도식 안에 억지로 짜 맞추어 진

열해 놓은 것이라고 생각할 것까지는 없을 것이다(요한 1,19.35.43; 2,1 등). 그런데 우리는 똑같은 현상을 마르코에게서도 발견할 수 있다. 예수가 예루살렘에서 보낸 '마지막 주간'이 곧 이런 식으로 진행되었다는 말이다(마르 11,1-16,8). 우리가 앞의 장에서 말한 바 있는 문헌 비판의 두 가지 가설을 받아들일 경우 이 사실은 특히 분명해진다고 하겠다. 마르코는 마르코 계통의 전승에서 이미 그 이전 단계에 형성된 이야기 틀에 이른바 담화군談話群을 도입했다는 가정이 그 하나이고, 다른 하나는, 마르코는 마르코 복음서 2장 1절~3장 6절 그리고 12장 13절~44절에 같은 수법으로 두 무더기의 논쟁 사화를 덧붙였다는 것이다.[11] 따라서 조금 전에 지적한 추가 부분(12,13-44)을 현재의 수난사에서 빼 버린다면, 우리는 예루살렘에서의 예수의 마지막 주간을 다음과 같은 순서에 따라 생각해 볼 수 있을 것이다. 예수의 예루살렘 입성(마르 11,1 등), '이튿날'(=월요일), 마르코 복음서 11장 12절, '아침에'(=화요일), 11장 20절~12장 12절, '이틀 후면' 파스카(=수요일), 14장 1절 등, '저녁에'(=목요일) 그리고 이어서 파스카 축제 아침까지. 이렇게 놓고 보면, 로마 교회의 전례에서 아주 일찍부터 지켜 온 '성주간'을 대하고 있는 듯한 인상을 받는다.

2. 여정과 그 장소들

　공관 복음서들, 그중에서도 특히 마르코가 그려 주는 예수의 공생활의 지리적 범위와 그 여정은 너무 간소해서 독자에 따라서는 놀라는 사람도 더러 있을 것이다. 동시에 여러 가지 의문을 제기하지 않을 수 없을 것이다. 마르코에 따르면, 예수의 활동은 먼저 갈릴래아와 그 인근 일대에서 전개된다(1,14-8,26). 여기에 이어 예루살렘을 향한 상경 행진이 따른다. 이 행진이 진행되는 동안 세 차례에 걸쳐 예수의 수난 (및 부활) 예고가 이루어진다(8,27-10,52). 마지막으로 예루살렘 성도에서의 체류와 함께 예수의 생애는 대단원의 막을 내린다. 이와 같은 지리적인 도식은 매우 분명하고 뚜렷하다. 이른바 예수의 전기를 기술하는 작가들은 흔히 이 도식을 그대로 받아들이는데, 그야말로 지극히 도식적이라는 사실을 잘 깨닫지 못하는 것 같다. 그래서 사람들은 쉽게 말하기를, 예수는 처음에 갈릴래아 지방에서 공생활을 하여 대성공을 거두고('갈릴래아의 봄'), 그다음 한동안 자기 측근의 직제자들과 함께 공개적인 활동 무대에서 철수하였다가 예루살렘에 올라가 십자가에 처형되어 죽었다고 한다. 달리 말해 예수는 한때 민중의 지지와 인기를 한 몸에 모았을 뿐 아니라 그들을 가르치는 데 심혈을 기울이다가 그들에 대한 기대를 포기하고 직제자들만을 따로 교육하였으며, 마침내는 자기 적수들의 모함으로 십자가에서 횡사를 당했다는 것이다. 처음에 예수는 자신의 메시지와 활동을 하느님 나라의 기쁜 소식을 전하는 데 집중시켰다가 차츰 그 역점을 자기 자신이라는 인물로 옮겼을 것이라고 한다. 그리하여 예수는 갈릴래아에서 자기가 선포한 말씀이 실현되기를 애타게 기다리다가 뜻을 이루지 못하자 자신에 대한 하느님의 계획을 좀 더 자세하게 깨닫고, 거기에 맞춰 자신의 죽음에 대비했으리라는 것이다. 예수의 공생활을 이런 식으로 생각하는 사람들이 의외로 많다. 그 이유 중의 하나는 마르코 복음서를 너무 역사주의 일방으로 해석한 데에서 기인한다고 보겠다. 이른바 예수의 자의식이 이러저러했으리라고 함부로 투영한다는 것은 말도 되지 않는다. 그렇게 하면, 마르코가 제시하는 장소 이동과 이야기의 전개는 혼란을 야기할 위험이 없지 않다. 복음서의 여러 가지 전승 자료들은 주제별로 엮어서 독자들로 하여금 신앙 고백을 점진적으로 발견해 나가도록 안배한 것이다. 따라서 역사의 수준에서 질문을 제기하기 전에 이 사실을 충분히 인정해야 할 것이다. 한 가지 예만 들어 보자. 이 복음서의 전반부에는 "이 사람은 과연 누구인가?" 하는 질문이 여러 차례 반복되어 나온다(마르 1,22; 2,7; 4,41; 6,2.14; 8,27-29). 이 질문에 대한 답변은 마르코 복음서 8장 27절~9장 29절의 설화군에 주어져 나온다(이른바 예수의 변모 이야기도 포함하고 있는 소책자). 그러나 이 답변은 십자가의 광명에 이르러서야 비로소 밝혀진다. 그러니까 이러한 자료들은 마르코가 복음 선포와 교리 교육이라는 목적의식으로 정리하고 재안배한 것으로서 이를 역사적으로 조심스럽게 측정해 보아야 한다. 이를 너무 경직하게 알아들음으로써 '역사주의'라는 착각을 밑받침하는 데 구실이 되어서는 안 될 것이다. 마르코의 이야기가 진행되는 장소의 틀을 일단 깨고 보면, 예수의 공생활 기간이 비교적 짧았는데도 그의 생각과 행동에 어떤 변화나 진화가 있었다는 생각을 하고 싶은 비평가들의 가설에 다소간의 파장을 몰아줄 가능성도 없지 않을 것이다. 설사 갈릴래아―예루살렘이라는 지리적 이동의 틀이 대체로 사실과 일치한다고 하더라도 마르코 복음서의 그 모든 설화와 담화의 여러 단위들이 지금과 같은 순서에 따라 '그때 그 시간에, 그 장소에서' 일어났다고는 도저히 단언할 수 없을 것이다. 따라서 우리는 각 단락을 그때마다 그 자체로 놓고 판단해야 한다.

또한 갈릴래아에서 예루살렘까지의 이동 순서가 적어도 '빵의 기적'으로 불리는 마르코 복음서 6장 45절에서 8장 26절에 이르는 부분에서는 분명하게 드러나지 않는다는 사실을 지적해야 할 것이다. 6장 45절에서 예수는 제자들에게 배를 타고 벳사이다로 가라고 명령한다. 그런데 이 제자들은 이방인들이 사는 지방을 여기저기 다니다가(7,24.31) 마르코 복음서 8장 22절에 가서야 비로소 목적지에 도달한다. 마르코 복음서의 이 부분은 그렇지 않아도 문헌비판상 여러 가지 문제들을 불러일으킨다.[12] 가령 빵의 기적의 기사(6,30-44; 8,1-10)가 이중으로 전해진다든가, 마태오 복음서 15장

39절에서는 '마가단'이라고 불리는 지방이 마르코 복음서 8장 10절에서는 '달마누타'로 불린다든가 하는 따위가 그것이다. 게다가 이 장소들이 어디인지는 정확히 알 길이 없다. 반면에 마르코의 장소적인 이동 방향을 다음과 같이 생각하면 좀 더 잘 이해할 수 있을 것 같다. 곧, 갈릴래아 지방에서 시작하여 이방인 지방으로, 그리고 이방인 지방(=카이사리아 필리피)에서 다시 예루살렘으로 옮겨 간다. 마침내 예수가 부활한 다음 빈 무덤을 찾아온 부인들에게 천사가 "예수님께서는 전에 여러분에게 말씀하신 대로 여러분보다 먼저 갈릴래아로 가실 것"(마르 16,7)이라고 제자들에게 전하라는 말을 우리는 듣게 된다. 달리 말해 갈릴래아에서 시작한 움직임이 갈릴래아에서 그 대단원의 막을 내린다는 것이다. 그런데 마르코에게는 갈릴래아가 이방인들의 표지요 그 상징이었다. 그래서 그는 자기 복음서의 처음과 마지막에 갈릴래아를 언급하고 있는 것이다. 루카의 '예루살렘 중심주의'는 우리가 이미 잘 알고 있는 터다(루카 1,5 이하; 24,52). 이와 같은 현상은 (이를테면 '구원의 지리 신학地理神學'이라고 할 수 있을지는 몰라도 어떻든) 우리로 하여금 복음서에 전해지는 지리적 또는 장소적 자료, 특히 갈릴래아 — 예루살렘이라는 도식을 신축성 있게 이해해야 할 것을 일깨워 준다. 몇 가지 자료만을 예로 들어 보겠다.

예수는 마르코가 짐작하게 하는 바와는 달리, 예루살렘에 한 번만 상경한 것이 아니다. 요한 복음서는 예수가 여러 차례 예루살렘에 여행하였다는 말을 하고 있다(요한 2,13 이하; 5,1과 7,14; 11,55 이하). 마태오와 루카가 공통으로 전하고 있는 다음과 같은 예수의 개탄의 말씀도 예수의 예루살렘 상경이 여러 차례 있었다는 뜻으로 알아들어도 무방할 것이다. "예루살렘아, 예루살렘아! 예언자들을 죽이고 자기에게 파견된 이들에게 돌을 던져 죽이기까지 하는 너! 암탉이 제 병아리들을 날개 밑으로 모으듯, 내가 몇 번이나 너의 자녀들을 모으려고 하였던가?"(루카 13,34; 마태 23,37) 다른 한편 예수의 활동 범위도 갈릴래아 호숫가 카파르나움의 북쪽과 동쪽에 있는 코라진이라든가 벳사이다에까지 미쳤던 것 같다(마태 11,21; 루카 10,13). 한 걸음 더 나아가 그의 활동 범위가 갈릴래아 지방의 경계를 넘어 티로와 시돈과 같은 이방인 지방에까지 뻗쳤으며(마르 7,24.31) 데카폴리스 지방과 사마리아 지방에까지 이르렀다. 심지어 게라사 지방(마르 5,1), 마태오에 의하면 가다라 지방까지 포함하고 있었다는 것도 알 수 있다(마태 8,28).[13]

요한 복음사가가 전하는 전승은 적어도 다음 두 가지 점에서 공관 복음서의 제시 방식을 교정하거나 아니면 탄력성 있게 알아듣게 해 준다.

① 제4 복음서에 따르면, 예수는 먼저 요르단 강을 건넌 다음 당신의 활동을 갈릴래아와 유다 지방에서 개시한다(요한 1,43; 3,22). 예수는 갈릴래아 사람인데 끝내는 예루살렘에서 죽게 될 것이다. 여기에 비해 요한 세례자는 유다 지방 출신인데 오히려 갈릴래아

의 영주 헤로데 안티파스한테 처형을 당한다. 그러나 요한 세례자도 일단 요르단 강을 건너 그곳에서 한동안 머문 다음 살림 근처의 애논(요한 3,23)에서 활약했다. 그렇다면 결국 예수와 요한 세례자의 활동이 같은 지점에서 시작되었다는 사실을 우리는 지적할 수 있다. 이 두 사람의 여정이 서로 마주치기는 했지만 그렇다고 서로 뒤섞이지는 않았을 것이다. 우리는 다음 장에서 침례 운동의 흐름 안에서 예수의 독창성이 어디에 있었던지를 밝히려 하는데 그때 이 점을 잊어서는 안 된다.

② 마르코에 따르면, 이미 여러 차례 언급한 바와 같이, 예수는 한 번밖에는 예루살렘에 올라간 적이 없고(10,32) 그가 그곳에서 보낸 기간도 넉넉잡아 한 주간에 지나지 않았던 것 같다. 그러나 요한 복음서를 읽어 보면 사정이 전혀 다르게 나타난다. 예수는 추수기에 초막절을 지내기 위해 예루살렘에 올라가기도 하고(요한 7,10) 겨울 동안에는 성전 봉헌 축일 다음에 요르단 건너편으로 가서 "요한이 세례를 주기 시작했던 곳에 머물러 계셨다"(요한 10,40). 그리고 나서 에프라임 근처, 광야에 가까운 어느 곳에 한동안 머물러 있다가(11,54) 예수는 또 한 번 예루살렘에 올라간다(12,1 이하). 따라서 우리는 예수가 체포되기 이전에 벌써 상당 기간을 유다 지방에서 활약하면서 보냈다고 결론지어도 무방할 것이다. 하기는 마르코 복음서조차도 "나는 날마다 성전에서 가르치면서 여러분 가운데 있었습니다."(14,49)라는 예수의 말씀을 전하고 있다는 사실로

미루어 보아 이 말씀의 진실성에 심각한 이의가 없는 한 예수는 예루살렘에서 마지막 한 주간뿐 아니라 그 이상의 기간을 머물러 있었다는 것을 알 수 있다고 하겠다. 4복음사가들 간의 차이는 상당하고 그러기에 결코 무시해서는 안 되겠지만 한 가지 점에서는 마르코와 요한이 일치한다. 곧 예수가 요르단 강 건너 동쪽 지방에서 지냈다는 사실이다(요한 10,40; 마르 10,1). 한 걸음 더 나아가 예수의 마지막 예루살렘 여행은 무슨 이유에서인지는 확실히 몰라도 어느 정도 비밀에 부쳐져 있었던 것 같다(마르 9,30; 요한 7,10).

위에서 우리는 예수가 활약한 시간과 공간을 대략 훑어보았다. 이런 전승 현상을 눈앞에 놓고 역사학도는 의문을 제기하지 않을 수 없을 것이다. 예수는 무슨 이유로 끊임없이 장소를 옮겨 가면서 활약을 하였으며, 왜 그는 계속 여행을 해야 했던가? 또 이따금 광야로 몸을 감춘 이유는 무엇인가?(마르 1,35.45; 6,31; 요한 11,54) 갈릴래아에 계속 머물러 있지 않고 그 경계선을 넘어 이방인 지방으로 여행한 이유는 무엇인가?(마르 5,1; 7,24.31; 8,27) 갈릴래아의 영주 헤로데 안티파스가 예수를 붙잡으려 했던 이유는 무엇인가?(루카 13,31) 그뿐 아니라 무슨 이유로 유다교 지도자들이 그를 체포하기 위하여 그의 소재를 제보해 주기를 명령하였던가?(요한 11,57) 현재의 마르코 복음서는 장소에 관련되는 자료들을 요약해서 전하고 있기 때문에 예수의 이와 같은 계속적인 장소 이동이 일부 가려져 있다고 하겠다. 그의 복음서를 읽어 보면, 모든 것이 하느님이 정해 주신 길을 따라 곧바로 이루어진 듯한 인상을 받는다. 아니면 예수는 그저 성가시고 귀찮기 짝이 없는 민중을 피하기 위해서 이렇게 여기저기 옮겨 다녔다는 말인가? 어떻든 이러한 설명만으로는 마르코 이외의 다른 전승에도 분명히 전해지는 예수의 끊임없는 장소 이동을 모두 해명할 수는 없을 것이다. 더구나 예수의 공생활 기간이 상대적으로 짧았다는 사실을 감안할 때 우리의 질문은 그만큼 더 절실해질 수밖에 없을 것이다. 이 모든 의문과 질문은 동시에 예수의 공생활이 갖는 정치적이며 종교적인 성격에 관련되는 질문이기도 하다. 이제 이 성격을 좀 더 정확하게 파악하기 위해서 예수의 공생활을 기원후 1세기의 유다교라는 다양하고 다채로운 맥락 안에서 조명해 보는 것이 좋을 듯하다.

제2부

예수와 유다교

예수를 당대 사회와 역사라는 맥락 안에서 비추어 보려면 기원후 1세기의 유다교의 실정을 잘 알아야 한다.[1] 그러려면 물론 많은 투자를 해야 한다. 당시의 유다교는 기원후 70~135년 이후에 이어지는 유다교의 세계, 곧 율법 학자들의 유다교, 그리고 그 이후의 탈무드의 유다교가 보여 주는 바와 같은 훌륭한 동질성이 없었다. 그럴수록 우리가 기울여야 할 노력은 그만큼 더 커질 수밖에 없다. 기원후 70년 예루살렘 성전이 파괴될 때까지 여러 갈래의 운동이 이스라엘 백성을 나누어 차지하고 있었다. 하기는 그 당시에도 일반 대중에 대한 율법 학자, 곧 현자라고 불리던 율법 학자들의 영향력이 컸던 것도 부인할 수 없다. 이들은 주로 의식상의 정결을 중시하던 바리사이 계통의 율법 학자들로서, 특히 시너고그

Synagogue, 즉 유다교 회당들을 폭넓게 장악하고 있었다. 유다인 역사가 요세푸스는 그중에도 특히 세 가지 중요한 종교적 '파당'들(그리스어로는 aireseis)을 언급한다. 이들은 당대 식자들과 종교적 엘리트들을 거느리고 있었는데, 곧 바리사이파와 사두가이파와 에세네파다(《유다 고대사》 13,171 이하). 이 밖에 다른 집단들이 또 있었다. 특히 기원후 1세기에 그랬다. 이 무렵의 헬라 세계는 각종 소집단들이 들끓어 터질 지경이었다. 민족주의 운동들도 꼽을 수 있다. 이 운동들은 기원후 66~70년 사이에 일어난 유다 전쟁에까지 이르게 된다. 이 밖에도 우리는 종교적 부흥을 꾀하던 예언 운동을 잊어서는 안 된다. 이 운동들은 심각한 불안과 특히 당시 헬라 세계에서 각별했던 구원에 대한 갈망에 호응하였다. 그 가장 좋은 실례는 침례 운동(들)에서 찾아볼 수 있다. 예수와 그리스도교 공동체는 바로 이 침례 운동에서 솟아났다고 해도 과언이 아니다. 필자는 이제까지 별로 알려지지 않은 이 점을 각별히 역설하고 싶다. 그러나 예수와 율법 학자들 간의 밀접한 유대도 잊지 않고 짚어 보고자 한다. 가장 가까운 사람들과 비교할 때 자신의 특성이 가장 잘 드러나는 법이다. 대부분 사두가이파에 속해 있던 대제사장들이나 '원로'라고 일컫던 유지들과 나자렛의 한낱 목공에 불과했던 예수가 사실 만날 일은 없었을 것이다. 이 사람들은 예수가 예루살렘의 사지로 끌려가는 마지막 순간에만 나타난다. 세상과는 격리되어 살아가던 에세네파가 예수와 관련이 있었을 리는 만무하다. 그러나 침레 운동 계열에 속하는 집단들과 바리사이파는 예수와 직접적으로 관련을 맺고 있었다. 또 예수에 대한 그들의 영향도 직접적이었다. 동시에 그들과의 대비를 통해 다음 두 가지 점에서 예수의 특성이 가장 두드러지게 드러난다. 곧 성전과 율법에 대한 태도다.

제3장

예수와 침례 운동

    그리스도교는 어떤 의미에서는 일종의 침례 운동 또는 세례 운동이다. 예수가 요한 세례자로부터 세례를 받았다는 것은 잘 알려져 있는 사실이다. 훗날 그리스도인들은 세례를 집전할 뿐 아니라 할례 대신 이 세례를 새로운 계약의 하느님의 백성에 가입시키는 입교 의식으로 삼게 된다. 예수와 요한 세례자를 이어 주는 유대는 이렇게 당연한 것으로 요청된다. 예수의 활동은 요한 세례자의 발자취를 따라 전개된 것이다. 그런데 한 가지 놀라운 사실은 바오로 사도가 요한 세례자에 관해서 한마디도 하지 않는다는 것이다. 적어도 바오로의 친서들에서는 하지 않는다. 복음사가들은 요한 세례자에 관한 기사를 보도하고 있는데, 그와 그의 활동을 예수에게 종속시켜 소개하려는 세심한 배려를 잊지 않는다. 공관 복음사가들은 예수가 침례 운동을 했다는 말을 전혀 하지 않지만, 요한 복음사가는 예수가 "유다 땅으로 가시어 …… 세례를 주셨다."(요한 3,22)라고 말한다. 거기서 좀 더 읽어 내려가면 요한 세례자의 제자들이 스승에게 이렇게 말한다. "스승님, 요르단 강 건너편에서 스승님과 함께 계시던 분, 스승님께서 증언하신 분, 바로 그분이 세례를 주시는데 사람들이 모두 그분께 가고 있습니다."(요한 3,26) 복음사가는 곧이어 이 말의 내용을 좀 더 자상하게 밝혀 준다. "예수님께서는 당신이 요한보다 더 많은 사람을 제자로 만들고 세례를 준다는 소문을 바리사이들이 들었다는 것을 알게 되셨다."(요한 4,1) 그리고 그다음 절에서는 여기에 쐐기를 박는다. "사실은 예수님께서 친히 세례를 주신 것이 아니라 제자들이 준 것이다."(요한 4,2) 이와 같이 원시 그리스도교의 전승은 요한 세례자와 예수를 밀접하게 연결하면서도 이 두 사람을 갈라놓는 간격을 분명하게 역설하고 있다. 역사가가 해야 할 일 중 하나가 바로 이 간격을 제대로 측정하는 일이다. 그것은 말하자면 초창기 그리스도교가 자신들의 주님에 대해서 얼마만큼 거리를 두었던 것과 같은 맥락이다. 부활 이후의 그리스도교 전승은 한편으로 요한 세례자가 새로운 구원 시대의 출발점이라는 사실을 인정하고 있었다. 그러면서도 다른 한편으로는 예수에 앞서 이런 선구자의 존재가 부담스럽게 느껴지자 바오로 사도 같은 사람은 요한 세례자의 존재를 아예 묵살하거나 요한 교인들(요한 세례자의 제자들)을 경계하기에 이르렀다. 예수가 세례자였다면 무슨 의미로 그랬을까? 요한 세례자처럼 당국자들에게 소추를 당하고 끝내는 "유다인들의 왕, 나자렛 사람 예수"라는 죄목으로 십자가 위에서 처형당한 예수는 과연 어떤 의미의 세례자였을까? 과연 예수의 침례 운동은 어떤 점에서 그 당시의 다른 침례 운동(들)과 구별되는가? 여기에 소개하는 '소급 진술'에서 필자는 기초적인 자료들을 강조할 것이다. 그 까닭은 여기서 다루는 주제가 매우 중요하기 때문이다. 이 주제는 성전과 율법에 대한 예수의 태도를 제대로 이해할 수 있게 해 줄 뿐만 아니라, 그를 십자가로 몰고 간 악마 추방과 예언자 활동을 벌이게 된 이유를 일부 해명할 수 있게 해 줄 것으로 기대된다. 예수의 인물 됨됨이를 너무 과장해서 소개하는 것으로 만족해하는 주석가들이나 역사가들이 너무 많다.

이어지는 다음 논의에서는 개별적인 사건들 간의 단속성을 뛰어넘어 예수의 언행의 일관성을 추구하러 나설 것이다. 이 일관성의 주축은 곧 침례 운동의 현상이라고 생각한다. 그렇다고 다른 연구와 해석의 가능성을 배제하자는 뜻은 아니다. 그래서 이 침례 운동을 개관하기 위하여 몇 마디 소개하고, 예수를 회상하는 초창기 공동체가 그분을 이 핵심적인 맥락 안에 어떻게 자리매김했는지 살펴보겠다.

1. 기원후 1세기의 침례 운동의 현상

여기서 우리는 먼저 유다인이나 이교도를 막론하고 기원후 1세기의 헬라 세계와 구약 성경에 일찍부터 알려져 있던 세정례洗淨禮나 정화욕淨化浴, 지금 언급하려는 침례 동작 또는 그 의식의 독창성을 세심하게 구별할 줄 알아야 한다. 이것은 매우 중대한 의미를 갖기 때문이다. 얼핏 보기에는 그럴 필요가 없는 것 같기도 하다. 세정례를 뜻하는 희랍어 '밥티스모스baptismos'나 그리스도교의 세례성사에서 침례를 가리키는 '밥티스마baptisma'는 둘 다 '밥ㅌbapt'라는 같은 어원에서 파생했다. 이 두 가지가 다 물로 집전하는 의식임에는 틀림없지만 그 기능은 전혀 다르다. 세정례는 본질적으로 속계俗界에서 성계聖界로, 또는 성계에서 속계로 넘나드는 일종의 통과 의식이다. 여기에 비해서 침례 의식은 죄를 말소하자는 데 그 목적이 있다. 따라서 이 동작은 궁극적으로 예루살렘 성전에서 여러 가지 의식 절차를 거쳐야 비로소 베풀어지던 죄 사면을 대치하는 것과 다름없다고 할 수 있다. 기원후 1세기의 유다인들 사이에는 여러 가지 운동과 집단들이 들끓고 있었는데, 그 가운데서도 요한 세례자와 그 뒤로 이어지는 예수의 침례 운동은 그것만으로도 다른 침례 집단(들)과 당대 유다인들의 다른 집단들 사이에 상당한 거리가 있었음을 함축한다.

2. 세정례와 정화욕

물의 의식이라든가 그중에도 세정례 같은 의식은 고대 중동 지방뿐 아니라 다른 곳에서도 널리 실천되고 있었다.[2] 물은 그 가시적인 효과로만 보더라도 깨끗하게 하고 생기를 준다. 이처럼 물은 생명과 풍요의 표지요, 상징이다. 갠지스 강, 유프라테스 강, 나일 강의 물은 이처럼 일체의 생명체에 생기를 주고 인간을 거룩하게 만들며, 신과 같이 만든다고 생각했다. 특히 거룩한 목욕, 즉 종교적 의미의 목욕은 '밀의 종교密儀宗敎'들에서 많이 실천하고 있었다. '이시스Isis'나 '미트라Mithra' 예배, '엘레우시스Éleusis' 밀의 종교 의식을 그 예로 들 수 있다. 이 목욕을 통해 입교 지망자는 현재의 자기 처지보다 좀 더 높은 차원의 경지로 넘어가려는 것이다. 따라서 이 경우의 목욕은 일종의 통과 의식rite de passage 또는 입교 의식rite d'initiation이라고 봄이 옳다. 그러나 이러한 의미의 목욕 이외에도 도덕적인 때, 흠이나 더러움, 한마디로 부도덕과 죄를 벗긴다는 의미가 아주 없었던 것은 물론 아니다. 그렇더라도 이러한 세정례는 쉽게 도덕적 의의를 상실하고, 일종의 마술로 전락할 위험을 늘 지니고 있었다. 베르길리우스Virgile나 오비두스Ovide 또는 유베날리스Juvénal 같은 당대의 지식인들은 이러한 마술로 타락한 세정례가 대중들 사이에서 인기를 모으고 있다는 사실을 신랄하게 비판했던 것이다. 그런데 바로 이 대중 사회에서 그 도덕적인 의미를 조금도 상실하지 않고 성공을 거둔 침례 운동이 있었으니 그것이 곧 요한과 예수의 경우라고 하겠다. 그러나 구약의 종교는 이러한 종교 현상의 발전에 유리한 계기를 마련해 줄 처지가 못 되었다.

1) 구약 성경에서 본 세정례와 정화욕

성경의 본문은 물로 집전되는 의식에 관해서 꽤 자주 언급하는 편이다. 그러나 그 범위는 의식적 정결에 한정되어 있었다.[3] 그러니 도의적인 분야와 의례적인 분야를 혼동하는 일이 없도록 세심한 주의를 기울여야 할 것이다. (구약) 성경에 보면 정결례는 죄를 사해 주거나 고의건 과실이건 도의적인 잘못을 없애 줄 힘이 없다. 정결례는 성聖과 속俗의 한계를 지어 줄 뿐이다. 도덕적으로 결함이 없는 사람일지라도 그는 어디까지나 인간에 지나지 않는다. 따라서 그는 하느님과는 무한한 거리를 갖는 한낱 육적인 존재에 불과하다. 물의 의식은 인간으로 하여금 속적 또는 육적인 영역에서 신성한 영역으로 갈 수 있는 가능성을 확보해 준다. 정결례는 본래 추방하거나 격리시킬 목적으로 마련된 것이 아니다. 이것은 소극적인 일면에 지나지 않는다. 그 첫째 목적은 인간으로 하여금 하느님께 더욱 가까이 갈 수 있도록 하는 데 있었다. 그런데 이 신성한 영역으로 들어올 수 있는 조건과 규정들을 정할 수 있는 분은 하느님이시다. 여기서 도덕적인 과실이 문제가 되는 것은 아니지만, 이런 정결례의 규정을 고의로 지키지 않는다면 그것은 하느님께 가까이 갈 수 있는 조건을 인간이 제멋대로 정하겠다는 뜻이나 다름없다고 하겠다. 그리고 이것은 하느님과 인간의 만남에서 사전에 이 만남의 규범과 규정을 결정할 수 있는 하느님의 권한을 부인하는 결과가 된다. 따라서 어떤 종류의 부정은 속죄의 제사를 바쳐야만 벗을 수 있다는 것이 성경의 입장이었다(레위 5,2; 12,1 이하 참조). 여하튼 정결례는 그 자체만으로는 죄를 속죄할 수 없는 것이었다.

 죄를 없애려면, '죄를 위해서' 여러 가지 제사를 바칠 것을 구약성경은 지시한다. 제물을 '피에 적심으로써' 하느님의 용서를 얻을 수 있다는 것이다. 피는 생명을 나누어 주기 때문이다.[4] 후대에 와서는 매년 티쉬리 달 10일(양력 9~10월)에 거행되는 '욤 키푸르', 곧 속죄일이 갈수록 더 중요시되었다. 특히 기원후 70년 이후로는 율법을 잘 실천하고 자선을 베풀면 하느님의 용서를 얻을 수 있는 것으로 생각되었다. 그도 그럴 것이 예루살렘 성전이 파괴되어 유혈의 제사를 더 이상 드릴 수가 없었기 때문이다. 사정이 이렇다 보니 세정례는 그 나름대로 확고부동한 위치를 차지하게 되었다. 그러나 거기에는 조건이 있었고, 이 조건은 일반적으로 인정을 받았다. ① 신자는 일체의 종교적인 행사나 의식에 앞서 마음을 고쳐먹고 참회를 해야 한다. 종교는 마술이 아니기 때문이다. ② 그리고 나서 물의 의식을 거쳐 하느님의 영역에 가까이 갈 수 있거나, 그 성역에서 물러날 수 있게 된다. ③ 그제야 합당한 제사를 드릴 수 있으며, 이 제사는 죄를 없애 주고 하느님의 구원을 가져다준다.

정결례 규정은 일차적으로 성전에서 봉사하는 사람들에게 해당되는 것이었다. 종교 의식의 집전에 합당한 자격을 얻기 위해서였다. 사제들은 성전에 들어가기 전에 몸을 씻어야 했고(2역대 4,2-6) 의식이 집전되기 전과 후에도 그래야 했으며, 이것은 '키푸르' 속죄일에도 마찬가지였다(레위 16,24.26). 따라서 이 의무는 이스라엘 사람 모두에게 예외 없이 적용되는 것은 아니었다. 그렇지만 얼마 안 가서 이 의식은 부정한 사람을 공동체 의식에 다시 받아들인다는 것을 표시하고자 반드시 거치게 하였다. 그래서 평소에 성전에서 배척되었던 나환자를 정화시키는 경우나(레위 14,8-9), 시체와 접촉함으로써 생기게 된 장애를 치워 버리는 경우에 이 의무를 지켜야 했다(레위 22,4-7).[5] 그래서 물 뿌리는 예절이 더욱 성행하게 되었다. 생수에 붉은 암소의 재를 섞은 다음 히솝, 곧 우슬초와 같은 나뭇가지에 그 물을 찍어서 뿌리는 예절이었다. 이것은 민수기 19장 1절 이하에 전해지는 의식 절차를 따르는 예절이다.

이스라엘의 옛 예언자들이 물이라는 소재를 영성화시켜서 이해한 것은 사실이지만, 그렇다고 그들이 이러한 물의 의식에 관한 관행에 반대했다고 생각할 필요는 없다. 다만 물의 예절이 내면적인 정화의 상징 또는 그 표시로 재해석되었을 뿐이다. 이사야의 "너희는 [몸을] 씻어라. [마음을] 정하게 하라."(이사 1,16 참조)라는 말은 이를 잘 반영한다. 시편 작가의 다음의 말도 마찬가지다. "우슬초로 제 죄를 없애 주소서. 제가 깨끗해지리이다. 저를 씻어 주소서. 눈보다 더 희어지리이다."(시편 51,9) 사람들은 예루살렘에서 샘이 터져, 그 생수로 완전하게 정화될 수 있으리라 기대하고 있었다(즈카 13,1). 또 하느님이 직접 이렇게 예고하시기도 한다. "너희에게 정결한 물을 뿌려, 너희를 정결하게 하겠다."(에제 36,25) 예언자들은 주님의 이 말씀이 이루어짐으로써 이스라엘이 마침내 하느님의 성역에서 살게 될 것이라고 여겼다. 이와 같이 예언자들도 물의 의식 그 자체를 문제시하지는 않았다. 물론 예레미야와 같은 예언자의 풍자가 없지는 않았다. "네가 비록 잿물로 네 몸을 씻고 비누를 아무리 많이 쓴다 해도 죄악의 얼룩은 그대로 내 앞에 남아 있다."(예레 2,22) 사실 물의 의식은 죄를 사해 주지는 못하기 때문이다. 물론 사무엘기 상권 7장 6절에 전해진 오래된 본문은 물의 의식과 죄의 용서, 이 두 가지를 밀접하게 연결시키고 있다. "사람들은 미츠파로 모여 와서 물을 길어다가 주님 앞에 부었다. 바로 그날 그들은 단식하며, '저희가 주님께 죄를 지었습니다.' 하고 고백하였다." 그러나 이 본문은 성경의 전통이 발전해 가는 가운데에도 전혀 호응을 얻지 못하였다. 다른 한편, 성경은 정화에 관련되는 어휘를 많이 사용하고 있는 것도 사실이다. 특히 '정결하게 하다'라는 뜻의 '타헤르taher'라는 히브리어의 어근이 많이 사용되었다. 반면에 '타발tabal'이라는 어근은 '적시다, 담그다'라는 뜻이 있는데, 이 낱말은 별로 사용되지 않았다. 이른바 '대예언자'들은 이 낱말을 전혀 사용하지 않았다. 그러나 다음에서 살필 기회가 있겠지만 바리사이 계통의 율법 학자들과 침례 운동에 가담한 사람들 사이에서는 이 낱말이 많이 사용된다. 70인역 열왕기 하권 5장 14절을 보면 '타발'이라는 낱말이 그리스어로는 '밥토baptô'라는 낱말로 번역되었고, 한 번은 '밥티조baptizô'로 번역되었다. 엘리사 예언자의 권고에 따라 시리아 사람 나아만이 나병을 치유받기 위해서 요르단 강에 일곱 번 몸을 담갔더니 그 살갗이 깨끗해졌다는 대목이다. 여기서도 볼 수 있는 침례와 치유의 이중 소재가 성경의 후대 전통에서는 전혀 반응을 얻지 못했다. 그러나 침례 운동에 가담한 사람들 사이에서는 그렇지 않았다. 엘리야와 엘리사, 사무엘 같은 인물들이 굉장한 인기와 존경을 누리고 있었던 것이다.[6]

2) 구·신약 중간 시대

정결례 의식은 기원후 1세기를 전후하여 헬라 세계와 마찬가지로 유다인들의 생활 전반에 널리 침투되어 있었다.[7] 여기서 우리는 이 시대가 종교심이 각별히 왕성하던 시기였음을 알 수 있다. 구원에 대한 갈망이 어느 곳에나 가득 차 있었고, 그때까지 전래하던 여러 가지 믿음의 형태에 대해 회의적이고 유보적인 태도를 보였다. 그 결과 오래된 종교 집단들이 해체되고 새로운 종교 또는 유사 종교 집단이 생겨나게 되었다. 티아스교인들, 오르게온교인들,

에라니교인들이 그 좋은 예라고 하겠다. 이런 현상은 팔레스티나에까지 파급되고 있었다. 여기서도 활발한 새로운 소집단들이 전통 사회를 뒤흔들어서 종교적인 성격을 띠는 여러 종파와 운동으로 분리되는 경향이 뚜렷이 나타나고 있었다. 사두가이파, 바리사이파, 에세네-쿰란 사람들, 옷세교인들과 침례 운동가들, 그리고 이집트의 이른바 '치유주의자들'은 모두 이러한 종교적 소집단이나 운동 단체의 좋은 실례라고 하겠다.

물과 음식에 관련되는 여러 가지 정결례들은 자연히 이러한 집단들을 정의하는 데 큰 몫을 하였다. 이들 간의 경계선을 확실하게 그어 주었기 때문이다. 이스라엘에서도 사람들의 생활 전반에 걸쳐 물로 이루어지는 의식이 종교 생활에서나 가정생활에서나 널리 그리고 자주 거행되었다. 기원전 3~2세기에 쓰인 《희년기 *Jubilés*》에서도 이미 다음과 같이 말하고 있는 것으로 보아 이 사실을 확인할 수 있다. "그대는 그대의 몸을 순결하게 보존하고, 제물을 바치러 가기 전에는 물로 (몸을) 씻어라. 제단에 오르기 전에는 손과 발을 씻고, 제사를 끝마친 다음에는 다시 한 번 손과 발을 씻어라."(21,16) 기원후 1세기 알렉산드리아의 필론의 경우도 마찬가지다. 그도 다음과 같이 주의를 환기시키고 있기 때문이다. "몸을 씻어 정화하기 전에는 결코 (성전에) 가까이 가지 말라."(*Quod Deus sit immutabilis* 8, 아울러 *De Plantatione* 162도 참조)

마지막으로 요세푸스도 성전에 나아가기 전이나 장례식에 참석한 다음이나 그 밖의 다른 기회에 반드시 실천해야 할 정화 의식을 여러 차례 언급하고 있으며, 일일이 다 나열하자면 지루할 것이라는 말까지 곁들이고 있을 정도다(《아피온 반박 Contre Apion》 2, 198.202). 사정이 이렇다 보니 성전과 올리브 산 일대에 온천장과 노천 목욕탕 시설이 왜 그렇게 많아졌는지 그 이유를 알 수 있다. 그리고 유다교 회당에는 입구에서 씻고 들어갈 수 있도록 수반水盤, miqwot을 마련해 두었다.[8]

그러나 이러한 물의 의식에 관한 관습을 대체로 받아들이면서도 거기에 부여하는 의미는 종파에 따라 달랐다. 당시의 사정을 도식화할 위험이 없지 않지만 각 종파에 따라 다르게 나타나는 이들의 입장을 좀 더 정확하게 구별해 보자.

① 사두가이파는 고위 성직자와 명문가 인사 등, 전통주의자들로 이루어진 유다교의 한 분파다. 문서화된 모세 오경 외에는 일체의 물의 예절을 중요시하지 않았다. 이를테면 사두가이들은 전례 개혁을 별로 달가워하지 않던 사람들이다. 가령 초막절에 실로암 못에서부터 성전의 번제 제단에 이르는 '물의 행렬'은 매우 대중적이며 인기를 모았던 의례였지만, 사두가이들은 이에 아랑곳하지 않았다. 또한 이들은 바리사이 계통의 율법 학자들이 부과하려던 그 숱한 침례 의식, 가령 키푸르 축제(속죄일) 때 대사제에게까지 부과하던 침례 의식도 좀처럼 받아들이지 않았다.[9]

② 이에 반해서 상당수의 율법 학자들은 여러 가지 '씻는 예절'이나 침례 의식을 매우 중요시하였다. 그 좋은 실례를 우리는 마르코 복음서 7장 1~4절에서 찾아볼 수 있다. 이 구절에서도 손을 씻거나 잔이나 단지 또는 놋그릇이나 침상을 씻는 일을 바리사이와 '모든 유다인'의 전통으로 소개하고 있다. 이 무렵부터 '타발tabal'이라는 히브리어의 어근도 여러 가지 형태로 많이 쓰이게 되었다. 오늘의 우리에게는 이와 같은 종교적이며 동시에 일상적인 관례가 이상스럽게 보일 수도 있다. 그도 그럴 것이 그 이유를 이해하기가 쉽지 않기 때문이다. 율법 학자들이 보기에 하느님의 말씀은 모든 사람에게 아무런 차별 없이 해당되는 것이었다. 그래서 이 율법 학자들은 자기들의 종교를 좀 더 활성화시키고 보편화시키려는 가상한 노력과 의도에서, 사제들에게만 의무적으로 부과되었던 것을 모든 유다인에게 확대 부과하려 했던 것이다. 실상 탈출기 19장 6절의 말씀을 바리사이들의 방식으로 해석한다면, 모든 이스라엘 사람은 '사제들의 나라'의 구성원들이 아니었던가! 그러니 누구나 사제들의 '정·부정'에 관한 규정을 정성껏 지켜야 한다는 것이었다. 따라서 성전의 기물뿐 아니라 보통 물건이라도 부정을 탔을지 모르므로 일단 물속에 담가 정화시켜야 했다. 특히 이방인들에게서 온 것이나 이미 부정을 탄 것과 접촉된 것들은 그래야 했다.

이로 말미암아 어떠한 결과가 따르게 되었는지는 금방 알 수 있다. 먼저 정화 상태에 대한 자신을 가지려고 물로 하는 예절의 횟수를 늘려 가게 되었고, 이에 따라 율법 학자들의 해석과 '조상들의 전통'은 일반 사람들이 지켜야 할 의무를 더욱더 정확하게 규정하려 들게 되었다. 부정 탄 것들 중에는 이방인 출신으로서, 유다교로 개종하여 할례를 받고 계약의 백성의 일원이 되고자 하는 이른바 '하느님을 두려워하는 이들'도 포함되었다. 그래서 1세기에 이미 할례 뒤에 받는 이른바 '개종자들의 세례'가 나타나게 된다. '트빌라tebilah'('타발'에서 파생된 단어)라고 일컬어지던 이 유다교 개종자들의 세례는 그들을 하느님 백성의 일원이 되게 해 주는 입교 예절이 아니다. 이 세례는 다만 할례를 받은 이 개종자가 제사를 드리기 전, 그가 지니고 있는 장애를 제거해 주는 의식에 불과하다. 그러나 이와 같은 종교적 관습이 기원후 1세기에는 아직 일반화되지 못했을 것이다.[10] 그래서인지 필론과 요세푸스 같은 사람들도 여기에 관해서 아무런 언급도 하지 않는다. 유스티누스도 유다인들의 여러 가지 목욕 예절을 나열하면서도, 이 관습에 대해서만은 아무 말도 하지 않고 있다.

둘째로 지적해야 할 결과는 당대 유다교 사회라는 수준에서 볼 때 더욱 심각했다는 점이다. 정화의 예절이 생활 전반에 밀려들자 이 유다 사회는 차츰차츰 여러 계급으로 세분화되어 갔다. 정화의 의식은 이처럼 얼마나 높은 수준의 정화에 다다랐는지에 따라 이전에는 잘 유지되었던 전체적인 통합을 깨고 여러 가지 소집단으로 격리되고 분산되는 결과를 가져왔다. 이른바 의인들, 정淨한 사람들, '격리된 사람들'(거룩한 사람들)은 '땅의 백성'(일반 서민 대중, 시골 사람들-역주)과는 다르다고 여겼다. '죄인들'과도 물론 다르다고 생각했다. 바리사이들(히브리어로 '프루쉼prerushim', 즉, '가르다, 떼다'라는 뜻의 어근에서 나온 말)은 자기네 유파를 따르는 율법 학자들의 비호를 받아 이른바 '순수파'의 소집단을 이루고 있었다. 이들은 '땅의 사람들'('암 하-아레츠am ha-aretz')이[11] 상습적으로 묻히고 다니는 숱한 '부정'에 오염되지 않으려고 늘 주의를 게을리하지 않았다. 실상 이 서민 대중은 정·부정에 관한 규정을 비롯하여 율법의 여러 가지 세세한 규정들을 도저히 완벽하게 준수할 수 없었던 것이다. 이 일반 서민 대중 중에서도 이른바 '죄인들'이라고 불리던 사회적이며 동시에 종교적인 계층은 엄격한 차별 대우를 받고 있었다. 이들 중에는 의사들, 도살업자들, 양치기들, 창녀들, 그리고 세관원들이 포함되어 있었다. 이들은 직업상 항상 이방인들과 여자들을 상대하거나 또는 시체와 접촉을 피할 수 없었기 때문에 늘 부정을 타고 있었던 것이다. 이 밖에도 바리사이들은 일종의 '친목회'를 조직하고 있었는데, 엄격하게 규정을 지킨다고 자부하던 자신들끼리도 십일조나 정화 예절을 어떻게 치르는지에 따라 정·부정의 정도를 따짐으로써 서로 분리와 차별을 조장할 뿐이었다. 그러니까 정화의 의식은 이를 철저하게 지키면 지킬수록 언제나 사람들을 갈라놓고 고립시키는 결과를 가져다주었다. 요컨대 바리사이파 운동은 그 이상理想은 훌륭했을지라도 결과적으로는 폐쇄적인 사회와 자폐적인 소집단을 낳았을 뿐이라고 하겠다. 예수가 벌인 활동 중의 하나는 바로 이 '소집단들'을 거부하는 것이었다. 그는 종교의 문제를 일반 서민 전체를 상대로, 또 그들의 수준에서 제기하고 이를 해결하려 했다고 볼 수 있다. 예수는 레위라는 세관원을 당신의 직제자로 받아들였다. 그럼으로써 그는 당대의 사회적이며 종교적인 계급의 장벽을 타파하였다. 그렇지만 여기서도 과장은 금물이다. 앞에서 말한 현상은 기원후 1세기까지만 하더라도 비교적 온건한 수준에 머물러 있었다. 그러나 기원후 2세기부터는 정·부정에 관한 규정을 더욱 강조하게 되는 현상을 볼 수 있다. 이때에 유다교는, 기원후 70년의 예루살렘 멸망의 원인들 중의 하나가 여러 가지 경향들과 파벌들이라는 사실을 깨닫고 국민들의 일치와 국론의 통일을 한층 더 공고히 해야 할 필요성을 절감하고 있었다. 다른 한편 정·부정의 규정을 너무 강조하다 보면 이스라엘 자체가 분열될 뿐 아니라 자칫하면 일반 서민들의 종교 생활은 물론이고 사회 생활마저 전혀 불가능하게 만들 우려가 없지 않았으므로, 힐렐 같은 율법 학자는 그렇게 되지 않도록 주의를 게을리하지 않았다. 특히 순례의 축제 동안에는 종교 의식적인 장애를 일부 완화시켜 주거나 아예 없애 주는 것이 관례였다. 쿰란 사람들은 이러한 지혜로운 신축성을 갖지 못했음이 분명하다.[12]

③ 에세네파는 이 점에 대해서 극단적인 입장을 취하였다. 쿰란 사람들은 이 에세네파의 대표적인 집단으로 생각되는데, 이들

은 다른 사람들과는 인연을 끊은 채 자기네끼리만 따로 격리된 일종의 자폐적인 집단을 이루고 살았다. 그래서 그들이 미워하던 이교인들과도 떨어져 살았고, 부정을 탄 다른 유다인들과도 상종하지 않았으며, 예루살렘 성전의 사제들과도 인연을 끊고 지냈다. 심지어는 자기네 공동체 안에서조차 정·부정의 의식 때문에 회원끼리도 접촉을 기피하는 바람에 공동체가 분열되어 있었다. 요세푸스가 회상하고 있는 바와 같이, 에세네파의 쿰란 공동체는 정화의 정도에 따라 네 가지 계급으로 나뉘어 있었다. 그래서 상위 계급의 회원이 하위 계급의 회원과 접촉을 하게 되면 부정에 오염되어 마치 외부 사람이라도 만난 것처럼 정화의 목욕으로 자신을 깨끗하게 하여야 했다(《유다 전쟁사 *Guerre*》 2,150).

여하간 이들 에세네파 사람은 하루에도 여러 차례 목욕을 한 것이 사실이며, 특히 저녁 식사 전에는 반드시 목욕을 해야만 하였다. 그런데 이 저녁 식사에는 외부인은 아무도 들어갈 수 없는 식당에서 자기네끼리만 모여서 식사하는데도 이처럼 정화욕을 엄격하게 요구하였던 것이다. "그들 자신도 깨끗한 몸으로만 식당에 들어간다. 식당은 마치 거룩한 집합 장소와도 같았다."(《유다 전쟁사》 2,129)

이른바 '새로운 계약'의 에세네파 사람들은 이 세정례에 어떠한 가치를 부여하였는가? 물은 과연 죄를 용서하며 따라서 예루살렘 성전의 속죄 의식을 대치한다고 생각했을까? 이 질문에 답변하기 전에 먼저 쿰란의 제1 동굴에서 발견된 《공동체 회헌 *Règle de la*

Communauté》의 한 구절을 보는 것이 좋겠다.

[회심을 하지 않는 자는] 제 마음의 고집대로 계속 살아가는 동안에는, 그리고 어두움을 빛의 길인 양 생각하는 동안에는 결코 의롭게 될 수 없을 것이며, 완전한 자들의 셈에 들 수 없을 것이다. 그는 속죄의 의식으로도 용서받지 못할 것이며, 정화의 물로도 깨끗하게 되지 못할 것이고, 바닷물이나 강물로도 성화되지 않을 것이며, 세정의 그 모든 물로도 깨끗해지지 않을 것이다. 그가 하느님의 심판을 업신여기고 그분의 공동체 안에서 자신을 교정하지 않는 한, 그는 언제까지나 부정한 자로 남아 있을 것이다. 각자 저마다 걸어가는 길에서 저지른 모든 죄악은 진리의 지혜를 주시는 영으로 말미암아 사해진다. 그리하여 그는 생명의 빛을 보게 될 것이다. 그리고 그 거룩함의 영으로 말미암아 그는 그 모든 자기의 죄악으로부터 깨끗해질 것이다. 그분의 진리 안에서 공동으로 생활하기 위해서이다. 그리고 깨끗하게 하는 물을 뿌려 참회의 물로 자신을 정화할 때, 그의 육이 정결하게 되는 것은 하느님의 그 모든 계명들에 대한 영혼의 겸손 때문이다. 그의 죄가 용서되는 것은 그의 정신이 바르고 겸손하기 때문이다. 또한 그는 하느님의 모든 길들을 걸어가는 데 제 발들을 굳힐 것이다. 하느님의 증언들을 기리기 위하여 당신께서 명하신 바를 따라 완전하게 될 것이다. 그리하여 그는 오른쪽으로도 왼쪽으로도 빗나가지 않고, 그분의 말씀을 하나도 어기지

않을 것이다. 그때에야 그는 하느님의 마음에 드는 속죄를 드려 그 분을 기쁘게 해 드릴 것이다. 그러면 이것이 그에게는 영원한 공동체의 계약이 될 것이다.(1Qs Ⅲ,3-11)[13]

이 구절과 그 밖의 이와 비슷한 구절들 중에 헤로데 시대의 것으로 보이는 구절(1Qs Ⅳ, 20-21; Ⅴ, 13-14)에는 세정례의 말만 있지 물속에 잠기게 하는 침례로 이루어지는 물의 의식에 관한 말은 없다. 실제로 쿰란에서는 히브리어 낱말의 어근 '타발' 계통의 어휘들을 전혀 사용하지 않고 있으며, 세정례, 달리 말해 정·부정의 예식에 관한 어휘들만을 사용하고 있다. 쿰란파 사람들의 사고방식은 이렇게, 위에서 이미 지적한 바와 같이, 당시의 다른 유다인 율법 학자들의 생각과 사실상 일치한다. 무엇보다도 마음의 참회가 먼저였으며, 이 전제 조건이 채워졌을 때에야 비로소 세정의 의식도 하느님께 가까이 갈 수 있도록, 따라서 속죄에도 가까이 이를 수 있도록 해 줄 수 있었다(1Qs Ⅲ,3-11: "그제야 그는 하느님의 마음에 드는 속죄를 드려 그분을 기쁘게 해 드릴 것이다"). 이처럼 마음의 회개는 불가결의 전제로 남아 있었던 것이다. 물은 마술을 부리지 못한다. 이것은 기원후 1세기의 유명한 율법 학자 요하난 벤 자카이도 주의를 환기시키고 있는 핵심적인 요소였다. "여러분의 목숨을 걸고 말합니다. 어느 시체도 더럽히지 못하고 어느 물도 깨끗하게 할 수 없으니 오로지 왕들 중의 왕이신 분의 결정만이 용서해 주십니다."[14] 공동체 회헌 Ⅲ, 4의 본문에서도 무슨 물이든지 그것으로 정화와 죄의 용서를 얻을 수 있을 것이라고 믿는 경건하지 못한 자를 신랄하게 공격하고 있는 사실을 눈여겨볼 수 있다. 그럼에도 그 본문의 저자는 그 옛날의 예언자들과 같이 정결이라는 어휘에다 죄의 용서라는 주제를 결부시키는 데 조금도 주저함이 없다. 적어도 그는 상징적인 의미로 그러는 것 같다. 공동체 회헌 Ⅳ, 20에 전해진 다음 구절이 이 사실을 잘 말해 주고 있다. "그분은 신의 영을 마치 정결하게 하는 물과 같이 그에게 뿌리시리니 가증스러운 모든 거짓을 없애시려는 것이다."

그렇지만 그 이상의 다른 무엇은 찾아볼 수 없을까? 쿰란의 추종자들은 예루살렘의 사제들을 불법적이라고 생각하고 그들과 인연을 끊었으며, 성전의 유혈 제사들을 더러운 것으로 보고 이를 모두 거부하였다는 것은 잘 알려진 사실이다. 그렇다면 그들은 혹시 물로 행하는 여러 가지 의식들에 어떤 특수한 중요성을 부여하지 않았을까? 먼저 지적해야 할 것은, 이 추종자들은 성전과 모든 유혈 제사 그 자체에 대해서는, 달리 말해 구원의 제도로서는 결코 비난하거나 공격하지 않았다는 사실이다. 오히려 이들은 자신들을 사제들의 집단 또는 파벌로 생각하였으며, 언젠가는 예루살렘에 새로운 성전이 세워져 거기서 장엄한 제사를 드릴 날을 기다리면서 자기네 공동체를 곧바로 성전이라고 지칭하기도 하였던 것이다. 물론 이러한 그들의 입장을 일단 사실로 인정한다손 치더라도 그들의 공동체 역사 전체를 놓고 볼 때, 사죄의 제도적 장치까지를 포함하는 예루살렘의 의식 체제로부터 일단 떨어져 나온 다음 적어도 한때는, 순전히 영신적인 의미의 의식만을 드릴 수밖에 없었을 것이다.[15] 그래서 그들에게 남게 된 유일한 물의 의식을 비롯하여 몇몇 다른 의식들의 가치를 불가피하게 높이 평가할 수밖에 없었을 것이다. 그들이 따르던 도식은 늘 같은 것이었다. 곧 '회심-세정례-(영적) 제사들'이다. 그러나 당시 쿰란의 사정이 그랬던 만큼 세정례는 그들의 내적이며 영적인 회심을 보여 주는 유일한 가시적인 의식이 되었을 것은 의심할 여지가 없다고 하겠다. 침례주의자들의 경우는 이와는 달랐다. 그들은 성전의 유혈 제사를 원칙적으로 반대하는 입장이었고, 그들의 침례 의식은 죄를 사해 주는 효능이 있다고 확신하고 있었다.

3. 침례 운동

이제까지 살펴본 것으로 미루어 보더라도 우리는 기원후 1세기의 팔레스티나 사회가 얼마나 모순으로 가득 차 있었는지 놀라지 않을 수 없다. 당시 지중해 연안 일대에 만연해 있던 구원의 종교들도 구원을 갈망하는 헬라계 인간의 종교적 열망을 해갈시켜 주려 하였다. 또한 가지각색의 밀의 종교의 집단들이 선남선녀들을 규합하고 있었는데, 때로는 자유인과 노예들이 같은 종교 집단에 가입하는 경우도 있었다. 그런데 이와는 대조적으로 팔레스티나에서는 물과 식사에 관련되는 정화의 의식들이 각기 다른 사회적 종교적 집단들 사이의 균열을 더욱 조장할 따름이었다. 에세네파나 바리사이파와 같은, 순수하고 아량 있는 엘리트들이 예언자들로부터 직접적으로 감화를 받아 종교의 내면성을 추구하면서 자기네의 이상을 실생활에 옮기려 노력하면 할수록 전통적인 종교 사회는 그만큼 더 가지각색의 '파벌'로 사분오열하여 갔다. 더구나 '죄인들'이라든가 '땅의 백성' 즉 일반 서민들은 자기네들한테서 구원의 샘 줄기가 멀어져 가고 있는데도 속수무책이었다. 그들은 이른바 깨끗한 사람들의 집단에 낄 수 없었기 때문이다. 여기에서 다음과 같은 모순된 상황이 벌어지게 되었다. 유다교는 이를테면 하느님께서 성전의 제사들을 통하여 죄의 용서를 베풀어 주시는 종교라고 볼 수 있다. 바로 이러한 종교에서 정·부정의 의식을 세부에 이르기까지 지킬 수 없는 일반 서민 대중은 바로 이 정화의 의식 때문에, 적어도 부분적으로는 자기들에게 구원의 길이 막히게 되었다는 사실을 깨닫지 않을 수 없었다. 이 모순을 해결해 나가는 과정에서 필연적으로 따르는 과도기적 여러 현상들을 가리켜 기원후 1세기의 침례 운동(들)이라고 한다.

먼저 이 운동의 정의를 하나 시도하는 것이 좋겠다. 우리가 침례 운동 또는 침례파라고 부르는 이 운동은 일종의 종교 부흥 운동이다. 특히 서민 대중에게 종말의 심판이 임박했으니 죄의 용서를 받기 위하여 마음을 고쳐먹고 흐르는 물에 몸을 담가 침례의 의식을 치름으로써 구원을 얻도록 하라고 선포하는 운동을 말한다. 구원의 이 침례 의식은 누구에게나 제공되었으며 누구나 가까이할 수 있는 예식이었다. 그것은 일체의 정·부정의 장애를 타파하려는 제안이었다. 따라서 이와 다른 속죄의 종교 의식과는 필연적으로 경합을 벌이지 않을 수 없었다. 특히 이 무렵의 헬라 세계는 성전에서 바치는 유혈 제사를 거부하는 경향이 널리 퍼져 있었기 때문에 더욱 그랬다.[16]

그런데 이 운동의 정체를 우리는 어떻게 알 수 있는가? 이 운동에 관한 고증 자료는 과연 충분히 있으며 이 자료는 신임할 만한 가치가 있는가? 요한 세례자에 관한 신약 성경의 자료 외에는 솔직히 말해서 여기에 관한 자료는 얼마 되지 않는다. 그러나 이 침례 운동의 현상을 완전히 도외시하고서 예수와 그리스도교의 초창기 역사를 얼마든지 이해할 수 있다고 자처하는 태도를 저지할 만큼은 충분하다. 이 점에 대해서는 1935년에 출판된 토마스 J. Thomas의 《팔레스티나와 시리아의 침례 운동들 Les mouvements baptistes en Palestine et en Syrie》이 좋은 본보기가 될 것이다.[17] 이 침례파에 대한 자료가 빈약한 것은 조금도 이상하지 않다. 실상 이 침례파가 상대로 하던 사람들은 대부분 교양 수준이 낮은 일반 서민 계층에 속하던 사람들이었기 때문이다. 다른 한편, 쿰란의 우연한 발굴을 예외로 친다면, 기원후 1세기 당시 수준이 가장 높았다고 볼 수 있는 바리사이파를 포함해서 유다인 사회에 대해서 우리가 아는 것이 실제로 얼마 되지 않는다는 점도 아울러 고려해야 할 것이다. 이러한 점을 감안하며 이 자리에서 그 얼마 안 되는 자료를 살펴보자.

먼저 요세푸스의 증언을 들어 보자. 그는 그의 《자서전Autobiographie》 11에서 '반누스Bannus'라는 사람에 대해서 다음과 같이 전한다. "그는 광야에서 살고 있었는데 입는 옷은 나무가 제공하는 것(=나뭇잎과 껍질)으로 만족하였고, 먹는 것은 땅에서 절로 자라나는 것으로 만족하였다. 또 그는 정淨에 대한 염려로 낮이고 밤이고 자주 찬물로 몸을 씻었다."[18] 요세푸스 자신도 이 사람 곁에서 3년을 함께 지냈다고 한다. 이 사람은 입던 옷과 먹던 음식으로 보아 채식주의자로, 육식을 멀리하였다. 그렇다면 이것은 기원후 1세기에 널리 유포되어 있었던 정화 예식에 대한 지나친 열성의 또 다른 실례에 지나지 않는 것일까? 《토셉타 야다임Tosefta Yadaïm》 2,20(기원후 2세기의 작품으로서 미쉬나Mishna에 병행하는 전통들을 담고 있다.)은 한층 더 해괴한 일화를 전하고 있다. 이른바 '아침의 침례자들'(토벨레 샤라리트Tobelê shararith=아침에 정화욕을 하는 사람들)의 경우를 두고 하는 말이다. 이들이 바리사이들과 벌이는 논쟁의 한 장면이 다음과 같이 전해진다. "아침의 침례자들이 말했다. '바리사이들이여, 우리는 너희를 비난한다. 너희는 아침에 목욕도 하지 않고 (하느님의) 이름을 부르니 말이다.' 그러자 바리사이들이 대답하였다. '아침의 침례자들이여, 우리는 너희를 비난한다. 너희는 불결한 입술로 이름을 발설하니 말이다!'" 따라서 이 이야기에 따르면, 손을 씻고 그릇을 닦는 이른바 '트빌라'를 실천하던 바리사이들은 여기서 말하는 침례 의식의 정화 효과를 인정하지 않았던 셈이다.[19] 기원후 2세기까지도 유스티누스는 그의 《트리폰과의 대화*Dialogue avec Tryphon*》 80에서 유다인들의 침례파를 언급하고 있었다. 마찬가지로 헤게시푸스Hégésippe와 《사도들의 가르침*Constitutions Apostoliques*》이라는 책에서도 날마다 목욕을 하는 유다인(hémérobaptistes'=일일 침례자)들이 있다는 말을 전하고 있다. 에피파니우스Epiphane의 정보는 좀 더 정확하다. 그의 《파나리온*Panarion*》 19,5.6-7에 따르면, 둘째 성전이 파괴되기 이전에도, 그러니까 기원후 70년 전에도 이 같은 침례파 유다인들이 있었다고 한다. 그는 이들이 "일체의 과실로부터 자신을 씻고 깨끗하게 하기 위하여" 목욕을 한다고 소상히 밝히고 있다. 그렇지만 에피파니우스는 이같이 덧붙였다. "대양도 바다도 강도 샘도, 그 물이 어느 곳에 고여 있든 물이 사람의 죄과를 말소할 수는 없는 것이다. 하느님께서 이 방법을 원하셨다면 몰라도……." 그러니까 에피파니우스는 그리스도교의 세례 의식을 그 경쟁자인 침례파 사람들을 거슬러 옹호하고 있는 것이다. 그런데 그의 공격과 비난의 방식은 쿰란 사람들의 그것을 방불케 하고 있다고 하겠다(위의 1QS III, 4-5 참조). 아무튼 '침례와 죄의 용서'를 잇는 끈이 여기에는 분명하게 나타난다. 그런데 이 도식은 사마리아 사람들한테서도 찾아볼 수 있으며("침례는 일체의 부정을 깨끗하게 하며 모든 죄를 지워 준다."《메마르 마르카Memar Marqa》VI,6), 이런저런 이름을 내걸고 요르단 강 건너편에 모여 와 살고 있던 몇몇 집단에서도 찾아볼 수 있다. 살라미스의 주교였던 에피파니우스도 그의 책《파나리온》18에서 '나사라이오이Nasaraïoi'라는 유다인들을 언급하고 있다. 물론 그는 나조라인이라 불리던 그리스도인들을 이들과 혼동하고 있는 것은 아니다. 그리스어로는 '나조라이오스Nazôraios'로 표기되는 이 낱말의 뜻은 '나자레노스Nazarênos', 즉 '나자렛 출신'이라는 낱말과도 구별된다. 나조라이오스라는 이 마지막 낱말은 가령 요한 복음서 19장 19절에 사람들이 예수께 붙여 준 이름으로도 나오고, '노츠림'이라는 이단자들을 공격하는《18축도祝禱》에도 나온다. 이《18축도》는 기원후 80~95년 사이에 작성된 것이다. 헤게시푸스와 에프렘은 이 밖에도 '마스보트 사람들masbothéens'을 언급하고 있으며, 다른 저자들은 '나사라이오이 사람들', '사바 사람들sabéens'에 대해서도 말하고 있다.[20] 그러니까 이름은 각양각색이다. 침례파의 대중 종교 운동은 어떤 통일된 파벌을 형성하지 않은 채로 있었다. 가령 요한이나 예수의 경우와 같이 창설자나 지도자 없이는 쉽게 흩어질 수 있는, 산만한 집단이었음에 틀림없다. 다만 한 가지 경우에서는 이 와해 과정이 완만하였으니 실상 그 현실적인 의의가 늘 존속하고 있었기 때문이다. 그리스도교의 침례를 두고 하는 말이 틀림없다.

오늘까지도 이라크와 이란의 남부 지방에는 수천 명의 만대교인들mandéens이[21] 살고 있는데, 이들은 몇 번이고 반복할 수 있는 침례 의식을 실천하고 있다. '요르단' 강의 생수로 죄를 사해 준다는 침례다. 실제로는 유프라테스 강물에 침례를 반복하고 있는 것이다. 이들은 할례와 유혈제를 철저하게 거부하면서 신분과 출신에 관계없이 모든 사람을 구원에 초대한다. 그러나 몇몇 음식물에 대한 금기 규정 때문에 이들도 결국 자폐적인 집단으로 격리되고 말았다. 그런데 이상하게도 이들은 예수를 거부하면서도 요한 세례자에 대한 그들의 충성을 고백한다. 다만 요한 세례자를 예언자라고 하는 이러한 명칭이 과연 오랜 전통에 따르는 것인지는 의심스럽다. 이들은 의심 없이 그 옛날의 요르단 침례 운동에서 갈라져 나온 영지주의 계통의 한 집단일 것이다. 여러 전문가들(R. Rudolph, R. Macuch, E. S. Drower)에 따르면, 이들 '만대교 이전'의 만대교인들의 기원이 그리스도교 이전까지 소급하며, 그들의 본거지는 팔레스티나, 더 정확히는 요르단 지방이라고 주장한다.[22] 이들의 발상지가 팔레스티나든 아니든(E. M. Yamauchi는 이 점을 문제 삼고 있다.) 이런 사람들이 아직도 존재하고 있다는 사실 하나만으로도 침례 운동의 문제를 소홀히 다루어서는 안 된다는 것을 잘 말해 주고 있다.

신약 성경이 전하는 자료가 없었더라면 지금까지 수집된 자료로서는 빈약하다는 인상을 지우기 어려울 것이다. 앞으로 좀 더 자세하게 다루겠지만 이제 마지막으로 요세푸스가 전하는 매우 중요한 대목 하나를 이 자리에 덧붙이고자 한다. 그의 책《유다 고대사》 18,116-119에 전해진 요한 세례자에 관한 그의 증언을 조금 부연하여 소개한다.

그런데 헤로데의 군대가 망한 것은(기원후 36년에 아랍계의 나바태 왕국의 군대가 갈릴래아의 영주 헤로데 안티파스의 군대를 무찌른 사건을 두고 하는 말) 하느님의 뜻이었고, '세례자'라고 하는 요한의 원수를 갚아 준 일이었다고 생각하는 유다인들도 일부 있었다. 실상, 요한은 좋은 사람이었고, 유다인들을 격려하여 덕을 닦게 하고, 서로 정의를 지키며 하느님께는 경건한 사람들이 되도록 세례를 받으라고(직역하면: 다 함께 세례를 받으러 가라고) 하였는데, 헤로데는 오히려 그를 죽이게 하였던 것이다. 하느님의 마음에 드는 세례는 몇몇 잘못을 용서받게 하려는 데 있는 것이 아니라 먼저 사람이 의로움으로 영혼을 깨끗하게 하고 그다음에 그 몸을 깨끗이 한다는 조건에서만 [비로소 이루어질 수] 있기 때문이다. 또 사람들이 (직역하면: 다른 이들이) 그에게 모여든 것은 그가 하는 말을 듣고 매우 흥분하였기 때문이다. 헤로데는 이처럼 강력한 설득력으로 말미암아 혹시 반란이 일어나지 않을까 염려하고 있었다. 많은 무리가 이 사람이 권하기만 하면 무엇이든지 따를 용의가 있는 것처럼 보였기 때문이다. 그래서 헤로데는 그로 말미암아 무슨 소요가 일어나기 전에 그를 붙잡아 두는 편이, 무슨 운동이 일어나 대처해야 할 위험이 생겼을 때 이를 후회하는 편보다 낫겠다고 생각한 것이다. 헤로데의 이와 같은 책략 때문에 요한은 마케론타로 압송되어 그곳에서 죽임을 당했다. 그래서 유다인들은 헤로데의 군대 위에 재난이 떨어진 것은 그의 원수를 갚아 주기 위함이었으니, 하느님께서는 이런 모양으로 헤로데를 처벌하기를 원하셨던 것이라고 생각하였다.[23]

4. 요한 세례자와 예수

위에서 우리가 들추어낼 수 있었던 문화적 맥락을 놓고 볼 때 제기되는 문제의 범위가 얼마나 크고 넓은지를 충분히 짐작할 수 있을 것이다. 요한과 예수는 둘 다 침례를 베풀었고, 당대 팔레스티나에는 이 두 사람의 침례 동작으로 말미암아 종말에 대한 기대로 잔뜩 긴장이 감돌고 있었다. 그럴수록 우리는 요한과 예수의 각자의 특성, 곧 특이한 처신과 행동을 분명하게 부각시킬 수 있어야 할 것이다. 그뿐 아니라 모세의 율법과 성전에 대한 침례파들의 태도 문제도 아울러 따져 보아야 할 것이다. 달리 말해, 유다 민족과 종교의 근저 자체를 이들이 어떻게 문제 삼았는지도 알아보아야 한다는 말이다. 침례 동작은 단순히 유다교의 구조물에 덧붙여지는 첨가물이 아니다. 그것은 유다교의 구조를 근본으로부터 수정하는 요인이다. 그것은 구원 자체를 문제 삼고, 구원의 모든 제도적 장치들을 문제 삼는 동작이다. 먼저 요한의 세례 활동만 살펴보기로 하자. '예수는 과연 침례파에 속하는 사람이었으며 그 자신 침례자인가?' 하는 질문을 아울러 제기하면서 말이다.

물론 사람에 따라서는 예수가 요한한테 세례를 받았다는 사실을 보아도 그렇고, 따라서 이 두 분과의 밀접한 관계, 요한의 집단과 예수의 밀접한 관계를 보아서도(마태 11,2 참조) 이 질문에 얼른 그렇다고, 즉 예수도 침례자였다며 긍정하고 싶은 충동을 받을 수도 있다. 그러나 이러한 질문에 섣불리 대답하려는 태도는 현명하지 못하다고 하겠다. 물론 예수가 침례자였다는 주장을 내세우고 이를 뒷받침하기 위하여 신약 성경에서 여러 가지 증거 자료를 수집해서 제시할 수는 있다. 그러나 복음서의 이야기나 예수의 말씀을 '있었던 대로의 사실'을 이른바 '역사학적'으로 복원해 주는 자료로 생각한다는 것은 많은 문제점을 안고 있다. 실상 우리는 이 이야기들이나 말씀들이 부활 이후의 교회의 개입과 중개에 의하여 전승되었다는 사실을 과소평가해서는 안 된다. 초창기 교회는 이 모든 전승 자료들을 언제나 부활의 광명에 비추어 재해석하였던 것이다. 따라서 바로 이 초창기 교회로부터 출발해야 우리는 비로소 첫 그리스도교 공동체들이 예수의 모습을 회상하면서도 동시에 자기들이 처해 있던 정황에 비추어 예수를 투영해서 보았다는 것을 식별할 수 있을 것이다. 사실 그래야만 역사의 예수의 상像에서 공동체들을 구별해 주는 엄연한 한계를 제대로 알아볼 수 있기 때문이다. 그러나 우리는 이 점에 대해서 이미 잘 알고 있는 터이므로 이야기를 간단하게 그치는 것으로 넉넉할 것이다.

먼저 한 가지 사실로부터 출발하는 것이 좋겠다. 신약 성경의 문헌 전승들 중에서 분명히 가장 오래된 것이 바오로의 여러 서간들인데, 바오로 사도는 자신의 서간에서 요한 세례자를 완전히 도외시하고 있는 것 같다. 왕년에 바리사이파에 속해 있던 바오로는 요한 세례자의 말을 한마디도 하지 않는다. 그는 자신의 그리스도교로의 개종을 이야기하는 대목에서조차 자기 자신의 세례에 관해서 한마디도 하지 않는다(갈라 1,12 이하 참조). 그뿐 아니라 자신의 여러 가지 활동 중에 '세례를 주는 일'만은 어떤 한계를 두고 있었던 듯하다(1코린 1,17: "그리스도께서는 세례를 주라고 나를 보내신 것이 아닙니다"). 그는 왜 요한 세례자에 관해서 이처럼 침묵을 지키고 있을까? 물론 바오로 사도라고 해서 교회의 초창기부터 있어 왔던 세례 관습을 몰랐을 리가 없다. 그러기는커녕, 그는 세례 활동이 공동체의 일치를 이루어 주는 유대를 신학적으로 훌륭하게 보여 주고 있다(1코린 12,13: "우리는 모두 한 성령 안에서 세례를 받아 한 몸이 되었습니다."; 갈라 3,26-27 참조). 뒤에 다시 언급할 기회가 있겠지만, 유다교의 세정례는 사람들 사이를 갈라놓았다. 하지만, 그리스도교의 세례 의식은 한데 규합하고 일치를 이루도록 한다. 아무튼, 이제까지의 침례에 비해서 한 가지 중대한 전환이 이루어진 것만은 분명하다. 즉 이제부터는 침례의 의식 그 자체가 아니라 오직 예수의 죽음이라는 사건만이 구원을 가져다준다는 사실이다. 여기에 바로 요한 세례자의 침례와 그리스도교 공동체 사이에 하나의 간격이 가로놓이게 되었다는 것이다. 그러기에 초창기 공동체에서는 하나의 근본적인 재평가를 거친 다음에야 비로소 교회의 신앙생활에 물로 세례를 주는 동작을 받아들일 수 있었던 것이다. 이 점은 바오로 자신은 물론 그 이전의 전승에 의해서도 강력하게 지지를 받고 있는 중대한 점이다. 이 기본적 차이점은 특히 복음서 전승에서도 물로 이루어지는 침례와 장차 있을 영의 세례를 구별하고 있었다는 사실에서 잘 드러나고 있다(마르 1,8). 이 영은 부활하신 그리스도와 연결된 영이다. 바오로 계통이 아닌 교회들(가령 마르코 이전의 전승들과 요한계의 전승들)이나 바오로 이후의 교회들(가령 루카의 교회)에서도 이 점만은 한 번도 문제시된 적이 없었다. 본래의 침례 의식의 의의와 효과를 완전히 역전시키는 이 대전환이란 곧 십자가에 달리셨다가 부활하신 분만이 구원하신다는 것이다. 요한 세례자를 역사적으로 회고하면서 그의 인물을 그리스도교의 선포 안에 다시 도입했을 때에도 교회의 회상은 이미 기정사실화한 이 사실을 분명하게 언명할 줄 알고 있었다. 그러기에 교회는 요한 세례자의 존재 사실을 은폐할 필요를 느끼지 않았다. 다만, 그리스도 사건에서 그의 위치와 역할을 정확하게 자리매김한다는 조건에서 말이다. 실상 요한은 그리스도의 선구자였던 것이다. 그리고 그리스도만이 참된 구세주이시다. 이 사실만 지켜진다면 침례 의식이 교회에 위험스러운 존재가 될 수 없었다. 그러기에 또한 그리스도교의 아남네시스(anamnesis=기억)는 홀가분하게 요한 세례자라는 인물을 회상할 수 있었으며, 예수와 요한을 "가르는" 바로 그 자리에 새로운 계약의 출발점을 설정할 수 있었던 것이다. 가장 근사한 사람들끼리만 대조가 가장 잘 되는 법이라면, 바로 이 대조에서 각자의 고유한 정체가 발견된다. 예수를 선포하는 복음이라는 프로그램 서두에 요한이라는 인물은 이렇게 필요한 존재가 되었다. 요한 세례자를 놓고 벌어지는 시빗거리를 차츰 털어 버리면서 예수가 주님이심을 점진적으로 발견하는 데 필요한 표징이 된 것이다. 이 점은 기원후 80~85년의 마태오와 루카의 교회들에서는 이미 하나의 기정사실이 되어 있었다.[24] 이제 우리는 다음과 같은 질문에 이르게 되었다. 초창기 그리스도교의 공동체들은 부활하신 분을 역사적으로 경험하였고, 이 경험을 출발점으로 삼아 이제 자기들의 주님과 요한 세례자와의 관계를 회고하고 있는데, 과연 우리는 이와 같은 역사적 회고를 통하여 나자렛의 예수라는 인물을 그 침례 운동의 독창성이라는 측면에서 식별해 낼 수 있을까? 이 점에 대해서 완벽하지는 않더라도 파스카 이후의 공동체가 나자렛의 이 사람에게 투영한 그의 인물상 몇 가지를 모아서 살펴보자. 여기에 나타나는 인물상은 이 공동체가 주님으로 고백하는 그분과 같기도 하고 또한 다르기도 하다는 것을 깨닫게 될 것이다. 그러니 대조 작업으로 이야기를 계속해 보고자 한다.

1) 고행자와 호식가

복음서 전승에 소개된 요한은 적막한 광야 한가운데서 마치 고행자처럼 살고 있었다. 그의 이 생활 방식은 요세푸스가 인용한 바 있던 반누스를 닮았다고 하겠다. 그러나 그의 고독은 상대적이었다. 많은 사람들이 그를 찾아왔기 때문이다. 예수는 나중에 사람들에게 이렇게 묻는다. "너희는 무엇을 구경하러 광야에 나갔더냐? 바람에 흔들리는 갈대냐?"(마태 11,7) 물론 요르단 강의 황량한 계곡은 당대의 정·부정에 관한 규정에 따르면, 부정하고 오염된 강물로 간주되었다. 그런데 바로 이런 곳에서 요한은 세례를 베풀고 있었다. 요한 복음서 1장 28절은 "이는 요한이 세례를 주던 요르단 강 건너편 베타니아에서 일어난 일"이라고 하면서 그 장소를 정확하게 짚어 주고 있다. 요한 복음사가가 공관 복음서의 자료를 수정하는 경우 그 가치는 잘 알려져 있다.[25] 요한 복음사가는 요한의 세례 장소로 또 다른 곳을 덧붙여 전하고 있다. 살림Salim(또는 살렘) 근처의 아이논Aenon(=애논)이라는 곳이다. 달리 말해 살림의 샘물 또는 샘터라는 뜻이다. 그런데 이곳은 모름지기 아인 파라'Ayn Far'ah와 동일시하는 것이 마땅할 것이다. 그런데 이 아인 파라는 사마리아 지방 한가운데를 흐르고 있다.[26] 여하간 요르단 이동 즉 동쪽 건너편은 예로부터 침례주의자들의 정착지로 이름난 곳이기도 하다. 사마리아 지방으로 말하면, 침례 운동과 사마리아인들과의 사이에 어떤 종류의 관련이 있었다는 사실을 감안할 때, [요한 복음서의] 이 정보는 그만큼 더 흥미를 끄는 사실이 아닐 수 없다. 에피파니우스는 사마리아인들을 앞서 말한 사베 사람들과 동류로 다루고 있을 정도이다(《파나리온》 11). 에우세비우스에 따르면, 유명한 마술사 시몬에게는 메난드로라는 제자가 하나 있었는데 그 역시 사마리아인이었으며 동시에 침례파에 속했다고 한다(《교회사》 3,26,2). 일명 클레멘스가 전하는 이야기에 따르면, 요한 세례자 자신도 사마리아에 기거를 정하고 있던 일일 침례자日日浸禮者, héméro-baptiste였다는 것이다(《재회 Reconnaissances》 2,23). 다른 한편 우리는 사마리아인들이 벌였던 예루살렘 성전 반대 논쟁이 침례주의자들에게 얼마나 잘 영합되었는지 하는 문제도 한번 생각해 볼 수 있을 것이다. 예루살렘 이외 지역의 그리스도교 첫 선교가 바로 사마리아에서 시작되었다는 사실은 결코 우연이 아닐 법도 하다(사도 8,1 이하).[27] 그리고 예루살렘 교회의 첫 일곱 부제 중의 하나인 스테파노의 연설이 성전과 유혈 제사에 대해 신랄한 공격을 퍼붓고 있다는 점에서 매우 이색적이라 함은 이미 널리 알려진 사실이다. 다른 무엇보다도 12성조의 장지葬地로 스켐을 지적하고 있는 사실도 성경의 전승 전체와 어긋난다는 점에서 역시 우연이 아니라는 것을 유의해 볼 만하다(사도 7,16).[28] 그렇다고 사마리아인들의 집단이[29] 스테파노를 비롯하여 헬라 출신 유다계 그리스도인들에게 어떤 심각한 영향을 끼쳤으리라는 결론을 미리부터 요청할 것까지는 없을 것이다.[30] 실상 사마리아인들은 지금도 그렇지만 그때도 매우 폐쇄적이었기 때문이다. 그러나 여러 혼혈족들이 살고 있던 사마리아 지방은 예루살렘과 갈릴래아 지방을 이어 주는 길목에 자리하던 지방이었을 뿐 아니라, 예루살렘에 있는 중앙의 유다교 당국자들과 다소 어려움이 있던 사람들을 기꺼이 받아 주던 고장이기도 했다. 그 때문인지는 몰라도 루카 복음사가는 사마리아인들에 대한 예수의 호의적인 태도를 회상한다(루카 10,33-37; 17,16-19 참조. 그러나 9,52-55도 아울러 참조). 이 점에서 그는 저 유명한 예수와 사마리아 여인과의 대화를 전하는 요한의 전승과 합류하고 있다고 하겠다. 이 대화에서 우리는 특히 예수가 영과 진리로 하느님을 경배하여야 한다고 선언함으로써 그리짐 산이든 예루살렘이든 경신례가 행해지는 장소의 중요성을 완전히 초월하고 있는 사실에 유의해야 할 것이다(요한 4,24). 여기서 요한 복음사가는 침례에 관한 자신의 생각을 유감없이 표현하고 있다고 하겠다. 이제부터는 예수만이 생수를 줄 수 있다는 것이며, 따라서 예수는 일체의 피 흐르는 제사에 종식을 선언했다는 것이다.

그리스도교의 전승은 일찍부터 요한 세례자와 예수의 밀접한 연관을 강조하였다. 하지만 그것은 이 두 사람을 구분해 주는 차이와 구별을 강조하기 위함이었다. 요한 복음서 4장 1~2절이 전하는 바와 같이 요한한테 세례를 받은 예수는 당신 나름대로 유다 지방에서 세례를 베푼다. 그러니까 예수는 적어도 그 공생활의 초창기에는 한동안 요한과 동시에 세례, 아니 정확히 말하면, 침례를 베푼 셈이다. 그러나 공관 복음서는 이 '동시적'인 침례 운동에 대해서 일체 침묵을 지키고 오직 이 두 사람의 선후 관계만을 언급한다. 그리하여 요한 세례자의 역할을 말라키서 3장 1절과 4장 5절(마르 1,3 참조)에서 말하는 엘리야 예언자와 같은 선구자로서의 역할로 정의한다. 어떻든 이 동시적인 세례 활동은 얼마 안 가서 곧 끝난다. 요한 세례자가 옥에 갇히고 급기야는 처형을 당했기 때문이다. 그러나 예수는 자신의 활동을 계속한다. 그래서 사람들은 예수의 활동을 보고 "세례자 요한이 죽은 이들 가운데에서 되살아났다."(마르 6,14)라고까지 말할 정도였다. 헤로데 안티파스가 보기에도 예수는 요한의 '사업'을 계속하는 것 같았다. "내가 목을 벤 그 요한이 되살아났구나."(마르 6,16) 그런데 우리는 여기서 요세푸스가 전해 준 이야기를 상기할 필요가 있다. 요한은 사회의 소요 선동자로 처형당했다는 것이다. 그 때문인지는 몰라도 이 헤로데 안티파스는 요한과 마찬가지로 예수도 잡아 없애려 했던 것 같다. "바리사이 몇 사람이 예수님께 다가와, '어서 이곳을 떠나십시오. 헤로데가 선생님을 죽이려 합니다.'"(루카 13,31)

요한과 예수 사이의 밀접한 연관은 의심할 여지가 없다. 그럼에도 그리스도교의 전승은 이 두 분의 생활 방식과 행동 방식에 이르기까지 그들 서로를 갈라놓는 차이를 처음부터 강조해 마지않았다. 예수는 광야를 떠나 이 세상과 정면으로 대결한다. 옷차림도 다른 사람과 조금도 다를 바가 없다. 그런데 요한은 엘리야처럼 예언자의 옷차림을 하고 있었던 것이다(2열왕 1,7). 한 걸음 더 나아가 요한은 포도주도 독한 술도 마시지 않는 일종의 '나지르nazir'였다(루카 1,15; 민수 6,2 참조). 예수 자신의 말씀대로 "요한이 와서 먹지도 않고 마시지도 않자, '저자는 마귀가 들렸다.' 하고 말한다. 그런데 사람의 아들이 와서 먹고 마시자, '보라, 저자는 먹보요 술꾼이며 세리와 죄인들의 친구다.' 하고 말한다"(마태 11,18-19; 루카 7,33-34). 요한은 먹지도 않는데 예수는 먹보요 술꾼이라는 것이다. 요한은 말하자면, 반누스가 그랬던 것처럼 메뚜기와 산꿀 같은 자연식만을 먹었던 셈이다. 당시에는 메뚜기도 물고기와 마찬가지로 육류로 간주되지 않았다(M. Hullin 8,1). 여기에 비해 예수는 음식에 관한 그 수많은 금기 조항들을 완전히 묵살하고 아무하고나 거리낌 없이 먹기도 하고 마시기도 한 것이다. 그는, 《타르굼 N》과 《타르굼 J2》가 신명기 21장 20절의 한 대목에서 말하는 어느 "고기를 처먹고 술을 퍼마시는 자"처럼, 율법을 위반하고 있었던 셈이다. 한 사람은 근엄한 금욕주의자였다면 다른 사람은 언제나 '축제 중'이었다고나 할까? 복음서에 술 이야기가 많이 나오는 것도 우연이 아니다. 유다인들이 보통 축제일에만 포도주를 마셨던 것과는 대조적인 현상이라고 하겠다.[31] 이 점은 특히 제자들의 금식에 관한 이야기에 잘 나타난다(마르 2,18-20). 요한의 제자들은 예수의 제자들과 달리 금식을 하는 관습이 있었다. 예수는 자기 제자들이 금식을 하지 않는 이유에 대해서 질문을 받고 이렇게 대답한다. "혼인 잔치 손님들이 신랑과 함께 있는 동안에 단식할 수야 없지 않으냐?" 이런 전승을 간직했다가 전해 준 그리스도교 공동체는, 이 혼인 잔치의 예수와 파스카의 주님과를 잘 구별할 줄 알고 있었다. 실상 이 공동체는 임박한 세말을 기다리는 가운데 단식을 하면서 주님의 죽음을 기리고 있었던 것이다. 마르코 복음서 2장 20절의 말씀은 바로 이런 뜻으로 알아들어야 할 것이다. "그들이 신랑을 빼앗길 날이 올 것이다. 그때에는 그들도 단식할 것이다."

이제 방금 확인할 수 있었던 바와 같이, 예수는 비록 침례주의 집단 출신이었지만, 얼마 안 가서 요한과는 일단 헤어져 다른 곳으로 방향을 바꿔 나갔다. 예수는 사람들을 광야로 불러내지도 않았다. 이 점에 있어서 그는 그 시대의 이른바 종말론적 예언자들과도 달랐다. 이 예언자들에 관해서는 뒤에 다시 상세히 다룰 기회가 있을 것이다. 또 예수는 무슨 금욕을 위한 규율 같은 것도 요구하지 않았다. 바리사이들이 그랬던 것처럼 월요일과 목요일에 행하던 이른바 자발적인 금식도 요구하지 않았다. 그러니까 종교적인 행동과 태도를 이른바 순수한 사람들에게만 허용된 어떤 공간 안에 가두어 놓을 우려가 있는 일체의 종교적 실천들은 모두 제거해 버린 것이다. 그 이유는 간단하다. 구원의 메시지는 모든 사람을 위한 것이기 때문이다. 여기에는 어떠한 차별도 있을 수 없다. 그러나 바로 이 점에 있어서 예수는 요한 세례자의 사상을 이어받아 이를 발전시킨다.

2) 보편주의적인 메시지

침례를 통한 구원의 메시지는 모든 사람에게 전하는 메시지다. 이로써 사회적, 종교적, 나아가서는, 적어도 부분적으로는 종족적인 장벽이 타파된다. 그것은 하느님의 구원이 모든 사람에게 이를 수 있도록 하려는 것이다. 물론 바리사이 측근의 율법 학자들 가운데에는 이스라엘의 옛 예언자들의 사상에 깊이 젖어 있었다. 그러기에 또한 보편주의라는 사상에 대해서도 동조하는 사람들이 많이 있었던 것이 사실이다(이사야서 제2부와 요나 예언서 참고). 하느님은 이 세상의 모든 사람에게 관심을 가지고 계시다는 것이다. 그렇다고 이스라엘의 선택과 할례의 계약을 문제시하는 것은 결코 아니다. 기원후 1세기의 한 유다인 저자인 일명 필론Pseudo Philon은 이방인들에게 매우 개방적인 이러한 사고방식을 반영하는 하나의 훌륭한 예이다. 그렇다고 그들과 어떤 타협을 하는 것도 아니다. 그는 당대 유다교 회당의 그 숱한 설교사들과 마찬가지로 "하느님께서는 사람을 차별하지 않으신다."라고 말하는가 하면,[32] "하느님께서는 이방 민족들에게 당신의 결정을 알려 주실 것"이라고도 한다.

그리하여 "모든 사람이 진리를 발견하게 될 것"이라고 한다(그의 책 《성경 고대사*LAB*》 20,4; 51,3-4). 이러한 개방성이 있었기 때문에 기원 후 1세기의 유다교는 그리스 전역에 걸쳐 많은 결실을 거둘 수 있었으니, 이른바 '하느님을 두려워하는' 수천의 이방인들이 이산 공동체의 회당에 찾아와서 유다교로 개종하였던 것이다. 다른 한편 본토 팔레스티나에서도 참된 의미의 종교의 민주화를 꾀하려던 것이 바리사이 사상의 주된 이념이요 목표이기도 했다. 율법이란 하느님의 계시로서 하느님께서는 이 계시를 통하여 본래 모든 사람에게 말씀을 건네시려 한 것이지 사제들에게만 말씀하시려던 것은 아니었다는 것이다. 그렇기 때문에 모든 사람은 예외 없이 이른바 레위들의 거룩함을 하나의 이상으로서 추구해야 할 의무가 있다는 것이었다. 다만, 우리가 이미 위에서 살펴보았듯이, 거룩함이란 본래, 자칫하면 의례적인 그리고 도덕적인 완전을 추구하려는 사람들과 그들의 집단을 대중으로부터 격리시키고 고립시킬 수 있는 위험을 안고 있는 법이다. '의인들'로 자처하는 사람들은 '죄인들'로부터 스스로 떨어지려 하고, 경우에 따라서는 일반 '서민'들로부터도 떨어져 나가기 마련이었다.

여기에 비해서 침례주의자들은 이러한 바리사이의 보편주의적 통찰을 극단으로 몰고 가서 종교적인 역점에 상당한 변위를 가져오게 한다. 사람들은 이러한 역점 변위의 결과를 머지않아 깨닫게 된다. 실상 구원의 메시지는 일거에 모든 사람, 그것도 일차적으로는 일반 '서민'들('암 하-아레츠'), 곧 음식물의 십일조를 정확하게 바칠 줄도 모르고 율법 학자들의 자질구레한 의례적인 규정들을 제대로 따를 수도 없는 가난한 사람들과 소외된 사람들에게 제공되었다. 그뿐 아니라, 성전의 죄 사면이라는 제도는 본래 율법을 완전하게 준수하는 사람들에게나 쓸모가 있는 것이었다. 그런데 침례주의자들은 이러한 성전 제사에 입각한 죄 사면의 제도를 완전히 도외시한 채, 마음을 고쳐먹고 침례자의 의례적 동작 곧 침례를 받기만 하면 누구나 구원을 받을 수 있다고 하였던 것이다. 누구에게나, 따라서 이른바 '죄인들'을 포함하는 모든 사람에게 해당되는 것이었다. 여기 '죄인들'이라는 말은 종교적인 의미의 말이기도 하지만 동시에 사회적인 의미의 말이었다. 하기는, 요한 세례자의 설교에 '모든, 모든 이'라는 낱말이 얼마나 자주 나오는가! 유의해 볼 일이다(마르 1,5; 11,32; 루카 3,3; 7,29; 사도 13,24). 그런데 이 사실이야말로 하나의 커다란 새로움이라고 하지 않을 수 없다. 이것은 말하자면, 모든 사람에게 개방된 종교이며 당시의 사회를 갈기갈기 찢어 놓았던 세정례의 모든 규정을 완전히 묵살하고 그야말로 평범한 사람들의 수준에 호응하는 새로운 종교였다고 하여도 과언이 아니다. 요한과 예수는 같은 노선을 따라 이른바 '죄인들'에게 설교의 말씀을 전하였고, 창녀들에게도 같은 말씀을 전해 주었다. 이들은 심지어 유다인이 아닌 군인들에게도 설교하였으니 이들 중에는 로마군의 장교도 있었을 것이고 카이사리아나 세바스테—사마리아 같은 혼혈 주민들이 많은 지방에서 징집되어 온 보조 부대의 사병들도 있었다(루카 3,10-14). 이 자리에서 다시 한 번 마르코 복음서 2장 13~17절에 전해진 일화를 상기할 필요가 있다. 이 이야기의 핵심은 말할 것도 없이, 단순히 예수가 어떤 새 제자 한 사람을 더 불러들였다는 데에 있지 않다. 핵심은 오히려 '죄인'이 예수의 집단에 가입했다는 데에 있다. 당대의 여러 종교의 집단들과는 달리 예수가 구성한 집단은 '격리되지 않은 이들'의 집단이었다. 예수의 말씀대로 그는 "의인이 아니라 죄인을 부르러 왔기" 때문이다(마르 2,17ㄷ). 나중에 그리스도교 전통에서는 이 '의인'과 '죄인'이라는 낱말을 이어받으면서도 거기에 하나의 도덕적인 의미를 부여하였는데, 팔레스티나 실정에 어두웠던 헬라계 그리스도교 공동체들을 위해서는 오히려 적절한 재해석이었다고 하겠다. 루카 복음서 5장 32절에 따르면, 예수는 실상 죄인들을 불러 회개하도록 했다는 것이다.[33] 그러나 이것은 이 '로기온'(예수의 말씀)의 본래의 의미가 아니다. 예수는 세정례의 규정들을 무시하고 십일조의 중요성도 평가 절하를 하면서(마르 7,1 이하와 마태 23,23 이하) 성경에 기반을 두고 있는 전통적인 규정들을 완전히 초월하겠다는 당신의 의도를 밝히고 있는 것으로 알아들어야 할 것이다. 실상 이 규정들은 예수 당대 사회의 종교적인 분열과 격리를 조장하고 있었던 것이다.

그러면 이렇듯 보편주의적 성격이 짙게 풍기는 정신이 과연 계약의 백성으로서의 이스라엘이라는 종족의 장벽을 타파할 수 있으리만큼 개방적이었을까? 요한 세례자가 이방인들이나 사마리아 출신 군인들에게 말씀을 전했다는 사실을 보거나, "독사의 자식들아, '우리는 아브라함을 조상으로 모시고 있다.'고 말할 생각일랑 하지 마라. 내가 너희에게 말하는데, 하느님께서는 이 돌들로도 아브라함의 자녀들을 만드실 수 있다."(마태 3,9)라고 바리사이들과 사두가이들에게 한 이 예언자의 날카로운 말을 들으면 위의 질문에 일단 긍정적으로 대답할 수 있을 것이다. 아브라함의 백성이 돌에서 떼어져 나왔다는 상징은 기원후 1세기의 당시에 잘 알려져 있었다. 이 사실은《성경 고대사》23,4가 잘 증언하고 있다. "한 바위가 있었는데 나는 거기서 너희 조상을 떼어 냈다. 그 바위가 깨져 두 사나이를 낳았으니 그들의 이름이 아브라함과 나호르이다." 또 팔레스티나의 회당에서는[34] 안식일 아침에 아브라함의 소명에 관한 창세기 12장 1절의 구절을 읽은 다음 이사야서 51장 1~2절 이하에 나오는 구절도 함께 읽곤 하였다. "너희가 떨어져 나온 반석을 우러러보고 너희 조상 아브라함을 우러러보아라." 그런데 여기서 요한 세례자는 한 가지 사실을 문제 삼고 있다. 그것은 이스라엘의 계약 그 자체가 물론 아니다. 그것은 이스라엘의 선택을 배타적으로 알아듣는 어떤 태도를 문제 삼고 있는 것이다. 따라서 요한 세례자의 말은 이런 뜻이었다. '너희는 조심하여라. 하느님께서는 언제라도 새로운 바위를 마련해서 이 모든 일을 다시 시작하실 수 있다!'

이방인들에 대한 예수의 태도는 언뜻 보아 요한 세례자의 태도와 비슷한 데가 있다.[35] 복음서가 전하는 이야기에 따르면, 예수는 이방인들에 대해서 어떤 의미의 개방성을 지니고 있었다고 하겠다. 그렇다고 조상들의 계약을 문제 삼지는 않았다. 예수 역시 어디까지나 유다인이었고 또 끝까지 유다인으로 남아 있었다. 유다계 그리스도교의 첫 공동체는 이 사실을 잘 깨닫고 있었다. 그러기에 제자들에 대한 예수의 말씀을 따라 하느님 나라의 선포 말씀을 누구보다도 먼저 이스라엘에 전할 줄 알고 있었다. 예수는 제자들에게 이렇게 분부했던 것이다. "다른 민족들에게 가는 길로 가지 말고, 사마리아인들의 고을에도 들어가지 마라. 이스라엘 집안의 길 잃은 양들에게 가라."(마태 10,5-6) 예수가 열두 제자단을 세운 것은 사실이지만, 그것은 어디까지나 그 옛날의 예언자들을 본떠 종말의 이스라엘은 결국 열두 부족으로 복원되리라는 점을 알리기 위한 것이었다(마태 19,28; 루카 22,30). 유다계 그리스도교의 교리 교육에 따르면, 이스라엘은 예수가 관심을 기울이던 첫 대상이었다. 이러한 태도는 물론 현명한 태도이기는 하였지만 너무 '편파적'이어서 아인 파라의 요한 세례자의 태도에 비해서 오히려 뒤진 감이 없지 않느냐는 반문조차 제기해 봄 직하다. 그럼에도 유다계 그리스도교의 전승을 따라 눈여겨보아도 예수가 자신이 "나는 오직 이스라엘 집안의 길 잃은 양들에게 파견되었을 뿐이다."(마태 15,24) 하면서 설정한 한계를 무너뜨렸다는 것도 부인하기 어려울 것이다.

이 점에 있어 게라사의 귀신 들린 이방인 — 그는 당시에 알려져 있는 의례상의 부정이란 부정은 모조리 뒤집어쓰고 있었다. — 의 이야기와 강아지들에게 던져 주는 빵 부스러기를 달라고 하던 시리아 페니키아의 여인 이야기는 매우 의미심장하다(마르 5,1-20; 7,24-30). 이방인들은 이 두 이야기가 펼쳐 주는 전망 안에 하나의 어엿한 자리를 차지하고 있다. 하지만 그 한계도 분명하다. 이들은 식사 때 먹을 것이라고는 빵 부스러기밖에 없고 또 본격적인 의미에서 제자들의 집단에 끼지도 못한다(마르 5,18-19). 예수의 이 놀라운 말씀들을 전하면서 유다계 그리스도인들은 이스라엘의 특전을 다시 한 번 상기시키려 했던 것이다. 그러나 그들도 종말론적 지평에서 볼 때 이 이방인들을 배제하지 않았다. 그중의 일부는 자신이 처해 있던 현실적인 전망 안에 이방인들을 위한 자리를 마련하고 있었다고 하겠다.[36] 이방인들이 세말에 구원과 그 혜택을 한몫 나누어 받으리라는 기대는 늘 있었으며, 경우에 따라서는 그들이 처벌을 받으리라는 것도 잊지 않고 전하고 있다. 티로와 시돈 그리고 소돔 지방은 처벌을 받겠지만 이스라엘보다는 덜 준엄하게 받을 뿐이다(마태 8,11-12; 11,20-24 참조). 헬라계 그리스도인들과 교류하고 있었던 복음사가들이 당시의 선교 실정과는 너무나도 맞지 않는 이러한 예수의 말씀들을 전하기까지는 예수의 말씀들을 역사적으로도 정확하게 전하려는 세심한 배려를 하고 있었다는 좋은 증거이기도 하다. 요컨대, 이 점에서의 예수의 태도는 꽤 아리송할 뿐 아니라 약간 모순에 차 있는 것으로 나타난다. 사실 예수의 태도가 의문의 여지가 없을 정도로 분명하였다면, 이 핵심적인 문제에 대해 자기들의 입장을 정리하는 데 그렇게까지 고심을 하지 않아도 되었을 것이기 때문이다. 한마디로 예수는 바오로가 아니다.

한편 다음 사실에 대해서도 가장 오랜 그리스도교 전승들 사이에 모순과 이견이 있었다는 것을 굳이 감출 이유가 없을 것이다. 유다계 그리스도교 전승에 따르면, 이 전승은 위에서 이미 잠시 상기한 바 있거니와, 예수는 사마리아인들과 거의 아무런 교류를 갖지 않았던 것 같다. 반면에 루카도 수용한 요한 계통의 전승에 따르면, 사마리아 지방과 예수의 관계는 상당히 긴밀했던 것 같다. 그래서 그의 적수들은 예수를 심지어 사마리아인으로 몰아붙였을 정도였다(요한 8,48). 그렇다면 과연 어느 전승이 이 점에서 역사적으로 예수의 참모습을 알아볼 수 있게 해 줄까? 이런 경우에 흔히 망설이지 않을 수 없을 것이다. 그러나 이 경우에서도 역시 요한계의 전승에 우선권을 주어야 할 것이다. 그도 그럴 것이 예루살렘 모교회에 근거를 둔 일부 유다계 그리스도인들은 그 선교 시야가 어떤 의미에서 협소했다는 사실을 확인할 수 있기 때문이다. 하긴, 쿨만이 이미 명백하게 지적한 바와 같이,[37] 요한계의 전승은 이른바 '헬라계' 유형에 속하는 유다계 그리스도인들(사도 6,1 등)과 가장 가까운 전승이기도 하다. 그런데 바로 이 계통의 교인들이야말로 침례주의의 주장들을 가장 격하게 내세운 사람들이었다. 그 실례로 사도행전 7장에 전해진 스테파노의 설교를 들 수 있을 것이다.

3) 구원하는 세례

조금 전에 요한 세례자의 인기를 상기한 바 있다. 요세푸스는 위에서 이미 인용한 그의 책의 한 대목에서 이 사실을 그 나름대로 반영하고 있다.[38] 이 유다인 역사가는 요한의 청중을 두 부류로 분류한다. 그중의 첫째는 그의 세례에 합류하는 사람들이고 둘째 부류는 요한의 말에 감동한 사람들로서, 헤로데는 이들이 무슨 반란이라도 일으키지 않을까 우려하였다는 것이다. 요한의 집단과 '다른 사람들'이라고 한마디로 말할 수 있을 것이다. 그런데 예수의 경우에도 마찬가지로 그 청중을 두 부류로 나누어 볼 수 있을 것이다. 이러한 집단을 모을 수 있었던 원인은 무엇이었을까? 보통으로, 고행을 일삼는 어떤 스승이나 도덕 교사가 이런 성공을 거두는 법은 거의 없다. 과연 무엇이 이 많은 사람들의 마음에 불을 지를 수 있었을까? 그것은 요세푸스가 '세례자'라고 특징지어 말한 바로 그 사람의 참회의 설교와 그의 특수한 활동이 아니고 무엇이겠는가? 물의 의식은 당시에 흔하디흔한 세정례를 훨씬 능가하는 것이었다. 1905년에 발견된 한 파피루스 단편은 경전 복음서의 이야기에 수록되지 않은 '복음서의 것'이라고 할 수 있는 오래된 전승 하나를 전하고 있다. 여기에 이 '아그라폰agraphon'(경전에 기록되지 않은 예수의 말씀)의 본문을 독자에게 소개한다. 예레미아스는 후대에 가해진 문헌상의 몇몇 개작을 일단 제거한 다음 이 '아그라폰'에 참된 의미의 역사적 중요성을 부여하였는데 그것은 지극히 당연한 일이었다.

그분(=예수)은 그들(=제자들)을 데리시고 바로 안마당으로 들어가서 성전 뜰에서 거닐고 계셨다. 그런데 어떤 바리사이의 레위라는 대사제가 다가와서 구세주께 말하였다. "당신은 누구 허락을 얻어, 목욕도 하지 않고 당신 제자들은 발을 씻지도 않은 채 이 안마당을 거니는 것이며 이 거룩한 그릇들을 보는 것입니까? 과연 당신은 더러운 몸으로 이 성전을 거닐었으니 이 거룩한 장소로 말하면, 먼저 목욕을 하고 옷을 갈아입지 않으면 아무도 거닐 수 없으며 그 거룩한 그릇들도 감히 볼 수 없는 것입니다." 그러자 구세주께서는 당신 제자들과 함께 즉시 가던 길을 멈추시고 대답하셨다. "그러면 여기 이 성전 뜰에 있는 그대는 깨끗하오?" 그자가 그분께 말하였다. "나는 깨끗합니다. 나는 다윗의 욕장에서 목욕했습니다. 한쪽 계단으로 내려갔다가 다른 쪽 계단으로 올라왔으며, 깨끗한 흰옷을 갈아입은 다음에 와서야 이 거룩한 그릇들을 구경하였소." 구세주께서 그자를 향하여 말씀하셨다. "보지 못하는 너희 장님들아! 불행한지고! 그대는 저 내다 버린 물에다 목욕했다니 그 물엔 밤이고 낮이고 개들과 돼지들이 너절하다오. 그대는 겉가죽을 씻고 닦았다지만, 그 겉가죽은 창녀들과 피리 부는 여인들도 기름을 바르고 씻고 닦으며 곱게 단장하여 남자들의 정욕을 충동하려는 것이오. 그러나 그녀들의 속은 전갈들과 온갖 악으로 가득 차 있소. 그대가 복욕하지 않았다고 말하는 (나와 나의 제자들은) 흐르는 (정한) 생수에 목욕하였소. 그러나 불행한지고! …… 한 이들은……"《파피루스 옥시린쿠스*Papyrus oxyrhinque*》840).[39]

이 단편은 어색하게 여기서 끝나고 만다. 그러나 현재 남아 있는 전체의 문면을 놓고 보더라도 각각의 세정례 효과는 여러 가지로 평가받고 있었다는 사실만은 충분히 알 수 있을 것이다. 이것을 방증하는 것이 바로 요한 복음서 3장 25절의 말씀이라고 생각한다. "그런데 요한의 제자들과 어떤 유다인 사이에 정결례를 두고 말다툼이 벌어졌다." 이제 이 침례 동작의 특징을 좀 더 정확하게 짚어보기로 하자.

요르단 강의 흐르는 물이나 물이 많이 있었다는 애논(요한 3,23)의 물속에 사람을 잠그는 요한의 침례 동작은 유다인들이 보통으로 정화된 물을 담아 두는 수반(또는 욕조)에서 하는 세정례를 닮은 데가 별로 없다. 그리고 그 동작은 제삼자에 의해서 집전되는 것이다. 그래서 가령 요한이 '침례를 베풀거나', 요한한테서 '침례를 받는다'. 신약 성경의 용례를 보면 '침례를 베풀다-잠그다'라는 동사는 언제나 능동태 아니면 수동태로 쓰였지 중간 동태로 쓰인 적은 한 번도 없다. 달리 말해 사람이 제 스스로 침례를 자신에게 집전하는 일은 없었다는 것이다. 이것은 바리사이나 에세네 사람들의 세정례와 확실히 다른 점이다. 여기의 침례는 그러니까 신과는 다른 어떤 제삼자에 의해서 시행되는 공개적인 동작이지 사적인 동작이 결코 아니다. 이 제삼자를 일러 세례자라고 한다면, 요한을 일러 '세례자'라고 명명한 요세푸스의 표현은 바로 이 동작의 독창성을 정확하게 지적했다고 하겠다. 나중에 사람들은 '누구누구의 이름으로' 세례를 준다는 정식定式을 사용하여 세례를 베풀게 되는데 이러한 정식은, 세례 동작이 세례자와 영세자(=세례를 받는 사람) 사이의 인격적 관계를 얼마나 단단하게 그리고 긴밀하게 맺어 주는지를 뚜렷이 보여 준다. 위에서 이미 인용한 바 있는 대목에서 요세푸스는 선언하기를, 유다인들이 "다 함께 세례로 왔다."라고 했다(그리스 말로는 baptismô sunienai=세례 [받으러] 함께 오다).[40] '세례를 베풀다, 침례를 베풀다, 잠그다, 담그다'라는 동사가 그때까지는 분리라는 생각을 불러일으켰다면(그러니까 사람들은 때를 벗기려고 물속에 담가 씻어 냈던 것이다.), 이제부터는 일치와 연합이라는 의미소意味素를 불러들이게 되었다. 정화를 위한 세정례는 분리시키지만, 침례주의자들의 침수례는 분리시키기도 하고 동시에 일치를 이루어 주고 연합하게 한다. 요한 복음서 3장 26절의 말씀대로다. "바로 그분이 세례를 주시는데 사람들이 모두 그분께 가고 있습니다." 요한과 예수가 세례, 더 정확히는 침례를 베푼다는 것은 곧 그들이 제자들을 모아 제자단을 구성한다는 뜻이나 마찬가지다. 그러기에 세례 동작은 세례자에게는 그를 중심으로 하는 제자들의 집단들이 있었다는 것을 실증해 주는 역사적인 첫 근거가 된다. 이 집단들은 서로 연합하는 사이기도 하지만 경합하는 사이기도 하다. "예수님께서는 요한보다 더 많은 사람을 제자로 만들고 세례를 주셨다." (요한 4,1) 이처럼 세례자는 그를 중심으로 모여든 한 집단의 일치의 중심, 그 구심점으로서, 그 세례자가 어떤 인물인지는 매우 중요하였다. 이러한 중요성은 당시로서는 유례없는 것이었다. 물론, 율법학자들도 그들이 친바리사이든 아니든 제자들을 모았던 것이 사실이다. (유명한 힐렐은 제자들이 80명 있었다고 한다.) 그러나 이들을 한자리에 모아 집단을 이루게 하는 유대는 어디까지나 율법이었다. 그나마 율법 공부를 계속하는 동안만 유지되던 일시적인 집단 형성에 지나지 않았다. 그러나 침례주의자들의 경우는 달랐다. 율법의 제자들이 스승의 제자들이 된 것이다. 제자들이 그 스승을 '뒤따랐다'든지 스승을 '뒤에서 따라다닌다'든지 하는 표현들은 모두 스승과 제자 간의 인격적 집착과 유대를 말해 주는 것이었다. 세례 동작의 새로움은 마르코 복음서 11장 27~30절의 본문에 잘 드러나 있다. 이 동작은 애초부터 하나의 '권위'를 내포하는 동작이었다. 여기서 말하는 '권위'라는 말은 물론 이 낱말이 당대에 가졌던 의미인 '하느님의 권리'라는 뜻이다. 따라서 이 세례 동작을 집전하는 사람은 이 동작을 통해서 자신과 그 세례를 받는 사람 사이에 어떤 관계를 정립하는 것이다. 마르코의 이 본문에 전해진 이야기에 따르면, 예수는 자신의 권위를 일단 요한 세례자의 권한과 동일한 수준에 올려놓고 나서 다음과 같은 질문을 제기한다. "요한의 세례가 하늘에서 온 것이냐, 아니면 사람에게서 온 것이냐? 대답해 보아라." 예수의 반대자들은 저희끼리 의논하였다. "'하늘에서 왔다.' 하면, '어찌하여 그를 믿지 않았느냐?' 하고 그가 말할 터이니, '사람에게서 왔다.' 할까?" 그러나 [그럴 수도 없는 것이] "그들은 군중을 두려워했던 것이다. 모두들 요한을 참으로 예언자라고 생각하고 있었기 때문이다." 이 대목에서 볼 수 있듯이, 세례 동작은 세례자의 인격에 대해서 믿음이라는 관계를 불러일으키고 아울러 그 세례자를 '예언자'라는 이름으로 지칭하도록 한다고 하겠다.

그러나 정작 이 동작은 무엇을 가져다준다고 생각되었을까? 대답은 분명하다. 마르코 복음서 1장 4절에 따르면, 요한은 '죄의 용서를 위한eis aphesin amartiôn' 참회의 세례를 선포하였다. 세례 동작은 죄를 용서한다는 것이다. 그렇다면 이 동작은 단순한 전통적인 세정례를 멀리 능가하는 동작이 아닐 수 없다. 그것은 어떤 마음으로부터의 개과천선을 표지해 주는 단순한 표징 이상의 것이다. 그것은 바로 하느님께서 죄를 용서하시는 동작이다. 그리고 마르코 복음서 1장 5절에 따르면, 유다인들이 요한의 세례를 받으러 와서는 "자기들의 죄를 고백하였다."고 한다. 그것은 곧 속죄일(욤 키푸르)에 행하는 죄의 공개적인 고백과 똑같은 죄의 고백이다(《미쉬나 요마Mishna Yoma》 3,8). 이러한 정황을 고려할 때 우리는 그리스도교 공동체들이 머지않아 대처해야 했던 반문들을 비로소 제대로 이해할 수 있는 것이다. 예수는 죄가 없었는데 그런 죄 없는 예수가 어떻게 요한한테 세례를 받을 수 있었다는 말인가? 그리스도의 십자가만이 구원할 수 있는데 어떻게 요한의 세례가 죄를 사면할 수 있다는 말인가? 이러한 신학적 질문이 제기되었다는 사실 자체부터가 역사적으로 보아 요한이 얼마나 독창적인 인물이었는지를 감지하게 해 주는 하나의 표지이다. 예수 이외에 그 누가 하느님의 용서라는 열쇠를 손에 쥘 수 있다는 말인가? 그래서 요한 복음사가는 예수의 세례 이야기를 아예 누락시켜 버렸던 것이다. 루카도 예수의 세례 이야기를 전하기는 하지만 요한이 그 자리에 있었다든가 예수가 요한한테 세례를 받았다는 말은 전혀 하지 않는다. 마태오는 그 나름대로 죄의 용서를 위함이라는 말을 회피함으로써 요한의 세례를 어느 의미에서 과소평가하였다(마태 3,11). 예수의 피만이 용서를 베풀 수 있었기 때문이다(마태 26,28). 예수가 세례를 받으러 온 것은 사실이지만, 그것은 어디까지나 '모든 의로움을 이루기 위함'이었다. 이것을 마태오의 언어로 달리 말하면, 그럴지라도 하느님의 뜻에 순종하기 위함이었다는 것이다(마태 3,14-15 참조).《히브리인들의 복음서 *Évangile des Hébreaux*》라는 외경서의 한 단편에 전해진 다음과 같은 이야기를 읽어 보면 거기에 이와 같은 기본적인 반문이 반영되어 있음을 알 수 있다. "그런데 마침 주님의 어머니와 그 형제들이 그에게 말하는 것이었다. '요한 세례자가 죄의 용서를 위하여 세례를 베푸는데 가서 우리도 그에게 세례를 받자!' 그러나 그분은 그들에게 말씀하셨다. '내가 무슨 죄라도 지었기에 그에게 가서 세례를 받는다는 말입니까? 내가 이렇게 말하는 것은 사실이 그렇다는 것을 내가 다 알고 하는 말이니 그렇게 믿어 두시오.'"[41]

이와 같이 세례 동작을 통해서 죄의 용서를 알려 준다는 것은 당시로서는 종말의 구원이 이미 작동하기 시작했다는 확신을 직접적으로 불러일으켜 주었다. 하느님의 다스림이 손에 닿을 듯이 저기에 가까이 다가온 것이다(마태 3,2). 불의 심판이 이제 곧 내리 덮칠 판이었다. 도끼가 이미 나무뿌리에 닿았고, 다가올 분노가 이제 우리 머리 위에 금방 떨어지게 된 것이다(루카 3,7-9). 이제 하느님께서 몸소 개입하시어 이 세상과 그 역사에 일대 전환을 이루고 마침내 거기에 종지부를 찍을 날이 머지않다는 것이다. 종말의 예언자, "오셔야 할"(마태 11,2) 그분이 오신다면 몰라도, 여하튼 키푸르의 날, 곧 하느님께서 전통적으로 용서를 베푸시는 것으로 되어 있는 그 속죄일이 당대에 이미 어떤 종말론적인 색조를 상당히 띠고 있었다면, 하물며 요한 세례자의 그 열화와 같은 심판 통고를 겸한 설교는 더 말할 나위가 없겠다. 이러한 정황을 놓고 볼 때 요세푸스가 말하는 그 군중의 쇄도를 이해할 수 있는 것이고, 헤로데 안티파스와 같은 집권자의 우려를 우리는 비로소 이해할 수 있는 것이다. 사실 "군중들은 (요한이) 말하는 것을 듣고는 매우 흥분하였

던 것이다."⁴²

이제 여기에 역사적인 중대한 질문이 제기된다. 이러한 맥락 안에서 예수는 정확하게 어떠한 위치를 차지하고 있었을까? 그는 단순히 제2의 요한 세례자에 불과했을까? 그는 요한의 라이벌, 또는 헤로데 안티파스가 생각했던 것처럼, 이를테면 '부활한 요한'에 지나지 않았는가?(마르 6,16) 예수에 관한 모든 문제는 바로 이 요한과의 거리에 있다고 하여도 과언이 아니다. 그렇다고 당장에 이른바 예수의 자의식이라는 수준에 올라가 이 거리를 서둘러 측정하려 해서는 안 된다. 이보다는 오히려 부활 이후의 교회 공동체가 그의 첫 신학적이며 동시에 역사적인 문제에 맞닥뜨리어 그들이 주님으로 고백하는 예수 그리스도 안에서 어떻게 하느님의 마지막 전령傳令, 또는 요한 복음사가가 말하는 대로, 하느님의 사자使者를 알아 모시게 되었는지를 알아볼 일이다. 그리하여 구원에 관한 모든 일, 하느님 나라에 관한 모든 일이 이제부터는 바로 이 인물에 달리게 되었다는 확신에 이르게 되었는지를 알아볼 일이다. 예수는 침례자였지만 침례를 주는 일을 곧 그만두고, 생소하게도 이 침례가 가져다주는 그 모든 것을 집약하여 당신의 '말씀'과 '행동'으로 바꿔 놓는다. 용서를 말하는 그의 말씀, 구원을 베푸는 그의 악마 추방과 이적 행위異蹟行爲라는 동작, 그의 순교 예언자로서의 삶과 죽음으로 이 침례의 모습을 완전히 변형시킨다. 교회가 기억하고 있는 요한 세례자의 준엄한 말씀들이 예수의 입술에서는 일부 사라져 없어지게 되고, 이 세상에 닥쳐올 저 무서운 심판의 가혹함도 거의 자취를 감추게 된다. 하느님의 심판과 구원은 죽음을 향해 걸어가는 그의 인격 자체를 꿰뚫어 갈 것이기 때문이다. 요한 세례자에서 예수에게 옮겨 가는 동안에 이루어진 이 놀라운 신학적 변위는 예수 자신의 개인적인 특징을 알아보게 해 주는 표지임을 어렵지 않게 알 수 있을 것이다. 오랜 유다계 그리스도교의 전승은 이 신학적 변위를 일견 이상하게 보이는 제베대오의 두 아들의 이야기를 통해서 반향시킬 줄 알았다. 예수는 영광을 찾는 자기의 제자들을 대놓고 꾸짖으면서 이렇게 말한다. "너희는 너희가 무엇을 청하는지 알지도 못한다. 내가 마시는 잔을 너희가 마실 수 있으며, 내가 받는 세례를 너희가 받을 수 있느냐?"(마르 10,38) 용서를 베풀어 준다는 침례 의식이 예수의 고통과 죽음 안으로 흡수되고 만다. 그러니까 구원을 주는 것은 더 이상 침례의 의식적인 동작이 아니라 주님이신 그분 자신이라는 것이다. 예수는 요한의 제자였고 그보다 "뒤에 오실 분"으로 일컬어졌다(요한 1,15.27.30). 따라서 하느님 나라에서는 "가장 작은 이"(마태 11,11ㄷ)라고 볼 수 있는데, 바로 이분이 이제 세례자들 가운데서도 으뜸이었던 분, 곧 요한 세례자를 능가하게 된 것이다.[43] 이런 이유 때문에 초창기 그리스도교 전승에서는 구원의 시대를 가름하는 금을 어디에다 그어야 하는지를 두고 조금 망설이지 않을 수 없었던 것이다. 요한이 비록 새로운 시대의 장을 연 것은 부인할 수 없는 사실이지만 그가 그럴 수 있었던 것은 참으로 시간의 성취를 현실화시키는 그분 때문이다. 그분은 당신의 인격으로 침례 운동의 그 모든 메시지를 실현함으로써 때가 차게 만든다.

용서를 베푸는 세례 동작은 당대의 사회적이며 종교적 현실에 직접적인 파급 효과를 발휘하지 않을 수 없었다. 때는 바야흐로 종말에 대한 기대로 열병 환자처럼 들떠 있었고 [종말의] 예언자에 관한 질문이 다시 한 번 공공연하게 제기되는 상황이었다. 따라서 지금까지 구원을 다짐해 주던 옛 종교적 제도들이 문제시되었고, 곧 살피게 되겠지만, 어떤 의미의 율법 이해도 아울러 의문에 붙여질 수밖에 없었다. 그러나 지금부터도 벌써 우리는 어떻게 해서 그처럼 빨리 요한 세례자와 '나조라(나자렛) 사람' 예수에게 박해가 밀어닥치게 되었는지를 이해할 수 있을 것이다. 십자가의 가로대에 못 박아 놓은 죄목titulus에는 '유다인들의 임금 나조라 사람 예수'라고 적혀 있다(요한 19,19). 그리스 출신의 유다계 그리스도인들의 뒤를 잇는 루카는 '나조라 사람'이라는 호칭을 율법 및 성전과 관련지어 쓰게 된다. 그리스계 유다인들은 스테파노를 두고 이렇게 말했다는 것이다. "이 사람은 끊임없이 이 거룩한 곳과 율법을 거슬러 말합니다. 그 나조라 사람 예수가 이곳을 허물고 또 모세가 우리에게 물려준 관습들을 뜯어고칠 것이라고 합니다."(사도 6,14 이하) 또는 사도행전 24장 5절에 따르면, 바오로도 '나조라 분파의 괴수'로 지목되었는데 그 이유는 그가 온 세상에 흩어져 사는 유다인들에게 소요를 일으키면서 율법을 문란하게 하고 성전을 모독하려 했기 때문이라는 것이다(사도 23,28; 24,6). 그리고 예수가 로마인들의 법정에서 정식으로 재판을 받기 이전에 유다인들의 심문이 있었는데 그때에도 증인들이 고발한 죄목이 바로 성전과 관련되어 있었다는 것은 결코 우연이 아닐 것이다(마르 14,58). 앞으로 이 점도 좀 더 상세히 밝힐 수 있을 것이다.

요한 세례자는 요세푸스가 말하는 대로 공공의 안녕과 질서를 교란시켰다는 죄로 기원후 28년경에 처형당했다. 나조라 사람 예수도 기원후 30년 파스카 축일 때 십자가에 달려 처형당했다. 기원후 35년에 빌라도는 사마리아 사람들에게서 일어났던 한 소요 사건을 철저하게 진압한 일이 있다. 이 사건은 일종의 메시아니즘 색채를 띤 운동이었으며 사마리아인들이 침례 운동과 어떤 관련을 맺고 있었다는 것은 이미 알고 있는 터다. 거의 같은 시기에, 스테파노도 성전과 유혈의 제사 제도를 신랄하게 비난한 죄로 군중 소요의 와중에서 돌로 죽임을 당한다. 그러고는 얼마 지나지 않아서 예루살렘의 모교회는 사방으로 흩어지게 된다(사도 8,1 이하). 그것은 이 무렵의 다른 침례주의자들의 집단들이 흩어져 없어지게 된 사례와 비슷하였을 것이다.[44] 그리고 기원후 80~95년에는 마침내 '빗나간 자들'(히브리어로는 '미님minim'이라는 자들)과 나조라 교인들, 즉 그리스도인들을 유다교 회당, 달리 말해 유다교에서 내쫓기로 하는 결정이 떨어지게 된다.[45]

제4장

예수, 성전 그리고 율법

앞 장에서는 침례 운동의 특성을 강조하였다. 요한 세례자의 동작은 단순한 세정례가 아니었다. 그러나 이 사실을 강조하다 보니 다른 오해의 소지가 없지 않았다. 실상 독자에 따라서는, 기원후 1세기의 유다교는 외적인 의식을 지키는 데만 골몰하던, 이를테면 그 수준이 저속한 형식주의적 종교에 머물러 있었다는 인상을 받을 수도 있기 때문이다. 그러나 이러한 인상은 당대의 유다교 실정과는 거리가 멀다. 성전과 율법에 대한 예수의 독창적인 태도와 입장을 돋보이게 하기 이전에, 이에 못지않게 예수가 얼마나 친바리사이계 율법 학자들과 가까웠는지를 말해 둘 필요가 있다. 이 문제는 짧게 다루어도 좋을 것이다. 예수의 이른바 친바리사이즘에 대해서는 학계에서 이미 많은 연구가 있었고 그 결과 이제는 정설로 내세울 만한 견해 일치에 이르렀다고 생각되기 때문이다. 그러나 예수가 바로 여러 가지 점에서 바리사이들과 가까운 율법 학자였기 때문에 성전과 율법에 대한 예수의 태도는 생소한 것으로 나타날 수밖에 없다. 오늘날 유다교계와 그리스도교계의 상당수 전문가들은[1] 예수와 유다교 전통 사이에 맞닿는 점이 많다는 사실을 보여 주었다. 이는 당연한 결론이요, 이 유다교 전승의 일부는 옛 바리사이즘의 유산이기도 하다. 여기에 이어서 많은 연구가들은 표현에서나 사상에서나 한편으로는 복음서와, 다른 편으로는 구약과 신약 중간 시대에 햇빛을 보게 된 몇몇 문학 작품들과 타르굼 및 율법 학자들의 문헌 사이에 새로운 유사점들을 계속 발굴해 내는 데 성공하고 있다. 예수가 뿌리내리고 있던 토양은 어디까지나 기원후 1세기의 팔레스티나다. 그런데 몇 십 년 전만 해도 이 토양이 이른바 헬라계의 영지주의의 이름 없는 한 유파였다고 주장하던 학자들이 있었다.[2] 그러나 예수라는 한 예언자적 인물을 예루살렘 성전 파괴 이전의 혼탁하고 잡다한 유다교의 틀 안에 끼어 맞추려고 지나치게 부심하다 보면, 오히려 그 차이들을 가리고 예수를 이름도 분명치 않은 어느 '카리스마적' 율법 학자의 수준으로 격하시킬 수도 있다. 그렇게 되면 그 결과 예수의 공생활에 뒤이어 온 그리스도교라는 새로운 종교 운동을 이해할 수 없게 만드는 위험도 없지 않다. 그리스도교든 유다교든 이러한 위험을 무릅쓰는 신학이 개중에는 없지도 않은 것 같다. 게다가 이런 근본주의 유형에 속하는 신학은 예수를 당대 유다교에 무리하게 끼어 맞춰 놓은 다음 거기에 너무 쉽게 역사라는 상표를 붙이려 들기도 한다. 그렇지만 이러한 순진함은 자칫 예수의 유다교 친근성을 연구하는 중대한 작업을 중단시킬 수도 있는데, 그래서는 안 될 것이다.

1. 예수는 바리사이 경향의 율법 학자였는가

알다시피 마르코 복음서는 그리스도교의 설화 전승들을 소개하는 복음서들 중에서 맨 처음 쓰였다. 따라서 예스러움이 가장 많이 풍기는 복음서인데, 이 마르코가 예수의 수난사를 이야기하는 중에도 바리사이들에 관해서는 결코 언급하는 일이 없다. 예수의 적수들로서는 오히려 대사제들, 원로들 그리고 율법 학자들이 등장한다. 바리사이들은 마르코에서 두 개의 쟁론 전승군에서만 등장한다. 그런데 이 두 전승군은 헬라계 그리스도교의 어느 편집자의 손에 의해서 수정된 것을 마르코가 이 자리에 삽입한 것으로 생각된다(마르 2,16.18.24; 3,6; 12,13). 이 밖에 다른 곳에도 그들이 나타나기는 하지만, 특히 세정례에 관련되는 몇몇 단편들뿐이다(마르 7,1.3.5; 8,11.15). 이러한 통계는 보잘것없다. 루카와 마태오를 감안한다면 상황은 좀 달라질 수도 있을 것이다. 그러나 특히 이들은 기원후 70년 이후에 집필했던 터라 율법 학자들을 쉽게 바리사이들과 동일시할 수 있었다는 점도 아울러 고려해야 할 것이다. 그도 그럴 것이, 바리사이들이야말로 성전 파괴라는 비극과 시련을 극복하고 그리스도교의 적수로서 끝까지 살아남아 있을 수 있었던 유일한 집단이었고, 급기야는 그 후 발전되어 나온 정통 유다교의 주류를 이루게 되었기 때문이다.[3] 그렇지만 비교적 후기에 속하는 이 무렵에도 루카는 예수에게 호감을 가졌던 바리사이들의 추억을 되새길 줄 알았으며(루카 13,31), 가말리엘은 물론이고(사도 5,34; 22,3) 후에 그리스도인으로 개종한 바리사이들에 대해서도 잊지 않고 언급하고 있다(사도 15,5). 따라서 우리는 '바리사이들'을 예수와는 불구대천의 원수들로 보는 일이 없도록 조심해야 할 것이다. 실상 당시의 역사적인 실정은 그렇지 않았기 때문이다.

그러나 이 바리사이들 — 요세푸스가 전하는 바로는, 이들은 헤로데 대왕 때만도 약 6천 명에 이르는 비교적 규모가 큰 집단을 이루고 있었다. — 은 어떠한 사람들이었으며, 그들의 습속 그리고 그들의 교리의 특징이 무엇이었던지를 정확하게 밝힐 필요는 여전하다 하겠다. 그러나 실상은 자료 부족으로 정확하게 밝혀내기가 매우 어렵다. 그만큼 '바리사이'라는 별명은 시대에 따라 각이한 집단을 가리킬 수도 있었던 것이다. 기원후 1세기에 이 말은 이렇다 할 경멸이나 비방을 띠는 어감 없이 널리 사용되었다. 그 좋은 증거가 바로 요세푸스와 신약 성경이다. 그러나 이 바리사이들의 집단을 이를테면 쿰란의 공동체처럼 그 조직도 엄연하고 엄격한 일종의 수도 단체나 종파로 생각해서는 안 될 것이다. 실상 이들은 종교적인 계율을 비교적 엄격하게 준수하는 여러 사회단체에 속하면서 일반의 종교적인 태도와 행동에 직접적인 영향을 주는 일종의 분파 또는 사상운동이라고 할 수 있겠다. 바리사이에 가담하거나 거기에 모집되는 사람들은 주로 장인 계급 또는 상인들과 농부들로서 개중에는 사제들도 있기는 하지만 평신도인 이스라엘 사람들이 대부분이었다. 이들은 그들이 복종하는 율법 학자들이 세워 놓은 규율에 따라 살려고 노력하였다. 그러나 교리 면에서 완전한 일치는 아직 이루어지지 않고 있었다. 비록 유다교 회당에서 행해지던 설교나 가르침은 일반적으로 보아서 친바리사이 계통의 율법학자들의 공통된 사상을 반영하고는 있었지만 말이다. 요세푸스는 이들을 사두가이들과 비교하면서 이들 고유의 사상적인 특징을 다음 몇 가지로 열거하고 있다. 그들은 먼저 '조상들의 전통'을 매우 중요시한다. 또 이들은 저승에 가서 받게 될 상벌과 죽은 이들의 부활을 좀 더 강조하는 편이었다. 또한 하느님께서 당신의 계획과 섭리에 따라 세상을 다스리신다는 것을 확신하면서도 인간의 자유의지만은 인정하였다.[4] 또 사도행전 23장 6절과 8절에서 전하는 바와 같이 바리사이들은 천사들의 존재를 믿었으며 이들을 하느님의 심부름꾼으로 여기고 그들에게 상당한 중요성을 부여하였다고 본다. 이 사실은, 당시의 언어로 말하면, 하느님께서는 당신의 뜻을 사람들에게 전달할 수 있는 가능성을 당신 자신이 언제나 유보하고 계시다는 것을 의미했다. 예수는 바리사이 고유의 이 모든 특징적인 교리를 받아들이고 또 발전시켰다. 그 한 가지 예로서 우리는 부활에 관련되는 마르코 복음서 12장 18~27절을 들 수 있다.

사두가이들의 보수주의에 반대하는 바리사이들은 종교적인 열성이 대단하였고 매우 활동적인 집단을 이루고 있었다. 요세푸스는 이들의 검소한 생활과 부에 대한 그들의 경멸적인 태도를 높이 찬양하였다. 유다인들의 전통을 보면, 바리사이들이야말로 일체의 형식주의적이며 위선적인 전시성 신심을 배척하는 데 누구보다도 앞장섰던 사람들이었다. 그러나 역설적으로 하느님의 뜻을 완벽하게 따르려고 노력하는 사람들일수록 그러한 위험에 빠질 우려가 많은 것이다.[5] 그러한 사이비 경건성에 대한 예수의 반발도 매우 격렬하게 나타난다(마태 23,1 이하; 루카 11,39 이하 참조). 바리사이들은 일명 필론의 《성경 고대사》가 증언해 주듯이, 하느님의 말씀을 일단 내면적으로 깊이 깨달은 다음 박력 있고 열렬한 경건심으로 실천에 옮기려고 노력하였다. 그들의 성경 이해는 그들이 시너고그 예절 때 늘 읽고 있던 예언자들의 메시지에 힘입은 바 크다. 이 말씀, 곧 하느님의 이 계명들은 모든 사람을 향한 것이었고, 그러기에 이 말씀에 응답하고 계명을 지켜야 할 의무도 모든 사람에게 있다는 것이 바리사이들의 확신이었다. 이러한 의미에서 그들은 종교를 성직자들의 독차지에서 풀어내어 일반화시켰다고 말할 수 있다. 그렇다고 시너고그의 율법 학자들이 성전과 그 제의 체제

祭儀體制에 대해서 무슨 반감이라도 가지고 있었던 것은 결코 아니었다. 기원후 70년에 예루살렘의 성전이 파괴된 것은 주지의 사실이지만 그 이전에도 시너고그가 성전에 대립한 적은 일찍이 없었다. 오히려 바리사이계의 율법 학자들은 성전의 제의 생활을 좀 더 매력 있게 하고 당시의 실정에 알맞도록 적응시키는 데 효과적으로 기여했다. 그 예로서 바리사이들은 전례력을 일부 개혁하는 데 성공하였으며(예컨대 오순절 축제 일자), 초막절의 전례 행사 중에서 여러 가지를 개선하였다. 물려받은 구전의 덕택도 있고 무엇보다도 성경의 본문을 주의 깊게 해석함으로써 바리사이계의 율법 학자들은 자기 시대 사람들의 종교 및 사회생활을 좀 더 견디기 쉽고 현실에 맞도록 하는 데 많은 노력을 기울였다. 이 점에 대해서 비교적 신축성이 적었던 쿰란의 사람들은 이런 율법 학자들을 '편의만을 찾는 사람들'로 취급하면서 이따금 비난하곤 하였다.[6] 그럼에도 이 율법 학자들 역시 '토라', 곧 율법의 모든 계율들을 그 미세한 부분에 이르기까지 완벽하게 따르려 했음이 분명하다. 실상 그들은 이 미세한 계율까지도 계약의 백성 전체를 위한 하느님의 뜻의 표현이라고 보았던 것이다. 그렇다고 이 율법 학자들이 율법의 중요한 요점들을 강조할 줄 몰랐던 것도 아니다. 힐렐과 같은 대율법 학자가 한 이방인에 대한 다음 말은 이 사실을 단적으로 말해 준다. "남이 네게 하기를 바라지 않는 바로 그것을 너도 남에게 하지 마라. 이것이야말로 율법의 전부고 나머지는 그 해설에 지나지 않는다."⁷ 기원후 135년에 순교자로 죽은 율법 학자 아키바Aquiba는 같은 내용을 좀 더 정확하게 다음과 같이 표현하였다. "율법의 가장 큰 계명은 바로 이웃 사랑이다."⁸ 루카 복음서 10장 25~28절에서도 어느 율법 학자가 똑같은 사상을 표명하고 있다(마르 12,32-33 참조). 이 마지막 점만을 예외로 한다면, 지금까지 우리가 살펴본 내용은 곧바로 우리의 논의를 다음 질문으로 이끌고 들어간다. 예수는 바리사이들처럼, 일종의 제의 개혁자祭儀改革者요, 율법의 실생활 적용을 위한 그 번안자에 불과했던가?

2. 성전 문제

성전 문제는 매우 까다롭다. 그만큼 신약 성경의 자료 자체가 서로 모순에 차 있기 때문이다. 복음서의 많은 주석가들은 마치 아무렇지도 않은 것처럼 이 문제를 다룬다.⁹ 이 주석가들이 볼 때, 가령 예수가 붙잡혀 최고 의회 앞에 끌려가 성전 문제로 고발당한 것은 어디까지나 무고에 지나지 않는다는 것이다. 오히려 예수야말로 기도의 장소 중에서도 가장 탁월한 이 거룩한 장소를 완전히 존중하였다는 것이다. 또 예수의 뒤를 이어 그리스도인들도 사도행전 2장 46절에 전해지는 것처럼, 마찬가지로 그랬다는 것이다. 성전 파괴에 관련되는 예수의 담화도 제도로서의 성전 자체를 겨냥하는 말씀이 아니었을 것이라고 한다. 따라서 성전의 제사들을 반대하는 스테파노 같은 사람의 맹렬한 공격도 어느 정도 에누리해서 알아들어야 한다는 것이다. 또 사실 그래야 할 것이, 예수와 그리스도교 공동체는 머지않아 하느님의 새로운 성전으로 불리게 될 터인데, 어떻게 그렇게 성전을 깡그리 무시할 수 있었겠느냐는 것이다. 이러한 논법은 언뜻 보아 신약이 구약을 완성한다는 초창기 그리스도교의 변증법에 입각하고 있는 듯하여 더욱 그럴듯한 인상을 주고 있다. 구약의 성전과 그 모든 가치들은 이제 신약에 의해 완전히 대치되었다는 것이다. 이러한 견해는 당시의 실정을 어느 정도 미화시켜 이해하려는 견해로서 사도행전의 저자가 보이는 견해와 잘 일치한다. 그러나 좀 더 정확한 다른 자료들도 과소평가할 수 없다면, 이러한 낙관적 견해는 역시 신중히 검토하고 비판해 보아야 할 것이다. 물론 신약 성경의 독자에 따라서는 이 문제를 아예 도외시하고 싶은 유혹을 받을 수도 있다. 그도 그럴 것이 사실 신약 성경에서는, 히브리인들에게 보낸 서간의 강력한 반발을 예외로 한다면, 예루살렘 성전의 제의 체제를 문제 삼는 일이 거의 없기 때문이다. 신약 성경에서는 마치 성전이라는 것이 도대체 존재조차 하지 않는 것처럼 모든 것을 다루고 있다. 그런데 기원후 70년까지만 해도, 성전에서는 날마다 숱한 유혈 제사들이 봉헌되고 있었던 것이다. 초창기 그리스도교 문헌들이 이 제의 체제, 달리 말해 구약의 율법에서 상당한 부분을 차지하고 있는 이 문제에 대해서 그토록 침묵을 지키고 있는 이유는 무엇일까? 역사가로서는 제기하지 않을 수 없는 질문이다. 사실은 그동안에 하나의 결별이 이루어졌기 때문이다. 그러기에 이 결별의 기정사실을 역사적으로 규명하는 일이 중요하다. 이 자리에서 잠시 자료를 훑어보도록 하자.

당시 헬라 세계에는 성전은 물론이고 특히 제사에 대한 날카로운 비판이 널리 유포되어 있었다.[10] 오르페교인들orphiques과 헤르메스교인들hermétiques에서 신피타고라스 학파의 추종자들에 이르기까지 이러한 정서는 일반적이었다. 티아나의 아폴로니우스 Apollonius de Tyane의 경우만을 하나 예거해 보기로 하자. 그는 다음과 같이 요구하였다. "만물을 초월하시는 위대한 신에게는 무슨 일이 있어도 제사를 드리지 말 것이다. 동물을 희생으로 바치지도 않고 불도 켜지 않으며 아무 말 없이 그 무엇보다도 위력적인 '로고스Logos'(말씀)만을 바치는 그 사람이야말로 그(위대한 신)를 가장 합당하게 공경하는 것이며, 우리에게 있는 가장 고상한 것, 곧 사유思惟를 가지고 가장 고상한 그분께 간청하는 것이다."[11] 이산 공동체에서 사는 유다인들도 그 당시 가장 경건한 이러한 사조를 감안하지 않을 수 없었을 것이다. 그렇지 않아도 이들 유다인은 예루살렘의 성전과 멀리 떨어져 살고 있었기 때문에 '프로스에우캐', 즉 '기도의 집'에서 드리는 영적 예배를 결과적으로 권장하지 않을 수 없는 처지이기도 했다. 이 점에 관련되는 증언은 꽤 많은 편이다. 참된 예배는 "선물과 제사를 가지고 하느님을 공경하는 데 있는 것이 아니라, 순결한 영혼과 경건한 신심으로 공경하는 데" 있다(《아리스테아의 편지Lettre d'Aristée》 234). 마찬가지로 알렉산드리아의 필론도 내면적인 성화聖化를 많이 강조한다. 하느님께 가장 마음에 드는 제사는 영적 차원에 속한다.[12] "눈으로 볼 수 없는 하느님의 거처는 역시 눈으로 볼 수 없는 영혼이다."[13] 그렇다고 이 유다인들이 예루살렘의 성전을 문제시한 적은 일찍이 없었다. 앞서 인용한 《아리스테아의 편지》는 성전과 그 예배 의식을 감동적인 필치로 찬양하고 있다. 필론도 성전을 존경하고 율법의 여러 가지 준수 규정들을 존중한다. 그리고 또 수많은 이산 공동체의 유다인들이 예루살렘에 순례하러 와서는 잊지 않고 제사를 드리곤 하였다. 그리고 헬라계 출신으로서 예루살렘에 정착해서 살고 있던 유다인들도 성전 존중에서는 다른 유다인들보다 못하란 법은 물론 없었다. 오히려 이들이야말로 스테파노와 바오로를 거슬러 누구보다도 앞장서 일어났던 사람들이다(사도 6,9-11; 21,27-28). 그러나 헬라계 유다인들의 일각에서는 제사에 대한 비판이 매우 격렬한 경우가 없지 않았다. 그 한 가지 증거로 우리는 이른바 《시빌레의 신탁Oracles Sibyllins》의 저자를 들 수 있을 것이다. 그는 "모든 성전들과 제단들, 이 소리 없는 돌로 지은 쓸데없는 건물에 등을 돌리는 사람들"을 찬양하고 있는데, 그 까닭은 이 성전들과 제단들은 "산 짐승들과 네발 달린 짐승들의 피로 더러워졌기" 때문이라는 것이다. 그런데 이 《시빌레의 신탁》이라는 책은 혹시 침례 운동자들의 측근에서 생긴 작품은 아닐까 하는 질문을 일단 제기해 본다.[14]

팔레스티나 본토의 유다인들도 사정은 거의 비슷하였다고 볼 수 있다. 물론 성전을 거부하는 일 따위는 있을 수 없었다. 그러나 이두메아의 혼혈족 출신인 헤로데 대왕이 증축하기 시작한 이 성전을 다소 부정을 탄 것으로 생각하는 사람들도 많았다. 예수 시대에도 이 성전 증축 공사는 아직 끝나지 않고 있었다. 그래서 성전을 정화해야 한다는 주제는 당시 널리 유포되어 있었던 듯하다. 《솔로몬의 시편 Psaumes de Salomon》에 따르면, 바리사이들도 여기에 동조하고 있었음이 분명하다.[15] 기원후 66년 이후, 그러니까 유다인들의 제1차 대로마 반란이 일어난 다음 극렬한 민족주의자들이었던 열성당원들이 최우선적으로 해야 했던 일은 바로 성전을 정화하는 일이었다. 그럼에도 이 성전은 70년에 아예 불타 없어지고 말았으니 성전 준공 후 꼭 6년 만의 비극이었다. 쿰란의 종파를 따르는 자들이 예루살렘의 성전과 사제들을 신랄하게 비판했다는 것은 널리 알려진 사실이었다. 그들의 눈에는 성전과 사제들이 근본적으로 오염되었다고 생각되었기 때문이다. 그러나 쿰란에서조차 제도로서의 성전 그 자체는 결코 문제시되지 않았다는 사실도 잊지 말아야 한다. 유혈 제사로 말하면 이들의 비판은 성전과 사제들에 대한 비판보다는 좀 덜했지만 결국 대동소이한 것이었다. 율법이 요구하는 제사 제도를 이들도 일단 받아들였던 것이다. 여기에 비해, 바리사이들은 제사보다도 기도와 사랑의 우위를 강조할 줄 알았다. 일명 필론의 《성경 고대사》에서 여호수아는 다음과 같이 반문한다. "주님은 천 가지 제사보다도 더 힘세지 않으신가?"[16] 그렇다고 제사를 깎아내리는 것도 아니다. 우리는 마르코 복음서 12장 33절에서 어느 율법 학자가 예수에게 대답하는 말에서 "번제물과 희생 제물보다 나은" 사랑을 강조하는 대목을 읽을 수 있는데, 역시 같은 맥락에 속하는 태도다. 바리사이계의 율법 학자들은 시너고그 예절에 예언서의 독서를 도입시키는 데 커다란 기여를 하였다. 그런 만큼 그들은 마태오 복음서 9장 13절과 12장 7절에 인용된 유명한 호세아서 6장 6절의 말씀을 잘 알고 있었을 것이다. "내가 원하는 것은 희생 제물이 아니라 자비다." 이 같은 정서는 《다마스쿠스 문헌Document de Damas》 11장 18~21절과 쿰란 문헌 곳곳에 표명되어 있다. 실상 이 문헌들은 번제로 사르는 짐승들의 살보다도 '입술의 봉헌물'을 더욱 치켜세운다(1QS 9,3-5). 예루살렘의 제사에 반대하는 에세네들의 비판은 전혀 타협의 여지가 없었지만, 그렇다고 이런 태도가 그들로 하여금 어떤 종류의 제사를 '따로' 드리는 데 지장을 주었다고는 생각되지 않는다. 아니면, 이들은 적어도 어느 날엔가 정淨한 성전이 재건되어 더 이상 더렵혀지지 않은 유혈의 제사를 드릴 수 있기를 기다리고 있었을 공산이 크다고 하겠다.[17]

침례주의자들과 그들의 뒤를 이어 예수는 성전 비판에 대해 더욱 철저하였다. 적어도 유혈의 제사를 드리는 장소로서의 성전을 문제 삼았던 것이다. 이와 같은 사상은 일명 클레멘스의 작품(《재회》 1,37-55)과 이른바 《에비온파의 복음서 Évangile des Ébionites》와 같은 문서들을 통해서 알 수 있는 유다계 그리스도교의 분파들에게서도 찾아볼 수 있다. 마지막에 예거한 작품에서 예수는 심지어 이렇게까지 선언한다. "나는 제사들을 폐기하러 왔습니다."[18] 이런 태도에 대한 유다인 쪽의 반발은 이해할 수 있고 또 이해할 만하다. 왜냐하면 하느님의 계시를 위태롭게 하기 때문이다. 성전에 대한 비판적인 이런 태도는 스테파노 및 바오로와 관련하여 사도행전(6,13; 21,28)에도 표현되어 나온다. 《베드로 복음서 Évangile de Pierre》(7,26)는 물론이고 유다인들의 문헌 중에 아주 오래된 몇몇 자료에서도 [유다인들로서는] 차마 견딜 수 없는 그리스도인들의 이러한 행태를 되씹고 있다(가령 《토셉타 산헤드린 Tosefta Sanhedrin》 13,5를 그 예로 들 수 있겠다).[19] 바빌론 탈무드에서 대사제들을 비난하는 예수의 말씀을 하나 전하고 있는 것도 같은 맥락에 속한다. 토론은 미카서 1장 7절에서 말하는 창녀들의 화대를 둘러싼 것이었다. 그래서 예수는 이러한 더러운 돈이 속죄일(욤 키푸르)에 대사제가 왕래하는 장소를 짓는 데 사용되다니 도저히 있을 수 없는 일이며 "쓰레기 더미에서 나온 돈이니 그리로 돌아가야만 한다."고 말하였다는 것이다.[20]

당시의 실정이 이러했던 만큼 바오로 사도와 같은 사람이 왜 그토록 성전에 대해서 침묵을 지키고 있었는지를 좀 더 잘 이해할 수 있을 것 같다. 성전의 제물로 바쳐진 짐승의 고기를 먹는다는 것은 이미 과거에, 바오로의 표현대로 "육에 의한" 이스라엘이라는 과거에 속하는 일이 되어 버린 것이다. "저 이스라엘 백성을 보십시오. 희생 제물을 먹는 이들은 모두 제단에 동참하는 이들이 아닙니까?"(1코린 10,18) 그러나 때가 바뀌었고 따라서 성전—바오로 때만 해도 성전은 예루살렘에 엄연히 서 있었다!—의 법도 더 이상 효력이 없게 된 것이다. 그 까닭은 이제부터 하느님의 참된 성전은 바로 새로운 그리스도교의 공동체라는 것이 바오로의 확신이었기 때문이다(1코린 3,16-17). 요한 복음사가는 더욱 신랄하다. 그는 제사 제도의 폐기를 단숨에 통고한 것이다(요한 2,13-22). 그러나 공관 복음사가들은 끝내는 헬라계 그리스도교의 사상에 동조하게 되어 특히 성전이 파괴된 이후로는 좀 더 성전 비판에 자중하게 되었다. 실상 성전 문제는 점점 그 현실성을 잃어 가고 있었던 것이다. 구원의 이 옛 제도가 그리스도교에 더 이상 위험스러울 것이 없었다. 오히려 유다교와 그리스도교의 사이가 너무 갈라지는 것이 더 위험스러울 수 있었다. 루카는 "사람의 손으로 된" 성전에 대한 스테파노의 격렬한 비난의 말과 우상 숭배나 다를 바 없다는 제사에 대한 비판의 말을 전하고는 있지만(사도 7,41-43.47-50), 예수의 수난사에서는 마르코 복음서 14장 58절과는 달리, "나는 사람 손으로 지은 이 성전을 허물겠다."라는 말을, 예수의 말씀을 트집 잡아 고발하는 증인들로 하여금 반복하지 않도록 세심한 주의를 기울이고 있다. 달리 말해 루카는 이렇다 할 위험 없이도 '성전을 옹호하는 사람'으로 나설 수 있었다. 그것은 새로운 종교 곧 그리스도교를 육적인 이스라엘이 아닌 구원의 이스라엘에 좀 더 잘 뿌리박게 하려는 것이었다(루카 1,5 이하; 24,53). 다른 복음사가들도 성전의 제사 제도를 반대하는 논쟁의 가혹성을 가급적 완화시키려 애쓰고 있다. 가령 예수의 처신에서 어떤 적극적인 결론을 이끌어 내어 이를 강조하는 수법을 들 수 있다. 즉, 성전의 종말은 사람의 아들의 내림을 불러들이며(마르 13장), 성전 파괴는 주님의 죽으심과 부활을 뜻하는 것으로 재해석하게 되었다(요한 2,21).

지금까지 우리는 성전에 관련되는 유다계와 그리스도교 계통의 자료를 검토해 보았는데 과연 이로써 우리는 어느 정도나 확실하게 예수라는 역사적 인물을 파악할 수 있는 것일까?[21] 이 질문에 우리는 일단 긍정적으로 대답할 수 있을 것이다. 다만 이러한 경우에 흔히 그렇듯이 신중을 기해야 함은 물론이다. 왜냐하면, 예수라는 이 역사의 인물은 우리가 곧바로 손에 넣을 수 있다고 생각하는 그 순간에 우리에게서 이를테면 도망쳐 버리기가 일쑤이기 때문이다. 이 자리에서 다시 한 번 상기할 필요도 없겠지만, 예수는 사제들과 접촉이 별로 없었다. 있었다면 그의 수난 때라고 하겠다. 사제들과 성전 체제 그것은 예수가 즐겨 출입하던 세계가 아니었다. '착한 사마리아인의 비유'에서 예수는 문제의 그 사제로 하여금 강도를 맞고 쓰러져 있는 사람 앞에 멈추지 않고 그저 지나가게 한다. 사제 계급에 대한 예수의 이런 은근한 비웃음이 그들에게 달가울 리가 없다(루카 10,31). 다른 한편, 예수가 여러 차례에 걸쳐 예루살렘에 올라갔다고 하는데, 이런 전승을 전하는 요한 복음서조차 그 당시의 관례대로 예수가 제사를 드리고 음복飮福을 하였다든가 제사에 희생된 짐승의 고기를 먹었다는 말을 전혀 하지 않고 있다. 최후의 만찬 때에도 예수와 그 일행이 파스카의 어린양을 먹었다는 말이 전혀 없다. 하긴 오늘날 대부분의 학자들이 따르고 있는 요한 전승의 일정에 따르면, 예수는 파스카의 어린양을 먹을 수도 없었다. 종교 의식으로 거행되는 어린양의 도살이 성전 마당에서 아직 집전되기도 전이었으니 말이다.[22]

한 걸음 더 나아가, 우리는 복음서에서 제사를 드리는 장소로서의 성전에 정면으로 도전하는 예수를 보게 된다(마르 11,15). 예수는 환전상들과 비둘기 장사꾼들의 상을 뒤엎고 그들을 성전 마당에서 내쫓는다. 이 동작을 단순한 하나의 성전 '정화' 사건이었다고 말할 수 있을까? 그것은 예수의 이 과감한 행동을 과소평가하는 것이다. 예수는 기원후 66년 후에 사실상 성전을 정화하려 했던 열성당원 계통의 사제들 중의 하나가 아니었다. 그의 행동은 좀 더 근본적인 것이었다. 예수의 동작이 함축하는 바를 제대로 파악하려면, 성전의 장사꾼들이 지정된 자리, 곧 이방인들의 마당에서 합법적으로 장사를 하고 있었다는 사실을 알아야 한다. 이들 장사꾼 덕분에 순례객들은 유혈 제사를 드리는 데 필요한 제수용祭需用 동물들을 현장에서 사들일 수 있었던 것이다. 그런데 바로 이 유혈 제사를 드리는 장소로서의 성전이 문제시되고 있는 것이다. 요한 복음서가 그 벽두에 전하는 이 일화는 한층 더 뚜렷한 모습을 띠고 나타난다. "끈으로 채찍을 만드시어 양과 소와 함께 그들을 모두 성전에서 쫓아내셨다."(요한 2,15) 기도의 장소로서의 성전은 아직 그 효력이 그대로 남아 있었지만 유혈 제사를 드리는 장소로서의 성전을 예수는 이처럼 뒤엎은 것이다. 그의 이러한 동작은 대사제들의 질문을 직접적으로 도발하게 마련이었다. 어디 대사제들뿐인가? 원로들과 율법 학자들도 마찬가지로 예수의 권위에 대해서 질문을 하지 않을 수 없었다. "당신은 무슨 권한으로 이런 일을 하는 것이오?"(마르 11,28; 요한 2,18) 그런데 예수는, 그전에 이미 세례 동작을 취한 바 있었던 요한 세례자의 권위를 들이대면서 이 질문에 답변 아닌 답변을 한다. 그런데 예수의 권위를 둘러싼 이 이야기 조금 전에, 그러니까 바로 성전에서 장사꾼들이 쫓겨난 이야기 가운데 마르코 복음서 11장 16절에는 언뜻 보아 사소한 듯한 기사 하나가 끼어들어 왔다. "그분은 아무도 성전을 가로질러 물건을 나르지 못하게 하셨다." 과연 예수는 이 경우 가장 완고한 규율 하나를 새로 마련하는 율법 학자로서 행동한 것일까? 그럴 리가 없다. 그래서 많은 주석학자들은 《미쉬나 브라코트 *Mishna Berakhot*》 9장 5절에 전해진 한 전승을 근거로 하여 다음과 같이 생각해 본 것이다. 먼저 이 전승에 따르면, 작대기를 든 자나 샌들을 신은 자, 그리고 등짐을 진 자에게는 성전 출입이 금지되어 있었다. 한편, 가는 길을 좀 더 빨리 가기 위해서 성전 마당을 지름길로 이용하는 일도 금지되어 있었다. 주석학자들은[23] 이러한 자료들을 한데 모아 현재의 본문 행간에서 일부러 짤막한 이야기 하나를 꾸며 내기에 이르렀다. 즉, 예수는 짐꾼들에게 성전 건물을 지름길로 이용하지 말도록 금지하였다는 것이다. 그러나 그럴 것까지는 없겠다. 이야기 자체는 비교적 간단하기 때문이다. 여기서 말하는 '물건'이라는 낱말은 본래 그리스 말로는 '그릇'을 의미하는데 보통으로는 제사에 사용되는 용품, 그러니까 제수나 제기를 가리키는 말이다.[24] 《미쉬나 켈림*Mishna Kelim*》 편은 이 '제수용 기물들'을 다루는 데 온통 할애하고 있는 실정이다. 그리고 이미 오래전에 즈카르야서 14장 21절도 바로 성전에서 쫓겨나갈 장사꾼들과 관련하여 이 제사용 기물들에 대해서 언급하였다. 결론적으로 예수는 제사 의식이 더 이상 속행되지 못하도록 이를 정지시켰다는 것이 우리의 해석이다. 이렇게 놓고 보아야 우리는 비로소 이 사건에서 빚어진 흥분과 소요, 그리고 여기에 이어 올 중대한 결과를 좀 더 잘 이해할 수 있다.

마지막으로 성전 파괴에 관한 예수의 예고를 살펴보기로 하자. 예수의 성전 파괴 예고가 최고 의회의 의원들 앞에서 상당한 구실을 했다는 데에는 의심할 여지가 없고 보면, 성전 파괴 예고가 단순한 무고만은 아닌 듯하다. 예수가 보기에 이 성전은 시든 무화과나무에 지나지 않았다(마르 11,12-14.20-26). "돌 위에 돌 하나도 남아 있지 않을 만큼"(마르 13,2) 이 성전은 깡그리 파괴되고 말 것이다. 이러한 예고는 도저히 받아들일 수 없는 것이었다. 예레미야 예언자와 그 밖의 다른 선례들은 말할 것도 없다. 기원후 62년에 예수 벤 아나니아스라는 자가 예루살렘과 성전을 거슬러 소리를 높였다가 호되게 처벌을 받은 적이 있었다. 한마디로 이러한 행동은 율법에 표명된 하느님의 계시를 거스르는 불경건한 행동이었다. 또 한 가지 잊지 말아야 할 것은 예루살렘에서 순례객들 덕분에 생계를 이어 가는 수많은 사람들이 만약 성전이 없어져 버린다면 당장 실업자가 되는 도리밖에 없었다는 사실이다. 마르코 복음서 13장 5절 이하에서는 이 성전 파괴 예고에 이어 세칭 종말에 관한 예수의 긴 담론이 따른다. 자크 뒤퐁Jacques Dupont은 그의 주목할 만한 한 논문에서, 현재의 마르코 복음서 13장 전체에는 본래 구별되었던 두 가지 소재가 공존하고 있는데 이를 식별할 수 있어야 한다는 점을 훌륭하게 보여 주었다.[25] 곧 성전 독성瀆聖과 거기에 이어지는 파괴가 그것이다. 실상 마르코 복음서 13장 5절 이하에 나오는 본격적인 담론에는 성전의 파괴에 관해서 더 이상 말이 없고, 그 모독에 관해서 언급한다. 그런데 문제의 이 성전 모독에 이어 성전 재건이나 정화가 뒤따르리라는 말은 전혀 없고, 사람의 아들의 내림에 관한 말만 있을 뿐이다. "그때에 '사람의 아들'이 큰 권능과 영광을 떨치며 '구름을 타고 오는 것을' 사람들이 볼 것이다."(마르 13,26) 이와 같이, "이 기다란 담론의 벽두에 나타났던 성전 파괴 예고라는 주제는 사실상 (성전의) 신성 모독 예고라는 주제에 의해 대치되었다는 인상이다."[26] 그래서 이 성전 모독, 다니엘서 9장 27절의 표현에 따르면, "황폐케 하는 흉물"은 세상의 종말과 아울러 다니엘서 7장 13절이 말하는 인물의 내림 곧 "문득 어떤 사람의 아들과 같은 분이 구름과 함께 오더라."는 바로 그 사람의 아들의 내림을 불러들이게 될 것이라고 한다. 어떻든, 성전은 더 이상의 미래가 없다. 바로 이 성전의 핵심이랄 수 있는 번제의 제단이 돌이킬 수 없이 모독을 당할 것이기 때문이다. 그 옛날 마카베오 전쟁 시대에는 '파멸의 흉물', 그것은 바로 올림피아의 제우스 신상을 두고 하는 말이었는데, 이 제우스 신상이 번제의 제단 위에 건립되었던 것이다(1마카 1,54). 이것은 성전에서의 제사 봉헌의 폐지를 불러일으키게 하는 결과를 가져왔다(다니 9,27; 11,31; 12,11). 그런데 이제 '그래서는 안 될 곳에' 한 모독자가 등장하게 되었다. 제단 위에 설 이 흉물은 단순한 사물이 아니라 하나의 인물일 것이 분명하다. 그리스어로 '서 있다'라는 동사가 여기서는 하나의 분사로 나오는데, 이상하게도 그 주어가 중성 명사인데도 이 '서 있다' 동사의 분사만은 남성형으로 되어 있다. 따라서 이 흉물이 하나의 물건이 아니라 엄연한 한 인물이라는 것을 뚜렷이 보여 주고 있다. 결국 성전의 종말은 더욱 가까이 다가왔다. 이 성전의 종말은 다른 또 하나의 종말의 전조다. 미구에 대재난이 닥칠 것이고 이어서 최후의 승리가 뒤따르겠지만, 이 대재난 이전까지는 성전 모독 이외의 다른 메시아적 표징은 기다릴 것이 하나도 없다는 것이다(마르 13,21-22). 다니엘 예언서가 말하는 이 '반표징反表徵', 곧 성전의 모독자가 사람의 아들의 내림에 앞서 나타날 뿐이라는 것이다. 다니엘 예언서의 이 인물(들)이 누구인지는, "읽는 이는 알아들으라." 하고 말하는 마르코 복음서 13장 14절의 말씀대로, 우리 역시 독자의 상상에 맡기는 도리밖에 없다.

성전에 대한 예수의 태도는 언제나 이렇듯 단호한 거부 태도였는가? 얼른 그렇다고 단언하기도 어렵다. 마르코 복음서 1장 40~45절의 대목에서는 사제들에 관한 말도 나오고 심지어 제사에 대해서도 말은 하고 있지만, 그리스어 본문은 꽤 아리송한 데가 없지 않다.[27] 예수는 한 나병 환자를 깨끗하게 하셨다. 정확히 말해서, 예수는 그를 깨끗하다고 선언하신 것이다. 그렇다면 예수는 당시 사제들에게만 유보되어 있었던 권한을 자의로 행사한 셈이 된다. 여하튼 그 나병 환자는 치유를 받았고 이 치유는 완전한 것이었다. 그러나 예수는 그 환자를 사제들에게 보내어 자신을 보여 준 다음 규정대로 제사를 바치라고 명한다. "사제에게 가서 네 몸을 보이고, 네가 깨끗해진 것과 관련하여 모세가 명령한 예물을 바쳐, 그들에게 증거가 되게 하여라."(마르 1,44) "그들에 대한 증거로"라는 그리스어 표현 "에이스 마르투리온 아우토이스marturion autois"는 번역하기가 까다롭다. 가령 마르코 복음서 6장 11절과 13장 9절의 경우처럼 '그들에게 불리한 증거로'라는 뜻으로 알아들어야 할 것인가? 그러나 치유된 나병 환자가 제물을 봉헌한다 하여 그것이 사제들에게 '불리한 증거'가 될 까닭은 없지 않은가? 그러기에 오히려 '그들에게 유리한 증거로'라고 번역해야 하지 않을까? 나병 환자는 율법에 지정된 절차를 밟아야 비로소 정상적인 사회생활로 복귀할 수 있었던 것이다. 지정된 절차란 다름 아니라 레위기 13장 2절 이하의 규정대로 자신을 사제에게 보이고 제사를 바치는 것이었다. 그런데 우리의 일화가 관심을 두는 초점이 바로 이런 것이었다는 증거는 그렇게 명백하지도 않다. 혹시 이 표현은 약간 반어법적反語法的으로 사용된 것은 아닐까? "증거는 그들에게나 필요할 것이다!" 그렇지만 또 다른 해석의 가능성이 전혀 없는 것은 아니다. 혹시 예수는 무엇보다도 현실에 대한 타협책으로 이런 명령을 내리신 것이 아닐까? 적어도 마르코가 상기하고 있는 사건의 줄거리를 익히 살펴볼 때 우리는 이런 관찰이 전혀 근거 없지 않다고 생각한다. 나병 환자는 완전히 치유를 받았다. 그러나 사회적으로 보아서 그는 여전히 율법에 근거를 둔 당시의 관행에 묶여 있었다. 정상적인 사회생활로 복귀하기 위해서는 이 관행을 그도 지켜야만 했고 예수도 이 사실을 몰랐을 리가 없다. 예수의 행동이 비록 그 자체로서는 자유에의 문호를 널리 개방하는 그러한 행동이었지만 그렇다고 그가 기존하는 사회 체제를 한꺼번에 두들겨 부술 생각은 없었을 것이다. 마태오 복음서 17장 24~27절에 전해진 이상한 이야기도 비슷한 예라고 하겠다.[28] 예수의 제자들은 성전 세를 바쳐야 할 의무가 있었는가, 없었는가? 이것은 매우 중대한 문제였다. 그리스도인들이 성전에 대해서 지켜야 할 관계가 여기에 달려 있기 때문이다. 그런데 예수는 성전과의 이 끈을 끊어 버린다. "자녀들은 면제받는다." 즉, 성전 세를 바칠 의무가 없다는 것이다. 그렇다 할지라도 "우리가 그들의 비위를 건드릴 것은 없으니" 성전 세를 바쳐야 한다는 것이다. '마치 [그럴 의무가 있는 것]처럼' 행동한다는 식이다. 여하튼 이러한 예수의 태도는 성전의 사제들이 취하던 태도에 비해서도 확실히 이색적이지 않을 수 없다. 이 사제들도 자신들이 납세 의무에서 자유롭다고 생각하고 있었고 또 사실 성전 세를 바치지 않았던 것이다. 앞에 열거해 본 몇몇 자료들은 과연 예수의 단호하고도 현실적인 태도를 참으로 반영시켜 주는 것일까? 아니면 이것들은 유다인들의 사회 속에 여전히 묻혀 살면서도 자신들의 정체 보존과 주어진 현실에 대한 적응이라는, 까다롭고도 혼미한 유다계 그리스도인들의 실정을 반영하는 것일까? 이런 질문들에 대해서 가타부타 단언하기란 참으로 어렵다.[29]

3. 예수와 율법

《토셉타》(최고 의회 13,5)가 전하는 옛 전승에 따르면, '빗나간 자들'은, 그리스도인들까지 거기에 포함해서, 모세의 율법을 거부하였다고 한다. 이와 같은 비난은 스테파노를 고발하던 예루살렘의 헬라계 유다인들의 비판과 일치한다. "저희는 그 나자렛 사람 예수가 이곳을 허물고 또 모세가 우리에게 물려준 관습들을 뜯어고칠 것이라고, 이자가 말하는 것을 들었습니다."(사도 6,14) 바오로 자신도 개종하기 전에 그리스도교 신자들을 박해한 것은 '조상들의 전통을 지키는 일에 훨씬 더 열심이었기' 때문이었다(갈라 1,14). 그가 보기에 율법과 그 해석이 이 그리스도인들 때문에 치명적인 타격을 받았던 것이다. 우리는 이미 앞에서 성전과 제사에 대한 예수의 태도를 살핀 바 있거니와 이것만 보아도 그리스도인들에 대한 이러한 비난에 일리가 있다는 것을 우리는 충분히 인정할 수 있을 것이다. 실상 제사에 관련되는 율법의 규정들은 모세 오경에서 상당한 몫을 차지하고 있기 때문이다. 그러나 이 문제는 종교 의식의 범위를 훨씬 넘는 좀 더 크고 넓은 문제에 속한다. 모세의 율법에 대한 예수의 이해와 입지는 어떠한 것이었는가? 이 질문에 대한 답은 가지각색이고 또 서로 엇갈리는 것들도 적지 않다. 이렇듯이 답변이 다양한 것은 그 이면에 도사리고 있는 좀 더 근본적인 문제에 대한 학자들의 견해가 다르기 때문이다. 그 문제란 다름 아니라, 그리스도교의 의식에 처음으로 제기된 신학적 문제로서 유다교와 교회의 상호 관계, 따라서 그것은 구약과 신약, 이 두 계약 간의 관계에 대한 문제였다. 이 문제에 대한 답은 대체로 두 가지로 대별할 수 있을 것이다. 그중의 첫째는 예수와 율법의 유대를 강조

하는 입장이고, 다른 하나는 가급적이면 이 둘을 갈라놓으려는 경향이다.[30]

먼저 첫째의 경우를 살펴보자. 이 견해에 따르면, 예수는 율법을 하나도 폐기하지 않았을 뿐 아니라 더구나 율법을 정면으로 반대한 적은 없었다고 한다. 사실 예수와 계시의 하느님을 대립시킬 수야 없지 않은가? 예수는 오히려 마태오 복음서 5장 17절의 말씀대로 율법을 "완성하러" 왔다고 한다. 달리 말해 하느님의 뜻을 완전히 실현하기 위해서 왔다는 것이다. 여기서 말하는 하느님의 뜻은 물론 구약에 계시된 하느님의 뜻을 의미한다. 예수에게 새로운 점이 있다면 그분이 사랑의 이중 계명으로 율법을 '철저화한' 것이다(마르 12,28-31). 그분은 형식적인 경건성과 결의론決疑論적인 교묘한 탈율법脫律法을 물리치고 그때까지 율법주의 위주의 율법 준수보다는, 신자들로 하여금 참된 하느님의 뜻을 알아 모시고 이를 실천에 옮기도록 신앙인의 영적 감각과 양심을 좀 더 깊이 내면화시켰다는 것이다(마태 23장). 다시 말해 예수는 우리에게 지향 윤리志向倫理의 중요성을 깨닫게 해 주었다는 것이다(마태 5,22를 예로 들 수 있겠다). 마지막으로 예수는 계시된 하느님의 율법에만 전념하였기 때문에 바리사이들이 옛사람들의 전승이라는 명목으로 후에 갖다 붙인 일체의 부연과 군더더기를 단호하게 거부하였다는 것이다(마태 15,1-20).

둘째 유형의 답을 보면, 첫째와는 반대로, 예수와 율법의 거리를 넓히려는 경향을 띤다. 그래서 경우에 따라서는 코린토 교회의 몇몇 말썽꾸러기들처럼 예수를 일종의 무법자로 만들어 버리는 결과에 이르기도 한다(1코린 6,12: "나에게는 모든 것이 허용된다"). 어떤 의미로는 예수가 안식일이라든가 이혼 그리고 그 밖의 다른 요구에서 율법을 묵살해도 좋다는 것을 인정하였다는 것이다. 그 한 가지 예로 부자 청년에게 내세운 요구를 들 수 있다는 것이다(마르 10,21). 마르코 복음서 2장 1절에서 3장 6절에 이르는 쟁론조의 일련의 아포프테그마라든가 또는 마르코 복음서 10장 1~31절에서 읽어 볼 수 있는 그리스도인들을 위한 새로운 행동 지침들이라든가, 이 모든 것은 이른바 할라카 문제에서의 예수의 '새로움'을 보여 주는 좋은 실례들로 간주된다(마르 2,21-22).[31] 다른 한편, 예수는 당신의 말씀과 행동으로 율법에 정면으로 반대한 적이 한두 번이 아니라는 것이다. 가장 자주 인증되는 예는 말할 것도 없이 마태오 복음서 5장 21~48절에 전해진 유명한 마태오 복음서의 이른바 대립 명제들이다. 마태오 복음서 5장 38~39절에 전해진 유명한 말씀을 이 자리에 예거해 보자. "'눈은 눈으로, 이는 이로.' 하고 이르신 말씀을 너희는 들었다. 그러나 나는 너희에게 말한다." 요컨대, 예수의 말씀은 율법이 명하는 것과는 정반대로 하라는 것이다. "사람 밖에서 몸 안으로 들어가 그를 더럽힐 수 있는 것은 하나도 없다. 오히려 사람에게서 나오는 것이 그를 더럽힌다."라는 마르코 복음서 7장 15절의 말씀이 정·부정에 관한 율법의 규정에 얼마나 정면으로 충돌하는지는 람브레흐트J. Lambrecht의 최근 논문이[32] 충격적일 만큼 잘 보여 주고 있다.

앞서 소개한 두 가지 유형의 답변에는 제안된 세부적인 해석이 여러 가지로 많은데, 개중에는 지나치게 절충적이라는 비판을 받을 수 있는 것도 있고, 너무 과장된 해석이라는 비판을 받을 만한 것도 있을 수 있겠다. 먼저 첫째 답변을 보면, 한 가지 약점이 있다. 율법과는 분명히 모순되는 예수의 말씀과 행동을 이 답변으로는 도저히 처리할 도리가 없다는 것이다. 그런가 하면, 예수의 가장 독창적인 것처럼 보이는 말씀과 행동 가운데는 우리가 유다교의 옛 문헌에서 그 유례를 찾아볼 수 있는 것도 더러 있다는 사실도 간과해서는 안 될 것이다. 가령 힐렐과 같은 율법 학자는 사랑이 가지는 종교적인 중요성을 잘 강조할 줄 알았고[33] 또 샴마이 학파에서는 윤리 문제에 대해서 바로 지향의 순수성에 주의를 환기시킬 줄도 알았다. 그 외에, 예수는 율법 학자들의 전승을 깡그리 묵살하지는 않았다는 사실도 알아야 한다. 마태오 복음서 23장 23절에 전해진 말씀은 그 좋은 실례가 되겠다. "불행하여라, 너희 위선자 율법 학자들과 바리사이들아! 너희가 박하와 시라와 소회향은 십일조를 내면서, 의로움과 자비와 신의처럼 율법에서 더 중요한 것들은 무시하기 때문이다. 그런 것들도 무시해서는 안 되지만, 바로 이러한 것들을 실행해야만 했다." 여기서 말하는 (무시해서는 안 될) '이런 것들'은 바로 율법 학자들의 전승에 속하는 것들이다. 첫째 유형에 속하는 답변은 흔히 유다교를 근거도 없이 깎아내려 놓고 나서 그 잔해를 근거 자료로 삼아 논증을 전개하는데, 이런 논증 방법은 공정하다고 볼 수 없다. 왜냐하면 기원후 1세기의 유다교 율법 학자들은—그다음 시대는 더 말할 나위도 없다.—율법을 완전 무결하게 지키려는 진지한 의도를 지니고 있었기 때문이다. 에세네와 바리사이 집단에서는 "나, 주 너희 하느님이 거룩하니 너희도 거룩한 사람이 되어야 한다."(레위 19,2)는 하느님의 요구를 진지하게 받아들였다. 그러기에 일명 필론 같은 사람은 다음과 같이 말할 수 있었다. "주님께서 당신의 백성을 구원하시기로 작정하셨을 때, 그분에게 필요한 것은 큰 수가 아니라 거룩함이었다."(《성경 고대사》27,14) 다행히도, 특히 쿰란의 유적 발굴 이후로는 유다교를 편협한 율법주의적 종교로 희화를 하여 소개하는 일이 차츰 사라져 가고 있다. 사람들은 기원후 1세기에 계약 사상이[34] 쿰란에서뿐 아니라 심지어 시너고그의 설교에 이르기까지 얼마나 깊이 파급되어 있었던지를 깨닫게 될 것이다. 이 후자의 경우는 역시 우리의 《성경 고대사》가 좋은 증인이 되어 준다. 최근에 샌더스E. P. Sanders는[35] 이 사실을 매우 역설한 바 있다. 율법이란, 계약이라는 틀 안에서 하느님이 내려 주신 계시인 동시에 인간이 하느님께 드리는 응답으로 이해되었다는 것이다. 그렇다고 계약이 무상으로 받은 선물이라는 사실을 망각한 것도 아니며, 공로를 쌓아 올리는 방법 정도로 변질시킨 일도 없었다는 것이다. 유다교의 잔해에서 예수의 행동의 특이성이 발견되는 것이 아니다.

둘째 유형의 답변 역시 복음서의 여러 가지 요소와 충돌하지 않을 수 없을 것이다. 복음서에 보면, 예수가 한 사람의 훌륭한 유다인으로 나타나는 대목이 적지 않기 때문이다. 예수는 성경을 인용하고 안식일을 지키며 여러 가지 관습을 지킬 줄도 안다(루카 4,16 이하). 심지어 그는 자신의 의복에다 옷 술을 달고 다니기도 했다(마르 6,56; 마태 9,20; 루카 8,44). 그런데 기원후 1세기의 일부 유다인들은 바로 이 모세의 관습을 도저히 '견딜 수 없는 것'으로 여기고 있었으니(《성경 고대사》 16,1), 예수는 이 일부 유다인들보다는 덜 철저했던 셈이다(마태 23,5). 다른 한편, 예수가 계속해서 그리고 공공연하게 정·부정에 관한 규정들을 무시하고 살았다면 그가 어떻게 바리사이들의 잔칫상에 초대받을 수 있었겠는지도 한번 반문해 볼 만하다(루카 7,36; 11,37). 그리고 무엇보다도 예루살렘 모교회의 유다계 그리스도인들은 나중에 정·부정의 구별을 극복하는 데 왜 그토록 힘들어했는지(사도 10,9 이하; 11,3) 그 이유를 우리로서는 도저히 해명할 길이 없을 것이다. 그 외에도 기원후 1세기의 유다교에서는 당시의 실정에 잘 들어맞지 않는 율법의 몇몇 계율이나 규정들에 대해서 어느 정도 거리를 두고 있었을 가능성을 일단 감안해야 할 것이다. 율법 학자들의 전승은 언제나 그랬듯이 그때그때의 실정에 좀 더 잘 적응할 수 있는 것이어서 사실 율법의 문자를 앞지르고 있었다고 해도 과언이 아니다. 한 가지 예를 들어 보

자. 힐렐의 이른바 '프로스볼레Prosbole'가 바로 여기에 해당하는 실례겠다. 율법에 따르면, 안식년에는 일체의 부채를 탕감해 주어야 했다. 그러다 보니 사람들은 장기 대부를 꺼려하게 되었다. 그래서 율법 학자들은 이렇게 결정하였다. 돈을 꾸는 사람이 마을의 재판소, 그러니까 마을의 의회(볼레) 앞에서(프로스 불레pros Boulè) "꾼 돈은, 꾸어 준 사람이 요구하면 어느 때고 상환하겠다."라고 선언하게 하여 이런 불편이 없게 한 것이다(M. Shebiit 9,3-4). 이와 같이 사람들은 좋은 의도에서 율법을 다치지 않고 이를 에둘러 살아갈 줄 알았다. 그리고 이 무렵에 십계명의 중요성을 강조했던 사실도 확인할 수 있게 되었다. 적어도 대다수의 일반 서민을 상대로 하는 시너고그의 설교에서는 그랬다. 물론 배움의 집(학교)에서 스승과 제자 간에 주고받던 토론은 이와는 달랐다. 십계명에 관한 알렉산드리아의 필론의 책이 그렇고, 요세푸스(《유다 고대사》 3,89-90)가 그러하며, 팔레스티나의 옛 《타르굼》과 무엇보다도 일명 필론(《성경 고대사》 11,6-15; 25,7-14; 44,6-7)이 이 십계명의 중요성을 매우 역설하였다. 그리고 보면 마르코 복음사가가 하느님의 계명들을 '열 말씀' 그러니까 곧 십계명 또는 '셔마 이스라엘Shema Israël'(마르 7,9-10; 10,19; 12,28.31)과[36] 거의 동일시하고 있는 이유를 좀 더 잘 이해할 수 있을 것 같다. 기원후 1세기에 유다교의 대중들 사이에서는 정·부정에 관한 여러 가지 규정들보다는 십계명을 더 중요하게 생각하였다는 말은 전혀 엉뚱한 말이 아닌 것 같다. 한마디로 말

해, 이 둘째 유형의 답변에는 예수의 반율법주의를 과장할 우려가 없지 않다.

그렇다면 이제 이 막다른 골목에서 어떻게 빠져나올 수 있을 것인가? 예수와 율법의 관계를 어떻게 하면 정확하게 규명할 수 있을까? 이 질문에 대해서 복음사가들 자신이 위에 소개한 두 가지 유형의 답변을, 적어도 부분적으로는 모두 가능하게 하고 또 이 두 가지 답변이 상호 모순되면 될수록 이 질문에 대한 정확한 답은 그만큼 어려울 수밖에 없다. 마르코는 사실 기회만 있으면 예수와 율법과의 거리를 지적하고 강조하는 편이다. 그가 율법에 대해서 어떤 의미의 논쟁적인, 따라서 다소 적대적인 태도를 지니고 있는 것만은 분명하다. 그의 복음서에 '율법'(그리스어로는 노모스nomos)이라는 낱말이 한 번도 나오지 않는 것은 결코 우연이 아닐 것이다. 반면에 마태오를 보면, 그는 어떤 의미에서 율법에 동조적인 어휘를 즐겨 사용하고 있는 것으로 나타난다. 그의 예수는 가르치고 계율을 명하는 스승으로 묘사되는 편이다(마태 28,19-20). 율법의 효력도 한 점, 한 획에 이르기까지 그대로 남아 있다는 것이 그의 입장이다.[37] 물론 율법을 완성하러 오신 분이 이를 완전히 개폐改廢한다면, 그런 경우는 여기에서 제외된다. (편집사 비판의 견지에서 볼 때, 마태 5,18은 그 앞의 절과 연관 지어 해석해야 한다.) 마태오는 예수를 하나의 새로운 율법으로 그려 준다. 그러나 여기에 이어 즉시 덧붙여 말해야 할 것은, 겉으로 보기에 가장 율법에 동조적인 이 마태오 복음사가가 실은 엄률주의적 유다교를 가장 신랄하게 공격하는 복음사가라는 사실이다(마태 23,4.13-15). 파스카 이후의 상황에서 파스카 이전의 예수를 되돌아보는 이 두 복음사가, 마태오와 마르코 중에서 우리는 누구를 선택할 것인가?

우리가 앞에서도 이미 살펴보았거니와, 예수를 좀 더 정확하게 파악하려면, 아무래도 기원후 1세기의 유다교, 그리고 여기에 못지않게, 복음서의 전승들을 수집하고 이를 전하면서 자신들의 종교적인 행태도 일부 정당화시키려 했던 초창기의 각종 그리스도교 집단들을 좀 더 잘 알 수 있어야 한다. 여기서는 이 후자에 관한 문제를 다루지 않기로 한다. 문제 자체가 너무 복잡하기 때문이다. 그 밖에도 우리는 율법에 대해서 어떠한 태도를 취했는지에 따라 그 갈래가 달라지는 유다계 그리스도인들의 각종 유파를 구별할 수 있어야 한다. 하지만 이러한 일이 좀처럼 쉽지 않을 뿐 아니라 그리스도교를 '다시 유다교화'시키려던 시도도 있었는데, 그 영향은 심지어 바오로가 세운 헬라계 그리스도인들의 교회(가령 갈라티아 교회)에까지 미치고 있었다는 사실도 아울러 충분히 평가할 수 있어야 한다.[38] 이제부터 우리가 지적하려는 사항들은, 그 일부에 지나지 않지만, 어떻든 유다교의 범위 안일망정 우리가 부딪치게 된 막다른 골목에서 빠져나올 수 있는 몇 가지 가능성을 일러 줄 수는 있을 것이다.

기원후 1세기의 유다교가 얼마나 다양했는지는 아직까지도 충분히 평가되지 않은 것 같다. 이 다양하기 그지없던 유다교에는 깊은 신심에 젖어 있던 유파들이 여럿 있었다는 강점이 있었는가 하면, 거기에는 무질서에 가까운 산만성이라는 약점도 있었다. 하기는 기원후 2세기의 획일화 지향의 운동이 이러한 실정에 대한 강력한 반동으로 도발된 것도 사실이다. 여하간 쿰란의 유적 발굴은 이 점에서 매우 중요하였다. 알렉산드리아의 필론이 언급하는 이른바 치유주의자들thérapeutes과 옷세교인들osséens은 물론이고 그 밖의 다른 유다인 집단들도 율법에 대해서 우리가 보기에는 매우 놀라운 태도를 지니고 있었다. 우리는 이미 일명 필론의 작품(《성경 고대사》 16,1)에서 모세가 명한 것으로 되어 있는 옷의 술을 거부하는 '코레의 시너고그'가 있었다는 사실을 알게 되었다. 이 구절에서 좀 더 읽어 내려가면, 벤야민 사람들이라는 어떤 사람들이 자신들이 범했다는 죄를 이렇게 고발하고 있다. "우리는 율법의 책을 뒤져서 그 내용을 참으로 하느님이 기록하였는지, 아니면 그 가르침을 모세가 자기 자의로 부과했는지 알아보려 했습니다."(《성경 고대사》 25,13)[39] 그러니까 율법의 몇몇 부분에 대해서는 하느님의 권위를 문제시했다는 뜻이다. 실상 이들은 율법에서 하느님의 작품 또는 계명과 모세의 그것과를 구별하고 식별하려는, 이를테면 일종의 성경 비판을 처음으로 시도하였던 것이다. 어떤 유다인들은 '열 말씀'을 너무 지나치게 치켜올리는 바람에 율법의 다른 법 규정들을 그보다 한 단계 낮은 것으로 격하시키는 경우도 있었다. 이런

법 규정들은 하느님에게서 직접 온 것이 아니고 모세나 그 밖의 다른 어떤 천사들의 중개를 통해 온 것이라고 생각했다(갈라 3,19; 사도 7,38.53; 히브 2,2 참조).[40] 이 문제는 매우 심각하였다. 그래서 기원 후 1세기 말 또는 2세기 초의 유다교 당국에서는 유다교 회당의 기도 의식에서 십계명의 독송讀誦을 완전히 폐지시켜 버렸다.[41] 율법에 대한 이러한 비판적인 태도에 침례주의자들이 결코 무관할 수 없었다. 그런데 예수도 이 침례주의자 중의 하나였다. 적어도 초창기에는 그랬다. 그런데 우리는 바로 이 예수에게서 비슷한 태도를 찾아볼 수 있다. 가령, 이혼에 관한 마르코 복음서 10장 1~12절의 대목에서 예수는 모세의 말을 뛰어넘어 하느님의 권위에 직접 호소하는 것을 읽어 볼 수 있다. "너희 마음이 완고하기 때문에 모세가 그런 계명을 기록하여 너희에게 남긴 것이다."(마르 10,5) 이어서 예수는 이혼을 반대하는 논거를 들어서 이 문제에 관한 하느님의 진정한 뜻이 무엇인지를 표현하려는 시도를 벌인다. 창조주 하느님의 진정한 뜻이라지만 과연 무슨 권위를 내세워 예수는 자신의 주장을 정당화시키려는 것일까?

율법의 이런저런 부분을 상대적으로 더 중요시하느냐 또는 거부하느냐 하는 평가를 넘어서서 그 권위에 관한 이 질문이야말로 당시로서는 가장 치명적인 문제였다.[42] 과연 누구의 권위로 또는 무슨 명목으로 하느님의 계시 가운데서 우리가 감당할 수 있고 없고의 여부를 가려낼 수 있다는 말인가? 가령 요한 복음사가에 따르면, 예수는 '여러분들의' 율법이니 '그들의' 율법이니 하는 표현을 쓰면서 율법에 대해 상당히 거리를 떼어 놓고 유다인들에게 말을 건네곤 하는데, 예수의 이 무엄한 태도를 과연 어떻게 정당화시킬 수 있다는 말인가?(요한 8,17; 10,34; 15,25) 사실, 당시는 권위의 문제가 가장 심각하게 제기된 시기이기도 했다.[43] 이 문제에 관한 당시의 견해들을 몇 가지 예거해 보자. 쿰란의 종파에서는 율법과 자기 자신들의 권위 외에는 일체의 권위를 거부하였다. 그런가 하면, 친바리사이계의 율법 학자들은 사제들의 권위를 문제 삼았다. 좀 더 정확하게 알아보자면, 보수주의의 경향이 짙은 사두가이파의 사제들은 율법(이 경우에는 모세 오경을 말한다.)의 권위만 인정하였다. 그들에게는 이 율법을 글자 그대로 따르면 그것으로 넉넉하였다. 해석은 필요 없는 것이었다. 그 밖의 다른 분야에서는, 그러니까 율법이 명문으로 언급을 하지 않는 다른 분야에서는 사제들의 결정이 법적인 효력을 갖는다. 법을 정하는 권한을 갖는 사람은 사제들이기 때문이다(하까 2,11 참조). 그런데 바리사이계의 율법 학자들은 그들 나름대로, 모든 분야에서 권위를 차지하고 있는 것은 율법이라고 주장한다. 여기서 말하는 모든 분야란 말할 것도 없이 율법이 명문으로 언급하는 분야와 그렇지 않은 분야를 둘 다 포괄하는 것이다. 다만, 여기의 율법은 하느님의 계시는 계시로되 어디까지나 모세의 기록된 문헌과 '그리고' 조상들의 전승에 표현된 것으로서의 하느님의 계시이다. 다음에 인용하는 요세푸스의 말과 같이, "바리사이들은 백성들에게 옛 조상들의 전승을 통해 전해진 할라카의 규정들(=행동 전반에 관한 것들)을 따르도록 하였다. 그러나 이 전승들은 모세의 율법에 기록된 것이 아니었다. 그래서 사두가이들은 이러한 전승들을 거부하였다. 이들의 주장에 따르면, 기록된 것만을 법으로 간주해야 하며 옛 조상들의 전승에서 유래하는 것은 준수할 필요가 없다는 것이다"(《유다 고대사》 13,297). 이와 같이 바리사이 율법 학자들이 보기에는, 율법이 겉으로 보기에 명문으로 언급하지 않는 것 같은 모든 것에 대해서 법을 정할 수 있는 권한을 가진 사람은 사제가 아니라 율법을 제대로 해석할 줄 아는 사람이다. 그 율법이 기록된 율법이든 이 기록된 율법과 한 몸을 이루는 전승이든 말이다. 이렇게 성경과 전승을 이용할 줄 아는 율법 학자는 권위를 장악하게 되고, 반면에 사제들은 사람들이 자신들의 말을 따르도록 하는 데 성공하지 못한다(《유다 고대사》 18,17). 그러나 율법 학자는 이 경우에서도 사실은 자신의 개인적 권위를 표면에 내세우는 일이 결코 없다. 당시의 표현대로 그는 하나의 '탄나 tannâ' 즉 '반복자'에 지나지 않았고, '랍비' 즉 '교사'라고는 했지만 하나의 '복습 교사'에 지나지 않았다. 그는 해석해 줄 뿐이지 자신의 이름으로 법을 정할 수는 없었다. 그래서 그는 언제나 자신보다 '권위 있는 어느 제삼자의 이름'으로, 달리 말해 예언자들과 선배 율법 학자들에게서 유래하는 전승의 맥을 따라 어느 제3의 율법 학자의 이름으로, 즉 그의 권위를 빌려 말하는 것으로 되어 있었다

(M. Abbot 1,1). 그러나 실제로는 그는 성경 인용과 전통을 앞세워, 그리고 연역적인 성경 주석의 기술을 내세워 그 배후에 자신의 권한을 감추고 있었다. 이 성경 주해의 기술 덕분에 그는 율법의 열쇠를 손에 쥐게 된다. 이렇게 율법은 그에 의해 하느님의 지혜와 동일시된다.⁴⁴

이러한 역사적인 맥락은 예수의 독창성을 밝혀 준다. 예수의 역사적 독창성을 알아보는 데 어느 복음서를 그 출발점으로 삼을지는 이차적인 문제다. 율법에 대해서 매우 격렬하고 극단적인 태도를 서슴지 않는 요한으로부터 출발하든지, 이른바 전승에 대해서 매우 비판적이던 마르코로부터 출발하든지, 아니면 예수를 새 율법의 스승으로 받드는 마태오의 평가를 역사적으로 근거 있는 것으로 인정하든지, 복음 전승들의 상호 모순을 포용성 있게 없애 버린 루카의 절충적인 신학을 받아들이든지, 여하튼 그 종착점은 항상 같다. 이 모든 복음서들은 예수의 권위를 다른 어떠한 것보다도 앞세운다는 점에서 한결같다는 것이다. 파스카 이후에 이루어진 이 모든 예수 이해는 이제부터 그분을 그려 주되 어디까지나 그분을 의미의 원리로, 달리 말해 구전으로 전해 오는 율법은 물론 기록된 율법을 대치하는 원리로 그려 준다. 이것이야말로 그리스도교 공동체들 사이에 전해 오던 일련의 말씀과 동작들의 불가피한 결론이었다. 이에 관한 자료를 모아서 제시하기란 어렵지 않다. 먼저 카파르나움 사람들의 놀라움을 상기해 보자. "사람들은 그분의 가르침에 몹시 놀랐다. 그분께서 율법 학자들과 달리 권위를 가지고 가르치셨기 때문이다."(마르 1,22) "이게 어찌 된 일이냐? 새롭고 권위 있는 가르침이다."(1,27) 예수는 '복습 교사'가 아니었다. 성전에서의 사건이 일어난 다음에 사람들은 그에게, 그것도 사제들의 권위가 그 어느 곳보다도 실감 나게 통하던 성전 뜰에서 이렇게 질문하게 된다. "당신은 무슨 권한으로 이런 일을 하는 것이오? 또 누가 당신에게 이런 일을 할 수 있는 권한을 주었소?"(마르 11,28-29.33) 그러자 예수는 율법이나 전승의 권위를 내세우지도 않았고, 더더구나 그전의 어느 율법 학자들을 대면서 자신의 행동을 정당화시키려 하지도 않았다. 물론 예수도 성경을 이용하였다. 그러나 그것은 자신의 생각이나 사상을 좀 더 잘 설명하거나(마르 12,10; 7,6) 질문을 던지거나(12,36) 하기 위함이었지 엄격한 의미의 논증이나 자기주장의 정당화라고 보기는 어려울 것이다. 오히려 그는 요한 복음서 7장 15~17절에 전해진 그의 말씀대로, 자신을 변호하고 자기의 주장을 정당화하기 위하여 하느님을 직접 들이댔다고 하겠다. 그는 자기주장의 정당성을 변호하기 위하여 감히 하느님의 권위에 직접 호소한 것이다. 자신의 가르침에 놀란 유다인들에게 예수는 이렇게 말할 수 있었다. "나의 가르침은 내 것이 아니라 나를 보내신 분의 것이다. 누구나 하느님의 뜻을 실천하려고만 하면, 이 가르침이 하느님에게서 오는 것인지 내가 스스로 말하는 것인지 알게 될 것이다."[45]

한 가지 중요한 점을 여기에 덧붙이기로 하자. 예수는 하느님의 권위를 직접 끌어댔을 뿐 아니라 그때그때 일어나는 현실적인 사건을 끌어대면서 자신의 입지를 해명하는, 당시로서는 가장 놀라운 행동 방식을 취하였다. 솔직히 말해서 기원후 1세기의 유다교에서는 어느 율법 학자이건 현실적으로 일어나는 사건을 정면으로 맞대고 그 의미를 말해 주려는 사람은 아무도 없었다.⁴⁶ 율법 학자는 현실 세계에서 제기되는 여러 가지 문제들에 대해서 답변을 하기는 했지만 그들이 이 답변에 사용하는 언어는 시종일관 시원론始原論에 관련되는 신화적 언어(='그전에, 한 옛날')였거나 종말론과 관련되는 신화적 언어였다. 물론 율법 학자는 하느님의 말씀이 지니는 현실적인 의미를 말해 주기 위해서 성경을 해석하였으며, 심지어 그는 성경을 다시 고쳐 써서 '처음부터 끝까지' 읽을 수 있는, 이를테면, '연속편 성경 이야기'로 꾸며 놓을 줄도 알고 있었다. 여기에 여러 가지 구전 자료들을 끼워 넣은 것은 물론이다. 그 가장 좋은 실례를 우리는 바로 일명 필론의 《성경 고대사》에서 볼 수 있다. 이런 식으로 율법 학자들은 당대 사람들의 아쉬움을 채워 줄 수 있었다. 그 유명한 《미드라쉬*Midrash*》라는 것도 기록으로나 구전으로 전해 오는 계시의 말씀에 대한 탐구인 동시에 현실화다. 그 목적은 물론 세상에 대한 하느님의 계획을 좀 더 잘 밝혀내려는 데 있었다. 그렇지만, 실제로 율법 학자들은 현실적인 문제를 거의 다루지 않았다. 적어도 구체적인 현실적 사건을 계기로 하여 드러내려는 하느님의 계획이 무엇인지를 밝히려 들지는 않았다. 이 점은 쿰란에서도 다름없었다. 이른바 '페세르Pesher'라는 이름으로 알려진 일종의 성경 주해에서 에세네의 율법 학자는 이제 막 그 종이 울렸다고 믿어지는 이 마지막 때에, 새로운 계약의 공동체인 자기네 공동체와 관련지어 하느님의 말씀의 현실적인 의미가 무엇인지를 밝히려 한다. 그런데도 그는 여전히 눈앞에 벌어지고 있는 현실을 직설적으로 말하지 않고 은어적이며 비전적秘傳的인 언어로 에둘러서 말한다. 예를 들면, 이 율법 학자는 자신들의 친구가 누구고 원수가 누구인지 구체적으로 그 이름을 밝히는 일이 없다. 그는 언제나 은폐된 언어로 당대의 사건을 언급한다. 이 기본적인 점에서 예수의 태도는 매우 다르다. 그는 하느님의 현실적인 계획을 말하기 위해서, 실로암의 탑이 무너진 사건으로부터 어린이들을 매몰차게 내쫓은 제자들을 나무라는 이야기에 이르기까지 언제나 오늘이라는 구체적인 현실로부터 출발한다. 한 걸음 더 나아가 이제부터는 이 하느님의 계획이 바로 당신 자신 즉 예수를 통해서 나타난다는 것이다. 지금까지의 일체의 성경 인용이나 전승 인용이 이제 그분 안에서 이를테면 무기력해진다고나 할까······. 이른바 창시 신화創始神話 따위는 이제 그분을 맞이하여 아무런 역할도 할 것이 없었다. 바오로는 이 점에 대해서도 자기의 스승 예수의 사상을 완벽하게 이어받아 더욱 발전시킬 줄 알았다.[47] 그리고 적어도 이 점에서만은 바오로가 종래의 성경 해석의 기교에 너무 물들어 있었던 유다계 그리스도교의 몇몇 집단들보다 훨씬 더 예수에 가까웠다고 말할 수 있을 것이다.

그러나 바로 이 유다계 그리스도인들의 교회가 간직하고 있던 추억 속에서도 율법에 대한 예수의 이 같은 초연한 자유가 흔적도 없이 사라진 것은 결코 아니다. 한 가지 예만 들어 보자. 안식일 계명의 경우가 여기에 해당한다. 알다시피 이 계명은 하느님이 당신 계시로 주신 계명 가운데서 상당히 중요한 계명이다. 그래서 이 문제에 대해서 가령 에세네파에서는 유달리 완고한 입장을 취하고 있었다. 율법의 문자와 그 정신을 완벽하게 추종했던 것이다. 사마리아인들도 그들 나름대로 이 계명을 준수하는 데 매우 엄격하고 충실하였다. 바리사이계의 율법 학자들은 그들대로의 탄력성을 가지고 이 계명 준수가 가져오는 여러 가지 실생활의 불편을 조정할 줄 알았다. 실상 이 계명을 문자 그대로 지키다가는 꼼짝달싹하지 못하고 그 자리에 서 있어야 했던 것이다. 그래서 이 율법 학자들은 이 안식일 계명을 백성 전체가 큰 부담 없이 지킬 수 있도록, 그래서 안식일을 기쁨의 날이 될 수 있도록, 관례상의 여러 가지 규칙을 정하여 실정에 알맞게 조정하려 했던 것이다. 그래서 이들은 안식일에 해서는 안 될 일이 무엇인지를 낱낱이 헤아려 일련의 조례를 작성하였다. 《미쉬나 샵바트*M. Shabbat*》 7장 2절에 이 일련의 금지된 일 39가지가 열거되어 있다. "밭 갈기, 씨뿌리기, 수확하기, 실잣기, 두 가닥 실로 꼬기, 글자 두 자를 쓰기, 불을 끄기, 어떤 물건을 옮겨 놓기……." 이런 목록을 읽노라면 오늘의 우리는 절로 실소하지 않을 수 없을 것이다. 사실 우리로서는 이 일련의 조치가 어떻게 해서 율법 학자들에 의해 작성된 '해방을 위한 법적 조치'인지를 더 이상 이해할 수 없다. 더구나 당시에도 '명문으로 금지되지 않은 것은 원칙적으로 허용되어 있다.'는 것을 잘 알고 있었기에 더욱 그렇다. 법을 세우는 사람은 멍에를 들씌우는 데 그 목적이 있는 것이 아니라 오히려 자유의 여백이 어디까지인지를 말해 주는 데 있다. 그런데 예수는 가령 어느 쿰란 사람의 눈에는 틀림없이 너무 느슨해 보였을 이 모든 규정들을 완전히 도외시하였다. 안식일인데도 그 자신이 일할 뿐 아니라 다른 사람에게까지 일을 시켰다(마르 2,23-28; 3,1-5; 요한 5,1-18; 7,19-24). 한 걸음 더 나아가 예수는 안식일 문제에 있어서 율법 학자들의 도덕적 논증 방법 중 어떤 것에 대해서는 정면으로 반대하고 나섰다. 안식일 계명은 중요한 문제였고, 여기에 대한 율법 학자들의 논란 역시 타당한 것이었는데도 말이다. 실상 그들은 이렇게 선언했던 것이다. "누구든지 안식일의 기본 원칙을 잊고 여러 안식일에 걸쳐 일을 했으면 죄를 (속죄하기) 위한 희생 제사를 하나만 바쳐야 한다. 그러나 누구든지 이 원칙(휴식)을 알고 있으면서도 여러 안식일에 걸쳐 일을 했으면 그 안식일마다 죄를 지은 것이다. 안식일이 계속되는 동안 여러 가지 일을 했으면 그 일 하나하나를 할 때마다 죄를 지은 것이다."(*M. Shabbat* 7,1) 달리 말해 이 율법 학자들에 따르면, 고의적인 행위가 있을 때마다 그만큼의 죄를 짓는다는 것이다. 이러한 율법 학자들에게 그 어떤 윤리 신학자가 돌을 던질 것인가? 그런데 루카 복음서 6장 4절에 이어《베자 사본 Codex de Bèze(D)》에만 전해지는 예수의 다음 말씀을 들어 보자. 독자는 오히려 예수의 이 말씀을 도저히 인정할 수 없을 것이다. "같은 날 어떤 사람이 안식일에 일하는 것을 보시고는 그에게 말씀하셨다. '사람아, 그대가 만일 하고 있는 것을 알고 있으면 다행이지만, 모르고 있다면 그대는 저주를 받은 것이며 율법의 위반자다.'" 이 말씀을 보면 예수는 그만하면 원만하다고 볼 수 있는 율법 학자들의 입장과는 정반대의 태도를 취한 셈이다. 이쯤 되면, 안식일에 관한 율법 자체가 이제 위기를 맞게 되었다고 해도 결코 과언이 아닐 것이다.[48]

마지막으로 예수는 성경 해석과 윤리 문제에 관한 율법 학자들의 전승을 거부한다. 마르코 복음서에 전해진 그의 말씀대로 "너희는 이렇게 너희가 전하는 전통으로 하느님의 말씀을 폐기하는 것이다"(마르 7,5.8.13 참조). 마태오에 전해진 유명한 산상 설교 중에 나오는 대립 명제에서도 예수는 이렇게 선언한다. "'거짓 맹세를 해서는 안 된다. 네가 맹세한 대로 주님께 해 드려라.' 하고 옛사람들에게 이르신 말씀을 너희는 또 들었다. 그러나 나는 너희에게 말한다. 아예 맹세하지 마라. 하늘을 두고도 맹세하지 마라. 땅을 두고도 맹세하지 마라. 예루살렘을 두고도 맹세하지 마라."(마태 5,33-35) 예수는 여기서 말하자면 성경의 규정과 그 시행 세칙을 담고 있던 옛사람들의, 달리 말해 조상 전래의 전통을 바로잡고 있는 것이다. 그러나 예수는 여기서 그치지 않는다. '너희가 들었다'고 하는 그 전통에 예수는 "나는 너희에게 말한다."라는 말씀으로 맞선다. 실상 이제부터 '전통'은 곧 예수 그 자신이기 때문이다.

하느님의 말씀을 전한다는 이 예언자는 성전, 율법 그리고 전통과 당대 유다교 당국자들의 권위에 대해서 놀랍도록 자유로운 태도를 취하면서 하느님과 자신 사이에 어떠한 중개자도 인정하지 않는다. 그리스도교의 전승은 비록 표상은 여러 가지로 다를지언정 예수의 이 권위를 매우 강력하게 부각시킨다. 그것은 제삼자로서는 도저히 인정할 수 없는 예수의 저 '나'에[49] 표현되는 권위이고, 무엇보다도 자신과 하느님 간에 직통한다는, 저 신 직접성神直接性 주장에 드러나는 권위였다. 그렇다면 결국 예수의 이러한 태도는 유다교의 세 가지 기둥 곧 율법과 성전 그리고 이스라엘의 선택이라는 세 기둥을 뿌리째 뒤흔드는 것이 아닐까? 율법의 권위가 침해를 당한 것은 물론이고 성전도 마찬가지다. 이스라엘의 선택도 그럴 수 있게 된 것이다. 그런데 바로 이 이스라엘의 하느님은 예수가 자기의 아버지라고 부르는 분과 비교할 때 어떤 분이실까?

제3부

하느님 나라의 예언자 그리고 사람의 아들

길을 가다가 한 나그네를 만난 엠마오의 두 제자는 그 나그네에게 "하느님과 온 백성 앞에서, 행동과 말씀에 힘이 있는 예언자였던 '나조라' 사람 예수"에 관한 일을 이야기해 준다(루카 24,19). 이제부터 우리가 시도하는 것도 바로 이 예언자로서의 예수의 행적과 말씀을 알아보고 이를 제대로 평가하는 일이다. 그렇다고 이 나조라 사람에 관한 질문이 모두 해답을 주는 것도 아니요, 이적을 행하는 사람으로서의 그의 면모가 모조리 규명되는 것도 아니다. 우리의 계획은 우리가 이미 채택한 바 있던 역사적 조준이라는 범위 안에 엄격하게 머물러 있으려는 종래의 계획과 조금도 다를 것이 없다. 그런데 이러한 주제를 가지고 역사를 쓸 수 있는 가능성은 과연 있는 것일까? 더더구나 '사람의 아들'이라고 하는 표현의 도저히 해명할 길 없는, 일종의 한계 사례에 있어서랴! 그러나 우리는 이제까지의 우리의 방법을 충실히 따르면서 기원후 1세기의 유다교라는 다채로운 배경을 설정하고, 거기에 비추어 예수라는 인물에 관련되는 복음서의 몇몇 요소들을 될 수 있는 대로 돋보이도록 해 볼 것이다. 이 요소들은 문헌 비판학계에서 일반적으로 그 신임도가 특히 높다고 인정받는 것들 중에서 가려 뽑은 것이다. 우리는 예수의 자의식이라는 수준에서 이야기를 전개할 생각이 없다는 것을 새삼 말할 필요가 없을 것이다. 그러다 보면, 달리 말해 예수의 자의식이라는 최종적이며 최고의 근거 제시를 이 문제에 끌어들여 자칫 우리의 담론을 속임수로 정당화시킬 우려가 없지 않기 때문이다. 다른 한편, 우리는 이른바 메시아 칭호들을 파스카의 광명에 비추어 이를 그리스도론적으로 재평가한 원시 그리스도교의 사례들보다는, 예수를 예언자로서 또는 악마 추방자로서, 또는 치유자로서, 그리고 사람의 아들로서 이러저러하게 소개하려던 여러 시도들에 대해서 오히려 주저하거나 아예 침묵을 지킨 그리스도교의 몇몇 전승들에 대해서 더 많은 주의를 기울이게 되는 경우가 이따금 있을 것이다. 그러나 이 점에 있어서도 우리의 연구 범위는 제한된 것일 수밖에 없다.

제5장

예언자 예수

먼저 예언자 예수에 관한 그리스도교의 전승들을 살펴보자. 그 실태는 놀랍기도 하려니와 때로는 서로 모순에 차 있다는 사실을 발견하게 될 것이다.[1] 다음에 우리는 정치적 예언자 사상과 종말론적 예언자 사상에 관한 기원후 1세기의 유다인들의 개념들이 얼마나 다양했는지도 아울러 확인하게 될 것이다. 이어서 복음서의 몇몇 자료들을 다시 한 번 검토할 것이다. 여기서 우리는 유다계와 헬라계 그리스도교 공동체들이, 예수를 메시아요 주님으로 신앙하고 고백하면서도, 파스카 이전의 예언자로서의 예수를 어떻게 회상할 줄 알았는지를 보게 될 것이다. 군중이 예언자라고 일컫던 이 사람은 과연 어떤 사람이었는가? 예수 그 자신은 자신을 지칭하는 이 칭호를 다소 멀리하고 때로는 노골적으로 거부한 것 같다. 사실 당대를 휩쓸던 종말론적인 격동과 소요 속에서 이 칭호는 정치적으로 매우 위험하였다.

1. 엇갈리는 그리스도교 전승

복음서들을 제외하면, 신약 성경은 예수를 가리켜 예언자라는 말을 전혀 하지 않는다. 예언자라는 칭호는 바오로 계통의 교회들의 신앙 고백에도 끼지 못했으며, 공동체가 드리는 기도문에도 나타나지 않는다. 그러니까 예언자라는 칭호를 그리 높이 평가하지 않았다는 결론이다. 그러나 요한 사도 계통의 집단들, 특히 유다계 그리스도교의 몇몇 분파들, 특히 일명 클레멘스의 작품으로 대변되는 분파에서는 사정이 달랐다. 사실 이 마지막 문헌에서는 예수가 '참된 예언자'라는 것을 매우 본질적인 칭호로 생각했던 것이다.[2]

이렇게 언뜻 살펴본 자료 실태에서도 우리는 예수의 예언자 칭호와 관련하여 전승들 간의 일차적인 차이를 지적할 수 있다. 그런데 이 차이는 요한 세례자와 관련시켜 보아도 그대로 연장된다는 것을 알 수 있다. 일명 클레멘스의 작품에 따르면,[3] 예수는 참된 예언자인데 이와는 정반대로 요한이야말로 그의 선임자인 엘리야와 마찬가지로 거짓 예언자의 전형이라는 것이다. 이와 같이 꽤 후대에 속하는 어느 시기까지 몇몇 일부 교회에서는 그리스도론을 구상하고 명시화할 때, 비그리스도교 계통의 침례 운동과 맞서 벌이던 논쟁이라는 맥락에서 이를 추진했다는 것을 알 수 있다. 그런데 이와 같은 반발의 출발점을 우리는 바로 요한 복음서에서 찾아볼 수 있다고 생각한다. 요한 복음사가는 요한 세례자가 예언자라는 말을 결코 하지 않는다. 요한 복음서 1장 21절과 25절을 읽어보자. "그러면 그 예언자요?" 하는 질문에 요한 세례자는 아니라고 대답한다. 그러자 그 사람들이 질문을 계속한다. "당신이 그리스도도 아니고 엘리야도 아니고 그 예언자도 아니라면, 세례는 왜 주는 것이오?" 이 질문에서 확인할 수 있듯이, 여기서는 세례와 예언 활동이 밀접하게 결합되어 있다. 그리고 사실, 종말론적인 의미의 죄 사면을 베풀어 준다는 세례 동작을 종말론적인 예언자의 내림과 분리시킬 수도 없을 것이다. 그런데 요한 복음서에서는 이 종말의 예언자가 오로지 예수뿐이지 요한은 결코 아니라는 것이다(요한 6,14; 7,40). 반대로, 공관 복음서들은 군중이 요한 세례자를 예언자로 생각하였다고 회상하고 있다(마르 11,32; 마태 14,5; 21,26). 한 걸음 더 나아가 마태오 복음서 11장 9~10절과 루카 복음서 7장 26~27절에 다 같이 전해진 옛 어록 자료 곧 Q에 따르면, 예수 자신이 군중에게 요한을 가리켜 종말의 예언자 엘리야라고 했다는 것이다. "무엇을 보러 나갔더냐? 예언자냐? 그렇다. 내가 너희에게 말한다. 예언자보다 더 중요한 인물이다. 그는 성경에 이렇게 기록되어 있는 사람이다. '보라, 내가 네 앞에 나의 사자를 보낸다.'"(말라 3,1 참조. 엘리야에 관한 대목) 그러니까 사람들이 요한 세례자에게 붙여 준 예언자라는 칭호는 당시에 벌써 그리스도교 집단들에서도 논란의 대상이었다.

예수 자신으로 말하면, 군중은 예수를 물론 예언자로 간주하였다는 것이 역시 공관 복음서들의 보도다(마르 6,15; 마태 21,11.46; 루카 7,16). 그러나 제자들은 이것이 사실이라고 시인한 적이 한 번도 없으며, 예수도 여기에 대해서 간접적으로만 언급한다. 가령 마르코 복음서 6장 4절에서는 "예언자는 어디에서나 존경받지만 고향과 친척과 집안에서만은 존경받지 못한다."고 하고, 루카 복음서 13장 33절에서는 "예언자는 예루살렘이 아닌 다른 곳에서 죽을 수 없다."고 말한다. 요한 복음서에서도 제자들이 예수를 가리킬 때 예언자라는 칭호를 직접적으로 사용하는 일은 없다. 정작 이 말을 사용한 사람들은 역시 군중이다(요한 7,40). 마찬가지로 사마리아 여인의 신앙 고백과 치유된 맹인의 신앙 고백에도 이 말이 나온다(4,19; 9,17). 이렇듯 관련 본문들이 제각기 역점도 다르고 산만하게 얽혀 있으나 그렇게 놀라울 것이 없다. 그러나 엘리야와 메시아에 관해서 서로 연결되는 주제들을 함께 감안할 때 혼란은 더욱 커진다.

엘리야라는 인물과 관련해서, 복음서들에는 두 가지 전승이 정면으로 대립하고 있다.[4] 한편으로는 마태오와 마르코에 따르면(마태 11,14-15; 17,10-13; 마르 9,11-13), 예수는 요한 세례자를 말라키 예언자가 예고한 종말의 예언자 엘리야와 동일시한다(말라 3,1 참조). 다른 편으로는 제4 복음서에 따르면(요한 1,21.25), 요한 세례자 자신이 이와 같은 동일시를 부인한다. 루카는 부분적으로 이 전승을 따른다. 요한 세례자가 엘리야와 비슷하게 보일지 모르지만(루카 1,17), 실은 예수야말로 엘리야와 동일시되어야 하는 인물이다(루카 4,25; 7,11-17; 9,54.61 이하). 여기서도 우리는 그리스도교 전승들 간에 이렇듯 견해 차이가 심했다는 사실에 다시 한 번 놀라게 된다. 한 가지 해결책을 제안해 본다. 먼저 다음의 사실 확인으로부터 출발하는 것이 좋겠다. 그리스도교의 전승 첫 단계에서 종말의 예언자라는 주제는 메시아사상과 한창 뒤섞이고 있었다는 사실이다. 예언자인 예수는 동시에 메시아였다. 그렇다면 요한 세례자를 엘리야와 동일시한다는 것은 쉽게 혼란을 야기할 수 있었다. 실상 엘리야는 바로 종말론적 예언자의 가장 탁월한 전형이었던 것이다. 따라서 요한 세례자를 엘리야와 동일시한다는 것은 요한이 혹시 메시아가 아니냐는 반문을 자연적으로 불러일으킬 수밖에 없다고 하겠다. 그리고 또 사실 이러한 혼동과 혼합은 바로 요한 세례자를 중심으로 하는 집단에서 이미 실재하고 있었다는 추측은 일단 긍정적으로 받아들일 만하다고 하겠다. 일명 클레멘스의 작품(《재회》 1,54.60)에 따르면, 요한의 몇몇 제자들은 자기들의 스승을 메시아라고 했다는 것이다. 그리고 우리는 루카 복음서 3장 15절에서 벌써 이러한 믿음이 유포되어 있음을 볼 수 있다. "백성은 기대에 차 있었으므로, 모두 마음속으로 요한이 메시아가 아닐까 하고 생각하였다." 사정이 이러했기 때문에 요한 복음사가와 같은 사람이 왜 요한 세례자=엘리야=메시아로 혼동하는 사례에 대해서 그다지도 난처해하고 침묵을 지켰으며, 요한 세례자로 하여금 굳이 자기가 엘리야도, 예언자도, 메시아도 아니라는 사실을 밝히게 하였는지를 좀 더 잘 이해할 수 있을 것 같다(요한 1,19-20; 3,28; 사도 3,25). 반면에 마르코와 마태오는 조금도 주저함 없이 요한을 엘리야와 동일시한다. 그러나 이 두 복음사가는 그전에 이미 이 두 인물이 메시아의 선구자에 불과하다는 사실을 세심하게 자리매김해 놓았던 것이다. 이와 같은 사전의 조치로 오해의 위험은 완전히 가시게 된 것이다.

마지막으로 메시아라는 인물에 대해서 전승의 실태를 살펴보자. 메시아라는 인물은 본래 예언자와는 구별되는 인물인데, 이 인물에 관해서도 신약 성경에는 두 가지 전승이 역시 대립하고 있는 것 같다. 한편으로 보면, 옛 그리스도교 케리그마에서는 예수가 바로 당신의 죽음과 부활이라는 사건을 거치는 동안 메시아가 되셨고 주님이 되셨다고 선포하였다. "하느님께서는 여러분이 십자가에 못 박은 이 예수님을 주님과 메시아로 삼으셨습니다."(사도 2,36) 여기에 보면 예수가 메시아라는 선포는 부활 신앙에서 곧바로 흘러나온 것이다. 그러나 다른 편으로 보면, 베드로가 카이사리아 필리피에서 예수를 메시아로 고백한 뒤에(마르 8,29) 예수는 베드로를 보고 사탄이라고 하면서 꾸짖는 광경을 볼 수 있다. 그런가 하면 최고 의회에서 대사제가 예수에게 메시아인지 아닌지를 물었을 때에도 마태오 복음서 26장 64절에 따르면, 예수는 "'네가 그렇게 말하였다.' 또는 '(그렇다고) 말하는 것은 당신이오.'" 하고 대답했을 뿐이다. 이와 같이 교회가 이미 오래전부터 그 주님의 메시아이심을 노래하고 있었는데도 교회는 그 주님이신 예수가 바로 이 메시아라는 칭호에 대해서 침묵을 지켰다는 사실을 회상하고 있는 것이다. 그렇다면 이제 우리는 이 계속적인 모순과 당착이라는 혼미를 정돈하고 각양각색의 증언들을 뛰어넘어 과연 예수를 좀 더 잘 파악할 수 있을 것인가? 먼저 우리는 메시아사상과 예언(자) 사상에 관한 당대 유다인들의 개념을 밝혀 두는 것이 좋겠다.

2. 메시아사상과 예언자 사상

메시아와[5] 예언자라는 칭호들을 정확하게 알아보고, 기원후 1세기의 언어에서 통용되던 그 정확한 의미를 규명하는 일은 매우 중요하다. 이 일차적인 작업은 우리로 하여금 메시아에 대한 기대와 종말의 예언자에 대한 기대를 구별하도록 이끌어 갈 것이다. 그리고 나면 우리는 이 표현들이 대중들의 사고방식에서는 서로 접촉할 수도 있었다는 가능성을 좀 더 잘 식별할 수 있을 것이다. 그리고 마침내 이 두 가지 표현이 침례 운동계 그리스도교 주변에서 뒤섞이게 되었다는 사실을 더욱 잘 이해하게 될 것이다. 간략하게나마 문제를 정리해 보자. 메시아—아람어로는 '메쉬하Meshiha', 그리스어로는 '크리스토스Christos'—라는 표현은 본질적으로 '기름을 바르다'라는 관념을 나타낸다. 동시에 이 표현은 기름부음을 받은 어떤 임금이 장차 내림하리라는 사실에 시선을 돌리게 한다. 경우에 따라서는 기름부음을 받은 이 미래의 인물이 사제일 때도 있다. 여하간 이 기름부음을 받을 분은 어떤 일정한 기간, 가령 천년 동안 메시아의 왕국을 통치할 것으로 기대되었으며, 그의 통치가 끝난 다음에야 시간의 끝, 곧 역사와 세계의 종말이 닥칠 것으로 생각되었다. 이와는 반대로 종말의 예언자는 물론 마지막 때에 기대되던 인물로서 하느님 나라의 도래를 알려 주는 우주의 대전환이 임박했음을, 그리고 하느님의 심판이 임박했음을 통고한다. 예수는 하느님의 나라를 선포하였지 엄격한 의미의 그 무슨 메시아의 왕국을 통고한 것이 아니라는 것을 여기서 굳이 미리 밝혀 둘 것까지는 없을 것이다.

이 자리에서 메시아에 대한 기대 사상에 관한 그럴로의 설명을[6] 길게 소개할 필요는 없을 것이다. 다만 두 가지 점만을 지적하는 것으로 넉넉할 것이다.

① 기원후 1세기에 메시아, 달리 말해 어떤 미래의 임금을 기대하였다고 해서 그 중요성을 너무 과장할 필요는 없다. 그렇다고 그

런 기대가 아예 없었다는 주장을 내세워서도 물론 안 된다. 사실 우리는 메시아에 관련되는 옛 언급들이 수적으로 얼마 안 된다는 사실에 약간 놀라게 된다. 헤로데 왕조의 집권자들이나 로마 제국의 점령군 때문에도 자칫하면 큰일 날 주제를 가지고 너무 크게 떠들 형편이 못 되었던 것이다. 이른바《솔로몬의 시편》이라는 문헌은 바리사이 계통의 문헌으로서 헤로데 대왕의 집권 조금 전에 편찬되었는데 바로 이 문헌에 다윗의 장래의 아들에 관한 말이 나온다. "보십시오, 주님. 그리고 저들에게 저들의 임금, 곧 다윗의 아들을 일으켜 주소서……. 그리하여 그가 당신의 종 이스라엘을 다스리게 하시고 그에게 힘을 지니게 하시어 불의한 군주들을 쳐부수게 하소서……."(17,23-36) 이 밖에는, 다윗의 자손에 대한 대중들의 기대와 믿음을 반영하는 신약 성경의 자료 외에 쿰란에서 발견된 사본들에서 몇몇 참고 자료를 찾아볼 수 있을 뿐인데, 그나마도 수적으로는 얼마 안 된다. 그중에서 몇몇 본문들은 '다윗의 새순'이라는 말을 하고 있으며(4Q pesher Isaie^a), '계약'의 공동체로 자처하는 이 분리주의자들의 회헌에서는 다음과 같은 구절을 읽어 볼 수 있다. "그 예언자와 그리고 아론과 이스라엘의 기름부음을 받은 분들이 오실 때까지……."(1QS 9,11) 이 구절에 따르면, 이 어떤 예언자의 내림이 서로 구별되는 두 분의 기름부음을 받은 사람 곧 두 분의 메시아의 내림과 동시에 이루어질 것으로 기대되었던 것 같다. 또 다른 단편들은 기름부음을 받은 사제 곧 아론의 기름부음을 받은 분이 기름부음을 받은 임금 곧 이스라엘의 기름부음을 받은 분보다 우월하다는 것을 애써 주장하는가 하면(1QSa 2,12-20), 《다마스쿠스 문헌》(12,23)은 아론 및 이스라엘의 기름부음을 받은 이를 한 사람으로만 언급하고 있다.

② 위에서 검토한 자료를 놓고 볼 때, 우리는 즉시 당시에 메시아에 대해 사람들이 가지고 있던 개념들이 얼마나 다양하고 복잡했는지 알 수 있을 것 같다. 그 메시아가 사제계 메시아든 다윗 가문의 메시아든 말이다. 여하튼 사두가이파의 귀족들은 이 문제에 대해서 침묵을 지킨 것이 사실이지만, 바리사이계의 율법 학자들과 일반 백성은 장차 다윗의 자손 하나가 내림할 것을 기다리고 있었음이 틀림없다. 그러나 이러한 기대에도 다소 유토피아적인 요소가 없지 않았다는 사실도 아울러 감안해야 할 것이다. 이를테면 우리 시대의 그 어느 왕정 복고주의자가 루이 17세의 후손을 발견할 수 있으리라고 하는 기대와 약간 비슷하다고 말할 수 있겠다. 사실 즈루빠벨 이래 다윗 자손들의 혈통은 어둠 속에 사라지고 없었던 것이다. 그렇지만 하느님은 그중의 하나를 찾아내게 해 주실 것이라는 것이 이들의 기대요 희망이었다. 그리고 이러한 희망에 도사리고 있었을 위험도 우리로서는 충분히 짐작할 수 있다. 실상 다윗의 자손 운운한다는 것은, 마카베오 왕조 곧 하스모네 왕가와 헤로데 왕가의 왕통을 거부하는 것이며, 나아가 로마 제국의 카이사르(=황제)의 권력을 침탈하자는 말이나 다름없었던 것이다. 과연

'다윗의 아들'이라는 표현은 권력의 칭호였다.

그러고 보니 마르코 복음서 12장 35~37절에 전개되는 논쟁에서 우리가 놀랄 만도 하다는 것을 비로소 깨닫게 된다. 이 논쟁에서 예수는 율법 학자들의 의견을 물은 다음 메시아라는 표현을 다윗의 아들이라는 표현으로부터 분명하게 떼어 놓고 있기 때문이다. "어찌하여 율법 학자들은 메시아가 다윗의 자손이라고 말하느냐? 다윗 스스로 메시아를 주님이라고 말하는데, 어떻게 메시아가 다윗의 자손이 되느냐?"[7] 달리 말해 메시아라는 사실과 다윗의 아들이라는 사실이 이제부터는 간단히 동일시될 수 없다는 것이다. 그렇다면 이제 우리는 이 말씀을 예수가 메시아의 다윗 후손임을 부인하는 말씀으로 알아들어야 할 것인가? 솔직히 말해서 우리는 이러한 질문에 대답할 처지가 못 된다. 질문이 예수의 자의식이라는 영역에 속하기 때문이다. 그러나 이 전승을 지니고 있다가 후대에 물려준 공동체의 수준에서 보면, 이 놀라운 성경 논증이 함축적으로 의미하는 바는 이렇다. 이 공동체에서는 예수를 이미 주님이요 메시아며 심지어 다윗의 아들이라고까지 부르고 있었는데, 다만 예수 자신은 이 마지막 다윗의 아들이라는 칭호에 대해서 태도를 분명하게 밝히지 않았다는 것을 회상하고 있다는 것이다. 마태오와 루카가 전하는 예수의 세 가지 유혹 설화와 비슷하게, 여기서 전개되는 성경 논증은 자신에 대한 예수의 생각에 관해서 공동체들이 회상하고 있던 것을 '음화적陰畵的으로' 보여 주는 수법이라고 하겠다. 분명한 언어로 번역해서 말한다면, 이 성경 논증은 다윗의 아들이라는 칭호에 대해서 예수가 침묵을 지켰다는 것을 드러내 준다는 것이다. 그러나 예수에게 이 칭호를 적용한다는 것이 과연 타당한지의 여부에 대해서는 시비를 가려 주지 않는다고 한다.[8] 하기는 제4 복음서도 다윗의 아들이라는 이 칭호를 빌려 예수를 부르는 일이 한 번도 없다. 이와 비슷하게 바오로도 예수가 '육'으로는(로마 1,3-4) 다윗의 혈통을 잇고 있다는 사실을 상기하면서도, 대놓고 그분이 "다윗의 아들"이라는 말을 하지 않고, "육으로는", 달리 말해 인간적으로 볼 때(로마 1,3-4), "다윗의 자손"이라는 말을 하고 있을 뿐이다. 그 까닭은 그분은 탁월한 의미에서 "하느님의 아들", 바로 "그 아드님"이시기 때문이다. 따라서 그는 이 '육에 의한' 다윗의 아들임이라는 사실과 '거룩함의 영에 의한' 하느님의 아들임이라는 사실 사이의 대조를 이용하여 자신의 신학적 사상을 전개한다는 인상이다. 이와 같이 다윗의 자손이라는 사실을 절대로 부인하지 않으면서도(이 점에 대해서는 바오로의 증언이 결정적이다.), 바로 이 사실이 부활하신 예수를 영광 중에 싸여 있는 하느님의 친아들로 생각하던 그리스도교의 개념에 대해서 그 무슨 '상수 패'라기보다는 오히려 하나의 약점으로 간주되지 않았는가 하는 반문을 제기해 본다. 그러기에 또한 우리는 마르코 복음서 12장 35~37절에서 당시 유다교에 가장 흔하게 통용되던 범주들이 완전히 재평가되고 있다는 사실을 지적할 수 있다. 메시아는 그렇게 간단하게 다윗의 아들과 동일시될 수 없다는 것이다. 그런데 이와 비슷한 사례들이 반복해서 자주 확인되는 것으로 미루어 보아, 이와 같은 언어 혼란이 생기게 된 최초의 원인은 예수 자신에게 있다는 것을 우리는 어렵지 않게 알 수 있다. 그러니까 이 언어 혼란은 자기들의 신앙을 좀 더 잘 말해 주기 위해서 이처럼 그 내용이 완전히 확대된 이런 표현들을 물려받아 이를 반향시키고 유통시킨 공동체들의 신앙 이전 단계에서 이루어졌다고 하겠다.

기원후 1세기에 여러 가지 메시아사상이 있었다는 것은 앞에서 본 바와 같다. 예언자에 대한 개념은 더한층 다양했다. 한 가지 질문을 던져 보자. 이 무렵의 어느 이스라엘 사람이 예언자들에 관해서 말을 한다고 치면, 그는 정확하게 무엇을 말하려 했을까? 먼저 그는 이스라엘의 과거를 돌아보면서 옛 예언자들의 말을 하려고 했을 것이다. 알다시피 율법 학자들은 이 옛 예언자들의 글을 보급하는 데 많은 공헌을 하였다. 회당의 집회에 나가면 예언서, 그중에도 특히 이사야 예언서와 소예언서에서 발췌한 대목들을 많이 들을 수 있었을 뿐 아니라, 순교한 예언자들의 이야기를 전해 주던 '하가다'의 그 숱한 전설들이 절로 머리에 떠올랐다. 여기에 대해서는 다시 언급할 기회가 있을 것이다. 여하튼 과거의 이 예언자들은 단순한 추억 속의 존재들이 아니었다. 실상 순교 예언자들의 무덤들이 헤로데 시대에 새로 건축되어 키드론 골짜기에는 새 묘비들이 여기저기 수놓고 있었으며, 순례객들의 추모의 대상이 되었던 것이다.⁹ 한편, 미래를 내다보는 이스라엘 사람은 어떤 예언자의 내림을 기대하고 있었다. 그는 말라키서 3장 1절과 23절의 말씀을 잘 알고 있었다. "보라, 주님의 …… 날이 오기 전에 내가 너희에게 엘리야 예언자를 보내리라……." 같은 희망은 마카베오기 상권 4장 46절과 14장 41절에서도 찾아볼 수 있다. "참된 예언자가 나올 때까지." 쿰란의 제1 동굴에서 발견된 공동체 회헌 1QS 9,11은 이미 위에서 인용한 바 있지만 이 문헌에서도 어떤 예언자의 내림을 기다리고 있었음은 물론이다. 그런데 정작 이스라엘 사람은 이 내일의 예언자(들)를 어떻게 생각하고 있었을까? 이 예언자들은 혹시 벌써 와 있는 것은 아닐까? 그 당시에 이미 어떤 사람들은 그들 나름대로 예언자로 자처하고 나섰는데 이 사람들이야말로 혹시 이 미래의 예언자들이 아닐까? 이런 질문과 함께 우리는 기원후 1세기의 예언자 기대 사상의 문제를 정치적이며 종말론적인 측면에서 이미 제기하고 있는 셈이다.¹⁰ 동시에 예수 자신도 얼마나 당시의 정치 현실에 참여하였으며, 미래에 대한 그 자신의 전망이 어떠했는지도 하나의 절실한 문제로 대두된 것이다.

3. 새 시대의 예언자들

율법 학자들이야 물론 말라키 예언자를 최후로 이스라엘에 예언의 권위가 소멸했으며, 따라서 자기들이 옛 예언자들의 유산을 물려받아 그들의 역할을 완벽하게 대행하게 되었다는 주장을 내세울 수도 있었을 것이다(*T. J. Sota* 13,2 또는 *M. Abot* 1,1). 그렇지만 일반 대중들 가운데서는 자신들이 예언자요 또 그 기능을 수행하러 왔노라고 자처하는 사람들이 주기적으로 나타나곤 하였다. 기원후 1세기 전반에 걸쳐 자칭 '예언자'라고 감히 나서서 그 역할을 맡으려던 사람들은 오직 이들뿐이었다고 하여도 과언이 아니다. 이들은 하느님의 대변자요 정치적이며 동시에 종교적인 신념을 가지고 역사의 흐름을 뒤바꿔 놓겠다는 운동의 영도자들로 자처하였다. 과연 예언자직이 다시 살아났다고 말한다는 것은 하느님의 말씀은 아직도 살아 있으며, 따라서 계시도 완전히 마감되지 않았다고 말하는 것과 다름없었다. 아니, 마감되기는커녕 이제 바야흐로 완성 단계에 이르렀다고 말하는 것이나 다름없었다. 한마디로 이러한 예언 현상은 하나의 위기 현상이다. 그 시대의 권력층과 기존 체제에 그 어떤 환상도 하지 않는 현상이다. 이 현상은 결정적인 시기에 나타난다. 사회적인 불안과 소요, 정치적이며 종교적인 위기에 나타난다. 그것은 먼저 대중 가운데에서 일어난다. 귀족들이나 율법 학자들, 또는 '새 계약'의 분파들에 속한 사람들 가운데서 예언자가 나타났다는 말은 일찍이 없었다. 쿰란의 '의義의 교사'라는 사람은 여러 가지로 보아 예언자로서의 구실을 하고 있었는데, 한 번도 '예언자'라는 이름으로 불린 적이 없다.

요세푸스는 이 같은 예언자들 중에 여러 사람을 열거하고 있다. 그가 사용하는 표현들은 매우 조심스럽게 저울질해 보아야 함은 물론이다. 이 유다인 역사가가 드는 인물들 중에 우리는 먼저 아트론게스Atrongès라는 사람을 만나게 된다. 그는 유다 지방의 양치기였는데, 헤로데 임금이 죽은 지 얼마 안 되어 나타난 사람이다. 그런데 그는 자칭 임금이라고는 했지만 예언자라고는 하지 않았다. 그러니까 메시아 기대 사상과 예언자 기대 사상이 아직은 구별되어 있었던 것이다. 기원후 6년에 골란 지방 출신(달리는, 갈릴래아 출신)의 유다는 바리사이파의 차독Saddoq이라는 사람의 지원을 받으면서 로마의 압제를 거슬러 봉기하였다. 그런데 이 압제의 상징은 바로 조세였다. "로마인들에게 조세를 바친다는 것과 하느님 이외의 다른 주인들, 죽어 없어질 인간들을 주인으로 섬겨야 한다는 것은 (유다인들에게) 하나의 치욕이었다."《유다 전쟁사》2,118) "자유에 대한 이 신봉자들의 사랑은 도저히 꺾을 수 없는 그런 것이었다. 그들은 하느님만이 홀로 수령이시고, 홀로 주인이시라고 생각하였다."《유다 고대사》18,23) 그렇다고 이 유다에게 예언자라는 칭호를 붙여 주지는 않았다. 요세푸스의 책에서는 이 칭호가 기원후 44년 이후에야 나타난다. 이 역사가에 따르면, 이스라엘 땅은 기원후 44년 총독 파두스Fadus가 테우다스Theudas를 참수할 때까지 비교적 평온하였다고 한다. 그런데 이 테우다스는 "수많은 무리를 설득하여 자기들의 재물을 가지고 요르단 강까지 자신을 뒤따르게 하였다. 그는 자기가 예언자라고 주장하였고, 자기의 명령 한마디로 강물을 갈라 모든 사람이 쉽게 건너게 할 수 있다고 장담하였다"(《유다 고대사》 20,97-99; 사도 5,36). 그 이듬해 45년에는 앞서 말한 유다의 두 아들이 로마인들에 의해 십자가에 매달려 처형되었다. 펠릭스Félix 총독 때에도(기원후 52-60년) 이집트 출신의 어느 유다인이 예언자로 자처하면서 예루살렘 성벽이 무너질 것이라고 예고하였다. 요르단 강을 건너 예리코를 함락시킨 여호수아의 기적을 재생시켜 나라를 해방시키겠다는 주장임이 틀림없다. 페스투스Festus, 알비누스Albinus 그리고 플로루스Florus 총독 때에도 마찬가지였다. 이때에는 예언자들의 출현이 점증하는 민족주의 운동과 연합하는 경우도 더러 있었다. 로마인들에 대항하는 제1차 대반란이 일어나고 이어서 예루살렘 탈환과 함께 그곳에 반란 정권이 수립되었지만, 그렇다고 이 예언자들의 정신이 수그러든 것은 아니었다. 요세푸스의 다음 글은 이 사실을 입증한다. "강도들의 행패는 도성을 온통 못된 짓으로 가득 채웠다. 사기꾼들과 협잡꾼들로 말하면 이들은 백성들에게 권하여 광야로 자기들을 따라오라고 하였다. 그들 말대로 자기들이 어마어마한 이적들과 표징들을 그들에게 보여 주겠다는 것이다."(《유다 고대사》 20,167-172)

요세푸스가 사용한 낱말을 유의해 보아야 한다. 먼저 마르코 복음서 13장 5절과 6절, 22절에도 나오는 협잡꾼들이 백성들을 광야로 나가도록 선동한다는 것이다. 사실 이 무렵의 광야는 이른바 설교사들이 사람들을 모아들이는 집합 장소이기도 하였다. 다른 사람 아닌 바로 요한 세례자도 이사야서 40장 3절을 인용하면서 광야로 불러내지 않았던가! "한 소리가 외친다. '너희는 광야에 주님의 길을 닦아라.'" 쿰란 사람들도 이사야서의 같은 구절을 인용하면서 똑같은 말을 하고 있다(1QS 8,12-15; 9,19-20). 사도행전 21장 38절에 전해진 대로 이집트 출신의 어느 예언자가 자객 4천 명을 모아 광야로 끌고 나갔다는 이야기도 같은 맥락에 속한다. 요세푸스는 그 밖에도 이 협잡꾼들이 '이적들과 표징들'을 행하겠노라고 장담했다는 말을 잊지 않고 전한다. 이 이적들과 표징들이라는 말은 마르코 복음서 13장 22절에도 똑같은 표현으로 나온다. 그런데 이 말은 신명기와 이사야 예언서에서 이집트 탈출 때의 그 기적들을 가리키기 위해서 사용한, 이를테면 판박이 표현들이었다. 이 표현들에는 그러니까 이집트 탈출의 신화와 여호수아에 의한 가나안 복지 해방이라는 신화가 경합을 벌이고 있는 셈이다. 여호수아는 우리가 알다시피 강을 건너게 하였고, 성벽을 무너뜨렸던 것이다(여호 3,1 이하; 6,1 이하). 해방의 민족주의가 두 가지 신화적 표상에 힘입어 성격상 더욱 근원적인 종교적 사태 전환을 꿈꾸는 유토피아와 나란히 자리를 함께하고 있는 것이다. 그러기에 예수의 예언자적 활동도 신앙의 공동체 눈에는 이집트 탈출의 사건들을 재현한다는 점에서 이제까지의 이른바 '예언자들'과 그 맥을 함께하는 것으로 비쳤을 것이다. 실상 예수는 광야에서 빵을 많게 하는 이적을 행하였고, 광란하는 바닷물을 가라앉혔던 것이다(마르 6,30-52). 여하간 이것은 지금부터 벌써 우리가 예감할 수 있는 예수의 인상임에는 틀림없다.

마지막으로 요세푸스가 당대의 민족주의적 선동가들에게 붙여 준 이름들을 살펴보기로 하자. '강도'라는 말은 그리스어로는 '레스타이lèstai'라고 하는데, 기원후 1세기 전반에 가장 많이 사용된 말이다. 이것은 예수 대신 석방해 준 '예수 바라빠'(마태 27,16; 마르 15,7)라는 폭도를 가리키는 데 사용한 말이기도 하다. 자객이라는 말은 기원후 44년 이후, 그러니까 민족주의의 긴장이 본격적으로 퍼져 나가 바야흐로 66년의 대반란으로 치달을 무렵에서야 나타난다. '열성당원'이라는 말도 정치적인 맥락에서 사용되기는 요세푸스의 경우 기원후 66~67년 이후부터다(《유다 전쟁사》 2,651; 4,160). 이른바 열성당이라는 운동과 그것이 예수에게 끼쳤을 영향에 대해서 그동안 잘못 소개된 일이 더러 있었으므로, 이를 시정하기 위해서도 여기서 몇 가지 주의해야 할 점을 지적하는 것이 좋겠다.[11] 기원후 1세기 전 기간에 걸쳐 유다인들의 민족주의 운동에는 통일된 전선이 없었다. 산만한 소집단들이 있었을 뿐이다. 44년 이후라야 좀 더 규모가 큰 집단들이 출현한다. 이 같은 사실은 특히 대반란이 계속되었던 그 몇 년 동안에 잘 확인된다. 이때에도 요하난 벤 레위를 영도자로 하는 바리사이 계통의 온건파, 갈릴래아의 유다의 정치적 후예들로서 갈릴래아의 므나헴과 자객들이 주도하던 사회적 극단주의자들, 그리고 마지막으로 성전에서 황제를 위해서 바치던 제사를 정지시키고 정말로 정淨한 대사제의 임명을 요구하면서 사제직의 개혁과 쇄신을 부르짖고 나선 젊은 성직자 그룹, 곧 '열성파'라고 불리던 성직자 그룹이 서로 그야말로 살벌한 대립을 벌이고 있었다. 물론, '열렬한, 열성적'(그리스어로는 '젤로테스ζηλωτής')이라는 낱말은 이미 오래전부터 알려져 있었다. 그러나 그 뜻은 일차적으로 종교적이었다. 그것은 가령 종교심이 열렬한 사제 피느하스Pinhas와 같은 사람을 가리키는 말이었다(민수 25,6-13;《성경 고대사》 47,1 참조). 때로는 이 낱말이 열성적인 제자를 가리키기도 했다. 가령 요세푸스는 은수자 반누스의 열성적인 제자였다.[12] 이 말은 또한 열렬한 추종자를 가리키는 데도 사용되었다. 자객들의 수령인 므나헴의 추종자들의 경우가 여기에 해당한다고 하겠다(《유다 전쟁사》 4,444). 따라서 마르코 복음서 3장 18절의 열두 제자의 명단에 '열성당원' 시몬이라는[13] 이름이 나온다고 해서 이 시몬을 예루살렘 성전과 사제직의 개혁을 부르짖고 나선 개혁주의 성직자들의 일원으로 너무 성급하게 생각할 것은 없다. 위에서 살펴본 바 있던 율법과 성전에 대한 예수의 태도는 이러한 종교적 개혁주의와는 노선을 달리한다고 하겠다. 한편 기원후 27년에서 30년에 이르는 예수의 공생활 기간의 상황은 조금 전에 우리가 살펴보았던 불안한 분위기와는 상당히 달랐다고 본다.

타치투스는 그의 《사기Histoire》 5,9-10에서[14] 티베리오 황제 때

(기원후 14~37년)는 "천하가 태평했다."라고 술회한다. 당시의 경제적이며 사회적 및 정치적 상황은 비교적 안정되어 있었던 것 같다. 물론 귀족 계급 내지 상류층의 관점에서 볼 때 그러했다는 말이다. 그 증거로 우리는 두 가지 사실을 지적할 수 있는데, 먼저 조세를 정기적으로 납부하고 있었으며, 총독부와 종교계의 책임자들이 제대로 자리를 지키고 있었다. 기원후 16년부터 36년까지 재직하였던 대사제 카야파만 해도 그렇다. 이 노련한 정치가는 그 누구와도 잘 타협할 줄 알았고, 그의 장인 한나스 역시 대사제였는데 그도 그의 재직 기간 중 로마인들과 나무랄 데 없이 잘 지낼 줄 알았다. 그렇다고 그의 선임자 중의 하나인 보에투스가家의 요아사르처럼 노골적인 친로마 정책에 빠지거나 하는 일은 결코 없었다. 그러니까 로마인들과의 관계는 어느 정도 참아 줄 만한 범위 내에서 유지되었던 것 같다. 빌라도가 해직과 동시에 유배당한 지 얼마 되지 않아 유다를 방문한 시리아의 총독 비텔리우스를 그곳 주민들이 성대하게 환영한 데에는 그럴 만한 이유가 있었던 것이다. 그렇지만 기원후 26년에서 31년에 이르는 기간은—이 점은 중요하다.—반드시 그렇지도 않았다. 긴장이 고조될 만한 상황이 벌어진 것이다. 규모가 큰 민족주의자들의 폭동이 있었기 때문이 아니다. 긴장 고조의 원인은 바로 빌라도 자신에게 있었다. 그는 정치적인 감각이 전혀 없었던 위인이었을 뿐 아니라 반유다주의 감정에 깊이 젖어 있던 사람이었다. 그가 티베리우스 황제의 오른팔이나 다름없

었던 세야누스Séjan 덕분에 총독 임명을 받은 것이 사실이고, 또 이 세야누스는 이름난 반유다주의자였다. 그러나 그 이전에 이미 빌라도는 그의 선임자들과 마찬가지로 헤로데가家의 지원을 얻어 이를 정치적으로 유효적절하게 이용할 줄 모르는 가운데 여러 가지 실책을 거듭하고 있었다. 이 실책 중의 하나는 결국 유혈 사태로 끝나고 말았다. 유명한 예루살렘의 수로 공사 사건이었다. 빌라도는 성전의 그 거룩한 돈으로 이 수로를 건설하려 했던 것이다. 개개인에 대해서도 빌라도의 태도는 조금도 누그러진 데가 없었다. 그래서 알렉산드리아의 필론은 이렇게까지 말한 적이 있다. "그는 매일 사람들을 죽게 하였지만 정식 재판 절차는 전혀 없었다."[15] 이러한 정치적인 상황을 이 자리에서 한번 회상해 볼 만한 것이, 예수 사건도 실은 반유다주의 감정의 소산이기도 하기 때문이다. 그러나 그 이상의 것은 전혀 없었을까? 예수는 반로마 감정이 완연하게 점증하던, 불안하고 긴장이 감돌던 시기에 나타났던 새 시대의 예언자들 중의 하나가 아니었을까? 그는 이를테면 하나의 '정치적 예언자'가 아니었을까? 아니, 차라리 그는 '종말론적 예언자'들 중의 하나가 아니었을까? 이 종말론적 예언자들을 때로는 메시아로 떠받드는 경우도 있었고, 이들은 또 '강도들', '자객들'과 당대의 혁명가들의 이념을 지니고 있었던 것이다.

4. 예언자 예수

복음서들에 따르면, 예수는 자신에게 예언자라는 칭호를 직접적으로 붙인 적이 한 번도 없다. 그러나 모두들 그를 예언자라고 했다는 사실은 시인해야 할 것이다. 군중들이 그를 예언자라고 했을 뿐 아니라 그가 한 말이나 동작, 적어도 그가 했다고 전하는 말이나 동작은 이런 식으로 쉽게 해석될 수 있었다. 어쨌든 유다계 그리스도교의 첫 공동체에서는 예수라는 인물과 그의 예언자로서의 역할을 완벽하게 이해하였다. 그 증거는 마르코에 전해진 예수의 세례 기사다. 이 기사는 이야기의 짜임새나 꾸밈새가 예스러운 것으로 보아 그 기원이 유다계 그리스도교의 어떤 오랜 전승에까지 소급하는 것이 분명하다.[16] 이 기사의 한 요소를 읽어 보기 전에 우리는 세례와 예언이 얼마나 긴밀하게 연결되어 있었는지를 다시 한 번 상기할 필요가 있다. 세례 동작을 취하는 요한의 권위는 군중이 그를 한 예언자로 알아보게 하는 중요한 표지였다. 예수도 "요한의 세례가 하늘에서 온 것이냐, 아니면 사람에게서 온 것이냐? 대답해 보아라." 하고 질문한 적이 있으며, 군중들도 "모두 요한이 참으로 예언자였다고 생각하고 있었다."라는 것이 마르코의 증언이다(11,30.32). 이번에는 거꾸로, 요한이 예언자가 아니라면 그는 무슨 근거로 세례를 베푸느냐고 사람들은 묻는다(요한 1,25). 이러한 세례와 예언 간의 상호 연결성에 대해서는 충분히 이해가 된다. 그도 그럴 것이 침례주의자나 예언자들이나 다 같이 때가 임박했다고 하면서 집단들을 만들어 새로운 시대를 맞이할 수 있도록 준비시키는 데 힘을 기울였던 것이다. 침례주의자들이 사람들을 광야로 불러내려 했던 것이나, 이사야서 61장 1절 이하(루카 4,16 이하)에서 말하는 대로, '희년'이 왔다고 알려 준 것은 다 같이 예언자의 때가 새로이 왔다는 것을 의미한다.

이제 요한이 예수에게 세례를 베풀었다는 언급 다음에 나오는 마르코 복음서 1장 10절의 한 구절만을 읽어 보자. "그리고 물에서 올라오신 예수님께서는 곧 하늘이 갈라지며 성령께서 비둘기처럼 당신께 내려오시는 것을 보셨다." 이 구절은 예수의 세례 사건을 회상하면서 그 의미를 예언자요 그리스도라는 차원으로 몽땅 아울러서 이해하고 있는 짤막한 기사 중의 한 요소다(마르 1,11). 그러나 그 언어가 조형성이 풍부한 표상들을 사용하고 있는 것으로 보아 전형적인 유다계 그리스도교의 언어라는 것을 드러내 준다. 그런데 그 표상들 하나하나를 눈여겨보면 결국 이 기사는 이사야서 63장의 미드라쉬형 재해석에서 직접적으로 기원하는 것임을 알 수 있다.

① 예수는 물에서 올라와 영을 받으신다. 이것은 이사야서 63장 11절을 직접 연상케 한다. "당신 양들의 목자(=모세)를 바다에서 이끌어 올리신 분은 어디 계신가? 당신의 거룩한 영을 그의 가슴속에 넣어 주신 분은 어디 계신가?"

② 하늘의 찢어짐은 구약 성경 전체에서 유일의 병행 구절인 이

사야서 63장 19절을 연상시켜 준다. "아, 당신께서 하늘을 찢고 내려오신다면! ……."

③ 영의 강림 역시 이사야서 63장 14절을 떠오르게 한다. 70인역 본문은 "영이 야훼께로부터 내려와 그들을 (광야로) 인도하셨다."고 번역했다. 비둘기라는 상징―비둘기'처럼'이라고 본문은 정확하게 지적하고 있다.―으로 말하면 여러 가지 가설이 제안되었다. 유다인 세계에서는 비둘기가 흔히 이스라엘 백성을 상징하였다. 그러나 이렇게 해석하고 보면 비둘기가 무슨 이유로 예수 '위에' 내려왔는지 도무지 알아들을 수 없게 된다. 여기서도 일명 필론이 문제 해결의 새로운 가능성을 우리에게 열어 준다. 그는 멧비둘기를 예언자의 한 상징으로 분명하게 밝히고 있기 때문이다. "나는 이제 (하느님께서 말씀하신다.) 네게서 태어날 예언자들을 비둘기에 비교하겠노라."[17] 이러한 자료들을 한데 모아 놓고 볼 때, 현대인으로서는 아무래도 생소한 감을 느끼지 않을 수 없을 것이다. 그러나 한 가지 점에서는 이들 자료가 본질적으로 일치한다. 예수를 새 시대의 예언자로 알아보았다는 사실이다. 하늘의 찢어짐은 새로운 예언의 말씀에 길을 터 주었다는 것이다. 유다인들의 전통에서[18] 늘 예언의 특은과 연결되어 있었던 영이 예수 위에 내려왔다는 것은 예수야말로 바로 비둘기와 비교되는 예언자라는 것이다.

앞에서 살펴본 바와 같이 유다계 그리스도교의 첫 신학적 성찰은 비록 그 언어가 상상과 흥미를 좋아했다고는 하지만 역시 그가 신앙으로 고백하는 예언자를 뚜렷하게 보여 준 것만은 사실이다. 헬라계 그리스도교의 경우는 이와 달랐다. 여기서는 예언자라는 칭호가 거의 사라져 가고 있었다. 그렇다고 할지라도 현재 우리에게 전해져 있는 복음서에는 여전히 예언자로서의 예수의 모습을 보여 주는 그의 말씀과 행동이 많이 남아 있다. 이 말씀과 행동들을 잠시 되새겨 보기로 하자. 먼저, 예수가 나귀를 타고 예루살렘에 입성한 사건을 들 수 있다(즈카 9,9 참조). 이때 군중이 외친 구호도 매우 의미심장하다. "다가오는 다윗의 나라는 복되어라."(마르 11,10) 로마의 황제에게 바쳐야 했던 주민세에 관한 수수께끼 같은 이야기(마르 12,13-17) 역시 강조할 만한 가치가 있다. 특히 갈릴래아의 유다가 벌인 반로마 운동은 바로 이 조세 거부에 있었기 때문이다.[19] 이 유다의 아들들은 예수 시대에 아직 생존해 있었고 또 그들의 아버지의 행적도 기억 속에 생생하게 남아 있었다(사도 5,37). 그래서 예수의 반대자들은 그분을 함정에 빠뜨리려고 매우 악랄한 질문을 그분에게 던진 것이다. "황제에게 세금을 내는 것이 합당합니까, 합당하지 않습니까? 바쳐야 합니까, 바치지 말아야 합니까?"(마르 12,14) 예수의 답변을 알아들으려면 무엇보다도 저 유명한 "황제의 것은 황제에게 바쳐라."라는 말씀을 그것이 끼어 있는 설화의 문맥으로부터 고립시켜서는 안 된다. 따라서 예수는 하느님의 영역과 황제 즉 세속 군주의 영역을 동등하게 존중하려 했다는 결론을 이 말씀 한마디에서 끌어내서도 안 된다. 실상 여기의 질문은 몰라서 묻는 질문이 아니라 함정에 빠지게 하기 위한 유도 질문이다. 예수가 만일 주민세를 바쳐야 한다고 답변한다면 예수는 이내 친로마 분자로 간주될 것이다. 반대로, 바치면 안 된다고 답변한다면 그는 갈릴래아의 유다를 지지하는 민족주의자가 되는 것이다. 그런데 정작 예수의 답변은 기대와는 달랐고 또 그만큼 놀라운 것이었다. 그의 답변은 어느 모로나 도무지 걸고 넘어뜨릴 만한 여지를 주지 않는 그런 대답이었다. 실상 예수는 데나리온 한 닢을 가져오라고 하고서는—예수는 엽전을 가지고 다니지 않았으며 또 거기에 무엇이 새겨져 있는지도 모르고 있었던 셈이다!—말하였던 것이다. "황제의 것은 황제에게 돌려주고 하느님의 것은 하느님께 돌려주시오." 예수는 바치라고 하지 않고 돌려주라고 한다. 이 엽전은 그 주인에게 돌려주고 하느님의 것은 하느님께 돌려 드리라는 것이다. 하느님의 것, 그것은 모든 것을 뜻할 수밖에 없다. 만물이 그분의 것이기 때문이다. 그러나 이 대답의 말씀은 여전히 수수께끼로 남아 있다. 예수의 답변은 그 질문에 직접적으로 대답하지 않고 오히려 질문을 그 질문자에게 되돌려 주는 답변이기 때문이다. 그런데 이와 같은 행동 방식은 마르코 복음서 11장 29~30절과 12장 37절로 보아 예수에게 썩 잘 어울리는 행동 방식이기도 하다. 예수가 당대의 민족주의자들과 어떤 비밀 결탁이나 유대를 가지고 있었다는 결론을 이 이야기에서 끌어낼 수는 절대로 없을 것이다. 그렇다고 예수를 권력에 무조건 항복하고 맹종한 분으로 만들 수도 없을 것이다. 이러한 애매모호함이 그분에게 있었기 때문에도 사람들은 그분을 최고 의회 앞에서 고발할 수 있는 구실을 쉽게 찾아낼 수 있었던 것 같다. "이자가 우리 민족을 선동하여 황제에게 세금을 내지 못하게 막았습니다."(루카 23,2)

여하간 한 가지 사실만은 분명하게 드러난다. 그리고 이 사실은 파스카 이후의 그리스도교 전승들도 완전히 지워 없앨 수 없었다. 곧 예수는 하나의 예언자로 간주되었다는 사실이다. 그러니 예수는 앞에서 우리가 살핀 바 있는 예언자들과 비슷하게, 새 시대의 예언자들 중의 하나로 생각되었다고 할 수 있다. 그런데 바로 이 예언자들은 위기의 때에 나타난 예언자들로서 당대의 정치적 소요 분자들과 다소 연결이 없을 수 없었다. 그래서 이들을 지지하고 추종하던 군중들은 이 예언자들을 때로는 메시아로 간주하기도 했다. 요한 복음사가는 이 연계성을 잘 드러내 주고 있다. "예수님께서 일으키신 표징(=만나의 기적의 재현으로서 빵을 많게 하신 기적)을 보고, '이분은 정말 세상에 오시기로 되어 있는 그 예언자시다.' 하고 말하였다. 예수님께서는 그들이 와서 당신을 억지로 모셔다가 임금으로 삼으려 한다는 것을 아시고……."(요한 6,14-15) 마르코도 마찬가지로 이 연계성을 암시한다. "주님의 이름으로 오시는 분(예언자)은 복되시어라. 다가오는 우리 조상 다윗의 나라는 복되어라."(마르 11,9-10) 또 사실 예수를 십자가에 몰고 간 것은 '메시아'라는 이유 때문이었다. 나조라 사람 예수를 체포한 것은 아마 성전 경호

대였겠지만(요한 18,3.5) 그는 결국 빌라도한테 재판을 받았고 로마식으로 십자가에 매달려 죽었는데, 그 십자가에 걸어 놓은 선고 죄목은 역시 "유다인들의 임금, 나자렛 사람 예수"였다.[20] 이 예수의 죄목은 사실상 근거가 없는 것이다. 따라서 그것은 어디까지나 오판의 결과에 지나지 않는다고 너무 성급하게 소리 지를 것은 없다. 또 예수는 본래 순수한 종교적인 사유로 고발을 당했는데 이 순수 종교적인 사유가 정치적인 판결 이유로 악랄하게 뒤바뀌었다고 말해서도 안 된다. '나자렛 사람'이라든가 '임금'이라는 말은 이 무렵의 침례주의자들과 종말의 예언자들과 비슷하게 성격상 동시에 정치적이며 종교적인 고발 사유를 잘 요약해 준다고 하겠다. 실상 나자렛 사람 예수의 행동은 그만큼 이 두 영역에 지대한 영향을 끼치지 않을 수 없었고, 또 당시에 이 두 영역은 밀접하게 연결되어 있기도 했다.[21]

그런데 여기서 다시 한 번 놀라운 역전이 벌어진다. 이러한 역전은 초창기 그리스도교의 기억으로는 예수라는 인물을 특징짓는 것이기도 하다. 이 예언자 예수는 자기 시대의 다른 예언자들과 자신을 혼동하지 않을까 염려하여 사뭇 예언자라는 딱지를 떼어 놓은 채 말하고 행동한다. 그는 먼저 이 예언자들을 공격한다. 이들은 거짓 예언자들에 지나지 않는다(마르 13,22). 겉으로는 '양의 옷' 곧 예언자의 의상을 입었지만 속은 그렇지 않다는 것이다(마태 7,15; 히브 11,37). 또 이들은 (하느님) 나라를 강점하려는 폭력배들에 지나지 않는다는 것이다. "세례자 요한 때부터 지금까지 하늘 나라는 폭행을 당하고 있다. 폭력을 쓰는 자들이 하늘 나라를 빼앗으려고 한다."(마태 11,12) 그렇다면 과연 이 폭행을 하는 사람들은 누구일까? 하느님 나라를 폭력으로 약탈하려는 이 사람들은, 필자가 보기에는, 다소간에 메시아로 변신한 저 예언자들과 사기꾼, 협잡꾼들이 아니고 누구겠는가? 물론 앞서 인용한 구절만으로는 그 참뜻을 헤아리기가 쉽지 않다. 요한 세례자의 임박한 심판 통고와 그 종말론적 동작 때문에 폭력을 쓰는 이 예언자들이 갑자기 대량으로 쏟아져 나왔다는 뜻으로 이 구절의 말씀을 알아들어야 한다는 말인가? 하느님 나라에 대한 열렬한 기대와 결합된 민족주의 감정은 그 나름대로의 효과를 틀림없이 가져다주었을 것이다.[22] 요세푸스가 전하는 대로, 요한으로 말미암아 터져 나온 폭발적인 반응은 이와 같은 종교 감정과 민족주의 감정이 뒤섞여 생겨난 여러 가지 결과 중의 한 좋은 실례라는 것을 이 자리에서 상기하는 것도 무의미하지는 않을 것이다.[23] 그렇다 치더라도 정작 예수는 어떤 점에서 이 예언자들과 구별되는 분이었을까? 그가 이 예언자들을 공격한 것은 단순히 이들이 자기의 경쟁자였기 때문이었을까? 그들이 그야말로 "자기 이름을 내걸고" 오기 때문이었으며, "바로 나다." 하고 말하면서 오기 때문이었을까?(마르 13,6) 아니면 여기서 문제가 되는 것은 오히려 예수가 나라, 더 정확히는 하느님의 나라에 대해서 가지는 관계 전체가 아닐까? 실상 예수에 따르면, 나라를 폭력으로 빼앗아서는 안 되며, 오히려 '어린아이처럼' 나라를 받아들여야 한다(마르 10,15). 한 걸음 더 나아가 역사의 예수를 조준하는 그리스도교의 전승들에서는 예언자라는 칭호가 고통 즉 수난과 죽음이라는 제재題材와 결합되어 나오는데, 이 두 주제의 결합 자체는 이미 전망이 완전히 뒤바뀌었다는 것을 함축한다.

순교 예언자들이라는 주제는 이미 예로부터 유다교에 잘 알려져 있었다. 이것은 우리가 《제4 마카베오기》라든가, 《이사야의 승천》 또는 《예언자들의 일생》과 같은 가명 작품들을 읽어 보아도 잘 알 수 있는 사실이다.[24] 유다교의 이 '하가다' 전승은 아주 일찍부터 전 그리스도교 공동체에 스며들었다. 바오로도 테살로니카 신자들에게 보낸 첫째 서간 2장 15절("유다인들은 주 예수님을 죽이고 예언자들도 죽였으며")과 로마 신자들에게 보낸 서간 11장 3절에서 이 주제를 암시하고 있다. 이 주제는 각계각층의 상이한 그리스도교 전승에까지 파급되어 있었다. 야고보 서간의 저자도 이를 알고 있었고 (5,10), 히브리인들에게 보낸 서간의 저자도 잘 알고 있었다. "그들은 돌에 맞아 죽고 톱질을 당하고 칼에 맞아 죽기도 했습니다. 그리고 양과 염소의 가죽을 몸에 두르고 돌아다녔습니다."(11,32.37) 헬라계 유다 사람 스테파노의 격렬한 연설 역시 이를 암시하고 있다(사도 7,52). 마지막으로 마태오와 루카에 다 함께 전해진 옛 어록 전승도 이를 증언하고 있다. 마태오 복음서 5장 12절과 루카 복음서 6장 23절, 마태오 복음서 23장 29~37절, 루카 복음서 11장

47~51절을 보라. 이 자리에서는 마태오 복음서 23장 29~31절과 35절만을 인용해 보자. "불행하여라, 너희 위선자 율법 학자들과 바리사이들아! 너희가 예언자들의 무덤을 만들고 의인들의 묘를 꾸미면서, '우리가 조상들 시대에 살았더라면 예언자들을 죽이는 일에 가담하지 않았을 것이다.' 하고 말하기 때문이다. 그렇게 하여 너희는 예언자들을 살해한 자들의 자손임을 스스로 증언한다. 그리하여 의인 아벨의 피부터, 너희가 성소와 제단 사이에서 살해한 베레크야의 아들 즈카르야의 피에 이르기까지, 땅에 쏟아진 무죄한 피의 값이 모두 너희에게 돌아갈 것이다."

복음서의 두 전승이 예수가 예언자라는 칭호를 당신 자신에게 직접 적용한 것으로 전하는 것은 바로 이러한 순교 예언자라는 맥락 안에서뿐이다. 먼저 마르코 복음서 6장 4절을 들 수 있을 것이다. "예언자는 어디에서나 존경받지만 고향과 친척과 집안에서만은 존경받지 못한다." 마태오 복음서 13장 57절과 루카 복음서 4장 24절도 이 말을 반복해서 전한다. 또 요한 복음서 4장 44절도 이를 확인해 준다. "예수님께서는 친히, 예언자는 자기 고향에서 존경을 받지 못한다고 증언하신 적이 있다." 루카 복음서 13장 33절의 '로기온'은 오래된 것이기도 하지만 그 이해가 쉽지 않은 말씀으로서 역시 같은 주제를 다루고 있다. "오늘도 내일도 그다음 날도 내 길을 계속 가야 한다. 예언자는 예루살렘이 아닌 다른 곳에서 죽을 수 없기 때문이다." 마지막으로 우리는 살인을 저지른 포도밭의 악덕 소작인들에 관한 이상한 비유를 잊을 수 없을 것이다(마르 12,1-8). 물론 그리스도교 공동체에서는 우화로 변모한 이 비유 이야기를 물려받아 약간 손질해서 전하고 있는데, 이 비유를 통해서 예수를 바로 순교 예언자들의 노선을 따라 이해하였을 것이 틀림없다.[25] 결국 우리가 다다르게 된 상황은 매우 놀라운 상황이 아닐 수 없다. 예언자라는 칭호는 본래 영예로운 칭호였는데 이제는 이 칭호가 죽음과 연결된 것이다. 바로 이 의미심장한 점—그리고 그것은 역사가의 작업을 가능하게 하는 사상의 단절을 가리켜 주는 표지이기도 하다.—을 좀 더 돋보이도록 하기 위해서 우리는 이제부터 임박한 하느님 나라를 맞이하여 예언자가 떠맡는 기능이 무엇인지를 더욱 정확하게 고찰할 필요가 있다.

5. 예수는 종말론적 예언자인가

마르코 복음서를 읽노라면 예수의 신원을 밝혀 주는 두 가지 명단이 그 중심부에 확연하게 나타나는 것을 볼 수 있다. 먼저 마르코 복음서 6장 14~16절을 읽어 보자. 헤로데가 예수의 소문을 듣고 그의 신원을 궁금해 하는 대목이다. "예수님의 이름이 널리 알려져 마침내 헤로데 임금도 소문을 듣게 되었다. 사람들은 '세례자 요한이 죽은 이들 가운데에서 되살아난 것이다. 그러니 그에게서 그런 기적의 힘이 일어나지.' 하고 말하였다. 그러나 어떤 이들은 '그는 엘리야다.' 하는가 하면, 또 어떤 이들은 '예언자들 중의 하나와 같은 예언자다.' 하였다. 헤로데는 이러한 소문을 듣고, '내가 목을 벤 그 요한이 되살아났구나.' 하고 말하였다." 마르코 복음서 8장 27~29절에서 예수는 제자들에게 묻는다. "'사람들이 나를 누구라고 하느냐?' 제자들이 대답하였다. '세례자 요한이라고 합니다. 그러나 어떤 이들은 엘리야라 하고, 또 어떤 이들은 예언자 가운데 한 분이라고 합니다.' 예수님께서 다시, '그러면 너희는 나를 누구라고 하느냐?' 하고 물으시자, 베드로가 '스승님은 그리스도이십니다.' 하고 대답하였다." 요한 역시 "당신은 누구요?' 하고 물었을 때, 서슴지 않고 고백하였다. '나는 그리스도가 아니다.' 하고 고백한 것이다. 그들이 '그러면 누구란 말이오? 엘리야요?' 하고 묻자, 요한은 '아니다.' 하고 대답하였다. '그러면 그 예언자요?' 하고 물어도 다시 '아니다.' 하고 대답하였다"(요한 1,20-21). 위의 서로 비슷한 내용의 명단에서 요한 세례자, 엘리야 그리고 '예언자'라는 인물들은 유난히 두드러지게 보인다. 그러니까 복음사가들의 의도는 이 인물들과 예수 자신의 차이를 보여 주려는 데 있다. 달리 말해 '예언자'라는 명칭만으로는 부족하고, 거기서 한 걸음 더 나아가 '예수는 메시아다.'라는 긍정으로까지 확대되어야 한다는 것이다.

　그러나 여기에 알쏭달쏭한 인물이 하나 있다. 여기서 말하는 '예언자'라는 인물은 도대체 어떤 사람인가? 요한 복음서 1장 21절에서 이 인물은 신명기 18장 15절과 18절에서 오시기로 되어 있는 것으로 말하는 그 예언자와 연결되어 있을 것이 거의 틀림없다. 이 신명기의 구절에서 하느님은 모세에게 이렇게 말씀하신다. "주 너희 하느님께서 너희 동족 가운데에서 나와 같은 예언자를 일으켜 주실 것이다." 사도행전 3장 22절도 바로 율법의 이 구절을 인용하고 있고, 요한 복음서 6장 14절도 "이분은 정말 세상에 오시기로 되어 있는 그 예언자시다."라고 말하고 있는데, 이 두 구절에서는 두 인물을 완전히 동일시하고 있음이 분명하다. 공관 복음사가들로 말하면, 이들은 좀 독특한 표현을 써서 이 예언자를 언급한다. 문자 그대로 그는 '예언자들 중의 (어느) 한 분과 같은' 분, 또는 '예언자들 중의 한 분'이라는 것이다. 이런 표현을 보고 사람에 따라서는 이것은 일종의 셈족어의 독특한 어법이며, 따라서 그 뜻도 예언자들 중의 '아무나 한 분'이라는 뜻이라고 생각할 수도 있을 것이다(판관 16,7 참조). 그러나 우리가 앞서 인용한 본문들의 맥락을 보면 이러한 깎아내리는 듯한 해석을 도저히 용납해 주지 않는다. 그리스 사람이었던 루카는 그러기에 이 표현을 다소 수정할 필요를 느끼고 "옛 예언자 한 분"이라고 고쳐 썼다(루카 9,19). 그러나 사실 이 표현은 아람어 특유의 어법이라는 것이 우리의 견해다. 그 정확한 예로 마르코 복음서 16장 2절을 들 수 있겠다. 이 구절에는 "주간 첫날 매우 이른 아침"이라는 말이 나오는데, 이 말은 곧 안식일 '첫날'이라는 뜻이다. 이처럼 서수序數 대신 기수基數가 사용되는 경우는 히브리어도 그렇지만 아람어에서도 흔히 있는 일이다. 따라서 아직 아람어를 말하던 마르코 이전의 전승 단계로 거슬러 올라가 마르코 복음서 6장 15절의 본문을 다시 읽는다면 다음과 같은 뜻이 될 것이다. "예언자들 중의 첫째와 같은 한 예언자." 이것은 곧 우리에게 잘 알려져 있는 모세를 가리키는 칭호다. 이것은 바로 일명 필론이 그의 《성경 고대사》 35,6에서 모세를 가리키는 데 사용한 칭호다(필론의 《모세의 일생》 2,2도 참조). 이와 같이 우리는 다시 한 번 모세와 '같은' 예언자를 언약해 주는 신명기 18장 15절의 본문으로 돌아오게 된 것이다. 그런데 무엇 때문에 이렇듯 생소한 인물들을 회상하고 있는 것일까? 그러나 그보다도 복음서의 전승이 이 상징적 인물들을 회상하면서도 이 인물들 하나하나와 예수와의 직접적인 동일시를 끊임없이 부인하는 이유는 무엇일까? 예수는 세례자이지만 그렇다고 되살아난 요한 세례자는 아니며, 예수는 엘리야와 같은 분이지만 엘리야는 아니며, 예수는 모세와 같은 분이지만 모세는 아니라는 것이다. 이와 같은 부인은 가장 오랜 그리스도교의 초창기에 이루어진 복음서의 그리스도론적 작업을 가리켜 주는 가장 뚜렷한 표지이기도 하다. 그 이유는 이렇다. 당시에는 예수를 유다교의 여러 가지 표상들에서 구별해야 할 과제뿐 아니라, 복음서라는 소책자들이 편찬되던 비교적 뒤늦은 시대에서는 예수를 몇몇 유다계 그리스도교의 표상들로부터도 구별해야 할 필요가 있었던 것이다. 달리 말해 요한 세례자라든가 엘리야 또는 모세까지도 예수의 신비를 밝혀 주기에는 부족하다는 것이다. 자료의 실태가 이런 만큼 이제 이를 좀 더 상세하게 살필 차례가 되었다.

먼저 한 가지 중요한 사실을 지적하는 것으로부터 시작하자. 유다교의 전승에서도 엘리야와 모세의 주제는 그 수준이 같지 않았다는 것이다. 무슨 말인가? 엘리야는 물론 가장 탁월한 의미에서 마지막 때의 예언자 곧 종말의 예언자였다. 성경상의 근거가 바로 말라키서 3장 23절이다. 이 경우 엘리야 자신이 그렇다는 것이지 엘리야와 같으면서도 엘리야가 아닌 어떤 제3의 인물이 그렇다는 것이 아니다. 그 까닭은 간단하다. 엘리야는 죽지 않고, 전승에 따르면 그 영혼과 육신이 다 함께 '하늘로 올라갔다'는 것이다(2열왕 2,1-18; 집회 48,1-12).[26] 마치 에녹이나 피느하스 또는 에즈라와 같은 경우다. 그리고 그가 땅 위에 다시 돌아오게 되는 때는 바로 마지막 때라는 것이다. 엘리야의 재림은 마지막 때를 알리는 신호이고 그 표징이다. 곧 죽음, 심판, 부활과 마지막 대전환이 그 신호이고 표징이다. 이 주제는 다음과 같은 《타르굼》 구절이 말해 주듯이 유다교에 꽤 널리 유포되어 있었던 것 같다. 사람들은 "마지막 때에 파송될 대사제 엘리야"를 기다리고 있었다는 것이다(《타르굼 J1》 탈출 40,10). 따라서 엘리야 예언자를 요한 세례자나 예수라는 인물과 동일시한다는 것은 곧 심판과 우주의 대변화가 임박했다는 말이나 다름없었다. 요한이나 예수는 다 같이 하느님의 나라와 그 임박을 선포하였다. 이 점에서 이 두 인물은 세말 임박을 선포하는 역할을 훌륭하게 떠맡을 수 있었다고 본다. "회개하여라. 하늘 나라가 가까이 왔다."(마태 3,1; 4,17) 요한의 옷차림은 엘리야와 같았고, 예수의 행동도 엘리야와 비슷한 데가 있다. 그러나 적어도 그리스도교의 범위 안에서 이 예언자의 모습이 '메시아화'하는 경우에는 우리가 지금도 요한 복음서에서 볼 수 있는 바와 같이 즉각적인 전승의 반응을 불러일으키곤 하였다.[27] 곧 요한 세례자는 엘리야가 아니라는 것이다.

그렇다고 예수가 엘리야라는 것은 더욱 아니다. 그 까닭은 이렇다. 엘리야는 모든 것을 '다시 바로잡는 분'으로 기대되었던 것이다. 그런데 이 점에서 그는 사람의 아들과 다르다. 사람의 아들은 많은 고난과 멸시를 당해야 할 분이기 때문이다. 이 자리에서 마르코 복음서 9장 11~13절의 전문을 다시 한 번 읽어 보자. "제자들이 예수님께 '율법 학자들은 어째서 엘리야가 먼저 와야 한다고 말합니까?' 하고 물었다. 그러자 예수님께서 그들에게 말씀하셨다. '과연 엘리야가 먼저 와서 모든 것을 바로잡는다. 그런데 사람의 아들이 많은 고난과 멸시를 받으리라고 성경에 기록되어 있는 것은 무슨 까닭이겠느냐? 사실 내가 너희에게 말하는데, 엘리야에 관하여 성경에 기록된 대로 그가 이미 왔지만 사람들은 그를 제멋대로 다루었다.'" 순교 예언자인 예수를 종말의 예언자인 엘리야와 간단히 동일시할 수는 없다는 것이다. 그런데 성경의 말씀대로 엘리야는 이미 왔고 또 고난까지 당했다고 하니 이게 어떻게 된 일인가?

결국 우리는 여기서도 하나의 역전이 완벽하게 이루어졌다는 것을 지켜볼 수 있다. 엘리야와 함께 신호를 올린 그 '마지막'은 이미 도래하였으며, 그 엘리야가 재림할 것으로 기대되던 그 미래가 이제 과거로 되어 버린 것이다. 그리고 엘리야가 와서 모든 것을 바로잡아 놓으리라는 그 회복은 이제 하느님의 뜻에 따라 고통스러운 한 운명 안에서 실현되고 있는 중이라는 것이다. 이 전승을 지니고 있던 유다계 그리스도교 공동체의 관점에서 볼 때, 여기의 엘리야는 본래 예수 자신을 가리킬 수도 있었을 것이다. 그러나 현재의 복음서의 전승에서는 물론 요한 세례자를 가리킨다. 그러니까 첫 전승에서 예수에 대해서 말하던 것을 복음서의 이야기 줄거리에서는 이제 요한에게 해당시키고 있는 것이다. 그렇다! 예수가 단순히 엘리야일 수는 없다는 것이다. 이와 같이 첫 그리스도론은 침례라는 사실을 기점으로 하여 구성되었다는 것을 여기서 알아볼 수 있다. 요한 세례자의 세례와 예수의 세례 사이에 엄연한 격차를 보여 줌으로써만이 아니라, 침례 운동의 이 두 주역의 개인적인 지위를 서로 비교하는 가운데 그리스도론의 첫 소묘가 구상되었던 것이다.

모세라는 주제는 앞서 살펴본 엘리야와는 경우가 다르다. 《타르굼》 탈출기 12장 42절의 다음과 같은 증언을 받아들인다면 몰라도, 기원후 1세기와 그 이전의 유다교 전승에서는 모세가 재림하리라는 말을 하지 않았다. "세상이 그 끝에 다다르면 …… 모세가 광야 한가운데로부터 올라오리라."[28] 모세에 관련되는 가장 중요한 본문은 여전히 신명기 18장 15절과 18절로서, 이미 위에서 본 바와 같이 "너와 같은 예언자"를 언약해 주는 대목이다. 그렇지만 이 '예언자'는 엄밀히 말해서 '되살아난' 모세가 아니다. 그는 이스라엘의 판관(수령)이요 영도자로서 모세를 닮았을 뿐이다. 일명 필론의 책을 보면, 여호수아가 의인 모세와 비슷한, 그를 닮은 수령으로 나타난다(《성경 고대사》 24,6). 또 예언자요 사제인 사무엘을 보고 "나의 종 모세와 비슷하다."고 한다(53,2). 같은 저자는 사무엘을 가리켜 "만방의 빛"이라고도 한다. 이것은 이사야서 51장 4절에서 따온 메시아의 한 가지 특징이다. 그러나 사무엘은 여전히 미래의 임금 다윗을 기다리고 있는 자로 남아 있다(《성경 고대사》 51,6). 사마리아인들도 '타에브Ta'eb'라는 인물을 기다리고 있었는데 그 역시 모세와 같은 예언자일 뿐 본격적 의미의 메시아는 아니다.[29]

모세와 같은 예언자에 대한 기대는 신약 성경에도 그대로 연장되어 나타난다. 마태오와 루카에 공통하는 옛 전승을 그 예로 들 수 있는데 여기서 요한 세례자는 이렇게 묻는다. "오실 분이 선생님이십니까?"(마태 11,3; 루카 7,19) 또 요한 복음서 6장 14절도 "오시기로 되어 있는 그 예언자"를 말하면서 같은 기대를 나타낸다. 스테파노가 행한 연설에서도 모세는 이렇게 선언한다. "하느님께서는 너희 동족 가운데에서 나와 같은 예언자를 일으켜 주실 것이다."(사도 7,37) 여기 이 대목이야말로 마르코 복음서 13장 6절의 [바로] '내가 그리스도다.'라는 이상한 표현을 잘 해명해 준다고 하겠다. "많은 사람이 내 이름으로 와서, '내가 그리스도다.' 하면서 많은 이를 속일 것이다." 사도행전 13장 26절에서 "너희는 내가 누구라고 생각하느냐? 나는 그분이 아니다." 하고 말하는 요한 세례자의 말도 마찬가지다. 그렇다면, 우리는 마르코 복음서 6장 50절에서, 모세처럼 호수(=바다) 물을 제어하는 예수가 제자들을 안심시키기 위해서 "나다."라고 한 말씀도 [스스로를] 예언자로 일컫는 뜻으로 알아들어야 하지 않을까? 마르코 복음서 14장 62절의 경우도 마찬가지일까? 최고 의회 앞에서 심문받던 예수는 "당신이 찬양받으실 분의 아들 메시아요?" 하고 묻는 대사제에게 이렇게 대답한다. "그렇다." 메시아냐는 질문에 예수는 자기가 예언자라는 표현으로 대답한 것이다. 더욱 이상한 것은 그 뒤에 덧붙인 말씀이다. "그렇다. '너희는 사람의 아들이 전능하신 분의 오른쪽에 앉아 있는 것을 볼 것이다.'" 모세와 같은 예언자가 사람의 아들이라고 하는 천상적 인물에게 어떤 판가름을 요청하고 있는 형국이라고 할까……. 이 점에 대해서는 다시 다룰 기회가 있을 것이다.

여기까지 연구를 해 놓고 보니 몇 가지 결론을 내릴 수야 있겠지만 제기되는 질문은 여전히 많이 남아 있다는 인상이다. 먼저 요한 세례자로 말하면, 그는 하느님 나라의 임박을 선포하고 또 기다리고 있었으며 종말의 구원을 다짐하는 세례를 베풀었다. 이 선포와 세례 동작을 통하여 그는 하나의 예언자로 인정을 받은 것이 틀림없다. 세례와 예언은 밀접하게 연결되어 있었던 것이다. 그런데 그 무렵의 소요와 흥분된 분위기에서 아무개를 예언자라고 일컫는다는 것은 필연적으로 시국이 혼란스럽다는 뜻도 함축한다. 실상 종말의 예언자들이 등장하고 이들의 개입으로 이제 새 시대가 바야흐로 도래하게 되었다는 뜻이다. 되살아난redivivus 엘리야(=요한 세례자)가 나타났고, 모세와 같은 예언자(=예수)가 지금 저기서 활약하고 있지 않은가? 이 두 명의 예언자들의 사상과 행동은 정치적으로도 의심 없이 커다란 반향을 불러일으켰을 것이다. 그래서 이 두 명이 혹시 민족주의자들과 가까운 사이나 아닐까, 그리고 정치적인 활동에 직접 개입하고 있는 것은 아닐까 하는 호기심과 반문이 절로 일었을 법도 하다. 일반적으로 말해서 당대의 정황을 우리가 더 잘 알면 알수록 예수라는 역사적 인물을 더 잘 파악할 수 있다는 말은 옳은 말이다. 그러나 거기에는 조건이 있다. 질문을 정확하게 제기해야 한다는 조건이다. 그리스도교 공동체에서는 예수를 회상하면서 복음서의 본문들을 작성하였는데, 이 본문들이 예수를 종말의 예언자나 엘리야 또는 모세와 같은 예언자와[30] 계속해서 동일시하면서도 이러한 칭호에 한 번도 만족해하는 일이 없는 것은 도대체 무슨 까닭일까? 왜 이 본문들은 이 칭호들의 의미를 계속해서 뒤엎어 놓았을까? 그 까닭은 이렇지 않았을까? 첫 그리스도인들은 물론 예수가 종말의 예언자라는 것을 잘 알고 있었지만, 동시에 그들은 이 칭호들이 그의 죽음이라는 사건 앞에서 전혀 쓸모없는 것이 되어 버렸다는 사실도 아울러 알게 되었기 때문이 아니었을까? 사정이 그렇다는 것을 명문으로는 밝히지 않으면서도 이를 말해 주어야 할 형편이었던 것이다. 그래서 예수를 예언자, 엘리야, 모세라고 하면서도 이를 번번이 부인해야 했던 것이다. 이와 같이 우리는 교회와 그리고 십자가에 매달리신 그 스승 사이에 개재하는 이 거리를 깨닫게 되었는데, 이것이야말로 마지막 파스카 이전의 예언자 예수에 관한 가장 중요한 역사적 증언의 하나가 아닐까?

이제까지 살펴본 바와 같이 첫 그리스도교 공동체는 우리로 하여금 예수를 일러 역사적으로 하나의 종말론적 예언자였다고 말할 수 있게 해 준다. 그렇다고 우리가 당장 예수의 '메시아 자의식'을 헤쳐 볼 수 있다는 뜻은 아니다. 상당수의 주석학자들은 이 점에 유의할 만큼 세심하지 못했다. 그래서 때로는 다음과 같은 대담한 말을 서슴지 않고 하게 되는 것 같다. "예수는 오해를 피하기 위해서 (비록) 은폐된 방식을 사용하기는 했지만, 자신이 메시아라는 주장을 내세웠다. 그러나 그분은 선의를 가진 사람들이라면 누구나 이해할 수 있을 만큼은 분명하게 이 주장을 내세웠다. 다만 메시아로서의 그분의 사명은 어디까지나 종교적이라는 것도 밝혀 주었다."[31] 이것은 예수의 자의식에 관한 엄청난 연구 문헌들 가운데서 우연히 가려 뽑은 한 예에 지나지 않는다. 이와 같은 가정은 물론 선의에서 나왔겠지만 실제로는 복음서들을 너무 역사화하여 읽은 데서 비롯된 소치다. 우리는 이런 해석과 방법론을 따를 수 없다. 먼저 예언자 사상과 메시아사상을 제대로 구별하지 않고 있기 때문이다. 한 걸음 더 나아가 예수는 메시아라는 칭호에 대해서 언제나 침묵과 망설임의 태도를 취했다는 사실을 충분히 감안하지 않기 때문이다. 반면에, 파스카 이후의 공동체에서는 이미 오래전부터 자기 주님의 메시아이심을 노래하고 있었기 때문에 예수의 이와 같은 유보적인 태도를 회상하는 데 조금도 주저해야 할 까닭이 없었던 것이다. 그렇다고 우리 나름대로 다음과 같이 하나의 가설을 내세우지 못하란 법은 없겠다. 역사적으로 보아 예수가 참으로 예언자로 간주되었다면—우리가 보기에 이 점은 의심의 여지가 없을 만큼 분명하다.—그의 죽음의 문제가 제기되지 않을 수 없었다.[32] 만일 예수가 정치 문제에 대해서 바리사이계의 율법 학자들처럼 현명한 태도를 취하지 않았다고 할 때, 그의 최후는 하나의 비극적인 운명으로 끝날 수밖에 없었다. 특히 이 경우 군중들이 이 예언자를 일종의 메시아로 여겼을 때는 더욱 그랬다. 당시처럼 혼란한 시대에 하나의 예언자로 자처하면서도 죽기를 마다하였다면 그는 이미 정상적으로 판단할 수 있는 사람이 아니었을 것이다. 키드론 골짜기에 만들어 놓은 순교 예언자들의 무덤은 아직도 그 단장이 지워지지 않은 새 무덤들이나 다름없었다. 이 무덤들만 보아도 이 시대의 예언자를 기다리고 있을 최후의 운명이 어떠한 것인지를 잘 깨달을 수 있었다. 또 사실 교회는 그 스승이 자신의 죽음에 대해서 가지고 있었던 사전의 확신을 그의 이른바 수난 예고들에다 잘 간수해 놓았다. 이 예고들에서 십자가에 매달렸다가 파스카의 영광을 입은 그분은, 그가 걸어가야 했던 하느님의 길을 밝혀 준다(마르 8,31-33; 9,30-32; 10,32-34).

뒤이어, 그리스도교 공동체들에서는 자기들 나름대로 '예언자'라는 기능적인 칭호를 기용하여 이번에는 예수의 대변자들과 새로운 공동체의 지도자들을 가리키게 된다(사도 11,27; 1코린 14,29). 이들은 안심하고 이 칭호를 사용할 수 있었다. 그들의 스승이 이 칭호를 십자가에 달아 그 의미를 완전히 뒤바꿔 놓았기 때문이다. 그때 이래 새로운 메시아의 환성은 이 십자가에서 비로소 터져 나오게 되었다. "하느님께서는 여러분이 십자가에 못 박은 이 예수님을 주님과 메시아로 삼으셨습니다."(사도 2,36) 예언자 예수는 과연 대망의 메시아였다. 그렇다면 타치투스가 말하는 로마의 '크리스티아니Chrestiani' 곧 '크레스토스Chrestos'의[33] 지지자들이 '메시아 예수'에 관한 소식을 듣고 흥분을 감추지 못했다는 사실을 우리로서도 이해할 수 있을 것 같다. 수에토니우스가 그의 《클라우디우스 전기》에서 "Judaeos impulsore Chresto quodam assidue tumultuantes Roma expulsit." 하고 전하는 소요 사건에 로마의 일부 유다계 그리스도인이 과연 얼마나 가담하였을까?(25,4) 이 유다인들은 어느 '크레스토스'라고 하는 작자의 선동으로 끊임없이 소란을 피우고 있었다. 그래서 이들은 기원후 41년경[34] 클라우디우스 황제에 의해 로마에서 추방당했다. 그중에는 아퀼라와 그의 아내도 끼어 있었다(사도 18,2). 거의 같은 무렵에 그리스의 테살로니카에서도 그리스도인들이 도시의 치안관들 앞에 끌려갔다. 그 이유는 이들이 "예수라는 또 다른 임금이 있다."라고 주장했기 때문이라는 것이다(사도 17,7).

제6장
하느님 나라의 표징들
— 악마 추방자요 기적을 행하는 사람 예수 —

　예수는 기적을 행하였는가? 이 질문에는 '예.' 아니면 '아니오.'라고 대답할 수밖에 다른 도리가 없다. 그러나 성경 학자는 역사가이기도 하기 때문에 이 질문에 가부간 양자택일하여 대답할 수는 없다. 그랬다가는 그는 자신의 학문의 원칙들을 짓밟는 결과가 될 것이다. 설혹 그 성경 학자가 철학적으로 말해서 하느님의 이례적인 개입이 존재한다는 것을 수락할 수 있는 가능성은 얼마든지 있다고 시인하더라도, 그가 자기 권한과 자격의 한계를 넘어설 수는 없는 것이다. 자칫하면 루르드에서 어느 치유 사실이 기적적이라고 선언하기 위해서 엉뚱하게도 주교단의 권위에 호소하는 어느 의사를 닮는 꼴이 되고 말 것이기 때문이다. 더구나 성경 학자는 이 의사와는 달리, 관련되는 서류를 모조리 손에 넣고 있는 것도 아니다. 설사 이 서류를 가지고 있다거나 기적이라고 일컬어지는 그 사건을 역사가의 입장에서 다시 완벽하게 복원하여 이야기해 줄 수 있다손 치더라도 그는 예수 당대의 사람들과 비교하여 더 나을 것이 조금도 없다. 그래서 그도 결국은 예수의 동작에 놀라게 되고, 그 뜻이 모호하여 여러 가지로 엇갈리는 해석들을 낳게 한다는 사실을 발견하게 될 것이다. 아마도 이와 같은 예수의 동작은 성경 주석가를 이끌어 예수라는 인물과 마주치게 하며, 아울러 그분에 대해서 어떤 태도 결정을 내리게 할 수도 있을 것이다. 그런데 이 예수라는 인물은 루카 복음서 2장 34절이 말하는 대로 "반대를 받는 표징"이다. 사실 당시에도 예수의 행적을 보고 질문들이 쏟아져 나왔던 것이다. 마르코 복음서 1장 27절에서는 사람들이 "이게 어찌 된 일이냐?" 하면서 놀라는가 하면, 6장 2절에서는 "저 사람이 어디서 저 모든 것을 얻었을까?" 하면서 의아해 한다. 그런가 하면 아예 노골적으로 부정적인 판단도 없지 않았던 것이다. "그는 마귀 우두머리의 힘을 빌려 마귀들을 쫓아낸다."(3,22)는 것이었다. 따라서 성경 학자가 자기 학문의 이름으로 어떤 기적 이야기의 역사적 진실성을 확인해 준다고 한다면, 그는 자기 독자를 기만하고 있는 것이다. 신앙이란 강요될 수 없는 것이다. 그렇다면 이 경우에 역사적인 조사 연구의 가능성은 전혀 없는 것일까? 천만의 말씀이다. 오히려 이 문제에 관한 참된 의미의 의견 일치가 성경 학자 각자의 기본적인 태도와는 상관없이 성경학계에서 확인된다는 것이

놀랍게도 하나의 엄연한 현실인 것이다.¹

　학계의 이 의견 일치는 다음 두 가지 점에서 이루어져 있다. 첫째, 예수는 당대 사람들에게 악마 추방자요 기적을 행하는 사람으로 간주되었음이 분명하다는 것이다. 다음으로, 그의 행적 중에서도 특히 그의 악마 추방은 하느님 나라에 관한 그의 선포에 직결되어 있었다는 데에 그 본질적인 특징이 있다는 사실이다. 역사가가 예수의 기적이 사실이라든가 하느님으로부터 오는 것이라고 확인해 줄 수는 없다고 하더라도, 그는 당시 사람들이 예수를 사실상 기적을 행하는 사람, 악마 추방자요 치유자로 생각했다는 것만은 분명히 확인해 줄 수 있다. 악마 추방자라든가 치유자라는 낱말이 우리 현대인들에게 별로 좋은 인상을 주는 것은 아니다. 그렇다고 이런 낱말들에 늘 나쁜 뜻만을 부여하려 든다면 당치 않다. 그러지 않도록 조심해야 할 것이다. 시대착오를 범해서는 안 되기 때문이다. 성경학계의 이런 견해 일치는 어디에 근거하고 있으며, 기원후 1세기의 사람들이 기적에 대해서 가졌던 개념은 어떠한 것이었을까? 우리는 과연 예수의 기적 활동을 헬라 세계라는 당시의 역사적 문화적 맥락 안에 정확하게 자리매김할 수 있을까? 그렇다면 그 의미는 어떠한 것일까? 요컨대 이렇듯 복잡다단한 주제를 놓고 과연 '역사'라는 것을 쓸 수 있을까? 이러한 질문들은 그 범위가 매우 넓다. 그래서 이제부터 소개하려는 종합적인 개관도 간략할 수밖에 없고 따라서 이를 더욱 발전시킬 만한 가치가 충분히 있을 것이다. 그래서 가령 기적에 관한 예수의 말씀과 같은, 한 가지 점만을 천착할 수는 없는 노릇이다. 이런 분야에서는 관련되는 자료들이 모두 일체를 이루고 있기 때문이다.

1. 복음서에 나오는 기적의 문제

1) 기원후 1세기의 기적관奇蹟觀

우리는 흔히 기적을 정의하기를 자연의 법칙에 비해서 또는 그 법칙을 거슬러서 일어나는 초자연적 능력이 발휘하는 어떤 행위나 작용이라고 한다. 옛날의 유다인 같으면 이런 기적의 정의에 다소 놀랄 것이다. 더구나 우리가 지금 '기적'이라고 부르는 것은 옛사람들이 '표징들semeia', '이적들terata', '위대한 업적dynameis'이라는 말로 가리키던 것과 정확하게 일치하지도 않는다. 그들에게는 하느님이 이 세상, 따라서 역사 안에서 일어나는 모든 것의 직접적인 원인이나 다름없었다. 하느님은 어느 때고 개입하시고 간섭하신다. 그렇다고 그분이 질서를 혼란시키는 것은 아니다. 질서란 그분이 당신 섭리의 계획에 따라 계속적으로 창조하시기 때문이다. 인간이 보기에 하느님의 이 계속적인 개입과 간섭이 때때로 이례적인 성격을 띠고 나타나는 것은 당신이 세상에 현존하신다는 것을 좀 더 특별한 모양으로 드러내고, 당신이 원하시는 것을 깨닫게 해 주시려는 데에 그 목적이 있다. 우주의 삼라만상은 하느님을 표시하고 그분을 가리키는 표지 또는 동작이라고 할 수 있다. 그러나 경우에 따라서는 어떤 놀라운 일들이 일어나기도 한다. 이 놀라운 일들은 세상의 질서의 한계를 뛰어넘기 때문에 우리의 감각과 상식에 큰 혼란을 일으키기도 한다. 이처럼 하느님은 당신의 새로운 뜻을 표징을 통해 알려 주시거나 당신이 보낸 심부름꾼을 사람들이 신임할 수 있도록 그 신원이나 사명을 증명해 주시기도 한다. 또한 선악에 따라 상을 주거나 벌을 내리고 구제도 하신다. 이와 같이 사람이 사는 세상에서 하느님의 기적들이 일어난다는 것은 본질적으로 하느님 계획의 확호성 또는 새로운 변경을 드러내 주는 데에, 또는 역사를 점철하는 그분의 구원 개입救援介入에 대해서 그분의 지배권, 그분이 주님이심을 확인해 주는 데에 목적이 있다. 일명 필론이 말하는 바와 같이 기적은 '구원의 표징'이다《성경 고대사》 27,7; 지혜 16,6도 참조).

하지만 당시의 일반적인 견해에 따르면, 마귀들도 인간 또는 세상에 대한 저들의 지배권을 확보하려는 시도를 벌일 수 있다는 것이다. 그렇다면 기적의 동작이란 그 자체만을 따로 떼어 놓고 볼 때 매우 애매모호한 것으로 남게 된다. 기적이란 그것이 지니는 의미로 말미암아 가치를 띠게 된다. 그런데 이 의미는 자동적으로 주어지는 것이 아니라 사람이 식별해 내야 하는 것이다. 신명기 13장

2~4절에 하신 말씀 그대로다. "너희 가운데에서 예언자나 환몽가가 나타나 너희에게 표징이나 기적을 예고하고, 그가 말한 표징이나 기적이 일어나더라도, 너희가 알지 못하는 '다른 신들을 따라가 그들을 섬기자.' 하고 그가 말하거든, 너희는 그 예언자나 환몽가의 말을 들어서는 안 된다." 그러므로 기원후 1세기의 사람들에게도 거짓 기적이란 얼마든지 '있을 수 있는' 것이었다(마르 13,22; 2테살 2,9). 다만 이 거짓 기적이 지니는 의미는 그가 속해 있는 종교 집단의 확신과 비교할 때 그릇된 것으로 판정되어야 했다.

여기서 우리는 한 가지 사실을 대번에 알 수 있게 된다. 기적의 문제는 이 기적을 행하는 사람의 권위의 문제를 직접적으로 불러일으킨다는 것이다. "저 사람이 어디서 저 모든 것을 얻었을까?"(마르 6,2) 그리스도교 공동체가 주님의 기적 활동을 상당히 강조하는 것은 사실이다. 그 목적은 여러 가지겠지만 그중에는 예수를 핵으로 하는 권능의 전도顚倒를 번역하자는 목적도 있었다. 기적이란 한계를 뛰어넘는 그 무엇이다. 그러기에 기적은 그것을 행했다고 사람들이 일컫는 그 사람에게 어떤 권능이 있다는 것을 이미 함축한다. 그것은 무엇을 '행한다'는 행위에 속하는 권능이다. 인간의 행동 범위에서도 그렇고, 그 인간을 떠받쳐 주는 세계에 있어서의 어떤 권능이다. 그만큼 인간과 그를 둘러싸고 있는 우주는 분리될 수 없는 것이다. 그 밖에 기적을 말한다는 사실 자체는 곧 인간의 전체적 삶이, 무엇보다도 그 행동에 있어서, 바로 이 기적을 통해 개입하시는 하느님에 의해서 얼마나 철저하게 지배를 받고 있는지도 아울러 말해 준다. 이렇게 놓고 볼 때, 자연의 원소들과 그 힘에 관련되는 기적들, 가령 풍랑을 가라앉힌 기적 따위도 좀 더 직접적으로 인간에게 상관되는 기적들과 크게 다를 바가 없다고 하겠다. 사실 인간은 이 세계와 일체를 이루고 있으며, 하느님의 지배권은 만물에 미치기 때문이다.

결국, 자연 질서에 관련된다는 의미에서의 자연 이적을 치유 이적과 구별한다든가 치유 이적과 악마 추방의 이적을 구별한다는 것은 어디까지나 우리 현대인의 사고방식에서 나온 구별이다. 사실 치유 이적은 구마, 즉 악마 추방의 이적과 밀접하게 연결되어 있는 것이 전승의 실태다. 그 까닭은 이 두 경우 모두 악마의 지원을 받고 있는 악, 곧 죄를 '축출'하는 기적이기 때문이다. 죄는 질병이나 어떤 신체적 결함과 일부 연결되어 있다는 것이다(요한 9,34). 따라서 마르코 복음서 2장 1~12절에 나오는 중풍 병자의 치유도 죄의 용서와 관계가 있다. 풍랑을 가라앉힌 기적도 예수께서 악한 권세를 제어하신 일종의 악마 추방의 이야기다(마르 1,25; 4,39; 루카 13,16). 이렇게 말하고 보니, 기원후 1세기의 사람들도 그 근본에서는 서로 공통하는 이 두 가지 기적, 곧 악마 추방의 이적과 치유 이적을 웬만큼은 구별할 줄 알고 있었다는 이야기가 된다.

지금까지의 개괄적인 관찰은 기적 이야기를 다룰 때 아무리 우리에게는 생소하다고 할지라도 각별히 조심해야 할 것을 촉구한다. 무엇보다도 성경에서 사용된 여러 가지 언어들을 정확하게 구별하면서 탐구를 계속해야 할 것이다. 신학 사상을 조형성이 풍부한 용어들로 표현하는 유다계 그리스도교의 언어는 기적 이야기의 언어가 아니다. 예컨대 예수의 유혹 이야기(마태 4,1-10)는 기적 이야기의 언어에 속하지 않는다. 혼미를 헤치고 나갈 수 있는 길을 어떻게 마련할 것인가? 여기에 문헌 비판의 기여는 특히 중요시되어야 한다.

2) 성경학상의 몇 가지 결론들

어떤 기적 이야기를 놓고 그 역사적 가치를 어떻게 해야 평가할 수 있을까? 성경 학자는 이 질문에 대답하기 위해서 보통으로 어떤 주어진 이야기를 제각기 달리 전하는 여러 가지 설화의 번안飜案을 서로 비교하는 일부터 시작한다. 그 목적은 구전된 전승의 가장 오랜 문학층에까지 도달하려는 데 있다. 그다음에 그는 문제의 그 전승이 과연 기적의 사건을 반영하고 있는지의 여부를 알아보고, 만일 반영한다면 어떻게 반영하는지를 묻는다. 물론 이 성경 학자를 노리는 암초도 많고 또 이러한 질문이 경우에 따라서는 더 이상 진전할 수 없는 막다른 골목에 부딪치게 된다는 것도 우리는 잘 알고 있다. 과연 우리는 얼마만큼이나 어떤 주어진 사건과 그 독특성을 포착하여 그와 대면할 수 있는가? 그리하여 과연 파스카 이전의 이른바 'ipsissima gesta'(=예수가 몸소 행한 동작들), 또 이 동작들을 행한 그분의 의식에까지 도달할 수 있다는 말인가? 파스카 이후의 공동체의 전승 중개傳承仲介를 묵살한다면 몰라도 그렇지 않고서는 불가능할 것이다.

이런 유형의 문헌 비판은 일종의 통시적 방법으로서, 복음서의 전승들에 관한 문학적 측면의 역사를 복원하려 할 때 널리 활용되어 온 방법이기도 하다. 성경학에서 현재 사용하고 있는 방법과 연장들은 세부까지는 몰라도 전체적으로는 비교적 착실한 결론들을 얻게 해 준다. 공관 복음서, 그리고 때로는 제4 복음서를 주의 깊게 비교해 보면 가장 오랜 그리스도교 전승층에까지 이를 수 있다. 그러다 보면 한 복음서에서 다른 복음서를 거쳐 오는 동안 복음서마다의 번안이 어떻게 달라지고 문학적으로 얼마나 확충되었는지도 분명하게 드러난다. 가령 마르코 복음서 5장 22절 이하에서 예수는 병든 어린 소녀 하나를 고쳐 준다. 그러나 똑같은 이 기적 이야기가 마태오 복음서 9장 18절 이하에서는 하나의 진짜 부활 이야기가 될 정도로 확대되어 나온다. 그래서 성경 학자는 여러 가지로 엉겨 붙어 있고, 또 뒤엉켜 있는 전승들의 실뭉당이를 한 가닥 한 가닥 참을성 있게 풀어내야 한다. 그는 때때로 소재사적素材史的으로는 동일하지만 전승사적으로는 각각 다른 공동체의 형성 배경을 반영하는 이중 기사조차 식별할 수 있다. 그 예로 우리는 마르코 복음서 6장 30~44절과 8장 1~10절에 이중으로 전해진 '빵을 많게 한 기적'을 들 수 있다. 이처럼 드러난 문학적인 확충 부분을 일단 제쳐 놓고 또 가장 오래된 전승층이 그 모습을 드러내게 되면 성경 학자는 여러 가지 기준을 이용하여 이야기의 역사적 '진실성'이 얼마나 신임할 수 있는 것인지를 검토하게 된다. 이 기준들을 예거하면 다음과 같다.

① 먼저 언어학적인 기준이다. 이 기준은 아람어를 기저로 하는 오랜 전승을 발굴하게 해 준다. 여기서 성경 학자는 해야 할 다른 여러 가지 일 중에서, 가령 마르코 복음서 5장 41절에서 읽을 수 있는 '탈리타 쿰Talitha Qoum'과 같은 아람어 낱말들을 들추어내야 한다. 이런 낱말들은 이야기의 '실감 효과'를 내는 데 그야말로 효과적이다. 그러나 여기서 우리가 잊어서는 안 될 일이 하나 있다. 헬라계나 그 밖의 비그리스도교계의 악마 추방 이야기들에서는 치유사治癒師가 남이 알아들을 수 없는 이상한 말, 이른바 주사呪辭에 가까운 말을 즐겨 사용하거나 또는 이적의 수혜자에게 침묵 명령을 내린다는 것이다. 이 마지막 점은 우리가 특히 마르코 복음서에서 볼 수 있는 함구령과 흡사하다고 하겠다.

② 다음으로 성경 학자는 어느 목격 증인이 사건의 현장에서 보고 체험하고 포착한 세부 묘사를 들추어낸다. 마르코 복음서 4장 38절에서 배 안에 놓아둔 베개를 언급하는 것은 그 좋은 실례라고 하겠다. 생동감 넘치는 이 세부 묘사들은 그 이야기가 역사적으로 틀림없이 진실하다는 인상을 강하게 풍겨 준다. 그러나 다른 한편,

'시각적'으로 이야기하기를 좋아하는 설교사인 마르코의 경우, 이런 생동감 넘치는 특징들이 많이 나오는 이야기만도 여남은이나 되는 만큼 이런 묘사들이 어느 정도까지는 마르코 그 자신의 문학적인 확대 묘사일 가능성도 전적으로 배제할 수는 없을 것이다. 따라서 마르코는 파피아스의 증언대로 베드로의 통역이었고, 그러기에 그의 이 모든 세부 묘사는 현장을 체험했던 베드로의 증언을 반영하는 것이라고 너무 성급하게 결론할 것도 아니다. 현명한 성경학자라면 '마르코의 문학적 수법' 아니면 '베드로의 증언'이라는 양자택일의 결론을 그리 쉽게 내리지는 않을 것이다.

③ 어떤 세부 묘사가 예스러운 티를 드러내면 낼수록 그만큼 더 역사적 진실성을 더해 준다는 기준은 더욱 중요하다. 여기서 예스러운 세부 묘사란 그리스도교 공동체가 가급적이면 지워 없애고 싶었을 세부 묘사를 두고 말한다. 예를 들면, 예수가 치유 수단으로 사용했다는 침(=타액)이 여기에 해당한다. 이 치유 수단은 당시 구마술의 일환으로 널리 사용되었다. 그런데 예수는 이 치유 수단을 사용했는데도 즉각적인 치유 효과를 얻지 못했다는 마르코 복음서 7장 31~37절과 8장 22~25절의 기사로 보아, 그 역사적 신빙성은 그만큼 더 높다고 평가할 수 있다. 마태오와 루카는 조심스럽게도, 이렇듯 이상야릇한 동작을 예수가 취했다는 추억을 떠올려 주지 않는다. 실상 그들의 견해로는 주님의 권능을 이렇게까지 제한할 수야 없지 않느냐는 것이었고, 또한 예수는 "거기서 아무런

기적도 일으키실 수 없었다."(마르 6,5)라고 어떻게 감히 말할 수 있느냐는 것이었다. 그럴수록 이런 세부적 요소들은 인위적으로 조작될 가능성이 희박하다. 실상 이런 요소들은 어떻게 하면 그 주님을 영화롭게 기릴 수 있을까 하며 늘 찾고 있었던 그리스도교 전승 전반의 경향과 정면으로 반대되는 것이기 때문이다.

④ 마지막으로 이른바 개연성 기준이라는 것을 들어 보기로 하자. 이것은 횡적 일관성 기준이라고도 말할 수 있을 것이다. 즉 묘사된 어떤 동작이나 행적이 예수가 다른 경우에 한 말씀이나 행적과 일관성이 있을 때를 두고 말한다. 가령 베드로의 장모의 치유 이야기는 보통으로 성경 학자에게 아무런 문젯거리가 없는데 다른 기적 이야기들은 그렇게 만만치 않다. 실상 어떤 이야기들은 본래 비유에 지나지 않던 것을 전승에서 사실화史實化시켰을 가능성이 있기 때문이다. 마르코 복음서 11장 12~14절과 20~24절에 전해진 '말라 버린 무화과나무' 이야기라든가 게라사의 돼지 떼에 관한 환상적인 이야기(마르 5,1-20)를 그 예로 들 수 있을 것이다. 다른 특징들은 당시 헬라 세계에서 누구나 알고 있었던 이야기들에서 빌려 온 것 같기도 하다. 물고기 입속에 들어 있는 스타테르 은전 한 닢 이야기가 이 경우에 해당한다(마태 17,27). 그러나 이 모든 점에 대해서 확호한 견해를 표명한다는 것이 불가능하지는 않을지 몰라도 적어도 매우 어려운 것만은 사실이다. 그러나 성경 학자들이 때로는 이처럼 주저하게도 되지만 일반적으로는 여기에 구애받지 않고

기적 이야기 전반에 상당한 신임도를 부여한다는 것도 부인할 수 없는 사실이다(사도 10,38 참조).

　이 모든 기준들은 그 나름대로의 이점이 있다. 그러나 이 자리에서 굳이 지적할 필요도 없겠지만, 이 기준들에 합격하는 가장 확실한 경우에서조차 문학적으로 형상화한 이야기가 사건 그 자체의 재현일 수는 없다는 것을 결코 잊어서는 안 될 것이다. 또 사실 이런 기준들에 입각하여 비판적으로 연구해 냈다는 결과도 학자들에 따라 크게 다르게 나타나는데, 이런 연구 실태를 놓고 이상하게 생각할 것은 없다.² 많은 성경 학자들은 자연 질서와 저촉된다는 기적들을 일단 제쳐 놓는 편이다. 풍랑을 가라앉힌 이야기, 물 위를 걸은 이야기, 은전 이야기 등이다. 반면에, 예수의 활동 전반을 놓고 볼 때 그분을 악마 추방자요 치유자로 인정하는 데에는 거의 모든 학자가 의견을 함께한다. 그렇다고 이야기들의 세부 요소를 다소 문제시하지 않는 것은 아니다. 어떤 학자들은 기적 이야기들을 그야말로 포용성 있게 다 받아들이고 또 인정한다. 물론 이들도 불확실한 몇몇 요소나 부분들을 학계의 비판에 견디다 못해 희생시키지 않을 수 없는 때가 있지만, 이 경우에도 이들은 자기들이 말하는, 이른바 이야기의 '핵심'이라든가 또는 '기본적인 진실성'만은 그래도 건져 보려 한다. 그러나 이런 태도를 고수하다 보면, '순수한 사실'을 그 해석으로부터 구별해야 한다는 새로운 문제점에 봉착하게 마련이다. 이 문제점에는 사실상 해결책이 없다는 것도 아울러 지적해 두자. 또 다른 학자들은 극단적으로 불신하는 태도를 취한다. 그래서 예수가 기적을 행하던 사람이었고 악마 추방자였다고 시인은 하지만, 이 학자들의 시인은 완전히 허공에 뜨고 마는 결과에 이르기도 한다. 불트만과 같은 학자의 이른바 '비신화화' 이론은 신앙의 확신에 옷을 입혀 주는 상징이나 표상을 완전히 벗어던진, 이를테면 증류수와 같은 사상밖에 없고, 역사의 구체적 현실에 걸 수 있는 고리가 전혀 없다. 마지막으로 어떤 학자들은 역사주의 유형의 그릇된 합리주의라는 신기루에 사로잡힌 나머지 거기에 항복하기도 한다. 또한 이른바 의사 심리적疑似心理的 설명 또는 초능력 심리적 설명에 마지못해 양보하기도 한다. 그러나 이런 태도가 현대 성경 비판의 전문가들에게 한결같이 배척받고 있음은 말할 나위 없다. 그도 그럴 것이 이들은 어떤 주어진 설화가 전하는 이야기를 마치 진짜 역사처럼 투영하고는 그 역사가 어딘지 어색하게 느껴지면 조금도 꺼림 없이 전혀 다른 이야기로 바꿔 써 버리기 때문이다. 그래서 가령 예수가 어느 날 아침 호반을 거닐고 있었는데 멀리서 보고 있던 제자들은 그분이 물 위를 걸으시는 걸로 착각했다는 것이다. 이것이야말로 근본주의를 뒤집어 놓은 꼴이 아니고 무엇이랴!

우리는 이런 길을 밟지 않도록 조심해야 할 것이다. 순전히 공상적으로 파스카 이전의 수준에 우리 자신을 올려놓을 것이 아니라 오히려 파스카 전승 한가운데에 자리를 잡아야 한다. 그래서 먼저 기적 이야기들이 무슨 기능을 해내는지 살펴보고, 거기서부터 비로소 사람들이 어떻게 자기들의 주님을 회상하고 있는지를 알아보도록 하자. 실상 그 주님은 엠마오의 두 제자의 말대로 "하느님과 온 백성 앞에서, 행동과 말씀에 힘이 있는 예언자"(루카 24,19)였던 것이다. 그제야 비로소 우리는 그리스도교 공동체에서 받드는 구세주와 악마 추방자요 치유자였던 이 예언자 예수와의 거리를 ―따라서 그 역사를― 좀 더 잘 측정할 수 있을 것이다. 공동체에서는 그분의 현실적인 주님이심을 말하기 위해 언제나 그분을 겨냥하며 회상하였던 것이다.

2. 예수의 기적들을 회상하는 그리스도교

1) 기적 이야기들의 회상적 기능

먼저 한 가지 사실로부터 출발하자. 복음서들과 사도행전에는 기적 이야기들이 실려 있으나 그 밖의 다른 신약 성경의 책에서는 이런 기적 이야기들을 전혀 찾아볼 수 없다는 사실이다. 서간집을 보아도 거기에는 어떤 구체적인 기적 사건을 꼭 집어서 전하는 이야기는커녕 암시조차 찾을 수 없다. 따라서 당시 교회에서 뉴스거리가 되었을 법도 한 이런저런 어떤 기적 사건 이야기로 신앙을 독실하게 하거나 어떤 주장 또는 사상이나 행동을 정당화시키는 데 이바지하려 했다는 사례를 거의 찾아볼 수 없다. 바오로 사도도 그가 리스트라에서 기적으로 고쳐 주었다는 앉은뱅이 이야기를 그의 친서에서는 전혀 언급하지 않는다(사도 14,8 이하 참조). 이처럼 신약 성경에서는 기적 이야기를 끌어들여 공동체의 현실 생활에 관한 이야기의 실마리로 삼는 법이 없다. 기적 이야기는 그러니까 복음서라든가 사도행전과 같은 회고적인 서술에서만 그런 몫을 하고 있다. 실정이 이렇게 된 이유를 파악해 보자. 더구나 바오로 자신조차 기적들이 실제로 있었다는 말을 하고 있고(1코린 12,10), 또 표징들과 이적들이야말로 메시아 시대의 예언자들과 예루살렘의 이른바 '거물급 사도들'(2코린 12,11-12: "그 특출하다는 사도들")과 바오로 자신을 특징짓는 표지들이며, 흔히 있었던 일로 전제하고 있으니 말이다.

바오로는 로마 신자들에게 보낸 서간에서 "사실 다른 민족들이 순종하게 하시려고 그리스도께서 나를 통하여 이룩하신 일……그 일은 말과 행동으로, 표징과 이적의 힘으로, 하느님 영의 힘으로 이루어졌습니다." 하고 회상한다(15,18-19). 마찬가지로, 바오로는 자신의 예언자로서의 영감이 언제 어디서 어떻게 이루어지는지를 정확하게 자리매김할 줄 알고 있었다. 그것은 단순히 말씀을 전함으로써만이 아니라 그의 그리스도인으로서의 행동 전체를 통해서 이루어진다. 그의 설교가 말로 끝나는 것이 아니라는 것을 그는 너무나도 잘 알고 있었다. 그 말이 비록 지혜에서 나온 말이라 할지라도 그것만으로는 부족하고, 그때마다 구체적으로 개입하시는 영의 권능을 포함하는 그런 설교라야 했다(1코린 2,5; 4,20). 또 이와 마찬가지로 복음서가 회상하는 대로, 예수도 하느님의 나라를 당신의 말씀과 동작, 달리 말해 행동으로 선포하였다. 그의 말과 행동은 동작으로 행동화한 말씀이었고, 그러기에 이런 의미의 하느님 나라의 선포는 그야말로 하나의 근원적인 선포였다.[3] 이 두 가지 요소는 늘 연결되어 있었다(마르 1,27.39 및 그 밖의 다른 구절들). 예수는 '말'하고 '행동'하였으며, 그분의 말씀과 행동은 바로 이 말씀과 행동의 현장에 지금 현존하는 하느님 나라를, 그리고 장차 내림할 하느님 나라를 실현시켜 주는 동작이었다. 이것은 해방의 동작, 구원의 동작, 생명을 주는 동작이다. 이와 마찬가지로 그리스도인의 행위도 그 양식이야 여러 가지로 나타나겠지만 어떻든 어떤 새로운 이해에 입각하여 철저하게 파악되어야 한다. 그것은 곧 언제나 현존하는 주님 그리스도를 힘입어 이제부터 벌써 진행 중인 어떤 해방과 구원에 입각하여 파악되어야 한다. 기적을 말한다는 것은 이런 의미에서 곧 그리스도인으로서의 행위를 말한다는 것과 같은 뜻이다. 초창기의 그리스도인은 이 해방과 구원의 체험을 매우 짙게 가지고 살았다. 이 그리스도인이 나중에 복음서에 정착하게 될 그 회상을 통하여 스승의 기적들을 되돌아보았다면, 그 목적은 어디까지나 바로 해방과 구원을 위한 자신의 실천의 의미를 번역하자는 데 있었다.

　타이센에 이어 레옹 뒤푸르X. Léon Dufour가 이미 완벽하게 일깨워 준 바와 같이[4] 기적의 동작이란 근본적으로 장애를 뒤엎는 동작 또는 어떤 한계(악, 질병, 죽음)를 극복하는 동작이다. 그런데 파스카의 체험은 시간과 공간에 관한 일체의 한계가 그리스도 안에서 사라져 없어지는 그런 체험이었다. 부활이란 십자가에 매달려 죽은 분이 살아서 되돌아와 현존한다는 사건이다. 그것은 곧 이미 도래한 '끝'(=종말)이다. 하느님께서 바로 저기에 그리스도와 함께 계신다는 것이다. 그분의 해방 계획 곧 구원 계획이 실현되는 것이다. 그분의 구원 개입을 손으로 만질 수 있게 된 것이다. 하느님 나라가 성령 안에서 인간의 처신과 행동이라는 구체적인 현실에까지 와 닿게 된 것이다. 예수의 기적들, 그리고 루카에 따르면 첫 교회의 기적은 이제 그리스도인들의 일체의 행동을 위한 지표요 기준이 되었다. 인간을 영어圖圖에 가두고 있는 한계들과 천체의 권세들이나 우주의 권세들을 뒤엎는 지표요 기준이 된 것이다.

　이렇게 놓고 보니 상황이 매우 특이했다는 것을 깨닫게 된다. 한편으로는 그리스도교에서 회상하는 그리스도의 동작들, 그분의 행적들 가운데서도 십자가를 제외한다면 가장 철저하게 그리고 가장 특징적으로 회상하는 것은 역시 그분의 기적들이다. 그런데 다른 한편으로 보면, 공동체에서 구체적으로 활동하는 데에는 교우들이 더 이상 기적에 의존하지 않는다는 사실이다. 이 초창기 교우들에게는 기적이란 본질적으로 교우로서의 모든 행동을 정당화하려는 의도에서, 또 그 의미를 밝히려는 의도에서 '그때'를 회고하면서 어떤 지표를 제시하는 데 있었다. 그리하여 무질서와 혼란, 악마가 끼치는 해악에 대처하고, 가난한 이와 버림받은 이를 짓누르는 납덩이 같은 억압 그리고 질병과 죽음에 대처하려 했던 것이다. 공동체에서 기적 이야기들을 회상하게 된 근본적인 동기는 바로 여기에 있었다는 것이 우리의 생각이다. 물론 다른 동기들도 있었다. 헬라 세계의 그 숱한 '구원 신救援神'보다도 더욱 강한 주님께 믿음을 두도록 호소하려는 동기나, 호교론 또는 종교 선전이라는 동기들을 그 예로 들 수 있을 것이다. 이 여러 가지 동기들은 기적 이야기들을 소중하게 모아서 간직하기 위해 그리스어 복음사가들이 기울였던 세심한 정성, 한마디로 '기적에 의한 증명'이 그 효력을 십분 발휘하게 하는 데 기울였던 그들의 정성을 부분적으로나마 알 수 있게 해 준다. 가령 마르코 복음서 4장 35절~5장 43절에 전해진 기적 이야기 모음의 문체가 매우 가다듬은 문체인 것도 이런 사유에서 밝혀진다. 마태오 복음서 8장 1절~9장 34절에 전해진 10개의 기적 이야기 모음도 마찬가지며, 예수의 '권능'을 강조하는 루카도 잊어서는 안 된다(루카 4,36; 5,17; 6,19; 8,46). 그러나 이 동기들은 그리스도교적 실천이라는 핵심에 대한 공동체의 회상이라는 근본적인 동기에 비하면 비교적 이차적이고 후대에 속하는 것들이다.[5] 이처럼 어떤 기적 이야기를 회상하는 문헌에는 그리스도 안에서 이루어진 해방과 구원에 대한 공동체의 체험과 그 실천이 모두 기입되어 있다.

앙트르베르느Entrevernes 연구 팀은 자기들의 연구 실적을 《표징과 비유Signes et Parabols》라는 책으로 출판하였는데, 이들은 비유를 기적 이야기에 이어 주는 유대를 잘 이해하고 있다.[6] 어떤 비유의 진술은 그 자체가 이미 인간의 행동으로 실증되는 실천적인 해석을 요청하는 반면에, 어떤 기적의 동작을 회상한다는 것은 인식 차원에 속하는 어떤 해석을 불러일으키는데, 이 해석은 처신의 새로운 이해로 번역된다. 비유는 바로 공관 복음서에서 하느님 나라를 선포하는 가장 특전적인 형식인데, 그것은 말을 통하여 가치들의 모형을 새로이 창출하면서 아울러 비유에서 '처럼 행동하도록' 초대한다. 기적 이야기도 하느님 나라를 개시하게 하는 효과적인 동작을 회상하는 이야기이다. 그것은 그 이야기를 듣는 사람으로 하여금 예수가 당신의 기적 행위에 부여한 그 모든 의미를 그의 처신과 행동을 통하여 되살릴 수 있도록 한다. 사람은 모름지기 착한 사마리아 사람처럼 처신해야 한다. 반면에 그의 행동은 예수의 해방과 구원의 행동처럼 생각해야 한다는 것이다. 달리 말해, 실천해야 할 가치들의 모형은 가치를 부여해야 할 행동의 모형을 불러일으킨다. 비유와 기적은 어디까지나 모형에 지나지 않는다. 그러나 비유와 기적은 서로가 서로를 부른다. 파스카 사건 이전과 이후를 놓고 볼 때, 선포건 행동이건 모든 것은 종전과 다름없으면서도 역시 모든 것은 달라진 것이다. 바오로, 요한, 베드로, 야고보와 유다, 이 모든 이는 이제 더 이상 장차 도래할 나라를 선포하지 않는다. 그들은 비유 이야기를 들려주지도 않으며 기적을 행하지도 않는다. 적어도 기적을 끌어대거나 가리키면서 어떤 주장을 내세우지도 않고, 어떤 행동을 정당화하지도 않는다. 공동체의 복음 선포와 실천적 행동이라는 관점에서 볼 때, 기적 이야기는 더 이상 실용적인 가치를 발휘할 수 없게 되었다. 건널 수 없는 어떤 기본적인 편차偏差가 개재한 것이다. 그리스도교 공동체에서는 현실적으로 이렇다 할 실용적 가치가 없는데도 이 기적 이야기를 전하면서, 비유들을 통해 장차 도래할 나라를 알려 주신 선포자 예수, 이 도래 통고가 진실하다는 것을 기적들을 행하여 다짐해 주신 예언자 예수를 역사적으로 회상하고 있다. 그렇다면 이 편차는 예수에 대한 역사적 회상이 그리스도교 공동체에게 얼마나 중요했는지도 아울러 보여 준다고 하겠다.

그렇지만 이러한 회상의 가치를 우리는 과연 어떻게 헤아릴 수 있는가? 우리 생각에는 할 수 있다고 본다. 적어도 부분적으로는 그럴 수 있다고 본다. 위에서 말한 바와 같이, 먼저 문헌 비판 작업을 더욱 넓고 깊이 수행하고 보면, 악마를 추방하고 기적을 행한 예수의 모습을 그리스도교 공동체들이 어떻게 각색하고 윤색했는지를 알아볼 수 있는 것이다. 이 '잊혀졌던 예수', '육으로' 알고 있는 예수는, 가령 당신의 손가락을 귀먹은 반벙어리의 귓속에다 밀어 넣고

침을 발라 그 혀에 대었다고 전하는 마르코 복음서 7장 33절의 말씀 그대로 하나의 악마 추방자다. 이런 마르코의 묘사는 마태오나 루카와는 사뭇 다르다(마태 9,32 참조). 또는 그분이 자신도 모르게 어떤 부인을 고쳐 주는 분으로 나타난다. 마르코 복음서 5장 29절에 따르면, 그 부인이 그분의 겉옷을 만졌기 때문에 치유를 받았다고 하는데, 마태오 복음서 9장 20~22절에 보면 그 여자를 치유하는 데는 하느님의 말씀 한마디로 넉넉했다. 물론 여기서도 마르코의 통속적인 수법이 마태오의 신학적 평가 절상보다 더욱 예스러워 보인다. 그러나 한 가지 부언해 둘 것이 있다. 문헌 비판이라는 연장을 사용한다고 해도 우리가 그것으로 거슬러 올라갈 수 있는 단계는 전승의 가장 오랜 층까지뿐이다. 따라서 경험적으로 역사의 현장을 (다시) 체험할 수 있는 가능성은 없다는 것도 우리는 솔직하게 시인하여야 한다. '사건의 현장'에 다시 한 번 뛰어들 수 있는 가능성은 없는 것이다. 따라서 우리가 기울이려는 노력도 주로 다음 사실에 국한된다. 먼저 우리는 예수의 기적 행위들을 기원후 1세기의 유다의 역사라는 맥락 안에 자리매김해 본다. 그런 다음 그리스도교 공동체들의 가장 오랜 전승층에서 회상하고 있던 예수의 행동과 그 행동에 대한 그분의 말씀, 다른 편으로는 악마 추방과 기적에 관한 당대 유다교의 사상 그리고 그 실천과의 사이에 개재하는 거리를 측정해 보고자 한다.

2) 악마 추방자 그리고 치유자

　기원후 1세기의 헬라계 팔레스티나에서 기적에 관한 문제는 어떠했는가? 기적을 행하는 사람들이 있었다면 그들은 과연 누구였으며 왜 그리고 무슨 목적으로 기적을 행하였는가? 먼저 한 가지 사실을 지적해 두자. 악마 추방과 치유의 기적들은 본질적으로 대중적인 현상이었다는 사실이다. 복음서에 이런 기적 이야기들이 실려 있다는 사실만으로도 우리의 복음서가 얼마나 대중성을 띤 작품인지를 잘 알 수 있다. 어디 그뿐이랴! 예수의 행동 그 자체도 참으로 대중적이었음을 아울러 알 수 있는 것이다. 당대 헬라 세계에는 아스클레피우스Asclepius나 이시스 같은 치유 신治癒神들을 모시는 신전들이 많이 있었고, 그런 곳에는 당연히 수많은 사람들이 몰려오곤 하였다. 사정은 예루살렘도 마찬가지였으니 벳자타의 수욕장水浴場은 그 좋은 실례라고 하겠다(요한 5,2 이하와 5,7).[7] 물론 교육 수준이 높았던 계층에서는 모름지기 경제적으로나 사회적으로나 형편이 덜 급박하였기 때문에도 이런 뜬소문을 쉽게 믿지는 않았다. 그러나 일부에서는 당시의 여러 송덕담頌德談이나[8] 티아나Tyana의 아폴로니우스Apollonius와 같은 유명한 몇몇 기적사奇蹟師들의 전기에 나오는 터무니없이 신기한 이야기들을 곧잘 받아들이곤 하였다. 그런가 하면 다른 일부에서는 회의적인 태도를 노골적으로 드러냈으며, 특히 호라티우스와 같은 사람은 유다인들의 꾸며 낸 이야기에 지나지 않는다고 이를 비웃곤 하였다. 식자들의 이 합리주의는 알렉산드리아의 유명한 유다인 철학자 필론에게까지도 일부 영향을 주었다. 요세푸스는 그보다 한층 더 이 합리주의에 이끌려, 가령 홍해를 마른 발로 건넜다는 성경 이야기를 일종의 자연적인 현상으로 설명하려는 시도를 벌이기도 한다(《유다 고대사》 2,347-348).[9] 본토 팔레스티나에서는 어떠했는가? 이곳 사회에서 지적으로나 정신적으로 엘리트층에 속하는 사람들 중에 에세네파의 어떤 사람들은 의술에 종사하고 있었다고 전하는데(《유다 전쟁사》 2,186), 정작 쿰란 문헌에서는 기적 이야기가 하나도 전해지지 않는다.[10] 바리사이파를 따르는 율법 학자들은 성경에 전해진 기적들을 물론 확고하게 믿고 있었다. 이들은 또한 자기네 동료들 가운데서 악마를 추방하는 사람들이 있다는 것을 시인하고 있었다. 마태오 복음서 12장 27절에 전해진 예수의 말씀은 이 사실을 전제하고 있다. 이들은 비록 좀 망설이기는 하면서도 하니나 벤 도사 Hanina ben Dosa와 같이 기적을 행하던 사람들의 이름을 댈 줄도 알고 있었다. 그렇지만 대체로 이 문제에 대한 율법 학자들의 불신감은 매우 컸다. 일명 필론이 증언하듯이[11] 율법 학자들은 마술과 요술을 타파하려고 무척이나 힘썼다. 그래서인지 악마 추방은 그들에게 꽤 잘 받아들여졌으나 기적은 좀 더 많은 문젯거리를 일으키곤 하였다.

(1) 악마 추방

먼저 악마 추방에 관한 증언을 몇 가지 소개해 보기로 한다.[12] 쿰란에서 발굴된 문헌 중의 하나인 《창세기 외경 Apocryphe de la Genèse》에 보면 아브라함이 어떤 악령을 내몰기 위해 기도하고 안수하는 모습이 나온다(20,16-24). 일명 필론의 《성경 고대사》 60에 따르면 다윗은 사울을 구해 주려고 악마 추방용 시편 한 수를 노래하였다고 하며, 요세푸스는 솔로몬의 여러 악마 추방의 사례를 언급하고 있다(《유다 고대사》 8,45). 이러한 전설적 인물들 외에도 베스파시아누스 황제 때 솔로몬의 '이름으로' 악마를 추방했다는 어떤 엘레아자르 Éléazar라는 사람을 꼽아야 할 것이다(《유다 고대사》 8,46-51). 끝으로 복음서를 들춰 보면, 어떤 유다인이 '당신의 이름으로', 달리 말해 예수의 이름으로 귀신들을 내쫓은 이야기를 전한다(마르 9,38-40). 이미 위에서 살핀 바와 같이 율법 학자들의 제자들도 마찬가지로 악마를 추방한다는 것을 전제하고 한 예수의 말씀도 있다. "내가 만일 베엘제불의 힘을 빌려 마귀들을 쫓아낸다면, 너희의 제자들은 누구의 힘을 빌려 마귀들을 쫓아낸다는 말이냐?"(마태 12,27) 사도행전 19장 11~17절에 전해진 대로 예수의 이름으로 마귀를 쫓아내려다가 망신을 당한 유다인들의 이야기는 너무나도 유명하다.

위에서 확인할 수 있듯이 기원후 1세기의 유다인 악마 추방자는 제 이름으로 악마를 추방하는 것이 아니라 다른 어떤 사람의 이름으로 추방한다(마르 3,23; 5,1 이하; 9,14 이하). 그러므로 여기에도 권위의 문제가 직접적으로 제기된다. 예수로 하여금 이런 동작을 취하도록 이끌어 간 동기는 이에 못지않게 놀랍다. 이 점에서도 예수의 새로움은 매우 근본적이다. 마태오 복음서 12장 28절의 말씀대로 예수의 악마 추방 활동과 하느님 나라와의 유대는 예수의 활동의 본질적인 특징 중의 하나다(루카 11,20 참조). "그러나 내가 하느님의 영으로 마귀들을 쫓아내는 것이면, 하느님의 나라가 이미 너희에게 와 있는 것이다." 여기 '와 있는 것이다'라는 동사가 그리스어 원문에는 아오리스트 곧 부정 과거不定過去의 시제로 되어 있다. 그렇다면 하느님의 나라라는 종말론적 범주가 예수의 현재 안에 역사화한 것이다. 종말이 바로 그분의 현재 안에 와 있는 것이다. 악마의 권세에 대한 승리가 이미 시작한 것이다. "나는 사탄이 번개처럼 하늘에서 떨어지는 것을 보았다."(루카 10,18) 그러나 어떻게 그럴 수 있는가? 예수의 악마 추방은, 장차 도래할 나라, 따라서 매우 가까이 다가오기는 하였지만 아직은 도달하지 않은 그 나라를 선포하는 예수의 말씀에 비해서 한 걸음 앞서 나간 것이 아닐까? 예수의 악마 추방 동작은 예언자로서의 그의 선포 활동을 앞지르는 것이 아닐까? 우리는 이 중대한 문제를 다시 다룰 기회가 있을 것이다.

(2) 기적들

엄밀한 의미의 기적으로 말하면 상황이 좀 더 복잡하다. 유다교에서도 기적에 대해서 거론하였지만 그 양상은 장소와 사람에 따라 매우 달랐다. 안식일 아침 시너고그에 또는 학당에 따라 달랐으며, 하시딤hasidim(=경건주의자들)의 대중 사회나 종말의 예언자들에 따라 달랐다. 이제부터 이들을 차례로 살펴보기로 하자.

시너고그에서의 기적

시너고그에서는 물론 안식일 아침에 성경을 낭독하면서 그날 독서에 나오는 기적들을 회상하곤 하였다. 이 기적 이야기들은 수적으로는 얼마 되지 않았다. 그 의미도 제각기 달랐다. 이집트 탈출의 기적만 해도 여러 가지다. 하느님께서 몸소 개입하신다는 점에서는 같겠지만, 하느님이 당신의 심부름꾼을 신임해 주시는 기적이 있는가 하면(탈출 4,1 이하), 파라오의 불신과 고집을 꺾으신 기적도 있으며(이집트의 열 가지 재앙), 당신의 백성을 구출하시고 먹이신 기적도 있다(홍해, 만나). 이러한 건국·개원의 창업적인 기적들 외에도 엘리야나 엘리사 같은 이들이 행한 음식의 기적이라든가 그 밖의 다른 기적들도 있다. 그러나 그 중요성은 이집트 탈출 때의 창업적인 기적들에 비할 게 아니다. 또 시너고그를 중심으로 하는 설교사들은 믿음을 더욱 굳게 하고 하느님의 권능을 찬양하며 그 메시지의 진실함을 확증시켜 주려는 의도에서 성경의 이야기들을 다시 꾸며 들려주곤 하였다. 그러는 가운데 기적 이야기의 유형에 속하는 많은 작품들이 빛을 보게 되었다. 《타르굼》과 옛 설교집

들, 일명 필론의《성경 고대사》를 그 가장 좋은 실례로 들 수 있는 '하가다' 계통의 모든 작품에서는 성경의 기적들을 훌륭하게 꾸며서 이야기해 주었을 뿐 아니라, 너무나 신기하여 도저히 믿기지 않는 이야기들을 한껏 늘어놓곤 하였다. 옛 하가다의 전승이 전하는 홍해의 열 가지 기적,[13] 또는《성경 고대사》25-29에서 전하는 판관 크나즈의 희한한 이야기들을 그 예로 들 수 있다. 성경이 전하는 지난 이야기를 다시 꾸며 이야기해 주려 할 때 그 어느 것도 지나치게 아름다울 수는 없다는 것이리라. 그리고 하느님의 힘은 장래에도 나타나리라고 크나즈는 이렇게 밝히고 있다. "주님께서는 이제 바야흐로 마지막 날에 당신 백성에게 베풀어 주시려고 마련해 놓으신 당신의 그 모든 기적을 내게 보여 주셨습니다."(《성경 고대사》27,5; 28,11) 하기는 그전부터도 예언자들에게는 '마지막 날에 일어날 기적들'이라는 주제가 잘 알려져 있었다(요엘 3,1-5, 사도 2,17 이하 참조). 이와 같이 시너고그에서도 신자들은 과거의 기적 이야기에서 자신들의 믿음의 행정行程을 위한 모범을 발견할 수 있었던 것이다.

예수를 되돌아보며 그분 이야기를 다시 이야기하는 그리스도교에서도 이렇듯 중대한 소재를 놓칠 까닭이 없었다. 이 소재는 공동체에게 자신의 실천을 위한 하나의 준거準據를 제공하였던 것이다. 복음서에 전해진 기적 이야기는 30여 개나 된다. 그중의 16개를 마르코가 전한다. 수적으로도 헬라계의 기적 덕담보다 상당히 많은 편이다.[14] 이렇게 수적으로 많은 기적을 행했다고 늘어놓는 목적이나 동기는 호교론적이 아니라 실제적이었다. 그리스도교는 행동의 종교이기 때문이다. 여기서 여러 가지 기적 이야기 모음을 각자의 고유한 소재에 따라 연구해 본다면 매우 흥미 있을 것이다. 가령 예수의 말씀의 권위라는 소재(마르 1,21-39), 믿음이라는 소재(마르 4,35-5,43; 6,5), 그리고 마지막으로, 과거의 경이적인 기적들을 재현하는 이른바 '종말론적 기적들(마르 6,30-52, 새로운 만나의 기적과 물의 제어)로 분류해서 탐구해 볼 수 있다는 말이다. 여하튼 이 모든 기적 이야기들에 공통하는 주제는 분명하다. 예수가 요한 세례자에게 준 대답은 마태오 복음서 11장 4~5절(루카 7,22)이 전하는 대로, 마침내 구원이 도래하고 예언자들이 예고한 동작들로 실현되었다는 것을 잘 밝혀 준다. "요한에게 가서 너희가 보고 듣는 것을 전하여라. 눈먼 이들이 보고 다리 저는 이들이 제대로 걸으며, 나병 환자들이 깨끗해지고 귀먹은 이들이 들으며, 죽은 이들이 되살아나고 가난한 이들이 복음을 듣는다." 이 모든 '업적들'이 성경에 이미 예고된 것들이라는 것을 보여 주는 성경 구절들은 어렵지 않게 제시할 수 있다. 파스카 이래의 전승에 따르면, 예수는 이사야 예언서에 예고된 동작들을 이루었으니, 이사야서 29장 18절(귀먹은 이들), 35장 5~6절(눈먼 이들, 귀먹은 이들, 다리 저는 이들, 가난한 이들), 그리고 61장 1절(가난한 이들에 대한 복음)들은 그 좋은 증거들이라는 것이다. 물론 여기서 엘리야와 엘리사 같은 분들의 기적들과 유사한 기적들도 잊어서는 안 된다. (나병 환자들의 치유와 죽은 이들의 부활에 관해서는 1열왕 17,8-24; 2열왕 4,18-36; 5,1 이하; 루카 4,27; 7,11 이하를 각각 비교하라.)

율법 학자들의 토론에 나타나는 기적

시너고그 즉 유다교 회당은 안식일 아침의 예배 외에는 대개 학당으로 이용되었다. 이곳에서 율법 학자들은 어려운 성경 대목들을 해설하고 유다인들의 일상생활의 규범들(=할라코트halakhot)을 만들어 냈다. 이런 수준 높은 분위기에서는 율법 학자들이 다른 곳에서보다 기적 전반에 대해서 매우 신중한 태도를 취하였다. 그도 그럴 것이 유다인들이 취해야 할 당장의 처신이 문제이기 때문이었다. 두 가지 중요한 점이 그들의 주의를 끌었다.

첫째로, 기적은 하느님의 뜻을 식별하게 해 주는 하나의 표징으로 간주되었다(《성경 고대사》 35,6-7). 기적이란 "하늘에서 오는 표징"(마르 8,11)이다. 그러나 그런 표징으로 알아보자면 거기에는 어떤 식별이 필요하였다.[15] 이 식별을 위한 첫째 기준은 다음과 같다. 참된 기적, 즉 하느님의 어떤 메시지를 참으로 지니고 있는 놀라운 동작이란 그것을 행하는 사람이 그 기회로 자기 개인의 영광을 조금도 찾는 일이 없는 사건이라야 한다(*T.b. Taanit* 23ab, 24b, 25a, *Berakhot* 34b). 이 점에서 유다계의 기적사奇蹟師는 비유다계의 치유사들하고는 근본적으로 달랐다. 이교계의 기적사는 그가 누리는 영광 때문에 때로는 '신과 같은 사람theios aner'이라고 일컬어지기도 했다. 다음으로 유다교의 인정을 받는 기적사는 조상들, 그중에도 모세와 엘리야가 행한 것과 같은 기적들을 행하여야 했다. 이것이 식별을 위한 둘째 기준이다. 이 둘째 기준이 무엇인지는 기원전 1세기 중엽의 호니 하-메 악겔Honi ha-me 'aggel이라는 사람의 예를 보면 잘 알 수 있다. 그는 비를 내리게 하는 기적을 다시 했던 것이다. 바로 엘리야와 같이 말이다. 마찬가지로 테우다스Theudas라는 자칭 예언자도 여호수아처럼 마른 발로 요르단 강을 건너 보이겠다고 장담한 이야기를 우리는 이미 익히 알고 있다. 모세 때의 '표징들과 이적들'을 다시 해 보이려던 수많은 이른바 '새 시대의 예언자들'은 더 말할 나위가 없었다(마르 13,22 참조). 그러나 해 보이겠다고 장담했거나 실제로 해낸 이 놀라운 동작들이 오히려 바리사이계 율법 학자들의 불신을 불러일으켰을 뿐이었다는 사실은 하나의 모순이 아닐 수 없다. 그래서 심지어 기적이 가지는 동작의 경이적인 측면을 깎아내리는 경우도 없지 않았다. 가난한 라자로의 비유의 마지막 부분을 보면, 루카가 속한 공동체에서는 기적의 이러한 평가 절하에 대한 기억을 간직하고 있었던 것 같다. "그들이 모세와 예언자들의 말을 듣지 않으면, 죽은 이들 가운데에서 누가 다시 살아나도 믿지 않을 것이다."(루카 16,31) 나중에 요수아 벤 레위라는 율법 학자는 힐렐의 가르침을 따라 이렇게 선언하기에까지 이른다. "사람에게 그 일용할 빵을 주는 것이 홍해의 물을 가르는 것보다도 더욱 놀라운 기적이다."

둘째로, —이 점은 좀 더 간략하게 다루어도 무방할 것이다.—
옛 율법 학자들은 율법 문제를 해결하기 위하여 기적에 어떠한 가치를 부여할 것인지를 토론하였다. 어떤 특별한 계시나 기적적인 동작이 있으면 과연 그것으로 종교적인 행동이나 사회적인 행동을 규제하는 새로운 규정을 제정할 수 있다는 말인가? 어떤 율법 학자들은 이를 기꺼이 수긍하곤 하였으니 엘리에제르 벤 히르카노스Eliézer ben Hyrcanos 같은 율법 학자는 이 점에서 이른바 '미님'(=이단자들)으로 불리던 그리스도인들과 매우 가까웠다. 그러나 결국은 반대 의견이 지배하게 된다. "율법은 하늘에 있는 것이 아니다." 또는 (할라카 문제를 다루는 데에는) "기적의 성격을 띠는 어떤 사건도 끌어들여서는 안 된다."(*T. b. Berakhot* 60a) 그러나 그리스도교 공동체에서는 첫째 견해를 따르게 된다. 그리스도인의 처신의 새로움은 이처럼 예수의 기적과 성령의 개입이라는 표지를 지니게 된 것이다. 율법은 더 이상 삶을 지배하는 구실을 할 수 없었던 것이다. 그리하여 교회는 예수의 인격과 그가 행한 표징들에서 자신의 실천을 위한 모범을 긷게 된 것이다.

그러나 파스카 공동체가 회상하는 대로의 예수의 태도를 어떻게 특징지을 것인가? 그의 태도는 방금 위에서 살핀 바 있는 율법 학자들의 그것과 매우 가깝기도 하고 동시에 매우 거리가 먼 것이기도 하다. 반면에 그리스도교 공동체는 그 주님이신 분에게 얼마든지 영광을 꾸며 드릴 수도 있었는데 그러지 않은 것을 보면 이런 독창적인 예수의 태도는 그만큼 충실한 역사적인 반영이 아닐까? 아직도 여러 가지 점에서 수수께끼로 남아 있는 자료지만 그런대로 몇 가지 요소들을 여기에 소개해 보자. 수수께끼라 함은 기적에 대한 그리스도교의 회상이 여러 겹으로 모순을 드러내 보이고 있기 때문이다. 그중에 특히 다음 세 가지를 들 수 있다.

첫째 모순은 기적적 표징들에 대한 예수의 태도에 관련된다. 한편으로 보면, 예수는 수많은 병자들을 기꺼이 고쳐 주곤 한다. 그러나 일반적으로 예수는 자진해서 고쳐 주지도 않으며, 고쳐 준다고 해도 그 이유를 밝혀 주지도 않는다. 그러나 다른 한편으로 보면, 예수는 기적의 표징을 보여 달라는 요구를 단호하게 거부한다(마르 8,11-12; 마태 12,38-39; 루카 4,23; 11,16.29; 23,8-9). 하늘로부터 오는 표징을 보여 달라는 요구는 언뜻 보아 정당한 것 같은데, 예수는 이런 요구를 거절한다. 이것은 그러니까 자신의 신임장 제시 요구를 거절한 것이다. 이 점에 있어서 그의 태도는 그의 권한의 근거에 대해 묻는 율법 학자들에 맞서 그가 내세웠던 침묵과 정확하게 들어맞는다(마르 11,33). 예수는 답을 주지 않는다. 그 목적은 자신에게 질문해 오는 사람 자신이, 따라서 복음서를 읽는 독자 자신이 스스로의 태도와 입장을 취하도록 강요하려는 데 있다. 그렇지 않으면 어떤 표징 아닌 표징, 곧 하나의 '비표징非表徵'을 준다. 예수는 다른 사람에게 자신의 인격을 눈여겨보라고 지시한다. 지극히 일상적인 처신을 통해 자신이 어떻게 활동하고 있는지를 눈여겨보라는 것이다. 마치 이 세상의 흔해 빠진 표징들을 눈여겨보듯이 말이다. "바리사이들과 사두가이들이 와서 예수님을 시험하려고, 하늘에서 오는 표징을 보여 달라고 요청하였다. 그러자 예수님께서 이렇게 대답하셨다. '너희는 저녁때가 되면 '하늘이 붉으니 날씨가 좋겠구나.' 하고, 아침에는 '하늘이 붉고 흐리니 오늘은 날씨가 궂겠구나.' 한다. 너희는 하늘의 징조는 분별할 줄 알면서 시대의 표징은 분별하지 못한다.'"(마태 16,1-3; 루카 12,54-56) 더욱 난처한 것은, 예수가 어떤 구원의 표징으로부터 일반적으로 기대되고 있었던 의미와는 정반대의 의미를 자신의 기적적 동작들에 부여한다는 사실이다. "악하고 절개 없는 세대가 표징을 요구하지만, 요나의 표징밖에는 아무런 표징도 받지 못할 것이다."(마태 16,4; 12,39 참조) 그런데 이 요나는 니느웨 사람들의 파멸을 계속 외쳐 대지 않았던가! 이 자리에서 예수가 준 단 하나의 표징, 그것은 그 청중의 불신을 단죄할 사건으로서의 — ex eventu — 파멸의 표징이다. 그것이 예수가 자신의 죽음을 그들의 거짓된 질문에 대한 유일의 답변으로서 제시하기 위해서 보여 줄 하나의 역표징이라면 몰라도 말이다. 여기에서 알 수 있는 바와 같이, 공동체의 기억은 놀랍고도 거의 욕스럽기까지 한 요소들을 넘겨받아 이를 전승에 남겨 두는 데 조금도 주저하지 않았다. 수많은 기적들을 목격하고도 회개하지 않았다고 고발하면서 코라진과 벳사이다 도읍들에 퍼부은 예수의 독설과 악담은 달리 알아들을 수 없게 한다. 기적이라는 수단으로도 회개시키는 데 성공하지 못했다는 사실에 의문의 여지가 없다는 말이다(마태 11,21; 루카 10,13).

둘째 모순은 참된 기적을 식별하는 데 사용되는 기준 중의 하나로서 이미 위에서 언급한 바 있다. 곧 기적을 행하는 사람은 무슨 일이 있어도 자신의 영달이나 이익을 기적으로부터 얻어 내려 해서는 안 된다는 것이다. 그런데 예수는 한편으로 보면 자신의 이익과 영광을 위해서는 과연 기적을 이용하기를 거절한다. 예수의 유혹 기사는 미드라쉬의 하가다 유형을 본뜬 생생한 언어로 이 사실을 완벽하게 그려 주고 있다(마태 4,1-10; 루카 4,1-13). 예수는 돌을 빵으로 변화시킬 수 있는 하느님께 신임을 얻고 있었기 때문에 이 신임을 이용하여 자신의 굶주림을 가라앉힐 수도 있었으나 이를 거절한 것이다. 또 그는 이 같은 신임을 이용하여 자신을 죽을 위험에서 안전하게 구출할 수도 있었으나 이를 거절하였다(마태 4,6; 26,53; 27,42). 그러나 다른 한편으로 보면 시인하지 않을 수 없는 사실도 있으니, 곧 예수의 위력적인 기적 동작들은 그분의 인격에 직접적으로 관련된다는 것이다. 물 위를 걸었을 때 그분은 "나다!" 하고 말씀하지 않았던가!(마르 6,50) 그리고 그가 요구하는 믿음은 그 대상으로 그분 자신의 인격을 겨냥한다(4,40; 5,34). 이렇게 놓고 볼 때 예수의 기적 동작들은 당시의 율법 학자들의 경우처럼 단순히 하느님의 영광을 드러내는 호의의 동작들만은 결코 아니었다. 이 경우 예수의 인격 자체가 하느님 나라를 선포하는 동작들과 함께 돌이킬 수 없이 걸려들어 오게 된 것이다. 여기서도 공동체의 기억은 그 나름대로의 독자적인 길을 찾아내는 데 성공하였다. 공동체는 그때 이미 자신의 신앙 고백을 주님에 대한 영광으로 한껏 가득 채우고 있었는데도 말이다.

셋째 모순은 참된 기적을 식별하게 해 주는 마지막 기준에 관련되는 것이다. 참된 기적은 조상들이 행한 것과 일치해야 한다는 기준을 두고 하는 말이다. 위에서 이미 말한 바와 같이 예수는 한편으로는 모세나 엘리야와 같은 기적들을 행한다. 그러나 다른 한편으로는 베드로의 장모를 치유한 것과 같이 작은 치유 기적들도 행하였다(마르 1,30-31). 이런 작은 치유 기적들은 그 시절의 예언자들이 예고한 '표징들과 이적들'이라는 그야말로 메시아다운 경이적인 위업으로서의 기적과는 거리가 먼 것이었다. 몇몇 예외를 제쳐 놓고 보면 예수는 한낱 치유사에 지나지 않는다고도 말할 수 있을 것이다. 그러나 사실 다가오는 마지막 시대를 열망하고 초조한 가운데서 사람들이 기대하던 '기적을 행하는 사람'은 이런 시시하고 흔해 빠진(?) 치유사가 아니었다. 더구나 예수는 당시 일반적으로 인정하고 있었던 규정들에 정반대되는 동작들을 서슴없이 행하지 않았던가! 그는 한 나병 환자를 깨끗하게 해 주었는데 이것은 사제들에게만 유보된 동작이었다. 그는 또한 안식일에도 치유해 주었는데 이것은 놀라지 않을 수 없는 것이었고, 추문을 불러일으키지 않을 수 없었다(마르 3,1-6; 루카 13,10-17; 14,1-6; 요한 5,1-18; 7,19-24). 물론 시너고그에서는 안식일에 허용되는 일과 금지된 일이 무엇인지를 둘러싸고 논란을 계속하고 있었던 것이 사실이다. 바리사이 계통의 어떤 율법 학자들은 안식일이라도 생명이 죽을 위험이 있을 때에는 안식일 계명에 관계없이 그 생명을 구할 수 있다고 기꺼이 인정하였다. 그러나 그렇게 시급하지도 않은데 무엇 때문에 하느님의 계명, 더구나 안식일 계명과 같은 중대한 하느님의 계명을 예수처럼 굳이 어겨야 할 이유가 어디에 있다는 말인가! 그가 하는 동작들이 참으로 하느님으로부터 오는 것이라면 어떻게 그렇게 하느님 자신과 그분의 계시된 뜻을 대립시킬 수 있다는 말인가! 그때까지 전해진 모든 전승과 반대되는 이 동작들은 그 동작을 하는 사람이 얼마나 정도正道에서 벗어났는지를 드러낼 뿐이다. 그리스도교의 기억, 그중에도 먼저 유다계 그리스도교의 기억은 사실 그럴 필요가 없었는데도 왜 이런 막다른 골목에 스스로를 내던질 수 있었는가? 이제까지 우리가 헤쳐 낸 이 모든 특징들은 때로는 서로 모순과 충돌을 빚어내는 가운데에서도 예수의 이색성을 고스란히 잘 보여 준다. 그것은 예수 당대의 유다 실정과 비교해서도 그렇고, 그분의 기억을 기리는 교회와 비교해서도 드러나는 예수의 이색성이다. 이 사실은 당대의 몇몇 치유사들과 이른바 종말론적 예언자들, 곧 이적을 행하는 사람들로 통하던 이 사람들을 살펴봄으로써 더욱 잘 밝힐 수 있을 것이다.

예수와 유다인 치유사들

예수는 물론 기원후 1세기의 팔레스티나에 알려진 유일한 치유사는 아니었다. 그 밖의 다른 이름들이 드문 것은 사실이지만 아주 없었던 것은 아니다. 이들의 이름이 드물게 전해진 것은 율법 학자들이 그들에 대해서 조심하고 신임을 하지 않은 데에도 그 원인이 있다. 기원후 70년을 전후로 해서 예로 들어야 할 치유사로서는 무엇보다도 갈릴래아 출신의 하니나 벤 도사다. 그의 가난과 깊은 신심은 특히 주목을 끌었던 것 같다.[16] 탈무드에 전해진 전승에 따르면 그는 놀라운 동작들을 행하였다고 한다. 한번은 그가 기도를 드리고 있다가 뱀한테 물린 적이 있는데 죽은 것은 그가 아니라 뱀이었다고 한다. 탈무드는 그 이유를 이렇게 밝힌다. "죽이는 것은 뱀이 아니라 죄다."(*T.b. Berakhot* 33a; 마르 16,18 참조) 가말리엘의 아들의 치유 이야기는 더욱 재미있다. 그 이야기를 소개한다.[17]

한번은 율법 학자 가말리엘의 아들이 앓아눕게 되었다. 이 율법 학자는 영리한 제자들 중에 두 사람을 율법 학자 하니나 벤 도사에게 보냈다. 그들이 오는 것을 보자 하니나는 곧바로 다락에 올라가 그(=가말리엘)를 위해서 자비(=하느님)께 빌기 시작했다. 그가 내려와서 그들에게 말하였다. "가시오. 열이 그에게서 떠나갔소." 그들이 그에게 물었다. "당신은 예언자요?" 그가 그들에게 대답하였다. "나는 예언자도 아니고 예언자의 제자도 아니오."(아모 7,14) 그러나 나는 경험으로 터득하였소. 곧 내 기도가 내 입에서 술술 나오면 (환자가) 좋아졌다는 것을 알고 있었소. 그렇지 않으면 그가 거절당한 것이라는 것도 알고 있었소." 그러자 그들은 앉아서 정확한 그 시간을 써서 적어 두었다. 그 두 제자가 가말리엘 집에 돌아오자 그는 그들에게 말하였다. "그렇고 말고! 너희는 (전해 준 치유 이야기에서) 더 빼지도 않았고 더 보태지도 않았다. 사실 일이 그렇게 이루어진 것이다. (너희가 적어 놓은) '바로 그 시간에 열이 그에게서 떠나가고' 그는 마실 것을 달라고 하였다."

우리가 요한 복음서 4장 46~54절(마태 8,5-13; 루카 7,1-10 참조)에서 읽어 볼 수 있는 백인대장의 아들의 이야기와 너무도 흡사하다. 특히 '열이 그에게서 떠나갔다.'와 '그 시간'의 강조적 표현에서 더욱 그러하다. 이 두 이야기에 어떤 친근성이 있음은 부인할 수 없는 사실이다. 그렇다고 이 두 이야기 사이에 전승사적으로 어떤 문학적인 종속 관계가 있다고는 말할 수 없을 것이다. 이 두 이야기 간의 친근성은 팔레스티나의 같은 율법 학자들이라는 환경과 전승자들, 유다인과 유다계 그리스도인들이라는 배경, 또 똑같은 기록 문학적 기교를 구사하는 같은 전통적인 배경에서 충분히 설명된다. 그러나 다른 한편 예수라는 인물을 너무 쉽게 다른 치유사와 동일시할 수 없게 하는 중요한 요인도 간과해서는 안 될 것이다. 하니나 벤 도사와 같은 유다의 치유사에게는 하느님 나라의 선포가 완전히 결여되어 있는 동시에 그의 행위는 종말론적 동기에서 우러나온 것이 아니기 때문이다. "그대는 예언자요?"라는 질문에 그는 "나는 예언자도 아니고 예언자의 제자도 아니오."라고 대답하였다. 실상 기원후 1세기에는 기적을 행하는 사람이 누구든 일단 그가 이런 동작들을 행하면 그의 이 동작은 이런 질문을 불러일으키게 마련이었다. 그만큼 예언자라는 주장과 기적의 동작 사이의 연관은 밀접하였던 것이다. 이 점에서는 예수도 예외가 아니었다. 잠시 자료를 살펴보기로 하자.

새 시대의 예언자들의 표징들

앞의 장에서 이미 언급하였던 새 시대의 예언자들은 기적을 행하는 사람들이었다.[18] 예언자이기도 하고 마술사 같기도 한 테우다스의 예를 들어 보자. 그는 요르단 강의 물을 가른다고 장담하면서 요세푸스의 말마따나 "백성을 헷갈리게 한" 장본인이다(《유다 고대사》 20,97-98). 다른 마술사 하나는 백성들을 광야로 끌고 나가 '표징들과 이적'(《유다 고대사》 20,167-172)을[19] 보여 주겠다고 하였다. 더구나 '구원'(《유다 고대사》 20,188) 또는 '해방의 표징들'(《유다 전쟁사》 2,258-263)과 '구원의 표징들' 즉 기적들(《유다 전쟁사》 6,285)을 약속하던 무리들이 꽤 많았던 것 같다.

그렇다면 예수도 이런 예언자들 중의 하나가 아니었을까? 유다교의 전승이 그분에 대해서 보존한 기억은 사실 그분이 이런 예언자라는 것이었다. 바빌론 탈무드의 산헤드린 편을 보면 다음과 같은 오래된 전승이 전해져 있다. "파스카 전날 사람들은 나조라 사람 예수를 매달았다. 그는 마술을 행하고 이스라엘을 현혹하고 (백성을) 헷갈리게 하였다."[20] 여기서 우리는 '현혹하다, 헷갈리게 하다'라는 낱말에 유의하게 된다. 이 두 낱말이 마르코에서는 거짓 예언자들을 가리키기 때문이다(13,5-6). 다른 곳에서도 사정은 마찬가지다(묵시 13,14; 19,20). 유다교 계통의 이런 비난과 무고는 오래된 것이 틀림없다. 똑같은 비난이 복음서에는 물론이요(마태 27,63; 요한 7,12), 유스티누스의 《트리폰과의 대화》 69에도 나오기 때문이다. 여하튼 예언자라는 주장과 기적의 동작 사이에 밀접한 연관이 있었음은 분명하다. 적어도 기원후 1세기에는 그랬다. 마르코 복음서 13장 22절의 말씀대로 "거짓 그리스도들과 거짓 예언자들이 나타나, 할 수만 있으면 선택된 이들까지 속이려고 표징들과 이적들을 일으키리라."는 것이다(루카 7,11 이하; 16장; 요한 9,17 참조). 그런데 파스카 이후의 전승에 따르면 예수에게서도 기적과 예언자 신원을 이어 주는 이런 연관성을 찾아볼 수 있다는 것이다. 여기서 우리는 다시 한 번 요한 세례자의 질문을 상기해 보자. "오실 분이 선생님이십니까? 아니면 저희가 다른 분을 기다려야 합니까?" 이 질문에 대한 예수의 답변은 예언자들이 예고했던 바로 그 기적들을 가리킨다. "요한에게 가서 너희가 보고 듣는 것을 전하여라. 눈먼 이들이 보고 다리 저는 이들이 제대로 걸으며……."(마태 11,2-5)

마르코 복음서 6장 14절의 한 부분은 더욱 이상하다. 사람들이 예수를 부활한 요한 세례자로 생각했다는 것이다. "사람들은 '세례자 요한이 죽은 이들 가운데에서 되살아난 것이다. 그러니 그에게서 그런 기적의 힘이 일어나지.' 하고 말하였다." 그런데 당시 유다인들의 언어로 '죽은 이들 가운데서 부활한다'는 말은 곧 이승의 생명으로 되돌아온다는 뜻이었다. 즉 이 지상의 삶을 되돌려 받는다는 뜻이었다. 예수는 되살아난 요한 세례자일지도 모르지만 어떻든 그는 하나의 예언자로서 엄청난 기적을 행하는 분임에는 틀림없었다. 루카 복음서 24장 19절의 표현대로 예수는 엠마오의 두 제자가 말하던 "행동과 말씀에 힘이 있는 예언자"였던 것이다.

그렇지만 예수의 활동은 여전히 혼선을 빚게 한다. 이 예수의 활동과 동작들의 활력소요 또 그리스도교의 회상이 강조해 마지 않는 그 동기가 당시 예언자들의 동기와는 매우 색다르기 때문이다. 이 예언자들은 '종말'을 그 자체로서 선포한 적이 없다. 더구나 하느님 나라에 관한 선포가 그들에게는 전적으로 결여되어 있다. 우리는 이미 악마 추방의 동작과 나라의 선포와의 원천적인 연관을 지적한 바 있다(마태 12,28). 사탄이 결박되고 그의 집이 약탈당한 것이다(마르 3,27). 그것은 곧 사탄의 지배가 끝났다는 것이다. 이 사실은 그의 제자들의 악마 추방에서도 밝히 드러났다. "나는 사탄이 번개처럼 하늘에서 떨어지는 것을 보았다. 보라, 내가 너희에게 뱀과 전갈을 밟고 원수의 모든 힘을 억누르는 권한을 주었다."(루카

10,18-19) 말씀의 선포와 악마 추방의 활동과의 연관은 마르코 복음서 1장 27절과 30절, 3장 14~15절, 6장 12~13절에도 매우 강하게 지적되어 나온다. 이처럼 악마 추방은 그리스도교가 벌이게 될 첫 봉사 활동의 하나로 남게 된다. 그러나 치유의 기적과 나라의 선포와의 연관이 복음서들에서는 훨씬 희미하게 나타난다. 예외가 있다면 루카 복음서 10장 9절과 마태오 복음서 10장 8절과 같은 루카와 마태오에 공통하는 Q 전승에 전해진 몇몇 말씀뿐이다. "너희는 병자들을 고쳐 주며, '하느님의 나라가 여러분에게 가까이 왔습니다.' 하고 말하여라." 그러나 이 연관이야말로 예수와 당대 유다 세계, 그다음에 예수와 요한 세례자, 그리고 마지막으로 예수와 교회를 갈라 주는 가장 뚜렷한 표지가 아닐까? 그런데 이 차이가 어떻게 작용하는지를 좀 더 분명히 알아보려면 여기서 말하는 하느님의 나라가 무엇인지를 잠시 상기할 필요가 있다.

3. 하느님 나라의 예언자

'하느님의 나라' 또는 '그 다스림'이라는 주제를 우리는 이제까지 미루어 왔다. 이 주제는 상당히 폭넓다. 이제 그리스도교 공동체가 그 반향을 전하는 대로 예수의 설교와 그 활동에서 이 주제를 다루기로 한다.[21] 솔직히 말해서 난점은 엄청나다. 예컨대 '바실레이아 투 테우basileia tou theou'라는 그리스어를 어떻게 번역할 것인지도 그중의 하나다. 하느님의 통치인가, 아니면 하느님의 왕국이라고 할 것인가? 또는 경우와 문맥에 따라 선택적으로 번역할 것인가? 그래서 가령, 마르코 복음서 1장 15절에서는 예수가 다스림을 선포한다고 보아야 하며, 10장 23절에서는 왕국 즉 나라에 들어가기가 얼마나 어려운지를 말씀하고 있다고 할 것인가? 그러나 이 정도로까지 번역의 차이가 있어야 한다는 것이 어쩐지 이상하지 않은가? 물론 현대 성경학계의 경향은 어디서나 '통치'라는 말로 일관성 있게 번역하자는 것이며, 이해하기는 좀 어렵겠지만 "하느님의 통치에 들어가다."라는 경우까지도 여기에 포함시켜야 한다는 것이다. 또 다른 난점으로서는 이런 표현들을 과연 기원후 1세기라는 시대적인 맥락과 복음서 안에서 어떤 의미로 알아들어야 할 것인지에 대한 질문을 들 수 있다. 물론 공관 복음서에서는 이 '통치'라는 말이 직접 종말론적인 어감과 색채를 띠고 있는 것이 사실이다. 그러나 이 종말론적이라는 형용사도 애매하기 짝이 없다. 이 말을 참으로 마지막 시간이라는 뜻으로 알아들어야 한다면 파스카 공동체가 본 예수의 선포 및 활약과 하느님의 이 마지막 왕국과의 관계란 어떤 것일까? 이러한 질문은 얼마든지 더 제기할 수 있다. 또 서로 엇갈리고 있기 때문에 그만큼 답변하기도 어렵다. 더구나 성경 학자들은 흔히는 예수 자신이 개인적으로 문제의 이 통치와 나누었을 그 관계를 좀 더 잘 헤쳐 보기 위해서 예수의 자의식이라는 수준에서 이런 질문을 제기하고 또 이에 대한 답변을 시도하기 때문에 이런 질문들과 난점들이 그만큼 더 경직된 것이 사실이다. 이른바 종말론적이라는 세상을 맞이하여 과연 예수는 자신의 처지에 대해서 어떠한 의식을 가지고 있었을까? 이것은 우리가 이 책에서는 채택하지 않기로 작정한 질문 제기 방식의 전형이라고 하겠다. 그럴지라도 이 문제에 관한 주석가들의 답변들이 어떻게 엇갈리고 있는지 잠시 살펴보기로 한다.

'후속적 종말론eschatologie conséquente'으로 알려져 있는 노선을 따르면, 예수가 안중에 두고 있던 하느님의 나라는 미래의 하느님의 나라뿐이라는 것이다. 현세 즉 이 세상 뒤에 이어 올 미래의 하느님의 나라뿐이라는 것이다. 이런 사고 범위 안에서는 '다스림'이나 '통치'라는 번역보다는 '왕국'이라는 번역이 단연 우세하다고 하겠다. 바이스J. Weiss와 슈바이처[22] 그리고 이들을 잇는 다른 많은 학자들에 따르면, 예수는 마지막 때를 열렬하게 기대하면서 조바심을 가지고 나라를 기다리고 있었다고 한다. 그렇지만 예수는 속았다는 것이다. 롸지A. Loisy의 유명한 말대로 "예수는 나라를 선포하였는데 도래한 것은 교회였다."고 한다. 한마디로 이런 기대는 매우 환상적이었다는 이야기다. 이런 설명이 마음에 들지 않으면 불트만의 해석학적 입장을 채택하게 마련이다. 이 입장에 따르면, 이와 같은 희망은 하나의 신화적인 언표 방식, 일종의 신화적인 표현 양식에 불과하며 이를 당연히 실존론적으로 재해석해야 한다는 것이다. 예수는 자신을 눈앞에 다가온 하느님 나라의 표징으로 생각했으며, 이 나라의 도래에 앞서 참회에의 마지막 호소가 자신을 통해 표현되는 것으로 생각했을 것이라고 한다. 그러니 이와 같은 신화적인 언어와 종말론적인 나라에의 호소를 뛰어넘어 그 배후에서 우리의 믿음에 대한 결단의 다급함을 식별할 줄 알아야 한다는 것이다. 그리스도교 신앙이 그 '어느 실낙원'을 동경하면서 도피를 일삼아서는 안 된다고 한다. 유다교 산물의 묵시 문학적 공상에 농락되어서는 안 되기 때문이라는 것이다. 오히려 이 신앙은 현재의 각 사건 안에 투신하고 있는 믿음의 결단이 영원의 가치를 지닌다는 것을 계속해서 선언해야 한다는 것이다. 그런데 이런 주장이 사실이라면 그리스도교의 희망은 시간이라는 차원을 빼앗기는 것이 아닐까? 그리스도인은 그래서 허망한 영원을 향해서 부질없이 결단만 반복하는 것은 아닐까?

도드는 위의 주장과는 정반대로 이른바 '이미 실현된 종말론'이라는[23] 노선을 따른다. 그는 적어도 그의 초창기에 이런 주장을 내세웠다. 그의 이론을 간단히 소개하자. 예수가 보기에 하느님의 나라는 바로 예수 자신의 인격 안에 이미 충만하게 도래해 있고 현존한다. 따라서 앞으로 기대해야 할 것은 구원의 어떤 보완이 아니라 이미 실현된 것의 나타남, 그 현시뿐이라는 것이다. 그러나 이런 주장에서도 예수의 희망이 김빠진 맥주처럼 되는 것은 아닐까? 그리하여 예수의 이 희망이 그 무슨 밀의 종교密儀宗敎나 '그노시스'

[靈知]로 증발하는 것은 아닐까? 바로 그렇기 때문에 가령 예레미아스를 비롯하여[24] 몇몇 신약학자들은 '현재 실현 중에 있는 종말론'이라는 표현을 더 즐겨 쓴다. 그렇지만 다시 한 번 묻지 않을 수 없다. 과연 이 표현은 무엇을 의미하는가? 오히려 이 표현 자체가 이미 모순을 드러내는 것은 아닐까? 실상 어떤 나라가, 어떤 왕국이 한 인물 안에서 완성되었다든지, 또는 완성되기 시작했다는 말은 무엇을 의미하는가? 이런 질문에 사람들은 물론 설명을 해 보려고 한다. 예수는 구원의 때를 개막하였고, 이로써 '종말이 시작된 것이며', 구원의 혜택들이 '벌써' 현존하게 되었으며, 이제 남은 일은 이 구원의 혜택들이 마지막 날에 충만하게 드러날 때까지 계속 전개되는 일뿐이라는 것이다. 이렇게 되면 이른바 구세사의 이론, 그 중에도 특히 쿨만의 이론이 각광을 받고 등장하게 된다. 사실 이 이론은 장차 도래하기로 되어 있는 나라에 대한 기대를 완전히 제거하지는 않기 때문이다.[25] 그러나 이런 이론 역시 예수에게 너무 현대적인 역사관을 부여하는 것이 아닐까? 사실 역사에 대한 이러한 역동적인 이해는 대체로 현대인들의 역사의식에서 나온 소산이라고 보기 때문이다. 혹시 이런 이해는 '이미déjà-là'와 '아직 아니pas encore'라는 우리의 인간적이며 그리스도교적인 체험을, 예수라는 인물 안에 우리가 설정하고 싶어 하는 저 '최초'를 겨냥해서 투영하는 것이 아닐까? 요컨대, 우리는 이러한 신학적인 용어와 표현에 곤혹을 느낀다고 말하고 싶은 것이다. 이러한 용어나 표현이 신앙

에 대해서 어떤 균형 잡힌 표현을 시도한다는 것까지는 얼마든지 이해할 수 있으나 그 표현에 일정한 무게를 주기 위해서 예수의 자의식에 호소한다는 것은 역시 온당치 않다고 보기 때문이다. 결국 사정이 이렇다면, 역사가의 입장에서 어떻게 달리 역사를 말할 수 있다는 것일까?

먼저 한 가지 사실을 확인하는 일부터 시작해 보자. 하느님의 통치 또는 나라라는 표현은 기원후 1세기의 유다교와 복음서들을 제외한다면 신약 성경에서도 비교적 드문 표현에 속한다. 유다교의 경우 이 표현은 몇몇 문헌들에서 산발적으로 발견되는데 그 뜻도 복음서에서 사용된 의미와 다를 때가 흔히 있다.[26] 구약 성경과 유다교의 옛 문헌들에서는 이 표현은 하느님의 왕적인 최고권 행사, 왕권 행사 그 자체를 의미한다. 이때의 하느님의 왕권, 그 다스림은 이스라엘에 대한 그분의 현실적인 통치(예를 들면 《솔로몬의 시편》 5,12), 때에 따라서는 온 세상에 대한 하느님의 현실적인 통치를 의미한다(같은 문헌 17,4). 이런 경우 이 표현은 왕권 또는 통치권이 발휘되는 공간이라기보다는 왕권 행사의 행위를 의미한다고 본다. 때에 따라서는 이 표현이 하느님의 현실적인 최고 통치권뿐 아니라 그 나라의 미래를 안중에 두고 사용되는 경우도 있다. 그 실례로서는 다니엘서 2장 44절과 3장 33절 그리고 특히 7장 13절과 함께 《모세의 유언》 10장 1절을 들어야 할 것이다. "온 세상(=피조물)에 그의 나라가 드러나리라." 《시빌레의 신탁》 3,767에도 이런 말이 있다. "그분은 사람들 위에 당신의 나라를 영원토록 세우리라." 이상의 예를 제쳐 놓고 보면 필론이라든가 요세푸스, 그 밖의 다른 외경서들, 그리고 쿰란 문헌에서도 하느님의 다스림이나 나라라는 언급을 거의 찾아볼 수 없는 실정이다. 모세 오경의 옛 팔레스티나 타르굼도 이 주제에 관해서는 거의 침묵을 지키고 있다 해도 과언이 아니다. 다만 한 대목이 예외적으로 우리의 관심을 끈다. 왕국의 주제와 기적의 주제가 연결되어 나오는 대목이기 때문이다. "거룩하신 이가 홍해에서 행하신 표징들과 이적들을 보았을 때 이스라엘 집안의 백성들은 말하였다. '어서들 와서, 우리 구원주께 관을 씌워 드리자. 왕권의 관은 그분의 것이로다. 그 까닭은 그분이 이 세상 왕들 중의 왕이시오 다가올 세상에서 왕권은 그분 것이로다.'"《예루살렘 타르굼》탈출 15,18) 이 몇 안 되는 본문들에 첨가할 수 있는 다른 본문 하나는 '카디쉬Qaddish'라는 예배 때 드리는 축복 기도의 한 구절이다(알다시피 이 축도는 우리의 '주님의 기도'와 매우 흡사한 점들이 있다). "당신의 이름이 영광을 입게 하소서……. 그대들의 일생, 그대들의 모든 날과 이스라엘 모든 집안이 살아 있는 동안 그분이 당신의 나라를 다스리게 하시옵기를……. 이것이 머지않아 그리고 가까운 시간 안에 이루어지기를……."[27] 이상에서 살펴본 자료들은 꽤 산만한 편이다. 그러나 우리는 착각해서는 안 된다. 기원후 1세기에 통치라든가 왕국이라는 말을 함부로 언급할 수 없었던 데에는 그럴 만한 사정이 있었다. 실상 이 시대의 정치적 상황은 매우 혼란했고 따라서 이런 말을 입에 올린다는 것은 그 자체로도 위험한 짓이었다. 마르코 복음서 11장 10절의 군중이 기대하던 "오실 나라", 그것은 곧 다윗의 나라였다.

이런 실정에 비하면 공관 복음서들에는 이 표현이 오히려 자주 나오는 편이다. 간단히 통계를 살펴보면, 마르코에 13번, 어록 전승에 9번, 그리고 마태오 고유의 자료에 27번이 나온다. 이 빈도는 놀라운 것이다. 더구나 공관 복음서에서는 이 표현이 유다교 문학에서 그 유례를 찾아볼 수 없는 독특한 의미를 띠고 사용되어 있기 때문에 더욱 그렇다. 가령 '나라에 들어가다', 또는 '나라를 찾다'라는 표현을 예로 들 수 있을 것이다. 이런 표현들은 예레미아스가 정확하게 지적한 바와 같이 참된 의미의 언어적인 창작이라고 보아야 한다.[28] 역사가의 입장에서 볼 때 이런 언어 창작이 어떤 일정한 사회 내의 집단에서 유행되다시피 급속하게 보급되고 아울러 그 의미마저 변화되었다는 것은 벌써 이 모든 것을 가능하게 한 어떤 일정한 역사적 현상을 전제하지 않을 수 없다고 하겠다. 그렇다고 이러한 표현의 넓은 보급이 교회 전반에 걸쳐 있었다는 말은 물론 아니다. 가령 마태오의 교회가 이런 표현을 풍부하게 사용하고 있는 편이라면 요한 복음사가는 두 번밖에는 언급하지 않는다(요한 3,3.5). 바오로도 자기 친서에서 이 말을 별로 사용하지 않는다. 게다가 그에게는 하느님 나라라는 주제가 이상하게도 그 박력을 상실하고 단순히 전승에서 물려받았기 때문에 사용한 형식적인 표현에 지나지 않는다는 인상마저 풍긴다. 여하튼 한 가지 분명한 것은 이 표현이 바오로의 사상 영역을 지배하는 주제는 이미 아니라는 것이다. 바오로의 사상은 오히려 그리스도론 중심이라고 보아야 하기 때문이다. 그래서 바오로는 '나라를 상속받기 위해서' 무엇을 해야 하고 무엇을 하지 말아야 할 것인지를 밝혀 주는 대목, 그러니까 권고를 주 내용으로 하는 대목에서 이 주제에 관해 언급하고 있다.[29] 여기서는 이렇게 하느님의 통치는 상속받아야 할 어떤 나라로 대상화對象化하여 나타나는 셈이다.

이 표현은 이 표현이 자주 쓰였다는 사실만으로도 벌써 지적되어야 할 하나의 중요한 문학적이며 따라서 역사적인 현상일 뿐 아니라, 그 표현이 거쳐 온 의미상의 변화도 이에 못지않게 중요한 사실로 지적되어야 할 것이다. 유다교에서 말하던 하느님의 나라는 주로 이스라엘에 행사되는 그분의 현실적인 통치와 마지막 날에 기대되던 이방 민족들에 대한 통치였다. 공관 복음서에서 말하는 하느님의 통치는 본질적으로 하느님의 근본적인 통치 그 자체를 안중에 두고 있다고 하겠다. 그리하여 이 하느님 나라의 행동적인 현존이 머지않아 이 세상 안에 뚫고 들어오리라는 것이다. 이 낱말은 그래서 어떤 종말론적인 어조를 띠고 있다. 하느님의 현실적인 주권을 더 이상 강조하지 않고 그 대신에 이제부터는 그분의 마지막 왕권이 임박했음을 통고하고 있다. 그러나 그렇다고 이 통치를 묘사하는 것도 아니다. 이 통치는 차라리 시간과 공간을 벗어난다고 하겠다. 그러면서도 허공에 투사하는 것도 아니다. "하느님의 나라는 눈에 보이는 모습으로 오지 않는다. 또 '보라, 여기에 있다.', 또는 '저기에 있다.' 하고 사람들이 말하지도 않을 것이다. 보라, 하느님의 나라는 너희 가운데에 있다."(루카 17,20-21) 솔직히 말해서 이 마지막 말씀은 번역하기가 매우 어렵다. '엔토스 휘몬entos humôn'이라는 그리스 말은 보통으로 '여러분 안에'라는 뜻을 나타낸다. 그러나 이렇게 번역하면 독자를 오도할 위험이 없지 않다. 이 말을 은밀주의나 신비주의의 뜻으로 잘못 알아들을 수 있기 때문이다. 그래서 사람들은 "하느님 나라는 여러분 가운데 있습니다."라는 번역을 더 좋아하는 편이다. 그러니까, '지금부터 벌써 너희 가운데 있다.'라는 뜻이다. 그러나 "아주 가까운 장래에 여러분 가운데 있게 될 것입니다."라고 번역하면 더 좋을는지 모른다. 실상 나라에 관한 다른 선포들에 나타나는 종말론적 역점을 감안한다면 이 나라가 제자들 가운데에 이미 하나의 현실로 실현된 것이 아니라 아직도 여전히 기다려야 하는 그 무엇으로 나타나기 때문이다. 그러나 이렇게 시간을 정확하게 규정하는 것은 원래의 본문에 추가된 것이다. 그래서 다음 사실을 강조하는 것이 중요하다고 생각한다. 하느님 나라의 이 선포에는 외적으로든지 내적으로든지 이 나라를 어떤 일정한 장소에 고정시킬 의사가 전혀 없으며 더구나 그 실현 시기를 현재나 미래를 막론하고 정확하게 붙박아 놓을 뜻이 전혀 없다는 것이다. 이 나라의 선포가 노리는 일차적인 목표는 본질적으로 사람들, 곧 인간들의 인격이다. 하느님이 당신의 왕권을 발휘하시면서 행동에 나서시게 되었으니 여러분은 이제 꼼짝없이 당하게 되었다는 것이다.

공관 복음사가들은 하느님의 종말론적 왕권을 강조해 마지않는다. 여기에 따르는 한 가지 중요한 문학적인 현상을 지적할 것이 있다. 유다교에서는 이 세상, 곧 현세와 대조되는 '장차 올 세상', 곧 내세에 관한 말을 많이 한다. 그런데 이 표현이 공관 복음서에서는 거의 자취를 감추고 있다는 것이다. 물론 몇몇 예외는 있다(마르 10,30과 마태 12,32). 그러나 그 기원은 편집사적으로 보아 후대에 속한다. '장차 올 세상'에 대해서는 흥미와 관심이 없다는 표시다. 그리스도교에서 기억하는 예수의 희망은 이제 바야흐로 발휘될 하느님의 왕다운 행동이었다. 하느님이 이제 바야흐로 행동하시고 당신의 마지막 말씀을 말해 주시리라는 희망이었다. 마찬가지로 하느님의 나라가 노리는 목표 역시 구체적인 행동이나 실생활에 직접적으로 관련되는 처신을 통해서만 제대로 번역될 수 있다. 우리는 여기서 바오로가 신자들을 초대하여 그리스도인으로서의 행동을 쇄신하라고 할 때 왜 바로 문제의 이 하느님 나라라는 주제를 연상시키고 있는지를 좀 더 잘 이해할 수 있을 것이다. 그리고 '생명' 또는 '영원한 생명'이라는 표현이 하느님 나라의 동의어로 사용되어 나오는 이유를 우리는 좀 더 잘 이해할 수 있을 것이다. 바오로는 말할 것도 없고, 마르코 복음서 9장 43절 또는 10장 17절이 여기에 해당하며, 요한 복음서는 거의 언제나 이런 투로 말하고 있다. 하느님의 나라는 그리스도교 '할라카' 곧 행동을 위한 가장 역동적인 동기가 된 것이다. 코린토 신자들에게 보낸 첫째 서간 4장 20절에서 사도가 말하듯이 "하느님의 나라는 말이 아니라 힘에(그리스 말로는 '엔 뒤나메이en dunamei') 있기 때문이다." 즉 행동에 있다는 말이다. 역시 하느님 나라의 선포는 현실의 힘을 꿰뚫고 나가야 한다. 마르코 복음서 9장 1절에서도 같은 뜻의 내용을 읽어 볼 수 있다. "여기에 서 있는 사람들 가운데에는 죽기 전에 하느님의 나라가 권능을 떨치며(엔 뒤나메이) 오는 것을 볼 사람들이 더러 있다." 즉 하느님의 나라는 그 나름대로의 힘을 지니고 바야흐로 도래하리라는 것이다. 나라의 주제는 실질적으로 하느님의 행동과 그분을 인정하는 이들의 행동을 통해 비약하고 발전해 간다. 하느님의 나라는 본질적으로 역동적인 차원을 띠고 있다. 공관 복음서는 이 역동적인 차원을 움직임을 가리키는 일련의 동사를 빌려 완벽하게 표현하고 있다. '나라에 들어가다' '오다' '찾다' '앞서 가다' '이르다' '나라에서 가깝다', 또는 '멀다' 따위가 그것이다. 그러니까 '나라에 들어가야' 하는데 그것은 곧 참회를 통하여 하느님의 드높으신 행동에 자신을 열어 드린다는 뜻이다. 하느님은 행동이다. 그리스도교적 행동의 새로움을 열어 보이는 이야기들, 곧 비유들도 "하느님의 나라는 …… 과 같다."라는 말로 시작하는 것이 보통이다(마르 4,26; 마태 13,24-52).

그리고 우리가 여기서 잊어서는 안 될 것이 하나 있다. 그것은 곧 예수의 기적들이다. 예수의 기적은 그리스도인이 자신의 행동을 검증하기 위하여 반드시 찾아가 보아야 하는 가장 탁월한 준거(準據)들이다. 그렇다면 예수의 기적들도 하느님 나라의 이 역동적인 선포와 무슨 관련이 있는 것은 아닐까? 하기는, 기적은 '구원의 표징들'이 아닌가? 여기서도 또 하나의 의외의 새로움이 우리를 놀라게 한다. 공관 복음서에 보면 예수는 구원을 선포하는 것이 아니다.[30] 이 말은 약간 놀랍게 느껴질 수도 있겠다. 그러나 문헌에 나타나는 증언은 뚜렷하다. 구원이나 해방이라는 어휘는 '로기아', 곧 예수의 말씀을 전하는 전승의 가장 오랜 문학층에 속하지 않는다. 헬라 세계에서 유다계 그리스도교가 발전하면서 비로소 '구원하다' 또는 '해방하다'와 같은 동사와 '구원'이라는 명사가 나타나기 시작한다. 테살로니카 신자들에게 보낸 첫째 서간 5장 8~9절을 그 실례로 들 수 있다. 여기에 이어 온 바오로 계통의 작품들과 루카의 작품들에서도 이 사실을 잘 보여 준다. 이 과정에서 우리는 한 가지 이상한 현상을 지적할 수 있다. 구원에 관련되는 그리스도교 계통의 어휘는 이를테면 하느님 나라라는 어휘를 추방했다는 사실이다. 그리스도 안에서의 현실적인 구원과 또는 앞으로 있을 구원이 하느님께서 이 세상에서 권능을 떨치면서 당장에라도 개입하리라는 하느님 나라의 선포를 흡수해 버린 것이다. 예수는 구원을 선포하지 않았다. 그는 하느님 나라를 선포하였다. 그런데도 그는 자신의 기적 행위를 통해서 사람들을 고쳐 주고 살려 주었다. 한마디로 그는 사람들을 구원하였다. 마르코 복음서에서는 우리가 지금도 5장 23절, 28절, 34절, 6장 56절, 10장 52절의 기적 사화에서 읽어 볼 수 있듯이, 구원한다는 것은 구체적으로 병자를 고쳐 준다는 뜻이다.

이제 방금 한자리에 모아서 살펴본 자료들은 하느님 나라에 관한 유다교의 얼마 안 되는 자료와 복음서의 자료, 그리고 공관 복음서와 그 뒤를 이어 온 신약 성경의 다른 자료들 간의 차이를 잘 보여 준다. 이렇게 놓고 볼 때, 그리스도교 공동체들에서는 자기들의 주님이신 예수를 회상하는 가운데에도 하느님 나라의 종말론적인 왕권을 선포한 예수와 자기들의 구세주인 그리스도를 잘 구별해서 이야기해 줄 줄 알았다. 이 공동체들은 파스카의 해방을 충만하게 살고 있었으며, 자기들의 주님이신 분의 왕권이라는 주제를 시간이 가면 갈수록 더욱 확대 발전시키고 있었다(예컨대 1코린 15,24; 콜로 1,13 참조). 그럼에도 공생활의 초창기부터 하느님의 종말론적인 나라를 선포하던 예수를 잘 기억할 줄도 알았다. "하느님의 나라가 가까이 왔다."(마르 1,15) 그리스어로는 완료형으로 쓰인 '다가오다'라는 이 동사는 이 세상에 대한 하느님의 드높으신 행동 곧 주권자로서의 행동 개입이 바야흐로 다가왔다는 것이고, 이것은 이제 돌이킬 수 없는 하나의 기정사실이 되었으며, 동시에 그것은 궁극적이라는 것을 잘 보여 주고 있다. 마찬가지로 군중을 상대로 하는 이 가장 핵심적인 메시지는 마태오와 루카에 공통하는 전승에도 그대로 수록되었으며(마태 10,7; 루카 10,9), "아버지의 나라가 오게 하시며"라는 예수의 기도에도 가장 본질적인 주제로 나와 있다. 하느님의 이 행동적인 도래가 당장 있으리라는 것을 제대로 번역하자면 단순히 당신의 나라가 '오소서'라고 할 것이 아니라 '이르게 하소서'라고 해야 할 것이다(마태 6,10; 루카 11,2). 물론 그리스도인은 자기 나름대로 이 모든 선포를 빠짐없이 다 받아들여서 이를 다시 전하는 데 조금도 소홀함이 없었지만, 이 선포들을 파스카의 광명에 비추어 철저하게 다시 해석할 수밖에 없었다. 그 까닭은 그에게는 하느님의 행동과 그 현존의 다가옴이, 지금도 계시고 장차 오실 부활하신 분의 인격 안에 집약되어 있기 때문이다. 여기에 바로 이른바 역사라는 것을 드러내 주는 어떤 격차가 뚜렷하게 나타난다.

여기서 지적해야 할 또 하나의 격차가 있다. 그리스도교 공동체에서는 자기들의 주님이 하느님 나라가 가까이 다가왔다는 것을 선포하고 기대하였다는 사실을 회상하고 있다. 그뿐 아니라 동시에 이 공동체는 이 나라의 도래가 이미 실현되었다고 그분이 선포한 사실도 기억하고 있다. "내가 하느님의 영으로 마귀들을 쫓아내는 것이면, 하느님의 나라가 이미 너희에게 와 있는 것이다."(마태 12,28) 여기서도 그리스어의 '다다르다' 동사는 부정 과거 시제로 되어 있다. 그러니까 하느님 나라의 도래는 하나의 기정사실이라는 것이다. 따라서 그 나라는 지금 당장 와 있으며, 그러기에 예수의 인격이 이 나라의 현실적인 도래의 직접적인 계기라는 것이다. 그분의 악마 추방의 행동은 이렇게 개막된 하느님 나라의 표징이다. 그분의 이적 행위 역시 하느님께서 권능을 떨치시며 군림하시고 행동하시는 현장 곧 그분의 현존을 표현한다. 그러기에 기적들은 이미 장차 올 어떤 구원의 표징들이 아니라 예언자로서의 활약을 벌이는 예수 자신의 인격을 식별해 주는 표지다. 그것은 마치 기적이 사도의 신분을 식별해 주는 표지라는, 코린토 신자들에게 보낸 둘째 서간 12장 12절의 바오로의 말씀과 같다. 예언자 또는 하느님께 보냄을 받은 이는 마귀를 내쫓고 병자들을 고쳐 준다. 이와 같이 당신의 심부름꾼을 보내 주신 하느님의 행동과 악마를 추방하고 이적을 행하는 그분의 행동은 서로 연결되어 있다. 그것은 토빗기 3장 17절, 12장 14절, 마르코 복음서 3장 13절, 6장 7절의 경우와 같다.[31]

그렇다면 우리는 하나의 논리적인 막다른 골목에 빠져들게 된 것은 아닐까? 다시 말해 예수를 회상하는 공동체에서, 가까이 다가왔으나 여전히 도래하지 않은 하느님 나라의 선포자로서, 동시에 이 나라가 이미 와 있다는 것을 선포하는 것이나 다름없는 악마 추방자로서 그리고 자신의 치유 동작으로 사람들을 지금 당장 구제하는 이적 행위자로서 어떻게 예수를 회상할 수 있다는 말인가?

여기서도 우리는 예수의 자의식이라는 수준에서 해결을 찾을 것이 아니다. 그랬다가는 자칫 예수 자신이 모순에 빠져 있었다고 말할 수도 있기 때문이다. 그래서 필자는 요한 세례자와 예수를 다시 한 번 간략하게 비교하면서 우리에게는 모순으로밖에 보이지 않는 나조라 사람 예수에 대한 초창기 그리스도교 공동체의 이중적인 조망跳望을 좀 더 달리 규명해 보고자 한다. ① 예수는 사실상 요한 세례자에 뒤이어 그와 비슷한 하나의 세례자였으며, 침례라고 하는 악마 추방의 동작으로 하느님의 용서를 받을 수 있는 시기가 곧 다가오리라는 것을 선포하였다. ② 그럼에도 예수는 세상에 대한 하느님의 드높으신 행동의 현실적인 효과를 자신의 인격과 행동에 끊임없이 갖다 붙임으로써 그 자신이 집전하던 침례 의식과 그 효과를 사실상 타파하였다고 말할 수 있다. 달리 말해 요한이 자신의 침례 동작으로 가장 높이 평가하던 것을 예수는 물론 나름대로 받아들였지만 결국에는 자신의 인격 안에 승화시켰다고 하겠다.

앞의 제3장에서 우리는 요한 세례자와 예수 사이에 존재하는 유대를 회상한 바 있다. 요한은 마지막 심판과 '장차 올 진노'를 선포하였다(마태 3,7). 그는 참회하라고 호소하였으며 침례를 베풀었는데 이 침례 동작은 어떤 의미로는 하느님의 용서를 벌써 말해 주는 것이었다. 사람들이 구원을 선포하듯이 그는 죄의 용서를 위한 참회의 침례를 선포하였다(마르 1,4). 다른 한편 이 침례 동작은 그 자체로 놓고 볼 때 악마 추방의 동작과 흡사한 점을 가지고 있다. 이 악마 추방의 동작은 유다교와 그 밖의 다른 종교에서도 잘 알려져 있듯이 악령들에 대한 일종의 권능(그리스어로는 '뒤나미스dunamis')을 행사하는 동작이다. 죄는 물의 예식으로 말소되기도 하고, 또한 이 물은 《아담과 하와의 일생 Vie d'Adam et Ève》이라는[32] 바리사이 계통의 재미있는 이야기에서 읽어 볼 수 있듯이, 귀신들의 공격에서 보호해 준다. 이와 같은 연계성을 좀 더 잘 깨닫기 위해서 다음의 일화를 읽어 보도록 하자. 이 일화에서 어떤 유명한 율법 학자는 두 번째로 성전이 파괴된 직후의 일이지만 물의 의식에 관한 자기의 의견을 표명하고 있다. 여기서 말하는 물은 정화식淨化式에 사용되는 정수淨水로서 민수기 19장 1~10절에 전해진 절차에 따라 빨간 암송아지의 재를 가지고 만든 것이다. 그 일화를 전하는 본문을 여기에 소개한다.

어떤 이방인이 율법 학자 요하난 벤 자카이에게 말하였다. "당신이 하는 것은 무당 짓을 닮았소. 암송아지를 끌어다가 죽여서 태운 다음 재를 만들어서는 모아 놓습니다. 그런 다음 당신들 중에 어떤 이가 시체에 닿아서 더러워지면 그 사람에게 두세 번 물을 뿌리면서 '그대는 깨끗하게 되었소.' 하고 말하니 말입니다." 율법 학자가 그에게 대답하였다. "혹시 미치광이 귀신Tezazit이 그대 속에 들어간 것은 아니겠지?" 그자가 대답했다. "아니오." "그러면 그대는 이 귀신에 들린 사람을 본 적이 있는가?" "있소." 그러자 율법 학자가 그에게 물었다. "그러면 그 미친 사람에게 무엇을 하느냐?" 그자가 대답했다. "우리는 나무뿌리를 가져다가 그 밑을 태우고 물을 뿌립니다. 그러면 (그 귀신이) 줄행랑을 칩니다." 율법 학자가 말하였다. "네 입이 말하는 것을 네 귀가 듣지 못했느냐? 이 (미치광이) 귀신도 기록되어 있는 바와 같이 부정한 귀신이다. '(거짓) 예언자들과 그들의 부정한 영을 내가 이 땅에서 몰아내겠노라'는 말씀과 같다."(즈카 13,2)[33]

그러니까 이 이야기에서 요하난 벤 자카이는 민수기 19장의 의식 절차를 정당화하기 위하여 다름 아닌 이방인들의 악마 추방의 관습을 근거로 대고 있다. 자기 제자들의 요청에 따라 그는 이 문제를 다시 한 번 다룬 다음, 물로 행하는 일체의 의식을 정면으로 공격하면서 다음과 같은 유명한 말을 남겼다. "네 목숨을 걸고 말하거니와 어떠한 송장도 더럽히지 않으며 어떠한 물도 정淨하게 만들지 못한다. 그러나 이것은 오직 왕들 중의 왕이신 분의 계명이다." 그러니까 이 말로 물의 의식이 이를테면 비신화화된 셈이지만 하느님이 명령하기 때문에 자기는 여전히 이 계명을 따른다는 것이 율법 학자의 의견이다. 율법 학자들의 이와 같은 합리주의적 해석은 침례의 관습 자체에 직접적으로 위배되는 것이다. 그렇지만 요한 세례자의 침례 동작은 마땅히 이러한 악마 추방이라는 맥락 안에 놓고 보아야 한다는 것이 필자의 확신이다. 하기는 '…… 의 이름으로'라는 악마 추방에 사용되는 정식定式은 악마 추방자가 악령을 내보내기 위해서 천명하는 권위를 가리키는 것으로서, 유다교와 그리스도교 계통의 악마 추방 기도문에도 나타날 뿐 아니라 같은 계통의 오랜 세례 집전문洗禮執典文에서도 발견된다. 마찬가지로 요세푸스도 솔로몬의 이름으로 활약했다는 한 유다인 악마 추방자를 언급하고 있으며《유다 고대사》8,47), 또 마르코 복음서 9장 38절이 전하는 사람도 예수의 이름으로 마귀를 쫓아냈다고 한다. 사도행전 3장 6절에도 '나조라 사람 예수의 이름으로' 이루어진 치유 이적에 관해서 언급하고 있으며, 심지어 유다인들 사이에서도 '미님' 즉 그리스도교 '이단자들'이 예수의 이름으로 이루었다고 하는 치유 기적들은 널리 알려져 있었다.[34]

그런데 예수를 회상하는 그리스도교 공동체에서 그 예수에게 던지는 시선은 요한 세례자에게 던지는 시선과는 사뭇 다르다. 요한은 선포하기를 자기가 집전하는 세례를 합당한 참회의 정신으로 받으면 그의 동작과 함께 시작한 죄 사면의 이 마지막 시대에 죄로부터 구원받을 수 있다고 하였다. 그리고 그는 하느님의 심판을 선포하였다. 그런데 예수는 나라를 선포하였다. 이 나라는 선포자로서의 자기의 말씀으로 가까이 다가오게 된, 세상에 대한 하느님의 임박한 지배를 뜻한다. 이 나라는 최후의 심판과 연결되어 있으면서도 그것을 초월하기도 한다. 마르코 복음서 9장 43~48절과 마태오 복음서 13장 47~50절에 전해진 그물의 비유가 말해 주는 바와 같다.

한 걸음 더 나아가 공관 복음서에 전해진 그리스도교 공동체의 기억이 보여 주는 바와 같이 예수는 머지않아 그의 공생활 중에 더 이상 침례를 베풀지 않게 된다. 요한 세례자가 사라진 다음에는 마치 이 침례가 아무짝에도 소용이 없게 되었다는 인상이다. 물론 요한 복음사가는 예수의 공생활 초기에 그가 침례 운동을 벌였다는 말은 하고 있지만, 이 복음서의 마지막 편집자는 이런 말을 재빨리 수정하였다(요한 4,1-2). 그 의도도 명확하고 예수와 교회 사이의 간격도 완연하게 알아볼 수 있다. 교회에서는 세례를 베푸는 관례가 엄연한데도 예수를 세례를 베푸는 분으로 더 이상 보여 주지 않는다. 예수에게는 세례라고 하는 이 중요한 의식이, 시대가 새로워지고 하느님이 죄 사면을 베풀게 되었다는 것을 말해 주기 위한 자기의 사명과 활동에 반드시 필요한 수단과 방법이 아니었다. 그렇지만 그의 악마 추방의 활동은 이미 작동하고 있는 하느님 통치의 표징으로 여전히 남아 있으며, 그의 치유 동작들은 병자들을 벌써 구원하고 있다. 이제부터는 물의 의식으로 이루어지는 침례의 구원이 이 나조라 사람의 인격과 활동 안에서 본격적으로 이루어지게 되었다.[35] 그의 이 모든 동작과 활동 가운데서 십자가라고 하는 저 숭고한 동작은 머지않아 바오로 사도에게 그리스도교 세례를 새로이 이해할 수 있는 관건을 제공하게 될 것이다. 이와 같이 역사적인 수준에서 볼 때, 모든 것은 숱한 침례자들 가운데서 그들과 마찬가지로 하나의 침례자로 활약했던 예수가 악마를 추방하고 이적을 행하며 마침내는 침례 의식 자체를 포기한 예언자 예수로 바뀌었다는 사실에 달려 있다. 언제 이 변화가 이루어진 것인가? 자신 있게 말할 사람은 아무도 없을 것이다. 그러나 '내가 받는 세례'에 관한 마르코 복음서 10장 38절과 같은 본문은 이러한 변화가 이제 자신의 죽음이 머지않다는 사실을 깨닫게 된 정황과 본질적으로 연결되어 있었다는 것을 암시한다.

제7장
사람의 아들

　지금까지 우리는 파스카 사건에 입각하여 구성된 복음서의 증언을 충분히 감안하면서 예수를 침례자, 예언자, 악마 추방자 그리고 이적 행위자로서의 그의 활동에 비추어 역사적으로 파악해 보려 했다. 여기에 사용된 방법과 절차 때문에도 우리는 예수라는 인물을 심리적으로 이해해 볼 기회도 없었고, 때에 따라서는 개개의 사건들을 그 나름대로의 특성에 따라 파악해 볼 기회도 없었다. 그래서 가령 우리는 다음과 같은 질문들에 우리의 관심을 쏟을 겨를이 없었다. 이런 말씀은 과연 예수가 몸소 발설하였는가? 저런 기적은 과연 전해 오는 이야기대로 사실상 일어났는가? 이런 질문들은 통시적 방법을 사용하는 문헌 비판에서 가장 고도의 '문학적'인 신임을 부여하는 예수의 말씀들과 동작들에 대해서도 똑같이 제기할 수 있는 것들이다. 그러나 뭐니 뭐니 해도 현재 성경학계에서 가장 논란이 심한 질문 중의 하나인 '사람의 아들'의 문제를 다루려 들 때 우리는 정말 헤쳐 나올 길 없는 막다른 골목으로 쫓겨 들어가는 것은 아닐까? 예수는 참으로 자기 당대 사람들에게 자신을 사람의 아들로 제시하였는지에 대한 질문이 바로 그것이다. 이 '사람의 아들'이라는 표현에서 예수가 정확하게 무엇을 알아들었는지를 파악하려 들 때 우리는 우리도 모르는 사이에 이미 예수의 자의식이라고 하는 금지 구역으로 침범해 들어온 것은 아닌가? 예수는 과연 이 신비스러운 낱말에다가 무슨 의미를 부여하였을까? 이런 식으로 질문을 제기한다는 것 자체부터가 타당한 것이 될 수 없다면 결국 우리는 이 사람의 아들 문제에서 역사를 할 수 있는 가능성이 과연 있는 것일까? 이와 같은 일련의 질문에 대한 우리의 답변은 지금까지의 장들에서 밟아 온 노선과 크게 다를 것이 없을 것이다. 그래서 우리의 출발점은 파스카 이후의 공동체들이다. 필자는 이들이 사람의 아들이라는 표현을 사용하면서 예수를 회상하는 동안 그분을 어떻게 역사적으로 겨냥하려 했는지를 살펴 나갈 것이다. '그리스도'라든가 '하느님의 아들'이라는 칭호는 이 공동체들의 신앙 고백의 일부를 이루고 있었다. 그런데 이와는 너무 다른, '사람의 아들'이라는 이 이상한 표현을 무슨 이유로 넘겨받게 되었는지 물어야 할 것이다.

주제 자체가 매우 어려운 만큼 다음에 이어지는 논리 전개를 이 자리에서 먼저 간단히 요약해 보자. 필자는 먼저 이 주제에 관한 성경학계의 연구 현황과 견해들을 소개하고, 다음으로는 그리스어 복음서에 입각하여 사람의 아들이라는 표현의 언어학적 위치를 규정할 것이다. 여기서 우리는 화자話者인 예수를 가리키는 '나'라는 뜻의 이 표현이 일반적으로 권력 또는 비권력, 즉 무력無力이라는 주제와 연결되어 나타난다는 사실을 알게 될 것이다. 셋째 단계에서 사람의 아들이라는 표현이 아람어를 사용하는 팔레스티나 지방에서는 이렇다 할 각광을 받지 못했다는 사실을 확인하게 될 것이다. 물론 이 지방에서도 '어떤 사람의 아들과 같은'이라는 말이 알려져 있었고, 말 자체는 없는 경우라 할지라도 그 사상만은 살아 있어서 시원론(첫 아담)과 종말론을 지향하고 있었다. 넷째 단계에서는 그리스도교 공동체가 자기들의 주님이 자신을 어떻게 표시하려 했는지를 전해 주는 전승의 양상을 살피게 될 것이다. 그 주님이 흔히는 죽음을 초월하는 승리의 외침으로 자신을 이렇게 표시한다는 것을 확인하게 될 것이다. 여기서 '어떤 사람의 아들과 같은'이라는 표현이 어떤 과정을 거쳐 저 '사람의 아들'이라는 표현으로 변천될 수 있었는지를 알아보는 일은 매우 중요하다. 알다시피 이 표현은 그리스도론적인 칭호가 되지 않았다. 아니 어쩌면 이 표현은 그리스도론적 칭호 이상일지도 모른다. 실상 첫 유다계 그리스도교의 완전히 반전된 그리스도론에서는 이 표현이 영광과 권능을 떨치며 도래할 하느님 나라를 맞이하여 예수가 자신을 표현하는 저 놀라운 '나'를 되울림을 하기 때문이다. 물론 파스카 이후의 공동체에서는 이와 같은 영광에 앞서 십자가라는 가장 처참한 무력이 있었다는 사실을 잘 알고 있었다.

1. 방법론과 학계의 견해들

이 주제를 다룬 이제까지의 엄청난 연구 문헌들이 보통으로 밟아 온 과정을 보면, 성경 학자는 사람의 아들이라는 표현에 관한 신약 성경의 각 용례를 검토하기에 앞서 먼저 이 표현의 기원을 언어학적으로 그리고 문화사적으로 규명하려 한다.[1] 기원을 규명하려는 이 문제에서 어떤 견해와 태도를 선택하는지에 따라, 복음서에서 이 표현을 사용하는 예수의 말씀들 중에 어떤 것이 진정한 예수의 말씀이며, 어떤 것이 그렇지 않은지를 결정하는 데 막대한 영향을 받게 마련이다. 성경 학자가 연구를 시작하고 보통으로 확인할 수 있는 첫 사실은 문제의 이 표현이 그리스식 표현이 아니라 셈족어 특유의 표현에서 유래한다는 것이다. 사실 사람의 아들을 가리키는 그리스어의 표현 곧 '호 휘오스 투 안트로푸ho huios tou anthrôpou'라는 말은 별다른 뜻이 없지만, 여기에 비해서 '벤 아담ben Adam'이라는 히브리어 또는 좀 더 정확하게 '바르 에나사bar énashá'라는 아람어는 '사람'을 가리킨다. 그렇다면 이 표현은 아람어의 수준에서는 적어도 어떤 한 가지 뜻, 아니 어쩌면 여러 가지 뜻을 띠게 된다. 결국 이 말은 아람어에서 '어떤 이'(=어떤 사람) 또는 '나 같은 사람'이라는 뜻을 나타내는 표현이라고 할 것이다. 성경 학자는 이 사실을 확증하기 위해서 유다교와 헬라 계통의 모든 자료를 샅샅이 검토하고, 얼마 되지도 않지만 산만하기 이를 데 없는 이 모든 본문을 서로 비교하여 거기서 이 표현이 가질 수 있는 다양한 의미를 추적해야 한다. 무엇보다도 다니엘서 7장 13절에서 언급하는 사람의 아들의 중요성과 그것이 신약 성경에 미쳤을 영향을 측정하고 확인해야 한다. 성경 학자는 미로와도 같은 이 여러 가지 난점들을 정리하여 자신의 견해를 확립한 다음, 사람의 아들이라는 표현이 나오는 복음서의 '로기아'를 하나하나 검토하면서 복음서의 그리스어 본문 밑바닥에 흐르는 이 셈족어의 표현에 어떤 의미를 부여할 것인지를 결정해야 한다. 그런데 이 '로기아'는 언제 어디서나 항상 똑같은 의미로 알아들을 수 없는 경우가 있다. 그러나 불트만과 그 밖의 다른 많은 학자들의 제안에 따라 약 80개에 달하는 사람의 아들에 관한 복음서의 말씀들을 다음의 세 그룹으로 나누어 검토한다면 이러한 연구 작업은 그 나름대로 상당히 좋은 성과를 기대할 수 있다.[2]

첫째 부류로는 이 지상에서 현재 활약을 벌이고 있는 사람의 아들에 관해서 언급하는 대목들을 들 수 있다. 여기에 마르코 복음서와 그 병행 구절들을 예거해 보자. 마르코 복음서 2장 10절("이제 사람의 아들이 땅에서 죄를 용서하는 권한을 가지고 있음을 너희가 알게 해 주겠다.")과 2장 28절(+병행 구절들). 마태오와 루카에 공통하는 Q 어록 전승 중에서는 다음과 같은 구절들을 들 수 있다. 마태오 복음서 8장 20절과 루카 복음서 9장 58절("사람의 아들은 머리를 기댈 곳조차 없다."), 마태오 복음서 11장 19절과 루카 복음서 7장 34절, 마태오 고유의 자료인 마태오 복음서 13장 37절. 그리고 마르코 복음서 10장 45절(+병행 구절들)과 루카 복음서 19장 10절도 사람의 아들이 지상에서 벌이는 구원 사명을 회상하고 있다.

둘째 그룹으로 분류할 수 있는 구절들은 고난과 죽음을 당했다가 부활할 사람의 아들을 언급하는 대목들이다. 그 대표적인 예는 마르코 복음서에 세 차례 반복되어 나오는 수난 예고들과 거기에 병행하는 구절들로서 마르코 복음서 8장 31절과 9장 31절, 10장 33절이다. 이어서 루카 복음서 24장 7절에는 단독으로 같은 내용의 구절이 전해진다. 그런가 하면 마르코 복음서 9장 12절, 14장 21절과 41절(+병행 구절들), 마태오 복음서 26장 2절, 루카 복음서 22장 48절과 같은 대목들에서는 부활에 관한 언급 없이 사람의 아들의 고난만을 회상한다. 그 반면에 마르코 복음서 9장 9절(+병행 구절들)에서는 고난에 관한 언급 없이 부활만을 예고한다. 그런데 마태오와 루카에 공통하는 Q 어록 전승에서는 사람의 아들의 수난과 부활에 관한 이러한 언급을 전혀 찾아볼 수 없다.

셋째 그룹은 가장 중요한 것으로서 사람의 아들을 천상계의 한 종말론적 인물로 제시하는 구절들이다. 이 주제는 복음서의 3중 전승에도 나타난다. 마르코 복음서 8장 38절("누구든지 나와 내 말을 부끄럽게 여기면, 사람의 아들도 아버지의 영광에 싸여 거룩한 천사들과 함께 올 때에 그를 부끄럽게 여길 것이다.")과 13장 26절, 14장 62절. 이 주제는 마태오 복음서 24장 27절, 37절, 44절의 Q 어록 전승에도 발견되고 여기에 공통하는 루카 복음서 17장 24절, 26절 그리고 12장 40절에도 나타난다. 마지막으로 마태오만 여러 차례 전하는 대목과 마찬가지로 루카한테서만 읽을 수 있는 대목은 다음과 같다. 마태오 복음서 10장 23절, 13장 41절, 16장 27절과 28절, 19장 28절, 24장 30절과 39절, 25장 31절 또는 루카 복음서 12장 8절, 17장 22절과 30절, 18장 8절, 21장 36절.

위와 같은 삼분법은 가끔 공격을 받기도 했고, 또 사실 일리 있는 공격이었다. 그 까닭은 이와 같은 분류 방법이 엄격한 의미의 언어학적 기준에 근거를 두지 못하고 있으며, 무엇보다도 예수의 공생활 기간이나 그의 죽음 직전에 있었던 어떤 구체적 사건을 중심으로 되어 있기 때문이다. 이런 식으로 분류하면 성경 학자는 불가피하게 예수가 그의 공생활 기간 중에 또는 자신의 죽음 직전에 자신을 사람의 아들로 간주하였는지 또는 이 이상한 표현을 빌려 자신이 죽은 뒤에 어떻게 될 것인지를 암시하려 했는지의 여부를 확인해야 하는 부담을 지게 된다. 사실 이러한 작업은 성격상 매우 까다로울 수밖에 없다. 현재 성경 학자들이 취하고 있는 입장을 굳이 이 자리에 요약해서 소개해야 한다면 다음과 같이 말할 수 있을 것이다. 먼저 어떤 학자들은 사람의 아들에 관한 '로기아'를 하나도 예외 없이 모두 예수의 진정한 말씀으로 본다.[3] 그래서 예수는 자신의 생애 동안에도 그렇고 죽음 직전과 장래에도 자신이 사람의 아들임을 분명하게 가르쳐 주었다는 것이다. 이 학자들에 따르면, 예수는 사람의 아들이라는 이 칭호를 다니엘서 7장 13절의 노선에 따라 일종의 권력의 칭호로 이해하였으며, 그것은 이른바 '원형'으로서의 예수의 신분과 나아가 하느님의 지혜와 같은 그분의 선재 사실까지도 의미할 수 있는 표현이라고 한다. 이러한 견해에 도달하기 위하여 이 계통의 학자들이 사용하는 방법은 대부분 절충적인 방법으로서 그 근거는 상당히 빈약하다고 하겠다. 대다수의 학자들이 지지하는 둘째 견해에 따르면 미래의 사람의 아들에 관한 '로기아'만이 예수의 진정한 말씀이라고 한다. 종말론적이라고도 하는 이 계통의 '로기아'는 사실 수적으로도 가장 많을 뿐 아니라 다니엘서의 기본적인 본문과도 밀접하게 연결되어 있기 때문이다. 그런데 그리스도교 공동체에서는 나중에 이 권력의 칭호를 예수의 지상 생애에까지 확대 적용했다는 것이다(마르 2,10.28 참조). 그러나 예수는 자기 자신과 이 천상계의 인물을 철저하게 구별했다고 한다(마르 8,38).[4] 한편 몇몇 학자들은 미래의 이 사람의 아들과 자신을 예수가 동일시한 것이나 다름없다고 주장한다. 그 이유는 예수 자신이 자기가 장차 죽음을 초월하여 바로 이 사람의 아들이 될 것임을 밝혀 주었기 때문이라고 한다.[5] 어떻든 예수가 자신을 사람의 아들과 완전히 동일시하지 않았다 치더라도 이 사람의 아들과 자신 사이에 적어도 어떤 긴밀한 연계성이 있다는 것만은 분명히 밝혀 주었다는 것이다(마르 14,62).[6]

셋째 견해는 소수의 학자들만이 동조하는데, 여기에 따르면 지상에서 활약하는 사람의 아들에 관한 '로기아'만이 예수의 참된 말씀이라고 한다.[7] 그리고 사람의 아들이라는 표현은 권력이나 권능의 칭호라기보다는 '벤 아담', 달리 말해 인간은 인간이로되 어디까지나 비천한 조건에서 살아가야 하는 인간을 표현하는 비천의 칭호일 것이라고 한다. 그러나 이렇게 알아들으면 사람의 아들에 관한 종말론적이라고 하는 말씀들이 상당히 수수께끼처럼 된다는 것도 솔직히 시인해야 할 것이다.

마지막 넷째 견해에 따르면, 사람의 아들에 관한 '로기아'는 문헌 비판적으로나 역사적으로나 모두 진정한 예수의 말씀이 아니라고 한다.[8] 이 자리에서는 이 마지막 견해를 지지하는 몇몇 학자들이 제시하는 이유를 간단히 검토해 보기로 한다. 노만 페린Norman Perrin에 따르면, 사람의 아들이라는 표현은 부활이라는 사건을 기점으로 하여 그리스도인들이 발전시킨 미드라쉬의 산물에 지나지 않는다고 한다.[9] 그래서 그리스도인들은 먼저 다니엘서 7장 13절의 본문을 바탕으로 이를 시편 110편 1절과 결합시켜 부활하신 분이 하늘에 올랐다는 사실을 표상하게 되었다는 것이다. 그다음에는 역시 다니엘서 7장 13절을 바탕으로 하여 이를 즈카르야서 12장 10~14절과 결합하여 부활하신 분의 내림, 더 정확하게는 그분의 재림을 표상하게 되었다고 한다. 상승과 하강의 이 이중 해석에서 사람의 아들이라는 그리스도론적 칭호가 등장하게 되었다는 것이다. 그러나 본문을 이런 식으로 다룬다고 하는 것은 문헌 비판에서의 절충주의적 방법론의 남용이라고 생각되며, 이런 남용으로 생기는 해악을 우리는 개탄할 뿐이다. 사실 콘코르단스 즉 성경 어구의 색인 사전 한 권만 있으면 무엇이든지 말할 수 있다는 것인데 그것은 그야말로 무의미한 짓일 뿐이다. 성경에서 관련되는 구절들을 모두 들추어내고 한데 모아서 각자의 주관에 따라 이리저리 꿰맞추고 적당하게 배합하여 그럴싸한 체계를 세운다고 해서 그것이 곧 성경 해석이 되는 것은 아니다. 사실 이 관련 구절들은 막연한 암시에 지나지 않는 경우가 허다하기 때문이다. 한편 경전 복음서의 본문들이 사람의 아들이라는 표현을 못내 강조하고 있는 것을 보면 그리스도교 공동체 안에서 그리스도론적 체험이 이 점에 대해서 민감하게 여기고 있었다는 사실을 잘 보여 준다고 하겠다. 그런데 이러한 체험은 초창기 그리스도교 공동체에서 성경을 해석하면서 거기에서 연역적으로 얻은 결론에 지나지 않는다고 축소하거나 환원시킬 수는 없다. 그리스도교의 고백은 성경 해석에서 얻은 결실이 아니라 삶에서 얻은 결실이다. 이 마지막 비판은 최근에 제안된 다른 설명에도 해당된다.[10] 이 새로운 설명에 따르면, 사람의 아들에 관한 모든 '로기아'는 모두 예수의 진정한 말씀이라는 것이다. 단, 거기에는 조건이 있다. 예수는 바르 나쉬bar nash라는 말을 하면서 하나의 아람어 표현법으로 자기 자신을 가리켰을 뿐이라는 뜻으로 알아들어야 한다는 것이다. 나중에 그리스도인들은 문제의 이 표현을 잘못 알아듣고 그것을 하나의 그리스도론적 칭호로 확대 해석하였는데, 그것은 자의적인 해석이었다고 한다. 따라서 이 모든 오해는 어떤 헬라계 그리스도교의 필사자 또는 번역자의 오독 또는 오역에서 비롯한다는 것이다. 그러나 이러한 설명에 대해서도 우리는 반문하지 않을 수 없다. 낱말 풀이를 잘못해 준 어떤 사전에서 이러한 종교 체험이 과연 솟아날 수 있었을까?

사람의 아들에 관한 '로기아'의 진정성을 반대하는 이유 중에 다음과 같은 질문 형식으로 표현해 본 마지막 중요한 이유를 검토해야 한다. 만일 예수가 참으로 하느님 나라의 임박을 선포하였다면 (그리고 뉘라서 이 사실을 부인할 수 있을까?) 어떻게 그 같은 예수가 자신을 메시아 왕국의 사람의 아들로서 제시할 수 있었는가? 하느님의 하늘 왕국과 메시아의 왕국은 일치하는 것이 아니다. 서로 다르기 때문이다. 또 사실 우리가 확인할 수 있는 바와 같이 사람의 아들과 관련되는 공관 복음서의 말씀들에는 하느님 나라에 관한 언급이 빠져 있다. 그런데 필하우어Ph. Vielhauer가 말하는 바와 같이, "사람의 아들에 관련되는 말씀들과 하느님 나라에 관련되는 말씀들은 주님의 말씀을 전하는 전승에서 분명히 각각 다른 노선에 속한다."¹¹ 그렇다면 역사적인 관점에서 볼 때 우리는 예수에 의한 하느님 나라의 선포와 사람의 아들로서의 그분의 신원 확인 중에서 하나를 선택해야 할 것이고, 그렇다면 물론 하느님 나라에 관한 선포가 역사적으로 우선하는 것은 틀림없다. 그러니 "확실성에 가까운 하나의 개연성을 가지고 말한다면 장차 올 사람의 아들에 관련되는 모든 말씀들은 역사의 예수로부터 유래하지 않는다고 해야 할 것이다."¹² 우리가 보듯이 필하우어의 판단은 이렇게 단호하다. 이와 같이 태도 천명이 분명한 것은 좋으나 그렇다고 문제가 해결된 것은 아니다. 아니, 오히려 더 복잡하게 되었다. 학자들의 견해가 이 정도로 혼선을 빚게 되는 만큼 이 문제에 관해서 과연 역사적으로 얼마나 온당한 판단을 내릴 수 있는지조차 의아스럽다. 그럼에도 우리는 새로운 길을 개척해 보아야 한다. 이 새로운 시도에서 주의해야 할 점은 이런저런 말씀이 과연 역사적으로 예수의 진정한 말씀인지 아닌지를 따지지 말 것이며, 예수가 자신을 누구라고 생각했는지를 미리 못 박지 않는 일이다.

2. 그리스도교 공동체와 사람의 아들

우리가 대하고 있는 상황은 매우 특이하다. 바오로는 사람의 아들이라는 표현을 한 번도 사용하지 않는다. 그러나 로마 신자들에게 보낸 서간 1장 4절에서 읽을 수 있는 "힘을 지니신 하느님의 아들"이라는 표현이라든가, 그가 새로운 아담을 언급하는 예를 놓고 보면 바오로가 사람의 아들이라는 표현과 대등한 뜻의 다른 표현을 알고 있었다고 단언할 수는 없지만 충분히 그럴 수는 있었을 것이다. 그럼에도 바오로가 세운 교회들은 사람의 아들이라는 표현을 자기들 나름대로 채택하지 않은 것은 분명하다. 그리고 사람의 아들이라는 표현이 하느님의 아들이라는 표현으로 옮겨졌다고 하는 사실 지적이 부분적으로 정확할지라도 이 경우 그 표현의 의미가 바뀐 것만은 부인할 수 없을 것이다. 복음서들을 제외한다면 사람의 아들이라는 표현은 신약 성경의 그 어디에도 나타나지 않는다. 예외가 있다면 예수의 말씀을 거의 그대로 반향을 하는 사도행전 7장 56절과 요한 묵시록 1장 13절, 14장 14절('과 같은 이'라는 표현)뿐이다. 그리스도교의 옛 케리그마와 첫 신앙 고백문들, 그리스도론적인 찬가와 공동체의 기도에는 이 칭호가 전혀 나오지 않는다. 적어도 헬라계 그리스도교의 영향을 받고 집대성된 현재의 신약 성경에 수집되어 있는 자료들을 보면 그렇다는 말이다. 이어서 사람의 아들이라는 이 표현이 다시 나타나는 곳은 다소 이단의 성격을 띠는 유다계 그리스도 교회들뿐이다. 그래서 히에로니무스가 전하는 이 유다계 그리스도교의 한 전승에 따르면, 이제 막 부활하신 예수는 그때까지 단식을 하고 있었던 예루살렘의 야고보에게 이렇게 선언한다. "나의 형제여, 그대의 빵을 드시오. 사람의 아들이 죽은 이들 가운데로부터 부활하였기 때문입니다."[13] 단식의 시간이 지나고 메시아의 기쁜 시대가 왔다는 뜻이다. 또 다른 예를 들어 보면, 일명 클레멘스의 문헌이 대변하는 이단 종파에서 사람의 아들이라는 칭호는 하느님의 참된 예언자요 메시아며 완전한 아담인 예수를 가리키기 위해서 기용된 인기 높은 칭호이기도 하다. 한 걸음 더 나아가 보통 사람들도 완전한 아담의 시대가 다시 돌아오면 자신들도 '사람의 아들들'이 될 수 있다는 언질을 받고 있다.[14] 물론 이와 같은 표현의 용법은 후대에 속하는 것이지만 이를 완전히 도외시해서도 안 될 것이다. 어떻든 사람의 아들이라는 하나의 표현이 어떠한 변천을 거쳐 마침내 어디에 도달하게 되었는지를 아는 일은 여전히 중요하다고 하겠다. 이와 같은 사람의 아들이라는 표현이 유다계 그리스도교 계통에서 그 명맥을 유지하면서 발전할 수 있었다는 사실은 이 표현이 어떻게 해서 헬라 문화권의 유다계 그리스도교 집단을 포함한 몇몇 교회에서 하나의 그리스도론적인 칭호로 될 수 있었는지를 설명해 준다. 스테파노의 연설(사도 7,56)은 이와 같은 사실을 우리에게 잘 상기시켜 준다고 하겠다.[15] 그런데 몇몇 예외는 있지만 공관 복음서의 문헌은 바로 이 경우에 해당되지 않는다는 사실이 우리의 주목을 끈다. 이 아래에서 지적할 바와 같이, 복음서의 본문들을 지니고 있던 공동체들은 일반적으로 사람의 아들이라는 표현을 아무렇게나 사용하지 않았다는 사실을 보여 주고 싶다.

1) 예수의 '나'

먼저 많은 주해자들이 잊기 쉬운 한 가지 사실을 강조하고 설명해야겠다. 복음서에 82번이나 나오는 사람의 아들이라는 표현은 모두 예수 자신의 말씀 중에만 나온다는 사실이다. 예외가 있다면 두 곳뿐이다. 루카 복음서 24장 7절이 그 첫째인데 여기서는 천사가 예수의 말씀을 전하고 있다. 둘째 예외인 요한 복음서 12장 34절에서는 "이 사람의 아들은 누구냐?" 하고 묻는 군중의 말 가운데에 나온다. 그러나 이보다도 더 중요한 사실이 또 있다. 사람의 아들이라는 표현은 거의 언제나 어떤 동사의 주어로만 나오지 결코 설명어 곧 빈사賓辭로는 나오지 않는다는 사실이다. 여기에 예외가 있다면 마태오 복음서 16장 13절("사람의 아들을 누구라고들 하느냐?")과 요한 복음서 5장 27절뿐이다. 물론 어떤 때는 이 '보다'라는 동사의 목적 보어로 나오는 경우가 있다. 그러나 여기에 즉시 이어서 어떤 행동을 가리키는 동사의 주인공으로 나타난다. 마르코 복음서 13장 26절("그때에 '사람의 아들이…… 오는 것을 볼 것이다.")과 14장 62절, 마태오 복음서 16장 28절이 그 좋은 예다. 그 밖의 다른 경우에서는 대부분 예수가 직접 입에 올리는 말씀 중에 이어지는 동사의 주어로 이 표현이 사용되어 나오기 때문에 예수 자신의 '나'를 가리키는 일종의 대용어代用語 구실을 하고 있는 셈이다. 사실 복음서들의 몇몇 병행 구절들을 비교해 보면 사람의 아들이라는 표현과 예수 자신을 가리키는 '나'라는 단수 1인칭 대명사가 얼마나 쉽게 서로 넘나들 수 있었는지를 금방 확인할 수 있다. 몇 가지 사례만을 이 자리에 인용해 보자. 루카 복음서 6장 22절("사람의 아들 때문에")과 마태오 복음서 5장 11절("나 때문에"), 마르코 복음서 8장 27절("사람들이 나를 누구라고 하느냐?")과 마태오 복음서 16장 13절("사람의 아들을 누구라고들 하느냐?"), 루카 복음서 12장 8절("사람의 아들도 하느님의 천사들 앞에서 그를 안다고 증언할 것입니다.")과 마태오 복음서 10장 32절("나도 하늘에 계신 내 아버지 앞에서 그를 안다고 증언할 것입니다."). 그러나 예수는 "나는 사람의 아들입니다."라고는 결코 말하지 않는다.[16] 그리고 그리스도교 공동체에서도 예수를 사람의 아들이라고 고백하지는 않는다. 이 이상한 현상을 좀 더 잘 드러내기 위하여 한 가지 예를 들어 보겠다. 가령 로마 교황이 연설을 할 때 "교황은 여러분을 볼 수 있게 되어 매우 다행이라고 생각합니다." 하고 시작하면서 "내가 바로 그 교황입니다." 하고 덧붙일 수 있을 것이다. 그런데 복음서에서는 예수가 바로 이런 모양으로는 말하지 않는다. 이미 살펴본 바와 같이 보통으로 사람의 아들이라는 말은 그 칭호로 불리는 분의 신원을 설명해 주는 칭호도 아니고, 메시아라든가 하느님의 아들 또는 주님과 같은 신앙 고백의 칭호도 아니다.

그리스어 복음서들을 계속 읽어 내려가 보면 화자 즉 이야기꾼은 예수를 소개하되 예수 자신이 '나'라고 하는 말을 할 때 사람의 아들이라는 이 표현을 빌려 에둘러서 표현하게 하는 동시에 여기에 못지않게 이 사람의 아들이라는 인물과는 어떤 모양으로든지 구별되는 분처럼 표현하게 한다. 그렇지 않고서야 왜 단순하게 '나는……' 또는 '나'라고 하지 않는지 그 까닭을 해명할 수 없을 것이다. 그러기에 사람의 아들은 파스카 신앙 고백의 그리스도를 가리키는 것이 아니라 예수가 말씀을 선포하는 행위 도중에 자기 자신을 지시하는 데 사용한 칭호라고 본다. 거듭 말하거니와 이 말은 그리스도론적인 어떤 설명이나 칭호가 아니다. 복음서의 이야기에서 말을 하는 화자로서의 예수는 현재의 자기 생애에서나 자기의 죽음과 그 죽음을 초월하는 미래에 있어서 자신을 가리키는 데 이 같은 사람의 아들이라는 표현을 사용한다. 다만 자기의 죽음을 넘어서는 미래를 의중에 두고 있을 때에는 이따금 이야기의 화자인 예수가 다시 한 번 현재의 '나'와 하늘의 영광에 싸인 그 미래의 자신과를 구별하기도 한다. 그래서 마르코 복음서 8장 38절과 그 병행 구절들에 전해진 전승에서는 "누구든지 나와 내 말을 부끄럽게 여기면, 사람의 아들도 영광에 싸여 올 때에 그를 부끄럽게 여길 것이다."라는 예수의 말을 읽어 볼 수 있는데, 이 말씀을 보면 예수는 마치 사람의 아들에 관해서 자기와는 다른 어떤 제삼자처럼 언급하고 있음이 분명하다. 이와 비슷한 예는 루카 복음서 12장 8절(마태 10,32 참조)에 전해진 이중 전승에도 발견된다. 그렇지만 사람의 아들이라는 표현은 부활하신 분의 주권을 가리키는 칭호가 되지 않았다. 요컨대 신약 성경 전체를 놓고 볼 때 이 같은 사례를 찾아보기란 매우 힘들다. 실상 이 경우에 그리스도교 공동체는 예수를 회상하는 가운데 공동체 자체와 예수의 저 놀라운 '나'와의 거리를 강력하게 드러내려 하면서도 동시에 그가 회상하는 이 예수의 '나'와, 이번에는 그 예수 자신이 피안의 영광에 싸여 올 분으로서 의중에 두었던 다른 그 '나'와를 잊지 않고 구별하고 있기 때문이다.

예수의 '나'에 대한 이 같은 회상은 전승 과정의 문학적인 맥락에 따라 다양하게 수행되었으므로 교회 전승 안에 각각 다른 모양으로 정착되었다. 이른바 종말론적이라고 하는 '로기아'에서는 이와 같은 회상이 특히 분명하게 드러나 있다. Q 어록 전승과 마태오 또는 루카의 고유 자료에는 이 계통의 로기아가 폭넓게 수용되어 있다. 그러나 위에 분류한 바 있는 첫째와 둘째 그룹의 '로기아'들은 훨씬 덜 분명하며, 주로 마르코의 전승이나 삼중 전승에 의해서만 대변되고 있다. 이처럼 전승에 따라 사람의 아들에 관한 로기아가 상대적으로 균형을 이루지 못한 채 분포되어 있다는 사실을 감안해서라도 이른바 종말론적이라고 하는 언급들로부터 출발하는 것이 다른 사례들을 규명하는 데도 오히려 더 보탬이 될 것으로 생각된다. 그러나 무엇보다도 이 표현의 그리스어 번역의 다른 문학적인 특징들을 알아보는 것이, 아람어라든가 그 밖의 다른 여러 가지 문헌 자료들을 성급하게 검토하는 것보다 이 문제에 관한 새로운 이해를 가져오는 데 더욱 도움이 될 것이다.

2) 권력과 무력

마르코 복음서에 보면 사람의 아들이라는 표현이 카이사리아 필리피(마르 8,31) 장면으로부터 따져서 12번 나온다. 최고 의회 앞에서의 예수의 선언(마르 14,62)을 예외로 친다면 이 언급은 제자들에게만 관련된다. 그뿐 아니라 사람의 아들에 관한 이 언급들은 고난과 죽음 그리고 그 죽음 이후의 운명과 같은 예수의 미래를 안중에 두고 있으며, 여기에서 화자는 물론 예수다. 여기에 비해 마르코 복음서는 하느님 나라의 선포와 함께 시작하며, 그 선포는 군중을 향한 것이었다. 적어도 그 일부는 예수와 그 청중의 현재에 직접적으로 관련되는 것이었다. 즉 하느님의 나라가 다가왔다는 것이다(마르 1,15). 이렇게 놓고 보면 하느님 나라라는 주제와 사람의 아들이라는 주제 사이에는 차이가 분명하게 드러난다. 역시 마르코 복음서에서 이 범위를 벗어나는 사람의 아들에 관한 언급은 두 번밖에 없다(마르 2,10.28). 그리고 이 두 언급은 화자인 예수의 현재 활동에 관한 것이며, 그 청중은 일반 민중이다. 그런데 이 두 사례에서만은 사람의 아들이 그 생존 중에 어떤 권력을 과시하고 있다는 사실을 알 수 있는데, 그럴수록 현재의 마르코 복음서에 나오는 이 두 첫 언급은 더욱 이상해 보인다. 온 땅 위에서 죄를 사해 줄 수 있는 권한이 있으며 또한 안식일의 주인이라는 것이다. 이 자리에서 필자는 마르코 복음서 2장 1절에서 3장 6절에 이르는 일단의 쟁론 사화에 관한 알베르츠M. Albertz의 주장과 비슷한 어떤 새로운 학설을 내세워 마르코의 이 특성을 해명하고 싶은 마음은 없다. 아무리 이 쟁론 사화 그룹이 겉보기에는 현재와 같은 마르코의 이야기의 단일성을 끊어 버리는 것 같아도 결코 그럴 생각은 없다.[17] 사람의 아들에 관한 이 두 개의 특이한 언급을 놓고 우리가 생각해야 할 것은 사람의 아들의 지상 생애와 그 고난에 관련되는 다른 언급들이 사실상 예외 없이 예수의 권력의 '이면'을 분명하게 드러내 주는 어떤 주제와 결부되어 있다는 사실이다. 여기에 해당하는 것이 위에서 인용한 바 있는 첫째 그룹의 언급들(현재 지상에서 활약하는 예수)과 둘째 그룹(죽음에 직면한 예수)의 언급들인데, 이들은 삼중 전승과 이중 전승에도 속하며 개중에는 마태오 또는 루카의 고유한 요소들도 있다.

몇 가지 예를 들어 보자. 사람의 아들은 섬기고 자기 목숨을 내준다(마르10,45). 그는 아무것도 가진 것이 없다(마태 8,20). 그는 사람들에게 조롱을 당한다(마태 11,19). 그는 비방을 당한다(마태 12,32). 그는 또한 많은 멸시를 당하고 많은 고난을 당한다(마르 9,12). 그는 잡혀서 죽음에 넘겨진다(마르 8,31; 9,31; 10,33; 14,21.41; 마태 26,2; 루카 22,48; 24,7). 이렇게 열거한 모든 사례 또는 그 대부분은 사람의 아들은 "기록되어 있는 대로"(마르 9,12; 14,21)와 같은 표현이 암시하듯이 하느님까지를 포함하는 어떤 제삼자로부터의 행동을 당하거나 견디어 내는 것으로 간주되어 있다. 자신이 행동의 주인공으로 나타나 있지 않다. 그런데 이와 같은 상황이 셋째 그룹의 '로기아'가 안중에 두고 있는 천상의 세계에서는 완전히 역전된다. 사람의 아들은 권력을 차지할 것이고, 사람들은 그 사실을 눈으로 직접 볼 것이며, 그때에 사람의 아들은 행동에 나서리라는 것이다. 사람의 아들이라는 표현에 연결되어 있는 일련의 행동의 동사들이 이 사실을 완벽하게 보여 준다. 그중에서 특히 '오다'라는 동사가 우리의 주목을 끈다(마르 8,38; 13,26; 14,62; 마태 24,44; 루카 12,40; 마태 10,23; 16,27.28; 25,31 이하). 이 밖에도 사람의 아들은 그가 파견한 천사들, 또 그가 모아들여 선택할 사람들과 함께 와서 하느님의 오른편에 앉을 것이고(마르 14,62; 마태 19,28; 25,31) 심판을 할 것이다(마태 16,27; 25,31 이하; 루카 12,8; 21,36). 이와 같이 사람의 아들이라는 표현은 권력이라는 주제와 그 반대 개념인 권력의 부재라는 주제에 본질적으로 연결되어 있으며, 이 양자 간의 관계 및 대립이라는 관련성은 이 표현의 기본적인 구조를 이루고 있다.

이상과 같은 문학적인 고찰은 역사적인 문제를 다루기에 앞서 너무 피상적일지는 모르나 앞으로 우리가 잊어서는 안 될 중요한 몇몇 요소들에 대해서 주의를 기울일 것을 촉구하고 있다. 사람의 아들이라는 표현은 아들이라는 요소와 사람이라는 요소로 구성되는 두 개의 의소意素와 함께 예수를 가리키되, 어디까지나 권력과의 관계에서 예수가 자신을 표현하는 '나'를 안중에 두고 있다. 이제 이 중요한 점들을 기원후 1세기의 팔레스티나에서 확인할 수 있는 여러 가지 언어학적이며 문화사적인 자료들을 그 정확한 맥락 안에서 검토하는 데 반영시킬 줄 알아야 할 것이다. 그러므로 필자는 될 수 있는 대로 남아 있는 자료를 폭넓게 그리고 포괄적으로 연구해서 우리의 본문들을 '설명하는 데' 온갖 노력을 기울이겠지만 그렇다고 착각에 빠질 생각은 조금도 없다. 무슨 일에든지 자료야 늘 있는 법이지만 어떤 자료가 어떤 문학적인 현상을 완전히 만족할 만하게 설명해 줄 수는 없으며, 더구나 어떤 역사적인 현상을 설명해 줄 수는 더욱 없는 노릇이다. 필자는 문헌 비판과 그리고 원천 또는 그 자료에 관한 연구 실적을 일부 받아들이겠지만 필자의 전망은 근본적으로 다르다는 사실을 지적하고 싶다. 사실 문헌 비판에서는 종속 관계와 상호 연계성 그리고 해명을 해 준다는 원천들을 연구하지만, 역사가는 이 원천들 간의 차이와 균열을 연구하러 나선다.

3. 팔레스티나 본토와 사람의 아들

1) 몇 가지 언어학적 고찰

먼저 사람의 아들이라는 표현의 언어학적 기원을 살펴보자. 이 기원은 어떤 새로운 의미를 발견할 수 있는 가능성을 열어 줄지도 모른다. 그렇다고 역사 문제를 서둘러 판가름 내자는 뜻은 아니다. 한 가지 점에서만은 학계의 의견 일치가 거의 이루어져 있는 셈이다. '호 휘오스 투 안트로푸ho huios tou anthrôpou'라고 하는 그리스어는 그 자체로는 별로 의미가 없으며 '벤 아담'이라는 히브리어 아니면, 차라리 '바르 에나쉬bar énash'라는 아람어를 문법상 한정된 상태(바르 에나샤bar énashâ)에서 표현하는 일종의 셈족어 표현을 번역한 말일 것으로 추정된다. 그리스어로 사람이라는 낱말과 아들이라는 낱말 앞에 각각 정관사가 있는 것은 이 셈족어 표현의 한정 상태에서 설명된다. 이제 히브리어와 아람어로 된 이 두 표현을 각각 그 고유한 전망에 비추어 검토해 보자. 그렇다고 이 두 낱말이 헬라 문화권의 유다계 그리스도인들의 집단에서 사용하던 그리스어에 어떤 영향을 미칠 수 있었다는 가능성을 배제하자는 뜻은 결코 아니다. 이 작업에서도 역시 우리는 예수가 그 생애 중에 발음하였을 갈릴래아 지방 또는 유다 지방의 아람어에만 너무 서둘러 주의를 기울여서는 안 될 것이다.

'벤 아담'이라는 히브리어는 문자 그대로 '아담의 아들'이라는 뜻으로서 인간을 가리키되, 그 위대성과 아울러 무엇보다도 시편 8편 5절과 80편 18절에서 그 예를 읽어 볼 수 있듯이 죽어야 할 존재로서의 그 연약성을 나타낸다. 특히 시인들에게 알려져 있는 이 표현은 에제키엘서에 매우 자주 반복되어 나온다. 거기서 이 표현은 지엄하시고 초월하신 하느님을 앞에 모신 연약하고 죽을 수밖에 없는 인간을 가리킨다.[18] 그런데도 에제키엘 예언자는 하느님이 자기에게 말씀을 건네 올 때 당신께서 자기를 부르시는 호칭으로서만 이 표현을 약 90차례에 걸쳐 거리낌 없이 사용한다(에제 2,1 이하 참조). 이러한 사실 자체로도 이 표현은 매우 각광을 받게 되었다.

'바르 에나쉬'라는 아람어는 '어떤 사람의 아들'이라는 뜻인데 위의 히브리어에 비하면 그 윤곽이 훨씬 덜 뚜렷한 셈이다. 흔히 통용되는 뜻을 놓고 볼 때 이 낱말은 아무나 한 사람을 가리키며, 쿰란에서 발굴된 《창세기 외경》(1Q *Apoc Gen* 21,13)과 욥기의 《타르굼》(11Q *Tg Job* 26,3)에서처럼 사용될 수 있다. 현재 알려진 증언들에 따르면 '바르 에나쉬'라는 표현은 나중에 단순히 '바르 나쉬bar nash'로 변하고, 어떤 때 '나와 같은 사람' 또는 '너와 같은 사람'과 같은 표현에서 볼 수 있는 바와 같이 '나' 또는 '너'를 대신하는 말로도 나타나는데 그것은 어디까지나 기원후 1세기 이후의 일이다. 어쩌면 이야기를 하는 화자가 '나' 또는 '저'라는 인칭 대명사 대신에 자신을 겸손하게 표현하기 위하여 이와 같은 완곡한 표현을 사용했을지도 모를 일이다. 이것은 적어도 베르메스G. Vermès의 주장으로서 그 역시 이러한 표현 방식이 산발적이라는 사실을 부인하지 않고 있다.[19] 사실 아람어 계통의 문헌들은 여기에 해당하는 사례들을 별로 제공해 주지 못하고 있으며, 그나마 시대적으로 뒤늦은 것이므로 조심해야 할 것들이다. 어떻든 '바르 에나쉬'와 본격적인 인칭 대명사 사이에 어떤 친화성이 있었다는 사실만은 반드시 기억해 두자. 적어도 번역의 경우에서는 이 둘 사이에 어떤 긴밀한 친화성이 있었다는 말이다. 앞에서 말한 이 둘 사이의 대등한 용법 때문이다(마태 5,11; 루카 6,22 참조).

베르메스의 학설을 채택해야만 하는 경우에서도―상당수의 전문가들은 이를 거부한다.[20]―사람의 아들의 문제가 다 해결되었다고 믿는 것은 금물이다. 물론 이유는 여러 가지가 있다. '바르 에나쉬'라는 표현은 인칭 대명사와 어떤 친화성을 가지고는 있지만 아람어로도 매우 드문 편인데 신약 성경에는 화자인 예수가 자신을 가리키는 데 사용하는 그리스어 '호 휘오스 투 안트로푸'가 참으로 많이 나온다. 이 밖에 아람어 '바르 에나쉬'는 대부분 정관사의 지배를 받지 않는 비한정 상태―'어떤'―로 사용되지, 강조형의 한정 상태인 '그' 사람의 '그' 아들로는 좀처럼 나타나지 않는다. 그리고 무엇보다도 아람어의 이 표현은 신약 성경의 문헌에 나타나는 사람의 아들의 경우와는 달리 자신을 이렇게 겸손하게 표현하는 화자의 인물 됨됨이를 돋보여 주지 않는다. '호 휘오스 투 안트로푸'라는 그리스어의 사용 빈도와 그 평가는 이처럼 언어학적으로나 역사적으로나 엄청난 문제를 제기한다. 이와 비슷한 예를 또 하나 들어 보자. 봉사라는 낱말은 본래 식탁 시중에 관련된 어휘였는데, 헬라계 유다인들의 그리스어와 미쉬나의 히브리어에서도 이 계통의 어휘를 일부 알고는 있었다. 그러나 그리스도인들 사이에서는 이 어휘가 매우 자주 사용되고 또 높은 평가를 받게 되었다는 사실은, 이렇게 갑자기 유행하게 된 이 낱말의 언어학적 '새로움'을 완벽하게 드러내 주고 있다. 그런데 이러한 새로움에는 그 새로움을 솟아나게 하는 역사적인 현상 때문에도 어떤 의미의 변천을 수반하게 마련이다. 그때까지 식탁에서 시중들던 노예diakonos가 멸시를 받아 왔지만 이 낱말이 이제는 그리스도교적 봉사를 가리키는 으뜸가는 칭호가 된 것이다.

    요컨대 아람어에까지 소급해서 그 기원을 알아보는 일이 아무리 소중한 것이라 할지라도 사람의 아들의 문제를 깡그리 제거할 수는 없다. 오히려 문제를 더 어렵게 만든다고도 할 수 있다. 그러나 언어학적인 연구 조사는 쉽게 망각해서는 안 될 결과들을 가져다준다. 첫째, 아람어의 표현은 흔히 우리가 알아듣는 뜻의 사람이라는 의미를 다소간 지니고 있는 것이 상례인 동시에 그와는 구별되어 사용될 수도 있다. 이 사실은 특히 '사람들'이라는 낱말과 사람의 아들이라는 낱말이 한자리에서 어떤 의미로는 경쟁적으로 사용되어 있는 복음서의 몇몇 말씀을 통해서 확인할 수 있다. 실상 이런 말씀들에는 이 두 표현이 어떤 대립적인 병행을 이루고 있기 때문이다. 그래서 마르코 복음서 9장 31절에서는 다음과 같은 대목을 읽을 수 있다. "사람의 아들은 사람들의 손에 넘겨질 것입니다." (시리아어 역본에서는 '사람들'이라는 말 대신 '사람의 아들들'이라고 적어 놓았다.) 우리는 또 다른 예를 마태오 복음서 9장 8절의 본문은 물론이고 마르코 복음서 2장 27~28절, 8장 37~38절, 14장 21절, 루카 복음서 6장 22절에서도 찾아볼 수 있다. 처음에 든 마태오 복음서 9장 8절의 본문은 마르코 복음서 2장 10절의 본문을 뒤바꾸어서 "이 지상에서 죄를 사해 줄 권한이 있다."라는 말을 "이러한 권한을 사람들에게 주신 하느님"이라고 고쳐 썼다. 둘째로 아람어 표현은 '너' 또는 '나', '그'와 같은 인칭 대명사 대신에 사실상 사용될 수 있었으며, 그래서 이따금 하나의 완곡법처럼 보일 수 있었다는 것이다. 그러나 이러한 용례는 드문 편이었으며, 이 표현으로 자신을 가리키는 화자를 특별히 돋보여 주지도 않는다. 이 점에서도 복음서에 나오는 표현은 언어학적으로 확고한 지반에 근거하고 있다. 동시에 당대의 언어 습관과는 커다란 차이를 보여 주고 있다. 그렇다면 이 표현의 의미를 이렇듯이 수정하기에까지 이르게 한 것은 무엇인가?

2) 어떤 사람의 아들과 같은

이제부터 성경 이외의 옛 유다고 문헌에서 힘겹게 모아 놓은 사람의 아들에 관한 자료를 검토해 보자. 쿰란의 본문들에서는 이 인물에 관해서 적어도 직접으로는 다루지 않은 것으로 여겨진다. 그 까닭은 이 본문들에서는 멜키체덱이라는 인물을 놀라우리만큼 높이 평가하면서 이 인물이 장차 하늘에서 종말의 판관 역을 행사하리라고 하기 때문이다. 이것은 특히 11Q Melk 필사본 단편에 분명하게 드러난다. 따라서 시편 110편 1절과도 연결되는 이 인물은 우리의 자료에 추가해야 할 중요한 비교 사례로 여겨야 할 것이다.[21] 이 밖에는 쿰란의 도서관에서는 찾아볼 수 없는 문서가 하나 있는데 곧 《에녹의 비유들》(1 Hen 37-71)이다. 이 문서는 사람의 아들이라는 인물을 아예 노골적으로 메시아로 언급한다. 다음의 한 구절만 읽어 보도록 하자. "이는 사람의 아들이며 정의가 그의 것이고 정의가 그와 함께 머물러 있다. ……그 까닭은 영들의 주님께서 그를 선택하셨기 때문이다. 또한 그는 영들의 주님 앞에서 영원토록 공정을 분깃으로 차지하리라. 그대가 본 이 사람의 아들은 왕들과 세력가들을 일으키리라. ……그는 왕들을 그 권좌에서 내쫓으리라……."(1 Hen 46,3-5) 물론 여기서 말하는 이 문서에 대해서는 그 연대와 기원과 관련하여 어려운 문제가 제기되는 것은 사실이다. 에티오피아 역의 판본만이 알려져 있기 때문이다. 밀릭J. T. Mlilik은 이 문서가 기원후 3세기의 것이라고 하면서 거들떠보지도 않는다. 그럴로도 자신의 책(*L'Ésperance juive à l'heure de Jésus*)에서 이 문제에 대해 매우 유보적인 태도를 보인다.[22] 하지만 이 분야의 다른 전문가들은 이 두 명의 견해를 따르지 않는다는 사실도 인정해야 할 것이다. 이 전문가들은 차라리 이 본문을 기원전 또는 기원후 1세기의 것으로 잡는다.

그 밖에 다른 사례들도 들어 보아야 한다. 비록 바리사이파를 지지하는 율법 학자들과 좀 더 가까운 것이기는 하지만 적어도 비교하기 위해서라도 이 자리에 들어야 할 것이다. 이들은 실상 '사람의 어떤 아들과 같은' 또는 '어떤 사람의 아들과 같은'이라는 통합체 표현을 단수형으로나 복수형으로나 사용하면서 벌써 이 낱말들에 어떤 특별한 어감을 띠어 주기 때문이다. 여기에 그 몇 가지 예를 들어 본 다음 이들에 관한 필자의 소견을 몇 가지 밝혀 보려 한다.

> 사람의 어떤 아들과 같은, 다니 7,13
> 사람들의 아들들과 같은, 《성경 고대사》 19,9
> 사람의 모상들과 같은, 같은 곳 28,8
> 사람의 닮은꼴과 같은, 4 에즈라 13,3
> 사람과 비슷한 것들, 같은 곳 13,13
> (어떤 사람의 아들과 비슷한, 묵시 1,13)
> (어떤 사람의 아들과 같은, 같은 곳 14,14)

이런 사례를 열거하는 목적은, 기원후 2세기 이전의 유다교에서 시원론과 종말론에 관한 말을 할 때 바로 이상과 같은 정식定式을 통하여 인간의 원형적인 위대성과 아울러 미래의 메시아를 어떻게 연상시키려 했는지를 보여 주는 데 있다. 그러나 여기서는 다니엘서, 일명 필론의 책 그리고 제4 에즈라기의 본문만을 유의해서 검토하겠다. 물론 에제키엘서 1장 26절에서도 '어떤 사람의 모습과 같은'이라는 말이 하느님을 가리키는 데 사용되어 있다. 다니엘서 8장 15절에는 '아담의 아들'로 불리는 다니엘 예언자에게 말을 건네는 가브리엘을 지칭하기 위해서 '어떤 사람의 모습과 같은'이라는 말이 사용되고 있다. 다니엘서 10장 16절에서는 어떤 천사를 가리키는 표현으로 '아담의 어떤 아들의 모상과 같은'이라는 말을 읽어 볼 수 있다. 여기서 '~과 같은'이라는 접속사는 묵시 문학의 작품에는 흔한 것으로서 이 접속사 뒤에 이어 오는 사람이나 사람의 아들을 깎아내리지 않는 것이 분명하다.

필자는 신약학을 연구하는 사람이다. 그런 만큼 다니엘서 7장 13절의 본래의 의미에 관한 질문을 여기서 가름해야 할 필요는 없다. 다행이라면 다행이겠다. 여기서 그 본문을 다시 한 번 읽어 보자. "나는 밤에 현시를 바라보고 있었습니다. 그런데 문득 하늘의 구름들과 함께 어떤 사람의 아들과 같은 분이 오는 것이었습니다. 그가 나이를 많이 잡순 노인에게까지 이르자 그분을 그 노인 앞에 다가서게 하였습니다. 이어서 그분에게는 주권과 영광과 나라가 주어져서 모든 백성과 민족과 언어가 그분을 섬기게 되었습니다. 그분의 주권은 없어지지 않을 영원한 주권이며, 그분의 나라는 결코 멸망하지 않을 나라입니다."(다니 7,13-14) 다니엘서 7장 27절은 다음과 같이 부연한다. "나라와 주권과 그리고 모든 하늘 아래 있는 왕국들의 위대함이 지극히 높으신 분의 거룩한 이들의 백성에게 주어졌으니 그의 나라는 영원한 나라요, 모든 주권들이 그분을 섬기고 그분에게 복종할 것이다." 여기서 '크바르 에나쉬kebar énash' 즉 '어떤 사람의 아들과 같은 이'라는 말은 무엇을 뜻하는가? 아담과 비교할 수 있는 인간의 위대성을 뜻하는 것일까? 천사나 어떤 초월적인 존재를 의미하는 것일까? 아니면 메시아 왕이나 단순히 이스라엘 백성을 가리키는 어떤 상징인가? 그럴로는 가장 일반적으로 지지를 받는 통설을 따르고 있는데, 그것은 사람의 아들을 거룩한 이들의 백성 곧 이스라엘과 동일시하는 다니엘서 7장 27절의 해석 때문이다. "따라서 여기에 사람의 아들의 왕위 착좌는 이스라엘의 메시아를 포함해서 어떤 인간적인 왕의 군림을 표상하는 것이 아니다. 그것은 순수한 상징으로서 하느님 나라의 도래와 함께 이 지상의 권력이 이 나라를 구체적으로 지지하는 백성에게 주어지리라는 것을 연상하고 있을 뿐이다. ……그러나 이 상징은 어디까지나 열려진 채로 남아 있다……."[23] 카젤은 1978년 이 책과 같은 총서의 하나로 발표한 《성경의 메시아 *Le Messie de la Bible*》라는 책에서 좀 더 정확하게 꼬집어서 이 구절을 해석하려 한다. "사람의 아들에게 주어지는 이 나라에 어떤 집단적인 측면이 있다는 데에는 의심할 여지가 없다. 그러나 그 시대에 왕만 있고 왕국이 없다는 것은 도저히 상상조차 할 수 없다. 또 사실 바로 이 장에는 짐승들의 상징 외에도 뿔에 관한 상징이 도입되어 있는데 이 뿔들은 바로 왕들을 상징한다……."[24] 이 두 견해 중에서 어느 것을 선택할 것인지는 보류하기로 한다. 사실 우리가 관심을 기울이고 있는 점은 이 상징적인 표상이 옛 유다교에서 어떤 운명을 거치게 되었는지를 알아보는 데 있는 만큼 더욱 그렇다. 사람의 아들이라는 표현이 《에녹의 비유들》 외에는 그 자체로서는 메시아론적으로 평가를 받지 못했다 할지라도 다니엘서 7장 13절이 전체적으로 메시아론적인 해석을 받는 일이 이따금 있었다는 사실을 우리는 시인하지 않으면 안 된다.[25] 요한 묵시록 1장 13절과 14장 14절 그리고 제4 에즈라기 13장 3절의 경우에는 '어떤 사람의 아들과 같은'이라는 표현이 메시아와 동일시되어 있는 것이 분명하다. 그러나 이 표현이 바로 본격적인 의미의 메시아의 칭호라고 서둘러 단정할 필요는 없을 것이다. 이 표현은 이러한 인물의 신비를 일차적으로 하늘의 세계에 속하는 것으로 특별히 돋보이게 하고 있으며, 그 사례도 극히 드물다.

앞에서 검토한 자료에 덧붙여 또 하나의 새로운 자료를 이 자리에 소개하겠다. 다름 아니라 일명 필론의 《성경 고대사》를 두고 하는 말이다. 이 책은 늦어도 기원후 2세기 초 이전에, 어쩌면 제2차 성전 파괴 이전에 집필된 책이다. 그런데 여기서 필론은 우리가 지금 다루고 있는 표현을 복수형으로 두 차례 사용하고 있다.[26] 먼저 《성경 고대사》 19,9을 읽어 보자. 여기서 모세는 선민 이스라엘이 거쳐 온 유랑의 여정을 회상하면서 다음과 같이 하느님께 기도한다. "당신은 그들에게 (시나이에서) 율법과 계명을 주시어 그들이 '사람들의 아들들로서' 살고, 들어가도록 하셨습니다. 그러나 사람으로서 당신을 거슬러 죄를 짓지 않은 자 그 누가 있겠습니까?"《성경 고대사》28,8에서는 크나즈Qénaz가 창조 때에 있었던 최초의 세계를 보고 그 모습을 다음과 같이 전한다. "높은 곳의 받침대(하늘)와 낮은 곳의 받침대(땅) 사이로 눈에 보이지 않는 어느 장소의 빛으로부터 '사람의 모상들과 같은' 것이 걸어 나오고 있었다. 그런데 마침 한 소리가 말하는 것이었다. '사람들의 받침대는 이렇게 될 것이다. 보이지 않는 장소의 빛으로부터 앞으로 나오는 사람들은 그곳에 사는 사람들이 될 것이고 그들은 사람들이라고 불릴 것이다. 이것은 (사람이) 나를 거슬러 죄를 지었을 때 일어날 것이다.'……." 일명 필론의 작품은 묵시 문학의 유형에 속하지 않는다. 그럼에도 그 저자는 자기 수중에 있는 하가다의 자료에 묵시 문학 유형에 속하는 이런 몇 가지 자료들을 뒤섞어서 그 책에 이용하는 데 조금도 거리낌이 없다. 크나즈가 보았다고 하는 저 최초의 세계에 관한 현시에서 저자는 '사람들의 모상들과 같은 것quasi imagines hominum'이라는 표현을 빌려 최초의 인간들을 표시하고 있다. 이와 비슷한 표현은 약속의 땅을 향하여 전진하기에 앞서 시나이 산에서 방금 율법을 하사받은 사람들을 일컫는 데도 사용된다. 알다시피 유다교의 전승에서는 황금 송아지를 섬김으로써 야훼께 죄를 범하기까지는 시나이 반도의 광야에서 유랑하던 선민 이스라엘을 거룩한 세대라고 생각했으며, 이 세대는 아담과 같은 특전들을 누리고 있었다고 간주했다.[27] 이렇게 놓고 볼 때 '사람의 아들들과 같은'이라는 말은 최초의 진정한 인간, 달리 말해, 창조된 그대로의 인간을 연상시킨다. 하기야 최초의 인간에 관한 이와 같은 상상은 주변의 헬라 세계에서도 널리 알려져 있었다. 이 상상은 이어서 유다교 사상에까지 뚫고 들어와서 특히 침례파와 같은 유다교 내의 특수 단체들에까지 이르게 되었다.[28] 그 한 가지 예를 들어 보자. 《에녹》 83-90에 전해지는 이른바 《현몽의 책*Livre des songes*》은 다니엘서와 거의 같은 시대에 집필된 것인데, 거기에 보면 다니엘서 7장과 8장에서와 마찬가지로 일련의 동물들을 상징으로 내세워 이스라엘의 거룩한 역사를 회상하고 있다. 그래서 가령 아담은 흰 황소로 드러내고 있으며, 같은 색깔의 다른 황소들이 그 뒤를 이어 오는데 이들은 야곱에게까지 이르는 이스라엘의 족장들을 드러낸다. 이 거룩한 역사가 진전함에 따라 양 떼들의 시대가 오는가 하면 종말의 때를 개막할 최후의 흰 황소를 기대하기도 한다. 여기서도 종말론이 시원론과 연결을 이루면서 최초 시대 곧 아담과 족장들의 시대로 회귀하는 셈이다.[29]

　이와 같은 '아담론'은 유다교에 깊이 스며들었다. 특히 다음에 인용하는 구절들이 이 사실을 잘 말해 준다. 《레위의 유언*Testament de Lévi*》 18장 2~3절과 10~13절에서 사제인 메시아가 낙원의 대목들을 여는 구절.[30] 《아담과 하와의 일생》, '처음으로 빚어진' 아담에 관한 일명 필론의 몇몇 자료들. 《아브라함의 유언》 11(긴 본문). 첫 사람에 관한 알렉산드리아의 필론의 수많은 사변과 고찰들. 바오로 사도 역시 예컨대 코린토 신자들에게 보낸 첫째 서간 15장 45~49절에서 아담이라는 주제를 들고 나온다. 이러한 문화사적인 맥락을 놓고 볼 때 팔레스티나의 《타르굼》(특히 *Targum Néofiti*)의 아람어 번역도 흥밋거리가 아닐 수 없다. '아담Adam'이라는 낱말과 거기에 정관사를 붙인 '하-아담ha-Adam'이라는 히브리어가 여기서는 으레 '바르 나쉬'와 '바르 나샤'로 번역되어 나온다. 그래서 가령 《타르굼 네오피티》 창세기TgN Gn 1장 26~27절을 그 예로 인용해 보자. "야훼께서 말씀하셨다. '우리의 모습대로 우리와 비슷한 것으로 사람의 아들을 창조하자…….' 그리하여 야훼의 말씀은 당신의 모습대로 사람의 아들을 창조하였다." 이와 같은 아담론의 윤곽을 간략하게 소개한다면 다음과 같은 도식이 될 것이다. 하느님은 아담 곧 《타르굼》에서 말하는 사람의 아들을 이렇게 처음에 위대하게 창조하셨다. 그런데 죄를 지은 인간은 하느님의 완벽한 모상으로서의 자신의 진정성을 상실하였고, 이와 같은 상태는 인류가 최초의 원상을 회복하고 아담의 지위를 되찾을 때까지 계속된다는 것이다. 알렉산드리아의 필론이 말하듯이(*Legum Allegoriae* 1,31 이하) 창세기 1장의 인간은 창세기 2장 4절 이하에 나오는 지상의 존재인 동시에 죄인인 인간에 앞서 있었던 천상의 인간이다. 그런데 바오로 사도는 이와 같은 도식을 완전히 역전시킬 뿐 아니라 최초의 사람의 아들에 관한 신화를 정식으로 거부한 셈이다. 실상 그에 따르면, 첫 아담은 땅 위의 한 '동물'에 지나지 않았으며, 천상의 아담은 오히려 '나중에' 오신 분으로서 바로 그리스도 자신이라고 한다. 이어서 바오로 사도는 다음과 같이 결론짓는다(1코린 15,45 이하). 다음이 그 내용의 요지다. "우리가 땅의(인간의) 모상을 지녔듯이 마찬가지로 하늘의(인간의) 모상을 지니게 될 것입니다."(15,49) 이와 같이 완벽한 모상이신 아드님은 당신의 모상을 지니고 있는 자들과 밀접하게 연결되어 있다. 바오로는 유다교의 아담론을 근본적으로 뒤엎어 놓았다. 사정이 이렇기 때문에 사람의 아들이라는 표현이 왜 바오로에게서 더 이상 나타나지 않는지를 우리는 이해하게 된다.

그러나 이제 '사람들의 아들들과 같은'이라는 《성경 고대사》 19,9의 복수형 표현을 다시 검토해 보자. 이 표현과 '어떤 사람의 아들과 같은'이라는 단수형의 정식 사이에 어떤 관련이 있다는 사실을 과연 주장할 수 있는가? 바로 이 점에 관해서는 제4 에즈라기의 본문이 흥미 있는 어떤 요소를 제공한다. 그러나 다니엘서 7장도 실질적이든 상징적이든 어떤 한 개인과 거룩한 이들의 백성이라는 한 집단에게 동시에 주의를 기울이고 있었다는 사실을 잊어서는 안 된다. 기원후 1세기 말에 집필되었을 공산이 큰 제4 에즈라기의 저자는 자기가 본 현시現示를 다음과 같이 묘사한다. "내가 보니 문득 바다에서 큰 바람이 일어 그 모든 물결들을 뒤흔들고 있었다. 내가 보니 문득 이 바람은 바다로부터 '사람의 모습과 같은 것'을 올라오게 하는 것이었다. 내가 보니 문득 이 사람은 하늘의 구름에 싸여 날고 있었다(13,2-3).[31] 이때에 수많은 사람들이 일어나 바로 문제의 이 사람을 쳐 없애려 하였으나 오히려 그 사람이 그들을 몽땅 쳐부수었다. 그 뒤에 내가 보니 이 사람은 산에서 내려와 다른 무리 하나를 자기한테 부르고 있었는데 이 무리는 평화로운 무리였다. 그리고 그를 향해서 수많은 '사람들과 비슷한 것들'이 다가가고 있었다……."(13,13) 이어서 이 저자는 현시에 대한 해설을 다음과 같이 제공한다. "그대가 바다에서 올라오는 것을 본 이 사람이야말로 지극히 높으신 분이 당신의 피조물을 구출하기 위하여 오래전부터 보존해 두신 분이다……."(13,25-26) 해설은 계속된다. "그리고 이런 일이 일어날 것이다. 내가 그대에게 미리 보여 준 이 표징들이 일어날 그때에는 나의 아들, 그대가 바다에서 올라오는 것을 본 이 사람이 계시될 것이다."(13,32)

마지막 결론을 읽어 보자. "나는 그분께 또 말씀을 드렸다. '주여, 나의 어른이시여! 내가 왜 그 사람이 바다에서 올라오는 것을 보았는지 내게 보여 주십시오.' 하니 그분은 대답하여 내게 말씀하기를, '어느 누구도 깊은 바다 속에 있는 것을 캐낼 수도 없고 볼 수도 없는 것과 마찬가지로, 땅 위에 있는 그 어느 누구도 나의 아들을 또 그와 함께 있는 이들을 그의 날의 때가 되지 않으면 볼 수 없다'고 하였다." 이와 같이 그 모상을 지니고 있는 이들의 백성은 이들을 모아들이는 그분과 함께, 달리 말해 하느님께서 역사의 변천을 초월하여 당신께만 유보해 둔 진정하고 참된 아담, 그러기에 그 하느님이 또한 당신의 아들과 당신의 메시아라고 지칭하는 그 아담과 일체를 이루게 될 것이라고 한다.

이상과 같이 제4 에즈라기의 저자는 다니엘서와 같은 계통의 이 현시를 메시아론적인 의미로 해석한 것이 분명하다. 그런데《에녹의 비유들》이라는 책을 끌어댈 것도 없이 이와 같은 해석이 옛 유다교에 이미 알려져 있었던 것 같다. 탈출기 12장 42절에 관한 팔레스티나의《타르굼》에서는 '네 밤의 시'라고 하는 매우 아름다운 시를 읽었는데, 바로 이 시가 메시아론적 해석의 유포 사실을 일부 해명해 준다. 여기에 그 시를 번역해서 소개한다.

> 넷째 밤이 오리라. 그때에 세상은 그 끝에 이르러 구속을 받으리라. 쇠 멍에는 부서지고 사악한 세대들은 파멸된다. 모세는 광야로부터 나오고 메시아 왕은 저 위로부터 나오리라. 한 사람은 양 떼의 머리에 서서 앞장서 가고, 다른 사람은 양 떼의 머리에 (또는 구름 꼭대기에) 서서 앞장서 가리라. 그리고 주님의 말씀은 그들 둘 사이에서 앞장서 갈 것이며, 그들은 함께 걸어가리라. 이것이 곧 야훼 YHWH의 이름을 위한 파스카의 밤이니, 이스라엘의 모든 세대들의 해방을 위하여 따로 보존해 주시고 정해 주신 밤이로다.[32]

위로부터 구름 꼭대기에 서서 앞장서 오신다는 메시아는 물론 다니엘서의 사람을 연상해 준다. 그리고 마지막 때에 하느님의 말씀이 모세와 메시아를 옆에 끼고 내림하시리라는 것은 조금도 놀라울 것이 없다. 신명기 30장 4절에 관한 예루살렘 《타르굼》에서 우리는 다음과 같은 구절을 읽을 수 있다. "그대들 흩어진 자들이 하늘 끝에 닿으면 그대들의 하느님 야훼YHWH의 말씀은 엘리야 대사제의 힘을 빌려 그곳으로부터 그대들을 모아들일 것이다. 또한 그 말씀은 메시아 왕의 힘을 빌려 그대들을 데리고 오리라." 그런데 바로 예수의 거룩한 변모 때에 예수도 구름 속에서 엘리야와 모세에 둘러싸여 있지 않았던가!³³

그렇다면 예수야말로 신명기 18장 15절에서 말하는 "나와 같은 예언자"로서 반드시 "들어야 하는" 새로운 시나이 산의 새로운 말씀, 바로 아드님이 아니겠는가? 마르코의 해석에 따르면, 하느님의 나라도 권능을 띠고 지금 와 있는 것이 아니겠는가? 아드님께서 벌써 와 있기 때문이다(마르 9,1.7). 아들이 누구인지는 지적되었다. 그러나 예수는 덧붙여 말하기를 "이 죽은 이들 가운데에서 다시 살아날 때까지는" 이 사실이 알려져서는 안 된다고 한다(마르 9,9). 그렇다면 이제 예수가 말하는 이 사람의 아들은 누구인가? 우리가 수중에 넣은 자료는 단편적이지만 복음서에 전해진 이 표현을 좀 더 잘 이해할 만큼은 넉넉한 것이다.

4. 사람의 아들과 예수

복음서에 나오는 사람의 아들이라는 표현은 그 언어학적인 생김새를 제대로 파악할 수 없고 서로 경쟁하는 여러 가지 의미들이 뒤엉켜 있기 때문에 알아듣기가 매우 어렵다. 아들임이라는 '의소 意素, sèmes'와 인간임이라는 의소 외에도 첫 아담의 세계와 종말의 세계에 관한 여러 가지 부차적인 의미들이 곁들여진다. 그 밖에 이야기를 하는 화자는 이 표현으로 자기 자신을 인칭적으로 가리킬 수도 있고 비인칭적으로 가리킬 수도 있다. 달리 말해서 이 표현은 화자 자신의 '나'라는 말 대신에 일종의 인칭 대명사로 사용될 수 있으며, 경우에 따라서는 자신을 가리키면서도 '그'라는 뜻의 비인칭 대명사로 사용될 수 있다.[34]

복음서의 본문을 지니고 있던 공동체의 수준에서 볼 때 시원론과 종말론이 이 경우에는 서로 연결되어 '알파'와 '오메가', 즉 아담과 구름을 타고 오는 메시아를 동시에 말해 주려 했던 것으로 보인다. 한 걸음 더 나아가 유다계 그리스도교의 언어에서는 이 사람의 아들이라는 표현이 나중에 그리스도교 이산 공동체에서 완전한 발전을 보게 될 그리스도론적인 칭호들을 사실상 모두 수용할 수 있는 그런 표현이었다. 완벽한 아담에서 구름을 타고 올 것으로 기대되는 메시아에 이르기까지, 그리고 하늘에 계신 하느님의 아들에서 주님이요 최고 판관이라는 칭호에 이르기까지 일체의 그리스도론적인 칭호들이 이 사람의 아들이라는 표현 안에 수용될 수 있었다는 말이다. 게다가 이 표현은 그리스도론적으로 완전히 발전되어 있으면서도 예수 자신으로 하여금 자신의 말을 할 수 있도록 하는 부수적인 장점도 지니고 있었다. 그렇지만 표현 자체는 여전히 생소할 뿐 아니라 예수를 제대로 표현하기 위해서는 다루기 힘든 것이었다. 그리스어를 모국어로 하는 사람에게는 약간 미심쩍기도 하고 또 벌써 예스러운 티를 띠고 있는 표현임에 틀림없었다. 헬라 세계의 여기저기 흩어져 있던 교회, 가령 로마에 있던 마르코의 교회, 안티오키아에 있던 마태오의 교회, 루카와 요한의 교회들이 이 표현을 다시 받아들인 데에는 그럴 만한 중요한 이유가 있었을 것이다.

그러나 이단에 흐르던 유다계 그리스도교 공동체에서는 이 표현에 대해서 주저할 필요가 없었다. 그래서 침례파와 만대교 그리고 그 밖의 다른 집단에서는 아담과 관련되는 주제를 널리 활용하고 또 과장적으로 해석하였던 것이다.[35] 그러나 하나의 그리스도론적 칭호가 된 다음부터 사람의 아들이라는 이 표현은 예수가 참으로 인간이었다는 사실만을 가리킬 뿐, 그 인물 됨됨이의 전체를 오히려 축소할 위험도 없지 않았다. 그래서 예수는 '되살아난' 아담, 그야말로 '복낙원'의 완전한 인간에 불과한 것이 아닌가 하는 의문이 얼마든지 일어날 수 있었다. 특히 이 아람어의 표현이 그리스어로 번역될 때 이러한 위험은 틀림없이 컸다고 본다. 하기야 바오로 사도 같은 이도 천상의 아담의 새로움을 좀 더 잘 말해 주기 위해서 첫 아담의 지위를 단순한 살아 있는 자연, 달리 말해 하나의 자연적인 생물이나 동물로 격하시켰다(1코린 15,44-48). 바오로 사도는 자신의 선교 어휘에서 마침내 이 표현을 지워 버렸다. 마르코는 이 표현을 재기용하지만 하느님의 아들에 관한 그의 복음서 안에 이 표현을 조심스럽게 통합하였으며(마르 1,1; 9,7; 14,61; 15,39), 아울러 앞서 지적한 위험을 철저히 예방한다. 그리하여 예수는 아담을 능가하는 분이 되었으며, 사람의 아들이라고 하는 표현에서도 아들이라는 낱말이 이제부터는 단연 지배적이 된다. 이와 같이 한편으로는 바오로 및 복음사가들과 다른 한편으로는 유다계 그리스도교 계통 증언들 사이에는 엄연한 격차가 드러나고, 그래서 이 사실은 역사적으로 볼 때 하나의 중요한 지표가 된다. 복음사가들은 그 위험이 뚜렷하게 내다보이는데도 전승에서 물려받은 이 표현을 다시 기용하였기 때문이다.

    그러나 유다계 그리스도인들의 첫 집단들과 그들이 회상하는 예수와의 거리를 과연 우리는 어느 정도까지 측정할 수 있는가? 이러한 질문에 역사적으로 대답하기 위해서 우리가 갖고 있는 방법과 수단은, 그리스도교의 회상에 나타나는 예수와 그를 둘러싸고 있던 유다 사회를 비교하여 이 둘 사이의 문학적이며 역사적인 차이들을 들추어내는 일이다. 이 차이들을 이 자리에 모아서 간단히 검토해 보자.

아람어를 말하던 그리스도교 공동체에서는 예수가 자신을 말해 주기 위해서만 사람의 아들이라는 이 표현을 사용하도록 했다. 예수의 '나'를 이런 식으로 회상했다는 것은 과연 놀라운 일이 아닐 수 없다. 그리고 그 빈도도 그 밖의 다른 유례들과는 비교도 안될 만큼 높은 것이어서 이러한 화법이 예수의 직제자들에게 남겨 준 충격에 의해서만 제대로 설명될 수 있다고 본다. 더구나 이 표현이 예수 이외의 어떤 제삼자를 가리키는 경우(마르 8,38) 그 생소함은 더욱 커진다. 그러니까 그리스도교 공동체에서는 자기들의 주님이 달랐다는 것을 기억할 뿐만 아니라, 그 주님이 자신을 일러 사람의 아들이라고 말하기도 하고, 그 사람의 아들이 아니라고도 말했다는 것까지 기억하고 있는 것이다.

한편 위에서 말한 바와 같이 이 표현은 당시에 널리 알려져 있던 부수적인 의미, 곧 아담과 종말론에 관한 의미도 함축하고 있었다. 특히 사람의 아들에 관한 현시와 그가 하느님을 향하여 올라간다는 주제 그리고 구름, 심판 및 간선자들의 재소집이라는 주제들은 의심 없이 다니엘서에 소급한다. 그러나 한 가지 점은 우리를 놀라게 한다. '어떤 사람의 아들과 같은'이라는 말이 유다교에서는 최초의 원형과 마지막 때에 개선하는 어떤 인물로 시선을 이끌어 주었는데, 이제 이 말이 사람의 아들이라는 표현으로 줄어들어 말을 하는 화자의 현재 또는 그가 발화發話하는 미래 안에 옮겨 들어오게 되었다. 과거는 미래와 마찬가지로 이처럼 예수의 '나'의 현재 안에 집약된 셈이다. 이와 같은 의미의 변동은 표면상의 존재에서 실질적인 존재에로의 변동을 뜻하며, 주어진 설화에서 어떤 기능을 떠맡고 있음이 틀림없다.

다른 또 하나의 놀라움이 우리를 기다리고 있다. 혹시 복음서에 나오는 사람의 아들에 관한 모든 언급은 다니엘서 7장 13절의 "어떤 사람의 아들과 같은"이라는 표현처럼 종말의 심판관과 최후의 집권자를 가리키는 것이 아닐까? 그러나 사실은 그렇지 않다. 물론 마르코 복음서 14장 62절의 화자인 예수는 그 무슨 승리의 외침처럼 사람의 아들의 오심을 통고한다. 그러니까 최고 의회 앞에서 재판을 받은 그 인간이 머지않아 자신을 재판한 그 판관들을 심판할 것이고, 또 그들은 이 사실을 몸소 목격하리라는 것이다. 그 까닭은 사람의 아들이 차지할 그 자리는 구름 가운데에서 영광 중에 선택받은 이들과 천사들이 모인 가운데 차지할 권력의 자리이기 때문이다.

그러나 이 사람의 아들이라고 하는 영광의 표현을, 어떻게 자신의 머리를 둘 곳조차 없는 사람의 아들의 일상생활에 표현되는 '권력의 이면裏面'과 결합시킬 수 있었는가? 하물며 죽음과 대결해야 하는 사람의 아들은 더 말할 것도 없다. 마르코 복음서에 보면, 그 이전의 전승에서도 그렇지만, 모순이 매우 강렬하다. 예수의 권력을 나타내는 '나'가 무능과 무력에 이르기까지 기력을 잃고 사람의 아들이라는 표현의 의미를 완전히 역전시킨다. 이것이야말로 하나의 도전이 아닐 수 없다. 물론 현재의 복음서를 읽어 보면 종래의 범주들을 역전시키는 다른 사례들이 없지 않다. 그렇지만 사람에 따라서는 이 역전을 감행한 이가 예수 자신이 아니냐고 물을 수도 있을 것이다. 예수야말로 최초의 진정성을 고스란히 간직한 한 인간으로서 그리고 죽음과 대적하는 한 예언자로서 자신을 제시한 다음, 최후의 심판 때 자기가 누구일 것인지를 가리켜 준 분이 아니었던가? 예수의 의식 수준에서 제기하는 이런 질문에 대한 답변은 필자가 보기에 거의 실용성이 없다. 그러나 필자는 자료들을 다소 다르게 정리하여 역사적으로 납득이 갈 만하게 이 답변을 다시 꾸며 내 볼 수 있다고 생각한다. 먼저 다음과 같은 점들을 살펴보자.

침례파에 속하던 사람들 사이에서는 아담론의 주제와, 더구나 마지막 때와 장차 올 심판의 통고라는 주제가 잘 알려져 있었던 것 같다. 그런데 복음서에 따르면 요한 세례자는 하느님의 심판을 선포하였다. 예수도 다니엘의 노선을 따라 하느님의 심판을 선포하였는데, 다만 예수는 이 심판을 자신의 인격과 직결시켰다. 사람의 아들이라는 표현은 그리스도교에서 회상하는 바에 따르면, 하느님의 심판이라는 주제에서 이 심판을 어디까지나 하나의 주권자로서 집행할 판관이라는 주제로의 이 이상한 변위를 완벽하게 해명해 준다고 하겠다(다니 7,14).

역시 침례파 계통에서 흐르는 물에 몸을 담근다는 침례 동작은 그 자체로서 종말론적 죄 사면의 시대가 왔음을 가리켜 주는 것이었다. 그런데 그리스도교에서 회상하는 바에 따르면, 예수는 바로 이 엄청난 죄 사면의 선포를 자신의 인격과 직결시켰다. 그리하여 하느님의 저 드높은 통치가 악마를 추방하는 그분의 활동 안에서 벌써 그 실세實勢를 발휘하고 있다는 것이다. 하느님의 이 주권자로서의 행동이 이제부터는 바로 그분을 통해서 이루어진다는 것이다. 그렇다면 이제 그리스도교 공동체에서는 자신에 관한 예수의 이 확신을 번역하는 데 사람의 아들이라는 표현보다도 더 나은 표현을 발견할 수 있었겠는가? 다니엘서 7장 14절에 따르면, 사람의 아들은 최고의 권력을 수여받았다. 기원후 1세기의 팔레스티나에는 여러 예언자들과 메시아들의 운동으로 뜨겁게 달아올라 있는 가운데 메시아 왕국을 기다리던 갈망이 극에 이르고 있었다. 그러나 그리스도인들의 증언에 따르면, 예수는 이러한 갈망과 기대를 거부한 채 그 대신 하느님 나라가 이제 가까이 다가왔다고 선포하였다는 것이다.

  예수는 기대하던 왕국의 왕이 아니다. 그러나 그러면서도 이제 정작 행동에 나서기 시작한 하느님의 주권자로서의 행동을 선포하였기 때문에 이 사실 자체로 예수의 인격은 이 선포 내용의 진실 여부와 운명을 함께하게 되었다. 이를테면 메시아와 왕국이라고 하는 한 쌍의 범주를 이제 하느님의 드높은 나라와 이 나라를 표현하는 사람의 아들이라는 범주가 대신하게 된 것이다. 그리하여 하느님 나라의 임박을 선포한다는 것은 예수 자신이 선포하고 활동한다는 사실로 말미암아 사람의 아들이라는 '나'를 사용한다는 것과 적어도 부분적으로는 같은 의미가 되었다. 즉, 하느님 나라가 자신의 활약으로 오게 되었다고 선포한다는 것은 자기 자신을 가리켜 장차 올 사람의 아들이라고 하는 것과 같은 의미이다. 이 두 주제는 서로 완벽하게 조응照應하고 있으며, 동일한 종교적인 체험을 말해 주는 두 개의 언어라고 할 수 있다. 첫째 것은 현재와 관련되고, 둘째 것은 미래와 관련된다. 다만 사람의 아들이라는 언어와 하느님 나라라는 이 두 개의 언어는 동시에 사용할 수가 없다. 그렇게 되면 사람의 아들이라는 표현을 일종의 정치적 메시아의 칭호라는 수준으로 금방 격하시키는 결과가 따르기 때문이다. 마태오 복음서 16장 28절은 바로 이 경우에 해당한다고 볼 수 있다. "사람의 아들이 자기 나라에 오는 것을 볼 때까지." 그러나 필하우어가 정확하게 지적한 바와 같이 그리스도교 선포의 가장 오랜 표현에 나타나는 (사람의 아들과 그의 나라가 이처럼 한자리에 겹쳐 나오는) 우연의 일치는 '비정상적'이라고 해야 할 것이다.

정치적인 소요가 잦았던 팔레스티나에서 그리스도교 공동체는 예언자 예수의 활동을 회상하면서도 그분과 당대의 (거짓) 예언자들과의 연대連帶를 완전히 끊어 놓았다. 그러나 한편 예언자로서의 이 투신을 회상하면서 어찌 그의 죽음과 그 죽음 이후의 생각을 떠올리지 않을 수 있었겠는가? 그러기에 순교 예언자로서의 예수는 명료한 의식을 가지고 죽음을 향해 걸어갔으며, 동시에 자신의 현재 활동이 하느님의 계획에 따라서 이루어진 만큼 이 활동이 정당하다는 것을 보여 줄 자신의 승리를 외치고 있는 것이다. 사람의 아들이라는 표현 이외에 다른 어떤 표현이 죽음을 넘어서 거둘 이 승리를 더 잘 말해 줄 수 있는가? 한마디로 사람의 아들이라는 표현 말고, 예수가 자신에 대해서 스스로 말한 모든 것과 그가 예언자로서 신명을 걸고 행동한 모든 것을 일관성 있게 회상하기 위해서 역사적으로 가장 적절한 표현이 어디 또 있겠는가? 이 표현은 권력에 대한 예수의 주장을 완벽하게 집약한다. 그런데 이 주장은 십자가에 새겨진 지울 수 없는 증언, 곧 "유다인들의 왕 나조라 사람 예수"라는 말에 메아리쳐 나온다. 한 걸음 더 나아가 이 주장은 그리스도교 공동체 안에서 메아리친다. 이 공동체는 가난하고 무력하게 일생을 살다 간 예수의 저 이상한 '나'를 기억하며, 그러면서도 교회는 그분을 영광으로 감싸 빛나게 한다. 다른 한편 교회는 그 주님을 항상 기다리는 가운데 살아가면서도 장차 사람의 아들이 될 예수의 재림이 임박했음을 상기시켜 준다.

　이상과 같이 사람의 아들에 관한 이런저런 개개의 말씀을 따지지 않고도 우리는 다음과 같이 결론지을 수 있게 되었다. 만일 사람의 아들이라는 표현이 예수에게서 어떤 모양으로든지 본질적인 역할을 떠맡고 있지 않았다고 한다면, 이 사실 자체로, 예수의 그 나머지 인물 됨됨이는 모두 풀릴 길 없는 수수께끼가 될 것이다. 역사가가 역사학이라는 방법으로 다시 한 번 말해 주려는 그 인물들 안에서 다소나마 일관성을 추구하는 것이 사실이라고 한다면, 사람의 아들이라는 표현은 역사가에게 반드시 감안해야 할 표현으로 나타난다. 그래서 그는 나조라의 예언자 예수의 저 놀라운 '나'를 자기 나름대로 다시 한 번 회상하는 수밖에 다른 도리가 없을 것이다. 실상 예언자 예수는 자기가 장차 될 사람의 아들로서 자신의 승리를 미리 말해 주었던 것이다.

제8장

예수와 하느님 아버지

우리는 이제까지 그리스도교 첫 공동체가 '사람의 아들'이라는 표현을 빌려 예수의 '나'를 어떻게 메아리치게 하였는지를 살펴보았다. 그것은 말하자면 자신의 죽음을 넘어서서 거둘 승리의 외침과 같은 것이었다. 따라서 이 낱말은 장차 교회가 그 스승을 일컫는 데 이용할 모든 그리스도론적인 칭호들을 그 '씨앗 안에in nucleo' 이미 함축하고 있었다. 실상 그분은 하느님의 첫 모상이요 마지막 아담이며 하느님의 아들인가 하면 부활하신 주님이기도 하다. 그런데 유다계 그리스도교 공동체에서 정성을 기울여 후대에 전해 준 '사람의 아들'이라는 이 표현 안에는 이 모든 그리스도론적 칭호의 본질적인 근거가 함축되어 있는 것이다. 초창기 그리스도교는 그리스도론을 한껏 발전시켜 가는 가운데 이 표현을 채택하여 신앙으로 믿는 자기의 주님과 애타게 기다리는 그분의 재림 사이의 연대를 강조할 줄 알았다. 왕이라든가 그리스도, 주님, 하느님의 아들과 같은 여타의 그리스도론적인 칭호는 그 자체로 놓고 볼 때 이런 이점이 없었다. 달리 말하자면 종말론적인 차원을 부각시킬 수 있는 처지가 못 되었다. 그러나 조금 더 중대한 이유가 없지 않았다. 실상 첫 공동체에서 생전에 예수가 어떻게 자신을 말해 주었는지를 먼저 회상하지 않고서야 어떻게 예수를 말해 줄 수 있었겠는가?

그렇지만 이러한 표현은 특히 헬라 세계라고 하는 새로운 맥락 안에서는 그분의 신원을 가리키는 데 이렇다 할 구실을 해낼 수 없었다. 바오로 자신도 이 사람의 아들이라는 표현을 '하느님의 아들' 또는 '그분의 아들'이라는 표현으로 옮겨 놓으면서도 그것을 직접적으로 사용하는 일은 한 번도 없다. 오히려 하느님의 아들 되심이라는 신분에 관련되는 어휘가 점점 더 비중을 띠게 된다. 그래서 가령 바오로 사도는 기원후 50~51년경에 테살로니카의 헬라계 그리스도인들에게 편지를 쓰면서 그들은 "살아 계신 참하느님을 섬기고 …… 그리고 하느님께서 죽은 이들 가운데에서 일으키신 그분의 아드님을 기다려야 한다."라고 했다(1테살 1,10). 실상 하느님께서는 다마스쿠스로 가던 바오로에게 "당신의 아드님을 그 안에 계시하지" 않았는가?(갈라 1,16) 그리고 마지막으로 바오로의 복음도 "그분께서는 육으로는 다윗의 후손으로 태어나셨고, 거룩한 영으로는 죽은 이들 가운데에서 부활하시어, 힘을 지니신 하느님의 아드님으로 확인되신 우리 주 예수 그리스도"에 관한 것이 아니었는가?(로마 1,3-4) 이와 같이 '하느님의 아들'이라는 표현은 가장 탁월한 의미에서 하나의 계시된 칭호다. 공관 복음서에서 이 표현이 예수의 세례와 거룩한 변모 때에 하느님께서 몸소 발설하신 말씀으로 나오는 것은 결코 우연이 아니다(마르 1,11; 9,7). 또 예수는 이렇게도 말한다. "살과 피가 아니라 하늘에 계신 내 아버지께서 그것을 너에게 알려 주셨다."(마태 16,17) 그런데 하느님 자신이 아니고서야 누가 이런 이름을 과연 알아낼 수 있으며, 거꾸로 귀신들이 아니고서야 누가 이런 이름을 알아낼 수 있겠는가?(마르 3,11; 5,7) 첫 세대에 속하는 그리스도인으로서는 하느님이 몸소 보장하는 이 신분 증명보다 더 참된 것은 아무것도 없었다. 그러기에 베드로를 본받아서(마태 14,33; 16,16) 또는 십자가 밑에 서 있었던 백인대장처럼(마르 15,39) 자기의 신앙을 고백할 수 있는 것이다.

이 모든 것은 우리가 이미 잘 알고 있는 사실이다. 그래서 지금까지 거듭거듭 연구되어 왔던 '하느님의 아들'에 관한 자료들을 다시 들추기가 아무래도 망설여진다.[1] 필자의 설명은 요약적인 것일 수밖에 없다. 따라서 가장 자주 제기되는 다음 두 개의 질문을 출발점으로 하여 요점만을 제시하기로 한다. 과연 어느 정도까지 예수는 자기를 하느님의 아들로 생각하였는가? 이 칭호는 바오로에 딸려 있었던 그리스도교 이산 공동체에서 유래하는 그리스 문화의 산물이 아닌가? 이 둘째 질문에 대해서 우리는 아니라고 대답할 것이다. 왜냐하면 이 표현은 단순히 헬라 세계에서 파생한 것만은 아니기 때문이다. 그것은 이미 팔레스티나에도 알려져 있었고, 바오로 이전의 전승에서도 이미 예수에게 이 칭호를 적용한 바 있다. 이른바 예수의 친자 의식親子意識에 관한 질문에 대한 답변은 이보다는 좀 더 까다로운 것으로 판명되고 있다. 지금까지 우리가 지켜 온 방법론적인 처리 과정과 정반대되는 입장에서 이 질문을 다룰 때 그렇다는 말이다. 그래서 역사적으로 좀 더 정확하게 파악할 수 있는 다른 양식과 용어로 이 질문을 제기하는 것이 더욱 바람직하다. 하기는 뒤라서 어떤 고립된 표현 하나만을 놓고 거기서부터 어떻게 역사를 할 수 있다는 말인가? 물론 이 칭호에서 문학사를 일부 복원할 수 없는 것은 아니다. 그러나 역사가에게 고유한 일은 여전히 따로 남아 있다.

1. 유다교와 그리스도교 첫 공동체에서의 '하느님의 아들'이라는 표현

하느님의 입양, 즉 하느님이 어떤 피조물을 당신의 아들로 삼는다는 주제는 성경이나 옛 유다교에 잘 알려져 있었다. 그렇기 때문에 바로 이 주제를 밝혀내기 위해서 헬라 세계에서 말하는 '신과 같은 사람들[신인神人]'이라는 주제에 성급하게 도움을 요청할 것은 못 되며 또 사실 그 결과도 보잘것없다.[2] 성경에서 이 비유적인 표현은 먼저 어떤 특수한 관계를 의미한다. 즉 이 표현으로 불리는 이들에게 하느님께서 효과적인 보호를 베푼다는 뜻이다. 하느님의 아들이라고 불리는 존재들은 상당히 범위가 넓다. 천상의 존재들(창세 6,2), 이스라엘 백성(탈출 4,22; 신명 14,1; 예레 31,9.20), 의롭고 경건한 사람들(집회 4,10; 지혜 2,17-18)이 이렇게 불리는가 하면, 때로는 메시아 왕을 말할 때 양자라는 뜻으로 하느님의 아들이라고 표현하기도 한다(2사무 7,14; 시편 2,7; 89,27-28). 그러나 아무 곳에서도 '야훼의 아들'이라는 말은 찾아볼 수 없다.

구약과 신약의 중간 시대에 해당하는, 유다교로 말하면 우리는 제4 에즈라기 13장 32절에서 이 표현을 이미 만난 적이 있다. "그때 나의 아들이 계시되리라."(아마도 시편 2편을 암시하고 있는 듯하다).[3] 그러나 이 표현은 다른 곳에서도 발견된다. 그래서 가령 《희년기禧年記》에서는 이 표현을 이스라엘 백성에게 적용하면서 이렇게 말한다. "그들은 내 계명을 따라 거닐 것이며 나는 그들의 아버지이겠고 그들은 내 아들들이리라. 그리고 그들은 모두 살아 계신 하느님의 아들들이라고 불리리라. 그리고 모든 천사와 영들은 그들이 내 아들들이며, 내가 신의를 지키고 의로운 저들의 아버지며, 내가 저들을 사랑한다는 것을 알고 또한 깨달으리라."(1,24 이하) 그러나 무엇보다도 쿰란의 제4 동굴에서 발견된 4Q 243 단편을 소개하는 것이 좋겠다. 그 번역은 다음과 같다. "……그는 땅 위에서 위대하게 될 것이며…… 그리고 모든 이가 그를 섬길 것이다……. 그는 이름을 받을 것이며 자기의 이름으로 불리리라. 그는 하느님의 아들bhr dy 'l이라고 말해질 것이며(또는 '스스로 말할 것이며') 사람들이 그를 지극히 높으신 분의 아들br 'lywn이라고 부를 것이다. 번개가 번쩍이듯이(직역하면, '현시의 번개들과 같은'), 저들의 나라 또한 그러하리라. 그들은 몇 년 동안 땅 위에서 다스릴 것이며 모든 것을 짓밟으리라. 한 백성이 다른 백성을 짓밟고 한 도시가 다른 도시를 짓밟으리라. …… 하느님 백성이 일어서고 마침내 모든 것이 칼을 버리고 편안히 쉴 때까지." 이 본문의 마지막 부분은 이런 칭호를 참칭하는 자(들)를 거슬러 벌이는 일종의 논쟁을 생각하게 한다. 밀릭J.T. Milik은 이 참칭자의 이름을 대기조차 한다. 곧 알렉산더 발라스Alexandre Balas(기원전 150~145년)로서 재위 기간 중 그가 발행한 주화에다 '테오파토르theopatôr'(하느님을 아버지로 모시고 있는 자라는 뜻)라는 칭호를 새겨 넣었다.[4] 어떻든 쿰란의 이 단편은 순전히 문학사적으로만 볼 때 하느님의 아들이라는 표현이 이미 팔레스타나에 알려져 있었으며, 어쩌면 군주 이념과 어떤 연관이 있었다는 것을 분명하게 보여 준다. 여기에 덧붙여 마리아에게 잉태를 알리는 천사의 신탁도 매우 괄목할 만한 유사성을 보여 준다는 사실을 지적해도 좋을 것이다(루카 1,32.35). 따라서 이 표현이 《요셉과 아세네트》[5] 같은 유다계 문학 작품에도 나타나고 신약 성경, 그중에도 특히 (바오로의 친서 중에서) 팔레스티나의 옛 전승에 뿌리박고 있는 몇몇 단편들에 다시 나타난다고 해서 조금도 놀라울 것이 없다.

유다계 그리스도교의 첫 공동체도 예수에게 아드님이라는 칭호를 돌려 드렸는데, 짐작컨대 거기에는 두 가지 영향이 작용했을 것 같다. 먼저 메시아라는 칭호는 하느님의 아들이라는 칭호를 끌어들이기가 쉬웠을 것이다. 사실 이 두 요소들은 기원후 1세기의 유다교에서 확인할 수 있는 바와 같이 서로 다른 한쪽을 불러들이게 마련이었다. 카야파가 예수에게 던진 질문만 해도 그렇다. "당신이 찬양받으실 분의 아들 메시아요?"라고 하면서 메시아와 아들 칭호를 단숨에 이어서 나열하고 있지 않은가!(마르 14,61; 요한 11,27 참조) 그리스도는 파스카 때에 정식으로 하느님의 아들로 인정받았다. 그래서 바오로가 옛 전승에 근거하여 선언하는 바와 같이, 하느님의 아들이라는 칭호를 받게 된다. "그분께서는 육으로는 다윗의 후손으로 태어나셨고, 거룩한 영으로는 죽은 이들 가운데에서 '부활하시어', 힘을 지니신 하느님의 아드님으로 '확인'되신" 것이다(로마 1,3-4). 다른 한편, 하느님의 아들이라는 칭호는 적어도 부분적으로는 사람의 아들이라는 표현에서 파생하는데 그 맥락도 아주 정확하다. 그것은 곧 재림이라는 맥락이다. 어찌 되었든 이것은 데캉A. Descamps의 견해로서 필자도 이 점에 대해서는 그의 견해에 전적으로 동감이다.[6]

위에서 이미 말한 바와 같이 사람의 아들이라는 표현은 예수의

'나'를 말해 줄 수 있지만 그 예수를 '사람의 아들'이라고 일컫게 하지는 못한다. 그러니까 그것은 아무 누구에게 하나의 속사屬辭로 돌려줄 수 있는 성질의 칭호가 아니다. 그러나 '아드님'이라는 낱말은 이런 불편이 없다. 그러면서도 이 두 표현 사이에 어떤 친근성이 있는 것만은 분명하다. 제4 복음서는 이 두 표현을 계속해서 혼용하고 있다. 예수의 거룩한 변모 이야기에서는 이 두 용어가 사실상 같은 뜻으로 쓰여 있다. 하늘에서 울려오는 소리가 말하는 '아들'은, "사람의 아들이 죽은 이들 가운데에서 다시 살아날 때까지"(마르 9,7.9)라는 말과 같이, 예수가 죽음 저 너머의 자신을 가리키면서 말한 그 사람과 동일한 인물이기 때문이다. 마르코 복음서 8장 38절에 전해진 '로기온'의 맥락도 단연 종말론적이다. "나와 내 말을 부끄럽게 여기면, 사람의 아들도 아버지의 영광에 싸여 거룩한 천사들과 함께 올 때에 그를 부끄럽게 여길 것이다." 이 말씀의 표현은 매우 오래된 것이다. 여기서 말하고 있는 것은 '당신의' 아버지를 면전에 모시고 있는 이야기이지 천사들 이야기가 아니다. 그런데 우리는 심판의 때를 모르고 있다고 하는 예수의 놀라운 말씀에서 이 세 등장인물 곧 하느님, 사람의 아들, 천사들을 다시 만나게 된다. "그러나 그날과 그 시간은 아무도 모른다. 하늘의 천사들도 아들도 모르고 아버지만 아신다."(마르 13,32)[7] 끝으로 재림이라는 종말론적 맥락은, 바오로가 테살로니카 신자들에게 편지를 쓸 때 그가 케리그마에서 물려받아 전하는 요소에 아직도 완연하게 남아 있다. 실상 그는 "하느님께서 죽은 이들 가운데에서 일으키신 그분의 아드님, 곧 닥쳐오는 진노에서 우리를 구해 주실 예수님께서 하늘로부터 오실 것을 기다리라."라고 격려하였던 것이다(1테살 1,10). 여기서 말하는 아들은 복음서의 이른바 종말론적 '로기아'가 말하는 사람의 아들과 아주 비슷하다. 그리고 궁극적으로는 영광과 왕권, 한마디로 모든 것을 넘겨받은 다니엘서의 '사람의 아들'과 매우 유사하다. 그런데 왕국의 혜택을 송두리째 넘겨받았다고 하는 이 요소는 마태오와 루카에 공통하는 전승의 한 '로기온'에도 나타나는데 역시 아들을 언급하고 있다. "나의 아버지께서는 모든 것을 나에게 넘겨주셨다. 그래서 아버지 외에는 아무도 아들을 알지 못한다⋯⋯."(마태 11,27; 루카 10,22) 요컨대 하느님의 아들로 입양된다는 주제는 재림을 염망하고 있었던 유다계 그리스도교 맥락 안에서는 사람의 아들이라는 표현과 매우 근접해 있었다고 단언할 수 있다.[8] 그러므로 입양의 주제는 오래된 것이다. 그러나 예수의 생애와 그분의 체험 자체 안에서 실정이 어떠했는지를 과연 어느 정도까지 밝혀낼 수 있을까?

2. 예수와 하느님 아버지

예수는 자기가 하느님의 아들이라고 분명하게 말하였는가? 이 질문에 답하기 위하여 성경 학자들은 보통 다음과 같은 방식으로 논증을 전개한다. 그들은 먼저 문제의 표현을 지니고 있는 재료들을 분류하고 문학사적인 수준에서 가장 오래된 것으로 간주되는 전승들을 구별해 낸다. 이제까지의 연구 실적에 대해 결산을 해 보자면 대부분의 성경 학자들은 예수가 '하느님의 아들'이라는 칭호를 사용하거나 자신에게 적용한 적은 한 번도 없다고 생각한다. ['하느님의'라고 하는 부가어가 없이 절대적으로 사용된] '아들'이라는 표현은 학자들에게 좀 더 잘 받아들여지는 셈이다. 이 표현이 나오는 구절은 드문 편이다. 예거하면 다음과 같다. 마르코 복음서 12장 5절과 6절, 13장 32절, 마태오 복음서 11장 27절, 루카 복음서 10장 22절. 흔히 지적되어 왔지만 다음의 사실을 짚고 넘어가는 것이 좋겠다. 예수가 심판의 날과 때를 모른다고 하는 마르코 복음서 13장 32절과 같은 '로기온'이 과연 첫 그리스도교 공동체에 의해서 조작될 수 있을까? 한편 마태오 복음서 11장 27절과 루카 복음서 10장 22절에 다 함께 전해진 오랜 전승은 요한 복음서의 언어와 매우 가깝다고 할 것이다. 그렇다고 이 말씀이 예수의 진정한 말씀이 아니라는 법은 없다.[9] 그럼에도 일부 성경 학자들은 아들에 관한 위의 세 가지 언급을 문제 삼는다. 예수가 발설하였다고 보기에는 이 로기아가 너무 산발적이고 이례적이기 때문이라고 한다. 더구나 이런 낱말을 아무런 부가어 없이 사용했을 때 당시 사람들이 과연 그 참뜻을 알아들었을지 의문이라는 것이다.

이와 같이 관련되는 로기아를 문헌 비판적으로 분류한 다음, 성경 학자는 '아들'이라는 이 낱말에 어떤 의미를 부여할 것인지를 묻는다. 기원후 1세기에 이 낱말에 부여할 수 있는 의미는 너무나 다채로워서 아무 주석학자고 간에 예수에게 하느님의 아들로서의 친자 의식을 마음만 먹으면 얼마든지 인정해 줄 수 있으며, 그렇게 하는 것이 자기가 판단하기에 가장 사리에 맞는다고 생각할 수 있을 정도다. 경우에 따라서는 예수를 군주적인 메시아라고도 할 수 있고 사람의 아들이라고도 할 수 있다. 자기의 하느님과 매우 친숙하게 지내는 경건한 어느 율법 학자라고도 할 수 있고, 나아가서는 헬라 세계의 '신과 같은 사람들'처럼 다소 신격화된 하나의 이적異蹟 행위자라고 말할 수도 있다. 그러나 이 모든 가정들은 잠시 제쳐 두고 파스카 이후의 공동체가 예수를 그의 하느님과 하나로 묶어 주던 그 특수한 유대紐帶에 대해서 회상하는 가운데 자기의 스승을 어떻게 역사적으로 지칭하고 있는지를 눈여겨보아야 할 것이다. 그리고 또한 이 공동체가 자기와 자기의 주님 사이를 갈라놓는 그 거리를 어떻게 평가하였는지도 살펴보아야 한다. 이 유대를 회상하고 이 간격을 평가하는 가운데 공동체가 그 스승에 대해서 내리는 판단은 자체로서도 매우 중요한 역사적인 자료다. 교회의 회상은 아무렇게나 이루어지는 것이 아니기 때문이다. 나자렛 사람 예수의 모습을 '재현'하는 방식에는 그리스도교의 말씀의 시종들은 정확하게 따르지 않으면 안 되는 용어와 규율이 있었다. 그중의 하나가 예수와 그의 하느님 사이를 이어 주는 놀라운 유대에 관한 회상이었고, 또 다른 한편 이에 못지않게 놀라운 예수와 그 제자들 사이를 갈라놓는 그 간격에 대한 추억이다. 이 두 본질적인 움직임이 교차할 때 그 표현은 하느님의 아들로 입양되었다고 하는 언어를 통해서 드러난다.

① 첫째, 예수가 자기의 하느님과 나눈 관계에 대해서는 별로 새로울 것이 없다. 이 주제는 잘 알려져 있으므로 필자의 설명도 간략할수록 좋을 것이다. 예수의 하느님은 더 이상 창조의 하느님이라고 할 것도 없고 그렇다고 성경의 하느님이라고 할 수도 없을 것이다. 물론 그런 하느님이 아니라는 뜻도 아니다. 예수의 하느님은 예수 자신이 이제부터 드러내 줄 하느님이라고 하는 편이 정확할 것이다. 그를 기억하는 첫 교회는 스승이 '당신의' 하느님과 나누던 이 직접성에 충격을 받았다. 전통과 관습을 멀리 초월하고 율법 곧 하느님의 계시 자체를 멀리 초월하여 예수는 당신의 하느님께 직접 호소하고 새로운 말로 그분을 밝혀 준다. 복음서는 여러 군데에서 이러한 사실을 증언한다. 유다인들의 사회에서 자기 개인의 권위를 하느님께 직접 걸고 나서는 이런 방식은 놀랍지 않을 수 없다. 예수와 그 하느님 사이의 유대는 무엇보다도 특히 — 그렇다고 배타적이란 뜻은 아니다. — 아버지와 아들 곧 부자 관계의 어휘를[10] 통해서 표현된다. 이 점은 이미 여러 차례 지적된 바 있다. 복음서에 보면 예수는 언제나 '나의' 아버지 아니면 '너희의' 아버

지라고 말하지, '우리' 아버지라고 한 적은 한 번도 없다. 물론 마태오가 전하는 주님의 기도문은 우리 아버지라고 하는 이 마지막 말로 시작하는 것이 사실이지만 그것은 어디까지나 예수가 자기 제자들에게 가르쳐 준 기도라는 사실을 잊어서는 안 된다. 실제로 예수는 이 기도문에 앞서 "그러므로 너희는 이렇게 기도하여라."(마태 6,9) 하고 말하였던 것이다. 물론 성경에서나 이방인들 세계에서나 하느님을 아버지라고 부르면서 기도드리는 이 방식은 조금도 새로울 것이 없다. 여기서 중요한 것은 파스카 이후의 공동체가 회상하고 있는 바와 같이 예수가 이제부터 자기의 아버지라고 가리키는 그 아버지와 당시 유다교 문헌 전반에[11] 걸쳐 잘 알려져 있는 '하늘에 계신 우리 아버지'와의 사이에 개재하는 간격이다. 그뿐 아니라 예수는 기도할 때 '아빠Abba'라고 하는 애칭을 사용하였는데(마르 14,36), 이것은 당시의 관례와는 반대되는 또 하나의 새로운 점으로 지적해야 함은 물론이다. 바오로는 '아빠! 아버지'라는 낱말을 자기 나름대로 넘겨받아서 사용하였는데, 그도 이 모든 사실을 잘 알고 있었을 것이다. 우리말의 아빠라는 뜻의 이 낱말은 이제 하느님의 양자가 된 그리스도인들이 누구나 사용할 수 있게 된 하느님의 호칭이다(갈라 4,5-6; 로마 8,15). 바오로가 "우리 주 예수 그리스도의 하느님이요 아버지"라는 정식定式을 애써 고집하는 이유도 여기에서 부분적으로 밝혀진다고 하겠다(2코린 11,31; 로마 15,6). 이와 같은 특징적인 요소들은 그리스도교 사상의 가장 오랜 층에 속하는 것이 분명하다.

이와 같이 '예수의' 하느님의 부성父性을 강조하다 보니 이 사실은 명시적으로든 함축적으로든 '자동적으로ipso facto' 입양 계통의 어휘를 끌어들이게 마련이었다. 예수의 말씀이 본래 지니고 있던 특수한 의미와 어감을 상실하지 않으면서도 문제의 이 어휘는 매우 종말론적인 사상의 맥락 안에서 자리를 찾았다고 우리는 진작 단언할 수 있었을 것이다. 여기에 해당하는 것이 바로 사람의 아들과 아들에 관한 가장 오랜 언급의 경우다. 이 점은 이미 위에서 살핀 바와 같다.[12] 예수라는 인물에게 어떤 일관성이 있다면 그것은 임박한 한 나라를 열렬하게 기다리는 가운데, 그래서 또한 예수 자신의 인물과 사명이 직접적으로 걸려 있는 그 나라를 기다리는 가운데 예수가 자기의 아버지라고 부른 그 하느님 앞에서 취한 태도요 그의 처지라고 하겠다.

예수와 아버지 사이의 이와 같은 유대에 대한 교회의 회상은 너무나도 강도 높은 것이어서 우리는 복음서에서 이 강도를 누그러뜨리는 듯한 유보적인 표현을 만날 때 더러 놀라기도 한다. 마르코 복음서 10장 18절이 이 경우에 해당할 것이다. "하느님 한 분 외에는 아무도 선하지 않습니다." 그리고 마르코 복음서 13장 32절도 마찬가지다. "아버지 외에는 아들도" 심판 날을 알지 못한다. 예수는 모든 것을 알지만 묵시 문학의 담론에서 최고급에 속하는 이 비밀만은 모른다는 것이다(2바룩 21,8). 그런데 당대 묵시 문학의 저술가들은 마지막 때가 언제 있을 것인지를 제법 유식하게 계산해 낼 수 있다고 장담하였다.[13] 예수는 이러한 계산을 거부하였다. 그것은 하느님의 비밀이기 때문이다. 교회가 그 주님을 소리 높이 노래하고 있는 한가운데에서도 하느님의 이 최고권은 고스란히 보존할 줄 알았던 것이다. 그러나 이 최고권은 피조물 일반에 대한 하느님의 최고권에 대한 긍정이 아니라 바로 이 아드님과의 관계에서 그분의 최고권을 의미하는 것이었다. 다른 한편 역사적으로 볼 때 그리스도교의 첫 전승들이 이미 우리가 살펴본 바와 같이 군주 이념과의 연계성 때문이기도 하였겠지만, 아들 되심이라는 칭호에 대해서 매우 조심스러웠다는 것은 놀라운 사실이 아닐 수 없다. 그리스도교 공동체에서 예수가 하느님을 일러 당신의 아버지라고 하고 그 성격상 매우 독특한 관계를 그분과 나눈다는 사실을 회상하는 바로 그 순간에 이와 같은 부자 관계의 특이성 때문에도 이 그리스도교 공동체는 예수로 하여금 바로 자신을 가리켜 하느님의 아들이라고 직접 밝히게 하는 데는 매우 조심스러웠던 것이다. 그러나 공동체 자체가 믿음으로 이 사실을 힘차게 고백하는 데는 아무런 유보나 주저가 있을 수 없었다. 그런데 복음서에서는 예수가 이 칭호를 자신에게 부여하는 법이 없다. 말씀을 전파하던 그리스도교의 첫 시종들이 이 점에 있어서 이른바 '최초의 신화'라는 유혹에 빠지지 않을 수 있었던 것은, 요즈음의 말로 표현하면, 아마도 그들에게 강력한 '역사의식'이 있었기 때문일 것이다.

② 우리의 주의를 끄는 두 번째 점은 앞에서 다룬 입양의 주제와 물론 관련이 있는 것으로서 예수와 그의 가장 가까운 제자들까지 포함하는 그 추종자들 사이에 개재하는 간격이다. 파스카 공동체는 이러한 '차이'를 체험함으로써 자신이 얼마나 절실하게 감복하였는지를 매우 힘차게 회상할 줄 알았다. 예수의 거룩한 변모 이야기는 그 뚜렷한 증거 중의 하나다.[14] 이 이야기는 카이사리아 필리피에서 있었던 베드로의 고백 이야기 조금 뒤에 이어서 전해졌는데, 그 자리는 마르코 복음서의 중심에 해당한다고 해도 과언이 아니다(9,2-10). 현재 전해지는 대로의 본문에 충실히 따르면서 이 거룩한 변모 이야기에 관해서 몇 마디 덧붙이고자 한다. 그러니까 여기서 우리가 의도하는 것은 경험적인 영역에서 '일어났던 그대로의 사실'을 알아보기 위해서 이른바 '사건성'의 수준에 올라서서 과거를 투사하자는 것이 아니다. 그렇다고 이 이야기의 발생을 설명할 수 있는 문학사적인 과정을 공상해 내자는 것도 아니다. 사람들은 이따금 납득할 만한 증거를 제시하지 못하면서도 이 이야기는 본래 부활 발현 사화로서 그 형식을 바꾸어 예수의 생전에 일어난 것처럼 전해진 것이라고 주장한다. 이 이야기의 흐름을 좀 더 정확하게 파악하고 그 언어를 그 본래의 취지대로 작용할 수 있도록 하자면 이야기 그 자체로부터 출발하는 것이 더 현명할 것이다. 그렇게 놓고 볼 때 우리는 비로소 이런 이야기가 나올 수 있었다는 사실 자체가 유다계 그리스도교 공동체에서 받은 어떤 상당

한 충격을 역사적으로 증언하고 있다는 것을 깨닫게 될 것이다. 사실 엄격한 유다교적인 관점에서 고찰할 때 이 이야기를 쓸 수 있었다는 사실 자체가 매우 놀랍다. 그럼에도 이 이야기가 예수와 연결된 어떤 일정한 유다 사회에서 나왔다는 사실은 파스카 사건의 충격이 얼마나 컸는지를 보여 줄 뿐 아니라 그 제자들이 자기들과는 다른 분으로 체험한 자기들의 스승에 대해서 간직하고 있던 그 추억이 얼마나 역력한 것이었는지도 보여 준다. 하기는 파스카 사건을 계기로 십자가에 달리신 나조라 사람과 부활하신 분 사이의 '계속성'과 '단속성'을 체험할 수 있으려면 파스카 이전부터 이미 예수는 그 제자들의 눈에 참으로 어떤 특이한 인물로 비쳤고, 제자들도 이 차이를 정말로 체험하였다는 것을 전제할 수 있어야 한다. 부활하신 주님을 알아볼 수 있으면서도 동시에 그분이 그전과는 다른 어떤 분이라면(요한 20,11-18의 마리아 막달레나 참조) 그것은 그분을 생전에 모시던 증인들이 그분을 그전부터 이미 알고 있었으며 또한 그분의 특이성을 그전에 이미 부분적으로는 체험하였기 때문일 것이다. 필자는 앞서 3장에서부터 8장에 걸쳐, 그러니까 세례자 예수에 대한 공동체의 회상으로부터 사람의 아들이라는 표현에 이르기까지 이 중대한 사실을 강조해 마지않았다. 그리고 이 마지막 사람의 아들이라는 표현에서 예수는 이를테면 스스로 자신에 대해서 어떤 거리를 취한 셈이다. 실상 이 표현으로 그는 그의 현재의 '나'와 죽음을 넘어서서 그가 장차 될 자기 자신의 '나'를 구별하고 있는 것이다. 그러나 부활 이전의 체험과 파스카 날 아침의 체험을 포괄하면서 이런 차이에 대한 체험을 과연 어떻게 번역할 수 있었을까? 실상 부활 이전과 이후를 포괄할 수 없다면 회상이라는 것도 불가능할 것이다. 유다계 그리스도교의 언어는 앞에서도 말한 대로 '조형성'이 풍부하다고 했다. 그것을 상상의 언어 또는 상징적인 언어라고도 할 수 있을 것이다. 그런데 바로 이런 유다교 그리스도교의 언어는 말로 형용할 수 없는 것을 표현하는 데 과연 안성맞춤이었다. 상상과 상징의 신학이라고 해서 여기에 역사가 없다는 말을 섣불리 해서는 안 된다. 그것은 '신학' 역시 역사와 관련되며 어떤 상징적인 표상을 빌려서 꾸민 이야기라 할지라도 거기에는 단순한 일화보다도 '더 많은 역사'가 있다는 사실을 망각하는 짓일 것이다. 예수의 거룩한 변모 이야기를 하나의 일화로 환원할 때 그것은 다소 헬라 문화권에서 흔히 볼 수 있었던 이른바 '변신變身, métamorphose'에 관한 한낱 이상한 기적 이야기에 지나지 않을 것이다. 그런데 유다계 그리스도교의 표상은 묵시 문학의 언어에 젖어 있지만 그런대로 제자들이 자기들의 스승에 대해서 가지고 있던 인식을 번역하려 하는 것이다. 다만 그러는 가운데서도 하느님이 예수를 당신의 '아들'이라고 부르면서 밝혀 준 예수 고유의 특이성을 고스란히 간직하면서 말이다.

이제부터 마르코 복음서 9장 2~10절에 전해진 이야기를 좀 더 자세히 살펴보자. 이 이야기의 벽두에 나오는 "엿새 뒤에"라는 시간 표시는 마르코 복음서에서는 이례적이라고 볼 수 있으며, 이 이 야기를 앞의 이야기와 구별 지어 준다. 세 제자만을 따로 선발했다 는 것도 이런 격리를 더욱 강조한 효과를 낸다. 여기에 사용된 그 리스어 동사는 열두 제자의 경우에도 사용된 것으로서(마르 10,32) 예수가 베드로와 야고보와 요한을 "따로 데리고 갔다"는 것이다. 이 공간적인 격리는 이어서 다시 한 번 강하게 부각된다. 예수가 이 세 제자들을 데리고 매우 높은 산으로 '올라간' 것이다. 그리하 여 마침내 이들은 모두 '따로 떨어져서' '홀로' 있게 되었다(마르 9,2). 이 격리는 예수가 평상시의 예수가 이미 아니고 그 의복에 이르기 까지 자신의 모습을 완전히 바꾸었을 때 그 극에 이른다. 하늘의 소리와 구름은 말할 것도 없고 마지막 때의 두 예언자 엘리야와 모 세가 그 자리에 있었다는 것은 이 '격차'를 극단에까지 몰고 가며 정상正常이라는 영역을 벗어나게 한다. 한마디로 종말의 때가 이미 그 자리에 다가선 것이고 하느님이 세상에 뛰어드신 것이다. 이와 같은 신성 앞에서의 망연자실과 공포가 제자들을 압도하고 "사실 베드로는 무슨 말을 해야 할지 몰랐던 것이다. 제자들이 모두 겁에 질려 있었기 때문이다"(9,6). 예수의 열린 무덤 앞에서 파스카 첫 새 벽의 부인들이 그랬던 것처럼 말이다(16,8). 그러나 마르코 복음서 9장 8절 다음부터는 모든 것이 정상으로 다시 돌아온다. 그래서 예 수도 홀로 다시 당신의 제자들과 함께 있게 되었고, 산에서 내려온 다음에는 다른 제자들과 군중이 합류하게 된다. 이와 같이 앞서 있었던 모든 격리가 차례로 줄어든다.

지금까지 살펴볼 수 있었듯이 이야기의 방향 자체부터가 종교적인 체험을 완벽하게 번역해 준다. 종교적인 체험이란 근본적으로 이 '격차의 체험'이라고 할 수 있기 때문이다. 그런데 이 체험은 정확하게 어떻게 제시되는가? 여기서 적절한 판단을 내리려면 기원후 1세기의 유다교와 유다계 그리스도교의 표상 세계, 특히 신현神現에 관한 표상 세계에 잠길 필요가 있다. 유다인에게 신현에 관한 가장 기본적인 표상이 있다면 그것은 시나이 산의 신현 표상이다. 이것이야말로 종교적인 만남의 전형이라고 할 것이다. 여기 시나이 산에서 인간은, 특히 탈출기 19장과 24장이 말하는 바와 같이, 그 산에 올라가 그곳에 내려오시는 하느님과 해후한 것이다.

마르코 복음서 9장 2절의 "엿새 뒤"라는 이상한 세부적인 시간 자료는 탈출기 24장 16절에서 읽어 볼 수 있는 그 닮은꼴을 연상시킨다. 엿새 뒤에 모세가 시나이 산에 올랐던 것이다. 이 요소는 탈출기 19장 1절에 관한 예루살렘 《타르굼》에도 나타난다. 세 제자의 선별은 탈출기 24장 1절과 9절에 전해지는 바와 같이 시나이 산 기슭에서 처음에는 이스라엘 백성, 다음에는 원로들 그리고 마지막으로는 아론, 나답, 아비후 세 사람을 차례로 갈라낸 사실을 연상하게 한다. 마지막으로 모세가 산 위에서 하느님을 만나는데, 필론은 이 산을 "가장 높고 가장 거룩한" 산이라고 하였다《모세의 일생》 2,70). 그러니까 그것은 베드로의 둘째 서간 1장 18절에 언급되어 나오는 "거룩한 산"과 같다고 할 것이다. 모세의 얼굴이 그 모습을 바꾸어 영광 중에 빛나게 되었다는 것은 말할 나위 없다. "또한 모세는 자기가 하느님께 말씀을 드림으로써 자신의 얼굴이 영광의 광채로 빛나고 있었다는 사실을 모르고 있었다."(《타르굼N》 탈출 34,29)[15] 한편 예수를 둘러싸고 있던 종말의 두 예언자 엘리야와 모세는 역시 시나이 산 또는 호렙 산의 체험을 한 이들이다(1열왕 19,9-13). 그리고 그들을 내리덮은 구름도 탈출기 19장 16절의 구름과 마찬가지다. 예수의 세례 때와 같이 여기서도 "하늘로부터 소리가 난다." 기원후 1세기의 언어로 말하면 이 '소리'는 하느님의 새로운 계시를 의미한다. 이 시나이 산의 하느님은 이제 다음과 같은 말로 예수를 지칭하면서 다시 말씀을 건네신다. "이는 내 사랑하는 아들이다." 이것은 예수의 세례 때의 말씀과 같다. 다른 점이 있다면 여기서의 소리는 "그대들은 그의 말을 들으라."고 덧붙인다는 것이다. 이 말씀은 모세와 비슷한 종말의 예언자를 두고 신명기 18장 15절이 전하는 말이기도 하다. 그러나 여기에도 차이는 엄연하다. 시나이 산이 (모세의 말씀이 아닌) 하느님의 말씀을 건네받은 장소였다면 이제부터는 이 하느님의 말씀을 예수에게서 들어야 한다는 차이다. 그렇다면 과연 마지막 때는 다다른 것인가? 구름이 마치 천막처럼 그들을 내리덮었을 때 베드로는 이 마지막 때를 이 세상이라는 천막 속에 쌓아 놓으려 하였다. 마르코가 넘겨받아 전해 준 유다계 그리스도교의 이 놀라운 이야기는 이런 것이다. 이 이야기에서 예수는 분명 모세 이상의 인물이다. 이제부터 우리가 그 말씀을 들어야 할 '아드님'이기에 예수는 또한 하느님 계시의 말씀 자체다.[16] 그러니까, 공동체에서는 예수를 '하느님'이라고[17] 이름 지어 부르지는 않는다. 그러면서도 그 이상의 효과를 내는 것이 바로 이 이야기다. 나중에 요한 복음사가는 이 영광의 체험을 완벽하게 번역할 줄 알았다.[18] 그의 번역은 이렇다. "말씀이 사람이 되시어 우리 가운데 사셨다. 우리는 그분의 영광을 보았다."(요한 1,14)

제4부

그리스도교적 역사의 탄생

제9장

빵, 말씀 그리고 역사

    필자는 이 연구를 마치기 전에 교회적인 의미에서 역사를 쓴다는 것의 특성이 무엇인지를 다소나마 이 자리에 밝혀 두고 싶다. 물론 우리는 예수와 역사에 관한 이제까지의 우리의 담론을 앞으로도 계속해서 길게 연장할 수 있을 것이다. 사실 아직도 궁금한 점이 한두 가지가 아니다. 그중에는 그리스도교 신앙을 위해서 가장 기본적인 것도 있다. 실상 우리는 주님의 죽음과 부활의 이야기에 대해서 우리의 주의를 기울일 겨를이 없었던 것이다. 그리고 그 밖의 다른 점들도 좀 더 착실하게 발전시키고 때로는 수정도 하고 신축성 있게 조정도 해야 할 필요가 있을 것이다. 역사가의 처지에서 과거를 재진술하는 데 사용하는 언어는, 다른 모든 학문이 그렇듯이 어디까지나 가설의 언어다. 어느 정도의 일관성을 찾아 나서서 그 시야를 언제나 좀 더 포괄적으로 넓히다 보면 역사가의 진술은 끊임없이 여러 가지 어려움에 부딪치게 마련이다. 특히 신약 성경의 주석자로 말하면 역사를 하지 않는 편이 오히려 더욱 쉬울 것이다. 그 이유를 우리는 이미 이 책의 첫 장에서 밝힌 바 있다. 거기에 이어 온 다른 장들은 예수에 관해서 역사적으로 책임 있게 말하기가 얼마나 어려운지를 여러 가지 예를 통해서 잘 보여 주었다. 그렇지만 예수를 역사적으로 알아보려는 우리의 기도企圖는 여전히 가능하다. 다만 거기에는 조건이 있다. 우리가 이미 말한 바 있는 한계를 인정하고 존중하는 일이다. 이 한계 중에서 가장 기본적인 것은 이것이다. 곧 '나조라' 사람 예수의 엇갈리는 여러 가지 모습들은 역사가의 손에 좀처럼 잡히지 않는다는 것이다.[1] 예수의 경우 그에 관해서 아무리 우리가 진술을 지어낸다 하여도 거기에는 언제나 진술 이상의 그 무엇이 있다. 복음서의 독자는 어쩌면 이 근본적인 차이를 확인하고 우리 인간의 말을 모조리 소진한 다음에야 비로소 교회의 신앙의 지지를 받아 자기의 스승을 역사적으로 지칭하고, 자기 나름대로 예수는 주님이시라고 더듬더듬 고백할 수 있게 된다고 하겠다.

그런데 바로 이와 같은 여정이야말로 믿는 이들의 첫 집단이 걸은 여정이 아니었는가? 이 차이와 이 근본적인 이타성異他性을 부활이라는 표지 아래 겪었던 이들의 종교적인 체험은 예수를 역사적으로 고백하기 위한 새로운 말을 솟아나게 했다. 역사를 복음서처럼 쓴다는 것은 파스카의 신앙에 근거한다. 파스카 신앙이란, 주님은 그분을 가리킬 수 있는 일체의 것에 비해서 언제나 어떤 다른 분으로 남아 있다는 사실을 개인적으로 그리고 공동체적으로 경험했다는 것이다. 그러니 그 주님의 특성을 드러내기 위해서라면, 그리스도교적인 해석을 아직 함축하지 않는 '사실 그대로의 예수'에 관해서 모든 것을 전하는 그 무슨 보고서가 바탕에 깔려 있는 것으로 상상해서는 특히 안 될 것이다. 그래서 처음에는 순수한 인간 예수에 관한 유다계 그리스도교의 어떤 이야기가 있다가 나중에 바오로 계통의 몇몇 디아스포라 공동체에서 거기에 하느님이라는 특징들을 덮어씌웠다고 생각해서는 안 될 것이다. 마치 복음서 이전의 옛 전승들이 말하던 인간 예수를 후대의 문학적인 해석을 통해서 신격화시켰다는 듯이 말이다. 비그리스도교 계통에 속하는 역사가들은 흔히 그리스도교 신앙의 초창기를 신화적인 시대로 생각하지만 그것은 본문의 실태와는 맞지 않는다. 오히려 맨 처음에는 언어로 형용할 수 없는 것에 대한 어떤 종교적인 체험이 있었다는 사실을 그 전제로 요청해야 할 것이다. 이러한 종교적인 체험은 역사를 교회적인 의미로 써 가는 가운데 우리가 오늘날 4복음서라고 일컫는 형태를 취하면서 차츰차츰 길을 터 나갔다고 보아야 한다.

이 마지막 장에서 필자는 바로 이 과정을 추적해 보려고 한다. 그러나 어디까지나 이 책을 마치기에 앞서 필자에게 주어진 한계 안에서 비교적 자유롭게 이 과정을 묘사하겠다. 여기서 역사가로서의 재진술은 한층 더 범위가 넓어진다. 그러기에 다소간 새로운 길을 개발하자니 더 가설적일 수밖에 없을 것이다. 우리가 출발점으로 삼으려는 이야기들은 부활에 관련된 것이 아니다. 부활 사화들은 각양각색으로 종별화되어 있고, 외견상으로도 고풍체를 띠고 있으며, 이야기들 간의 대조가 극심하여 첫 말씀이 울려 퍼졌을 때의 그 충격파를 다채롭게 증언하고 있다. 역사에서 흔히 위대하다고 하는 사건들에서 가장 많이 찾아볼 수 있는 특징이 있다면 그것은 먼저 말씀의 밀도 높은 전개와 다양한 확산이 아닐까? 그래서 필자도 교회 안에서 말씀이 자리 잡고 있는 가장 특전적인 장소 곧 그리스도교의 성찬에서 출발하려 한다. 이 성찬은 파스카 때 부활하신 주님의 현존과 부재를 동시에 구체적으로 체험할 수 있는 장소이기도 하다. 그리하여 우리가 이제부터 밟아 보려는 여정은 빵으로부터 출발하여 말씀으로 그리고 말씀으로부터 역사의 기록에 이르는 과정이다. 이와 같은 여정을 채택한 데에는 우리 나름대로 깊은 확신이 있기 때문이다. 곧 그리스도교의 성찬은 역사를 기록에 남겨 그 문헌이 복음서로 결정結晶된 가장 탁월한 장소라는 것이다. 성찬례를 거행하면서 읽던 복음은 바로 이 성찬례에서 탄생한 것이다. 그렇다고 해서 이 마지막 단정을 너무 과장해서 알아들을 필요는 없다. 왜냐하면 그리스도교적 진술을 산출한 다른 계기들 특히 선교 활동을 잊어서는 안 되기 때문이다. 그렇지만 필자의 견해로는 그리스도인들의 모임이라는 도가니 속에서 복음서 기술의 가장 본질적인 한 요소가 서서히 꼴을 갖추게 된 것만은 틀림없다. 실상 그리스도교 성찬의 주님은 복음의 이야기라는 중개를 통해서 아직도 말씀하고 계시고 당신을 보게 해 주신다.

1. 주님의 만찬

그리스도교 성찬의 특성을 좀 더 잘 파악하기 위해서 기원후 1세기의 유다교에는 여러 가지 형태의 식사가 있었다는 사실을 잠깐 회상하는 것이 좋다.[2] 예루살렘 성전 마당에서 함께 드는 제사 후의 음복飮福[3] 외에도 특별한 기회에 함께 드는 가족들과의 식사가 있었으며, 파스카와 오순절 때 드는 축제 식사도[4] 있었다. 이 밖에 특히 바리사이들과 에세네들과 같은 여러 종교 집단에서 자기들끼리 드는 식사가 있었다.[5] 바리사이들의 특정 집단들은 의례적인 정결을 엄격하게 지키는 모임으로서 그들이 이따금 함께 드는 식사는 순수파를 자처하는 그 성원들 간의 일치를 확인할 수 있는 장소가 되지는 못했다. 이 식사의 기능은 오히려 바리사이들을 부정한 세속으로부터 갈라내어 그들을 좀 더 순수하게 보호하는 데 있었다고 하겠다. 이렇게 '분리된 자들'의 연합으로 이루어지는 소집단들은—바리사이라는 말은 따지고 보면 분리된 자라는 뜻이다.—철저하게 십일조를 바쳤을 뿐 아니라 '땅의 백성'(암 하-아레츠 Am ha-

Aretz) 즉 천민들의 부정을 멀리함으로써 완전히 정淨하게 된 식품만을 먹으려 하였다. 그러다 보니 이들에게는 식사가 '죄인'들을 몰아내고 부정으로부터 자신을 분리하여 의례적인 오염을 예방하는 자리가 되었다. 이와 같은 현상이 완벽주의적이면서도 분리주의적인 노선을 철저하게 따르던 쿰란의 새로운 계약 공동체에서는 더욱 두드러졌다.

헬라 문화권에서 이산 공동체를 이루고 살던 유다인 사회는 식사라는 테두리 안에서 공동체 성원들 간의 결집과 연합을 꾀하던 관례가 없지 않았다. 요세푸스가 율리우스 카이사르 때의 어느 지방 장관의 편지에 의거하여 전하는 바와 같이, 로마의 유다인들은 헬라 세계의 티아스 교인들thiases처럼 다 함께 모여서 공동으로 식사를 했던 것 같다. "카이오스 카이사르가 명령을 내려 로마에서 (티아스 교인들의) 사교 모임을 금지하였을 때 유다인들에게만은 예외를 묵인하였으니 이들은 돈을 모아서 공동으로 식사를 해도sundeipna poiein 무방하였다."《유다 고대사》 14,214-216) 실상 공동 식사를 위한 명목으로 모금을 할 수 있는 권리는 당국의 엄격한 감시를 받았다. 그래서 갓 태어난 그리스도인의 공동체들에게도 어려움이 없지 않았다. 필자가 잠시 뒤에 짚어 볼 그리스도교 성찬의 이상한 특성 때문에도 더욱 그랬다. 실상 이 성찬에서는 헌금을 포함하는 공동체의 나눔의 봉사와 공동 식사가 밀접하게 일치를 이루고 있었던 것이다. 이교도들의 땅, 그러기에 근본적으로 부정한 땅에 묻혀 사는 이산 공동체의 유다인들은 기도의 집, 곧 시너고그에서 자기들끼리 모여야겠다는 필요성뿐 아니라 공동으로 식사를 해야 할 필요성도 아울러 느끼고 있었다. 이집트의 마레오티스 호반에 외국인으로 와서 모여 살던 유다인들도 같은 이유에서 축제 때 식사를 함께 하기 위하여 자기들끼리 모였다. 알렉산드리아의 필론은 그의 책 《관상생활 *Vie Contemplative*》에서 이 식사 때 모이는 유다인들 곧 치유주의자들로 불리는 이들에 관해서 긴 이야기를 전해 주고 있는데, 이들의 식사는 동시에 말씀을 전해 주고 전해 받을 수 있는 계기가 되었다.[6] 이산 공동체에서도 유다인들은 '깨끗한 식사 Coena pura'를 차려 놓고 함께 나누어 먹고 마시곤 하였다. 그리고 《요셉과 아세네트》라고[7] 하는 유다계의 소설을 읽어 보면, '생명으로 축복된 빵', '불사성不死性으로 축복된 잔', '불멸성으로 축복된 도유'(기름)를 어느 정도 높이 평가하고 있다는 사실을 지켜볼 수 있다. 그러나 여기서도 식사는 성결聖潔의 장소요, 부정하거나 이미 죽은 것이나 다름없는 이교도의 세계 한가운데서 홀로 멸하지 않는 생명의 장소라는 데에는 조금도 다를 바가 없다. 기원후 1세기에 쓰인 이 유다계 소설은 우리에게 요셉의 이교도 출신 약혼녀인 아세네트를 소개해 준다. 이 소녀는 유다교에 개종한 다음 하느님의 영으로 활기를 되찾고 쇄신되어 '생명의 빵'을 먹고 '축복의 잔'을 마신다는 것이다(8,5.11; 15,3). 그러나 앞에서와 같이 여기서도 한 집단의 공동 식사이기는 하지만 어떤 일정한 인물을 중심으로 모여든 공동 식사가 아니다. 그런데 그리스도교의 성찬은 바로 이런 것이다. 실상 부활하신 분의 새로운 공동체는 바로 이 공동체를 주재하고 먹이며 또 공동체에게 말씀하시는 그분 안에서 그 구심점을 찾게 된 것이다.

1) 공동체가 이루어지는 곳

위에 언급한 유다인들의 식사와는 달리 그리스도교의 성찬은 의례적인 성결을 보존하기 위해서 그 성원들을 정화하여 따로 떼 놓는 장소가 아니다. 오히려 이와는 반대로 그것은 공동체를 이루는 성원들 간의 일치와 연합을 이루어 주는 본질적인 장소요, 그리스어로 말하면 '코이노니아koinônia'(=친교)의 장소다. 그리스도교 성찬이 친교의 식사라는 데에는 두 가지 이유가 있다. 기원후 1세기에 알려진 두 가지 관행, 곧 공동체의 공동 식사와 상호 부조의 봉사를 그리스도교 성찬은 한데 합쳐 놓았기 때문이다. 유다인들의 식사, 그중에도 축제 식사는 처음에 빵에 대한 찬양의 기도로 시작하여 포도주 잔에 대한 찬양의 기도로 그 끝을 맺는다. 빵과 포도주에 대한 '에울로기아'(베라카Berakha), 곧 찬양, 또는 '에우카리스티아eucharistia', 즉 감사의 기도가 식사의 시작과 끝을 이루는, 이를테면 경계 표시와도 같았다. 그러나 기원후 1세기의 유다교에서 자선 봉사 아니면 헌금과 같은 상부상조의 구체적인 관행을 파악하기는 벌써 어려워진다. 물론 예루살렘의 가난한 사람들을 위하여 순례자들은 십일조를 바치기도 했고, 다른 지방에서 온 순례자들을 위한 여관도 있었으며, 성전은 물론이고 이스라엘의 모든 고을에는 '비밀 금고'와 같은 밀실이 있어서 사람들은 그곳에 '가난한 사람들'을 위한 자선기금을 기탁해 두었다.[8] 이 자선 봉사는 다음 두 가지 모양으로 확장될 수 있었다. 첫째는 날마다 '가난한 사람들의 사발tamhuy'이 과객이나 걸인들에게 제공되었다. 그런가 하면 시너고그에서는 안식일 전날 저녁에 한 주간의 식량으로 '가난한 이들을 위한 광주리Quppah'가 배급되었고, 그 지방에 사는 과부들도 이 광주리의 혜택을 받았다.[9] 그런데 그리스도교의 성찬은 하나의 공동 식사이기도 하고 동시에 상호 부조의 봉사로도 나타난다. 사도행전 6장 1~6절에 보면, 루카는 이른바 '매일의 봉사에서' 홀대를 받은 헬라계 과부들이 불평을 털어놓았다는 사실을 전해 주고 있다.[10] 그래서 바로 이와 같은 폐단을 시정하기 위하여 사도들은 이제 식탁의 봉사를 그만두고 말씀의 봉사에만 전념하게 된다. 그러나 이 말씀 역시 식사 도중에 건네졌다는 사실을 우리는 뒤에 다시 보게 될 것이다. 이 자리에서 사도행전 6장 2절의 '디아코네인 트라페자이스diakonein trapezais'라는 재미있는 표현도 눈여겨볼 만하다. 이 말은 정확하게 '물건을 나누어 주는 상에서 식사 시중을 든다.'는 뜻이다. 모아 놓은 물건들을 (성찬례의 식사 때) 나누어 준다고 하는 것은 이 식사를 동시에 상호 부조의 식사로 만들어 준다. 뒤에 다시 인용하겠지만 코린토 신자들에게 보낸 첫째 서간 11장 17~34절의 본문에 보면 공동체가 공동으로 식사를 하는 장소와 자선을 베푸는 장소가 동일하다는 사실을 마찬가지로 알 수 있다. 실상 코린토 교회에서도 가난한 사람들과 그보다는 덜 가난한 사람들이 성찬을 기회로 또 그것을 중심으로 모여들었던 것이다. 하기는 모금과 식사를 이어 주는 이와 같은 유대는 매우 자연스러웠다. 공동 식사는, 특히 공동체가 가난하고 보면, 여러 가지 금품을 모아 나누어 주도록 호소하게 마련이다. 다른 한편 위에 인용한 바 있던 카이사르의 지시는 함께 식사를 하게 되면 으레 돈을 모으게 된다는 사실을 전제하고 있다. 기원후 1세기의 어느 유다계 이집트 파피루스는 축제 때의 식사를 위해서 찬조금을 낸 사람들의 명단까지 전해 주고 있다.[11]

식탁의 봉사와 상호 부조의 봉사를 이어 주는 이 같은 유대는 그리스도교 성찬의 원형적인 두 이야기에도 반영되어 있다. 첫째 유형의 식사 곧 공동 식사는 최후의 만찬의 이야기에 그 최초의 모습을 반영하고 있다. 식품 분배라는 둘째 유형은 빵을 많게 한 기적의 이야기를 그 원형으로 삼고 있다. 이 이야기에 보면 군중이 굶주렸을 때 빵과 물고기를 모아서(요한 6,9 참조)—그러니까 사들인 것이 아니다.—모두에게 나누어 주었더니 배불리 먹고 남았다는 것이다. 그런데 최후의 만찬과 빵을 많게 한 기적 이야기라는 이 두 이야기는 식사를 주재하고 하느님께 찬양을 드리며 빵을 쪼개어 나누어 주(게 하)는 예수의 동작을 똑같은 모습으로 회상하고 있다는 사실로 말미암아 서로 연결되어 있다는 것을 굳이 덧붙일 필요가 있을까?(마르 6,41; 7,6과 14,22)[12] 이렇게 놓고 볼 때 신약 성경에서 '코이노니아'라는 그리스어가 어떻게 한 상에서 식사를 든다는 것과 더불어 상호 부조의 봉사를 동시에 의미하는지를 우리는 좀 더 잘 이해할 수 있을 것이다. 식탁의 봉사와 상호 부조를 위한 모금을 의미하는 '디아코니아diakonia'라는 말도 이와 마찬가지 경우다.[13] 그렇다면 그리스도교 성찬은 '코이노니아'를 빵을 나눔으로써 '그리스도의 몸'과 친교를 나눈다는 뜻으로 거행하고, 또 동시에 상호 부조의 식사를 나누고 빵을 모아 형제간의 일치를 드러내려 한다고 하겠다. 이것을 천명하는 바오로 사도의 말을 직역하면 다음과 같다. "우리가 떼는 빵은 그리스도의 몸을 함께 나눔(코이노니아)이 아닙니까? 우리 여럿은 한 빵, 한 몸입니다. 우리 모두 한 빵을 함께 나누기 때문입니다."(1코린 10,16-17)[14] 이와 같이 그리스도교의 성찬은 그리스도교적 일치와 사랑을 구현하는 가장 탁월한 장소로서, 여기서 주님은 헌금으로 모아들인 것을 지금도 계속 나누어 주신다. 그러니까 빵을 많게 한 그 기적이 계속되는 것이다. 그러기에 이 기적 이야기에는 다른 기적 이야기와 마찬가지로 이 점에 대해서 그리스도인으로서의 실천이 어떠한 것이라야 하는지가 역력하게 새겨져 있는 것이다. 이와 같이 '코이노니아' 즉 친교는 분배된 같은 빵을 중심으로 이루어지며, 이 빵을 계속 나누어 주시는 그 인물을 중심으로 이루어진다. 이것이야말로 우리가 대하고 있는 갓 태어난 공동체의 기본적인 확신이 틀림없다. 이 공동체는 부활하신 분, 그러기에 언제나 현존하시는 그 주님을 지금 이 공동체를 모으고 이 공동체를 존재하게 하는 분이라고 한다. 이제 이 점을 좀 더 발전시켜야 하겠다. 복음을 기록하게 된 근본적인 동기가 바로 여기에 있기 때문이다.

2) 주님을 알아 뵙는 장소

그리스도교 공동체가 존속할 수 있었던 것은 스승의 인격 자체 안에 새겨져 있는 그 일치의 거점을 잃지 않았기 때문이다. 이 점에 있어서는 당대의 유다교 내의 다른 운동들과의 차이가 매우 크다. 실상 유다교 내에서는 율법밖에는 일치를 위한 다른 거점이 있을 수 없었다. 기원후 1세기의 유다교 회당에서는 안식일 아침마다 예배를 드리는 가운데 말씀을 들을 수 있었는데, 이 말씀에는 그날을 위해서 특별히 선택된 여러 가지 성경 본문이 서로 얽혀 있으면서도 하나의 훌륭한 일치를 이루고 있었다. 성경의 본문을 읽는 독자의 목소리는 설교자의 목소리와 잘 어울렸다. 그리하여 예언서들은 물론이고 성문서와 그 밖에 구전으로 전해지는 모든 전승들이 넓고 깊게 탐구되었다. 그러나 그것은 어디까지나 계시된 율법을 전하고 그 율법을 다시 되뇌기 위한 것이었다. 율법만

이 일치의 원리였다. 시너고그에서 반복해서 선포되는 이 율법을 통하여 하느님은 계속 말씀하셨고, 그리하여 하느님의 말씀을 재천명하고 이 말씀에 복종하는 가운데 집회에 모여든 공동체는 자신을 건설하였던 것이다.[15] 주간週間에는 학당으로도 이용되는 시너고그에 가 보면 제자들이 스승으로 모시는 율법 학자를 중심으로 모여 있는 광경을 목격할 수도 있었다. 그러나 이 제자들의 관심의 초점은 율법에 있었다는 사실을 잊어서는 안 된다. 그렇기 때문에 율법의 가르침을 새로 얻어 낼 수만 있다면 제자들은 언제든지 다른 율법 학자를 찾아 떠나갈 수 있었다. 이번에는 쿰란 공동체를 찾아가 보자. 이 사람들은 매우 폐쇄적인 집단을 이루고 살았다. 그럴수록 야하드Yahad라고 불리는 공동체koinônia를 이들은 지극히 소중하게 여겼다. 의義의 교사라고 불리는 사람은 이 공동체의 책임자로서, 새로운 계약의 이 운동에서 진정한 스승의 구실을 떠맡고 있었다. 그런데 이 의의 교사는 물론이요 그의 공동체 전체도 율법이야말로 그들을 모아서 기도에 잠심潛心하게 하고 성경을 묵상하게 하며 성결을 가장 철저하게 지켜 나가도록 한 원리라는 것을 우리에게 일러 주는 데 결코 진력내지 않을 것이다.

침례주의자들의 공동체의 경우는 사정이 달랐다. 그 옛날 엘리야나 엘리사를 중심으로 모여든 예언자들의 조합체와도 같이 여기서는 어떤 세례자를 중심으로 모여서 위계질서가 엄연한 하나의 조직을 이루고 살았다. 흐르는 물에 몸을 담가 죄의 용서를 받도록 하는 이 세례 동작은 눈앞에 다가온 하느님 나라의 임박에 대비케 하며, 세례를 받는 이들을 그 세례자와 일치시켜 줄 수밖에 없었다.[16] 처음에는 이 세례 동작을 통하여 구원이 오는 것으로 믿어졌지만 이제는 그 구원이 예수의 인격을 통해서 온다는 것이었다. 그러나 이렇듯이 많은 영세자들을 모아들일 수 있었던 세례자가 죽고 나면 그에게 모여들었던 이들의 집단은 불가피하게 해체되지 않았을까? 이와 마찬가지로 예수의 죽음으로 그 공동체가 자신의 일치의 거점을 잃었다고 할 때 예수의 죽음은 이 공동체의 죽음도 의미하는 것이 아니었을까?

그런데 그리스도인들은 예수가 죽은 뒤에도 계속 모여들었다. 사라져 간 그들의 스승의 뒤를 잇는 그 어느 후계자를 중심으로 모여든 것이 아니라 공동의 식사에 모여든 것이다. 이 식사에서 사람들은 예수의 십자가 처형을 회상하면서 임박한 그분의 재림을 기다리고 있었다. 그러는 가운데서도 그들이 주님으로 고백하는 분의 죽음이 엄연한 현실이라는 것을 부인하려 했던 것이다. 골고타의 사건 이후 그때까지 그 일치의 거점을 예수라는 인간에게만 두고 있었던 이 공동체가 계속 살아남을 수 있었다는 사실, 그것은 그분의 감각적인 부재不在를 잘 알고 있었지만 눈에 보이지 않는 그분의 현존을 증언하고, 그분의 재림을 공동체가 기다리는 가운데 스승의 계속적인 임재臨在를 기쁘게 긍정한다는 것이었다. 단식이 아니라 식사를 함께 한다는 사실부터가 부활하신 분의 현존과 그분의 공동체의 존재를 보여 주었으니, 이 공동체 역시 참으로 그분과 함께 부활하였던 것이다. 요한 세례자와는 달리 예수는 자기 제자들과 함께 식사를 나누면서 하느님 나라를 드러냈다. 그렇다면 더구나 그리스도교의 예언자는 그리스도교의 성찬을 거행하는 한가운데에서 스승이 남겨 주신 다음의 말씀을 잘 깨닫게 해 줄 수 있었다. "혼인 잔치 손님들이 신랑과 함께 있는 동안에 단식할 수야 없지 않으냐?"(마르 2,19) 그러니까 그리스도께서 저기 계시니 우리도 아직은 다 함께 먹고 마실 수 있다는 것이다. 또는 부활하신 예수가 예루살렘의 야고보에게 나타나신 이야기를 전하는 《히브리인들의 복음서》도 결국 같은 내용을 그 나름대로 이렇게 말해 주고 있다. "그분은 빵을 들어 축복하시고 의로운 사람 야고보에게 주시면서 말씀하셨다. '형제여, 그대의 빵을 먹어라. 사람의 아들이 죽은 이들 가운데서 부활하였기 때문이다.'"[17]

바오로 사도가 코린토 신자들에게 보낸 첫째 서간 11장 20절에서 말하고 있듯이 '주님의 만찬'이란 바로 이런 것이다(그리스 말로는 주님의 만찬을 kuriakon deipnon이라고 한다). 부활하신 분의 식사는 당신의 공동체를 계속 모으시는 그분이 현존하는 장소다. 동시에 그것은 그분의 부재의 장소이기도 하다. 그리하여 교회는 이 부재 때문에 자기 주님을 기리고, 그분이 다시 오실 때까지 그분의 죽음을 선포하는 것이다. "사실 주님께서 오실 때까지, 여러분은 이 빵을 먹고 이 잔을 마실 적마다 주님의 죽음을 전하는 것입니다."(1코린 11,26) 이처럼 그리스도교의 성찬에는 과거와 현재와 미래가 교차하고 있다. 곧 십자가의 과거는 살아 계신 주님의 선포라는 현재 안에 있으며, 그분이 우리를 데리러 오실 때까지 계속된다. 이와 같이 시간이 흘러가는 가운데 교회는 자기의 주님을 주님으로 일컫는 동시에 자신을 교회로 일컫는다. 곧 하나인 빵을 나누는 가운데 그리스도의 몸인 교회는 자신의 정체와 자신이 시간 안에서 존재해야 하는 이유를 발견하는 것이다.

그렇지 않고 교회가 서로 갈라지고 바오로가 코린토 신자들에게 보낸 첫째 서간 11장 18절에서 말하듯이 그 안에 '분열'이 있다고 한다면, 그리고 더구나 각자가 서둘러서 '먼저 자기 것으로 저녁 식사를 하려 한다면', 그것은 이미 주님의 식사도 아니고, 공동체 역시 공동체로서의 현실을 상실한 것과 마찬가지다(1코린 11,20-21). 왜냐하면 이러한 식사에는 가장 본질적인 두 가지 특징이 빠져 있기 때문이다. 곧 이러한 식사는 그 시작과 끝의 한계를 지키지 못한 것이며, 또한 그것은 애덕의 장소가 이미 아니기 때문이다. 한계를 지키지 못했다는 것은 식사를 개시하는 빵의 나눔과 그 식사를 마감하는 포도주 잔을 묵살해 버렸다는 뜻이다. 어떤 사람들이 '먼저 앞질러서 먹어 버린다면'(그리스어로 prolambanei en tô phagein) 이러한 그리스도교의 성찬은 그 시작을 상실한 것이고, 또 포도주 잔을 돌려 마심으로써 이 성찬을 마감하지 않는다면 그것은 끝없는 과음으로 연장될 수밖에 없을 것이다. 그렇다면 그것은 더 이상 '친교'의 장소라고 할 수도 없을 것이다. 부자가 배고프다고 해서 자기 몫으로 가져온 식사를 다 먹어 버린다면 가난한 사람들에게 나누어 줄 식사의 몫은 없어지는 것이다. 그렇게 되면 그 부자에게는 성찬이 제 것을 차려 먹는 자리지 주님께서 나누어 주시는 것을 받아먹는 자리는 이미 아니다. 그렇다면 그 결론은 무엇인가? 이와 같은 행동은 먹기를 탐했다든가 애덕을 거슬렀다는 사소한 죄나 과실에 불과한 것일까? 그러나 사태는 좀 더 심각하다. "몸을 분별하지 않고 먹고 마시는 일은 자신을 거슬러 심판을 먹고 마시는" 짓이다(1코린 11,29). "이것은 나의 몸입니다."(11,24)라고 성찬에서 말씀하신 그분의 몸이 문제가 되기 때문이다.[18] 이와 같이 성찬이 그 한계를 상실할 때 그런 곳에서는 이미 주님을 불러 모실 수도 없으며, 집회 역시 깨지고 만다. 분열이 생김으로써 공동체는 이미 그리스도의 단 하나의 몸이 아니게 된다. 이로써 우리는 그리스도교 성찬의 한계가 교회의 한계도 그어 준다는 사실을 깨닫게 된다. 이 점은 사실 심각했다. 갓 태어난 공동체를 뒤흔들어 놓은 중대한 위험도 사실은 바로 이 성찬의 식탁 문제를 계기로 말미암아 닥쳐왔던 것이다. 식탁을 가른다는 것은 곧 교회를 가르는 것이다. 히브리계의 그리스도인과 헬라계 그리스도인들이 갈라졌을 때, 즉 유다계의 그리스도교 공동체들과 헬라계 그리스도교 공동체들이 분열했을 때마다 그것은 교회에 쓰라린 상처와도 같았다(갈라 2,12 이하). 이것이 현실이라고 할 때, 교회로 하여금 그 주님을

알아 뵙도록 하면서 교회로서 존속하게 하는 이 상징적인 행위가
―상징이라는 말의 본래의 뜻은 어떤 조각을 둘로 쪼갰다가 다시
하나로 맞추어 놓는다는 것이다.―과연 제 기능을 발휘할 수 있겠
는가?

그리스도교의 성찬은 주님의 이름을 부르는 장소다. 왜냐하면
이 성찬을 개시하는 빵은 그분의 몸이라는 빵이요, 이 성찬을 마
감하는 포도주는 그분의 피라는 포도주이기 때문이다. 그러나 이
렇게 말하는 것만으로 넉넉한 것일까? 그러기에 필자는 여기서 한
걸음 더 나아가 공동체에서 어떻게 그 주님을 아직도 당신의 식사
를 주재하고 공동체를 먹이며 아직도 그 공동체에게 말씀을 건네
시는 분으로 표시하였는지를 보여 주고자 한다. 복음은 마르코라
든가 바오로의 복음이기 이전에 그것은 이미 일차적으로 그리스도
교 성찬에서 주님이 하시는 말씀이었다. 실상 복음의 이야기가 모
여든 공동체에게 이 주님을 '다시 현재화'시키고 말씀을 건네도록
하는 바로 그 순간에도 그러하다.[19]

3) 주님이 주재하시는 식사

그리스도교 성찬의 주재主宰에 관한 문제를 그 역사적인 맥락 안
에 자리매김해서 보려면 그리스도교의 새로움을 드러내는 일련의
자료들을 서로 연계시킬 필요가 있다는 것이 필자의 소견이다. 이

자리에서 소개하는 필자의 조사 연구는 어디까지나 종합적인 것으로서 몇몇 암시를 제공하고, 그리스도의 주재 또는 그분의 주권이라는 측면에서 이 문제를 다루려 할 뿐이다.[20] 이미 위에서 말한 바와 같이 그리스도교의 성찬은 공동 식사와 그에 이어졌던 가난한 이들을 위한 모금이라는 유다교의 두 가지 관습을 한데 합쳤다. '코이노니아' 즉 친교와, 사도행전 2장 42절이 말하듯이, '빵을 나누기'가 한데 결합된 식사. 그러나 한편 바로 이 식사는 동시에 그리스도교의 말씀이 전해지는 특전적인 장소다. 이러한 점은 잠시 뒤에 다시 살펴볼 것이다. 그런데 공동 식사, 서로를 돕는 봉사 활동 그리고 말씀의 특전적인 장소라는 그리스도교 성찬의 각 수준과 기능에 따라 이 성찬의 주재에 관한 문제가 적어도 유다계를 배경으로 하는 곳에서는 각각 달리 제기되었다. 적어도 그리스도인들은 그리스도의 현실적인 주재를 말해 주기 위해 이와 같이 각이한 성찬의 수준 차이를 서로 결집해야 했는데 어떻게 그러할 수 있었겠는가? 그 까닭은 이 식사가 여전히 주님의 만찬이기 때문이다.

유다인 사회에서 식사를 주재하는 사람은 보통으로 가장이나 집주인이었다. 찬양의 기도를 드리고 빵을 쪼개며 축제의 식사 때에 마지막 포도주 잔을 축복하는 사람은 바로 그였다. 그러나 어느 사제가 그 자리에 있는 경우에는 《아리스테아의 편지》 7,184에서도 말하고 있듯이 그 사제가 축도를 드리는 것이 상례였다. 예루살렘 성전이 파괴된 이후에 유다교 회당에서 단체로 식사를 할 때에도 마찬가지였다. 식사 때에 시중드는 사람은 보통 여자가 아닌 남자 심부름꾼이었는데, 이들을 높이 평가하는 일은 없었다.[21] 파스카 만찬 때 이 시중을 드는 사람은 '샤마쉬shamash'라고 불리었는데 곧 시종이라는 뜻이다. 그리스 말로는 '디아코노스diakonos'라고 하는데 그 첫 뜻은 식탁에서 시중드는 사람이라는 뜻이다. 우리가 아는 범위 내에서 식사 때 시중드는 이 역할을 높이 평가하고 있는 것은 신약 성경과 치유주의자들의 공동체뿐이다. 이 치유주의자들은 노예 아닌 자유인들 중에서 엄선한 젊은 사람들을 데려다가 식사 때에 시중을 들게 하였다.[22]

반면에 상호 부조의 봉사 활동은 유다인들이 모이는 집회의 경우 그 공동체의 책임자들이나 자격을 갖춘 그 대표자들이 주관하였다. 예를 들면 에세네들의 경우 《다마스쿠스 문헌》(14,14)이 증언하고 있듯이 가난한 사람들을 위한 금고를 관리할 책임은 '므바케르Mebaqqer'라고 불리는 관리인과 판관들에게 있었다. 요세푸스가 전하는 바에 따르면, 이스라엘의 각 도시에는 일곱 사람의 판관이 행정을 맡았다고 한다. 옛 유다교의 문헌에서도 이 일곱 사람의 판관을 '파르나심parnasim' 곧 관리인이라고 불렀다. 사도행전 6장 3~5절에서 언급하는 일곱 부제도 이와 유사한 제도라고 하겠다.[23] 하기는 어느 단체가 재정을 관리하고 감사하는 직책이 없어도 무방하다고 생각하겠는가? 앞에서 언급한 '가난한 이들을 위한 광주리'의 경우를 예로 들어 보면 모금을 직접 조직하는 사람은 신임이 두터운 관리자들 중의 두 사람이었고, 금품을 나누어 줄 때는 그중의 세 사람이 봉사에 나섰다.

여러 차례 말한 바와 같이 그리스도교 성찬은 공동 식사와 상호 부조를 위한 봉사 활동이라는 두 가지 관습을 한데 합친 것이다. 그렇다면 이 경우에 웃어른이 시중을 들고 손아랫사람이 오히려 주빈이 되는 그리스도교 성찬의 상황은 과연 놀라운 것이 아닐 수 없다. 여기서 이루어지는 것은 바로 위계질서의 역전이며, 그리하여 예수의 다음과 같은 말씀은 이 역전의 현실을 간결하면서도 인상 깊게 표현해 준다. "너희 가운데에서 높은 사람(=우두머리)이 되려는 이는 너희를 섬기는 사람(디아코노스)이 되어야 한다."(마르 10,43)[24] 그렇지만 신약 성경에서는 이런 의미의 시종이 식사를 주재하지는 않는다. '주님의 만찬'에서는 이 만찬의 주재자라는 역할을 계속 그리스도께 맡기고 있으며, 최후의 만찬 이야기를 회상하면서 이를 다시 선포할 때 이 선포의 기능은 빵을 들고 축복하고 떼서 나누어 주는 그분을 가리키는 데 있다. 이렇게 놓고 볼 때 성찬의 원형인 최후의 만찬의 기능이 매우 본질적인 것으로 드러난다. 실상 최후의 만찬 이야기는 주님의 동작, 따라서 그분의 현존과 그분의 식사 주재를 상징적인 동작과 표상의 매개를 통하여 '시각적'으로 보여 주고 '다시 현재화'시키기 때문이다. 최후의 만찬을 회상하는 이 이야기의 필요성을 사람들은 일찍부터 느끼지 않을 수 없었다. 《디다케》에서 아직도 읽어 볼 수 있는 성찬례 기도를 보고 어떤 학자들은 최후의 만찬 이야기가 반드시 필요한 것은 아니었다고 주장하기도 한다.[25] 그렇지만 최후의 만찬 이야기는 여전히 매우 중대한 문학적인 사실로 남아 있다. 현재의 신약 성경의 기록들을 그 연대에 따라 주의 깊게 읽어 보면 코린토 신자들에게 보낸 첫째 서간 11장 23~25절에 전해진 구절은 우리가 알고 있는 것 중에서 설화체로 되어 있는 복음서와 아주 흡사한 가장 오래된 표현이라고 하겠다. 알다시피 바오로 사도는 여러 가지 모양으로 예수가 선포한 말씀이나 그 동작들을 암시하고 있다. 그러나 바오로 사도에게도 '복음서와 같은 이야기'는 하나밖에 없다. 곧 최후의 만찬의 이야기다.

엠마오로 가던 두 제자는 한 나그네를 만나 서로 빵을 나누는 가운데 그를 예수로 알아볼 수 있었다. 이 이야기를 생생하게 전하는 루카 복음서 24장 13~35절의 아름다운 한 폭의 그림은 그리스도교의 성찬에 대해서 이제까지 필자가 말한 모든 것을 완벽하게 그려 주고 있다. 여기에 나타나는 예수는 낯선 과객이자 두 제자를 정성껏 맞아 주는 집주인이기도 하다. 예수는 그들과 함께 식탁에 자리를 잡고 식사를 주재한다. 빵을 쪼개서 나누어 주는 그분은 그분을 맞아 주는 집에서 오히려 식탁의 주인공으로 행동한다. 그리하여 이 식사는 주님을 알아 뵙는 가장 탁월한 장소가 된다. "그러자 그들의 눈이 열려 예수님을 알아보았다. 그러나 그분께서는 그들에게서 사라지셨다."(24,31) 그때부터 이 부활하신 분은 그리스도교의 성찬에 결석 중이지만 동시에 출석 중인 분이다. 제자들은 빵을 쪼개는 그분을 주님으로 알아 뵌 다음, 길에서 자기들과 말씀을 나누며 성경의 뜻을 깨닫게 해 준 그분을 다시 기억하게 된다(24,32). 그리스도교 성찬은 주님을 알아 뵙는 장소요 그 주님의 말씀을 듣고 깨닫는 장소다. 이 성만찬을 주재하시는 스승은 전과 같이 지금도 계속 말씀하시는 분이고, 또한 그 말씀을 전하게 하는 분이기 때문이다.

2. 식사와 말씀

우리가 시작한 이 엄청난 크기의 초벌 그림을 좀 더 완성하기 위해서 빵과 말씀을 이어 주는 유대에 대해서 이야기를 계속해 보자. 사실 식사를 일러 말씀의 장소라고 한다는 것은 조금도 이상하지 않다. 다소 성대한 식사를 할 때에는 으레 한 말씀이 있게 마련이다. 그렇다고 플라톤의 유명한 책 《향연Banquet》이나 치체로, 호라티우스 또는 페트로니우스에서 그 예를 찾아볼 수 있는 이른바 심포지엄 곧 연석 담화宴席談話에 대해서 길게 이야기를 늘어놓을 필요는 없을 것이다. 루카 복음서 14장 7~24절은 이와 비슷한 문학 유형에 속하는 것으로서 어쩌면 예수가 식사하는 자리에서 남겨 둔 몇 마디 말씀을 전해 준다고 하겠다.[26] 당대 유다인들도 물론 이런 관습을 알고 있었다. 요세푸스에 따르면, 에세네들은 저녁 식사 동안에 회원들끼리 서로 말을 주고받았다고 한다(《유다 전쟁사》 2,129-133). 물론 그것은 잡담이 아니었다. 최근 쿰란의 제11 동굴에서 발견된 시편의 한 단편(11Q Psa col. XVIII - 이 시편 단편은 오래전부터 시리아 역 시편 154편으로 알려져 있었다.)은 다음과 같이 이들의 식사 관습을 정확하게 전해 주고 있다. "그들이 푸짐하게 먹을 때는 지혜가 인용되었고, 그들이 다 함께 공동으로 마실 때에도 그러했다. 그들은 지극히 높으신 분의 율법을 명상하는 데 집중한다."²⁷ 바리사이 계통의 율법 학자들에게도 식사는 종교를 화두로 이야기를 나눌 수 있는 좋은 기회였다. 《미쉬나 아보트 Mishna Abot》 3장 3절에 전해진 율법 학자 시메온 벤 요하이 Siméon ben Yohaï의 다음 말을 읽어 보자. "세 사람이 한 식탁에서 식사를 하면서 토라 곧 율법에 관한 말을 하지 않는다면 그것은 마치 죽은 이들의 제사(=우상에게 바친 고기)를 먹는 것과 같다. 세 사람이 한 식탁에서 식사를 하면서 율법에 관한 말을 한다면 그것은 마치 하느님의 식탁에서 식사를 하는 것과 같다."²⁸ 파스카 축제의 만찬 때 나누는 유명한 '파스카절의 하가다' 대화는 그 가장 좋은 예다.

유다인들이 식사 때 나누는 이와 같은 종교적인 담론은 대부분 자발적인 것으로서, 이것을 예루살렘 성전이나 유다교 회당에서 행하던 성대하고 본격적인 종교적 연설과 동일한 차원으로 여겨서는 결코 안 될 것이다. 예루살렘 성전과 유다교 회당의 연설은 하느님께서 그때그때 당신 백성에게 건네시는 현실적인 말씀이기 때문이다. 또한 여기서는 모세 오경의 독서자, 예언서의 독서자 그리고 회당장이 지명한 설교자가 매우 중요한 구실을 떠맡고 있었다(사도 13,15). 그러나 이집트에서 수도원과 같은 공동 생활을 하던 치유주의자들의 경우에는 축제 때의 식사가 역시 내용도 알차고 잘 다듬어진 말씀을 전하고 듣는 장소였다. 필론에 따르면, 이 식사가 진행되는 동안 사람들은 성경을 읽고 해설하고 성가를 함께 노래하는 것이 관례였다.[29]

그리스도교 공동체에서는 식사와 말씀을 잇는 이러한 유대가 더욱 기본적인 것이었다. 말씀 나누기의 장소가 유다교 회당을 떠나 자기들의 주님이 언제나 다시 소집하는 이 새로운 집회로 옮겨 왔는데도 그러하다. 사도행전 2장 42절에서는 친교와 빵 나누기에 관한 언급이 사도들의 가르침과 기도에 관한 언급에 감싸여 있다. 한마디로 전해 받은 말씀(디다케=가르침)과 하느님께 드리는 말씀(기도)은 둘 다 그리스도교의 성찬에 직결되어 있었다. 사도행전 20장 7절과 11절, 티모테오에게 보낸 첫째 서간 4장 3절 그리고 히브리인들에게 보낸 서간 6장 4절에서도 사정은 마찬가지다.[30] 그러나 코린토 신자들에게 보낸 첫째 서간이야말로 빵과 말씀과의 이러한 유대, 더 정확하게는 그리스도교 성찬의 빵(1코린 8,1-11,34)과 말씀의 봉사(12,1-14,40)를 이어 주는 유대에 대해서 전해진 가장 오랜 증언이라고 하겠다. 여기서는 코린토 신자들에게 보낸 첫째 서간

14장 26절만을 인용해 보자. "여러분이 함께 모일 때에 저마다 할 일이 있어서, 어떤 이는 찬양하고 어떤 이는 가르치고 어떤 이는 계시를 전하고 어떤 이는 신령한 언어를 말하고 어떤 이는 해석을 합니다. 이 모든 것이 교회의 성장에 도움이 되어야 합니다."

말씀의 봉사 자체가 이렇듯이 다양하고 보면 이러한 집회에서 각자의 고유한 역할을 정확하게 지적하기도 쉽지 않다.[31] 언어 즉 방언과 성가의 형식으로 드리는 기도에 대해서는 잠시 접어 두기로 하고, 그리스도교 공동체의 이른바 예언자들과 교사들에 대해서만 강조하고 싶다. 유다교 회당의 관습과 비교할 때 그리스도교 공동체의 예언자들이 맡았던 역할은 안식일 아침마다 유다교 회당에서 설교를 하던 설교사의 역할과 상당히 유사했다고 하겠다. 반면에 그리스도교의 교사들의 역할은 학당으로 이용되던 유다교 회당에서 율법 학자들이 맡았던 역할과 비슷하였다. 그러나 여기에 즉시 덧붙여 말할 것은 유다교 회당의 관습과 새로운 공동체 곧 그리스도교 공동체에서의 말씀의 봉사와는 커다란 차이가 있었다는 것이다. 이제 이 점을 잠깐 소개하기로 한다(사도 6,4).

첫째, 시너고그의 설교사와 율법 학자는 언제나 성경의 계시로부터 출발하여 이를 좀 더 잘 설명하려 했다. 그런데 그리스도교의 예언자와 교사는 먼저 직접 '예수의 말씀을 해 주려' 했고, 사정이 여의치 않을 때에는 성경이라는 성스러운 사전을 이용하였다. 실상 미드라쉬는 엄격히 말해서 더 이상 있을 수 없었다. 달리 말해 성경 위에 또 하나의 성경을 쌓아 올릴 수는 없었다는 것이다. 예수의 말씀을 빌려서 행하는 예수에 대한 연설만이 있을 수 있었다. 여기에 이따금 이미 그리스도교화한 성경의 말씀을 보충적으로 이용했을 뿐이다. 전망이 완전히 뒤바뀐 셈이다. 복음서의 기록은 이 역전을 바탕으로 해서만 가능했다. 둘째로, 시너고그에서는 할라카 문제를 연구하는 율법 학자가, 설교로 신도들을 격려하고 (성경의 인물들과 사건들에 관련되는 일종의 부연 설명이라고 할 수 있는) 하가다의 이야기로 성경 본문의 뜻을 풀이해 주는 설교사보다도 우월한 위치를 차지하고 있었다. 그러니까 법의 언어가 사건을 서술하는 이야기보다 중요하다. 여기에 비해서 예수의 말씀과 사건에 관한 사도들과 예언자들의 선포는 교사들의 교리 교육보다 더 중요한 것이었다. 그러니까 그리스도교의 율법 학자는 서열상 셋째 자리를 차지하고 있을 뿐이다(1코린 12,29). 여기서도 철저하게 역전이 이루어진 셈이다. 이제는 예수의 인격이 온통 자리를 차지하게 되었다. 셋째로, 시너고그에서는 독서자나 번역자나 설교사를 막론하고 하느님의 말씀을 계속적으로 현실에 적응시켜 전해 주었다. 하느님은 그 백성에게 언제나 말씀하고 계시기 때문이다. 그런데 이제는 그리스도교의 사도와 예언자가 예수의 말씀을 살아 있는 현실로 울려 퍼지게 한다. 예수도 계속해서 말씀하고 있기 때문이다. 그 옛날 예언자가 야훼의 신탁을 받아서 공포했듯이 그리스도교의 예언자도 언제나 다시 모여든 예수의 파스카 공동체 앞에서 그분의 말씀을 '대변하는 것이다.' 그러기에 이 예언자는 그 옛날의 일들을 적당히 추억해 내면서 과거에 대한 호기심을 만족시키기 위하여 이야기를 꾸며 내고 있는 것이 아니다. 오히려 정반대다. 스승의 말씀을 회상한다는 것은 이 스승이 바로 그 자리에 현존하고 있는 분으로, 이 예언자로 하여금 말을 하게 하는 분, 곧 대변하게 하는 분으로 일컬어질수록 그만큼 더 힘들다.

그리스도교의 예언자의 '통역들' 곧 말씀을 식별할 책임을 진 사람들은 생전에 예수의 활동을 목격했던 그 첫날의 증인들과 마찬가지로 개인적인 환상에 단호히 저항했을 것이다. 여기서 지금 말하고 있는 통역들은 위에서 언급한 코린토 신자들에게 보낸 첫째 서간 14장 26절에 인용되어 나온다. 그들의 역할은 말씀을 식별하는 작업에서 아주 중요한 구실을 하고 있었다. 그리스도교의 예언자가 지금 집회에 모여든 공동체에게 예수의 규범적인 말씀들을 다시 말해 주는 사람들이라면, 이 말씀들을 지속적으로 통제해야 할 필요성은 절대적이었다. 그리고 이 말씀들은 일차적으로 그리스도인들의 처신에 관련되기 때문에 우리는 왜 첫 공동체들이 각자가 처하게 되는 그때마다의 환경에서 가져야 할 어떤 확고한 '도덕적인 식별'을 강조해 마지않는지를 이해하게 된다(1테살 5,19-22).[32] 그 실례를 우리는 공관 복음서에 전해진 예수의 '담화'에서 잘 찾아볼 수 있다. 이 예수의 담화에 그분의 '로기아'들을 꾸러미별로 모아 놓았다는 것은 사전에 이들을 선별했다는 것을 전제한다. 그러기에 그것은 또한 공동체의 식별 작업을 전제한다. 요즈음에도 우리는 어떤 사건의 진실을 확인하기 위해서 목격자들을 증인으로 채택한다. 교회의 초창기에도 사정은 마찬가지였다. 물론 지금보다도 더 신중을 기해야 했고, 그래서 말씀을 알아보는 능력을 정말로 높이 평가하였다. 복음서는 바로 여기서 탄생한 것이다. 복음서는 교회의 식별을 거쳐 선별되고 편집된 기록이다. 물론 루카 복음서 1장 2절에서도 언급하는 autoptai, 곧 목격 증인들의 역할이 결코 사소하지 않았다. 시간이 지날수록 교회에서도 이들의 중요성을 강조해 마지않았다. 제2 세대의 그리스도교에 접어들던 루카의 경우가 바로 여기에 해당한다. 그러나 교회의 처음 몇 년 동안은 그때까지 수집되어 제시된 증언들을 어떻게 선별하는지가 특히 문제였다. 증인들이 너무 많았던 것이다. 바오로도 코린토 신자들에게 보낸 첫째 서간 15장 6절에서 부활하신 주님께서 나타나신 형제들이 오백 명이 넘는다고 말하지 않는가! 성 요한이 약간은 체념조로 말하듯이(요한 21,25) 사실 기록할 것도 너무 많았던 것이다. 그러다 보니 그중에서 선별되어 태어난 것이 교회의 전승이요, 거기에 이어서 나온 것이 복음서들이다.

 이와 같이 공동체에서 말씀을 식별하고 선별했다고 해서 이것이 이 말씀을 참으로 자유스럽게 표현하는 데 방해가 되었다고는 말할 수 없을 것이다. 복음서가 갖추고 있는 다양한 문학적인 꼴이 그 좋은 반증이다. 이 점에 있어서도 시너고그는 하나의 훌륭한 비교 대상이 된다. 안식일 아침의 예배 때 성경 본문을 통역하던 사람은 그 본문을 충실히 따르면서도 동시에 그 자리에 모인 청중들에게 알맞게 번안해야 했다. 따라서 그는 상당히 자유가 많았다. 그렇지만 성경의 본문을 부연하던 하가다의 확장과 발전에도 마땅히 존중해야 할 '번역의 전통'이 있었다. 모든 《타르굼》은 서로 비슷하기도 하지만 동시에 서로 다르다. 청중과의 실질적인 소통을 위한 것이라면 결코 자유를 위축시키지 않는 전통을 따르기 때문이다. 이렇게 해서 비로소 하느님의 말씀은 그 청중이 알아들을 수 있게 된다. 그래서 하느님의 말씀은 언제나 새롭다고도 하고 묵은 것일 수도 있었다. 이와 마찬가지로 그리스도교의 예언자도 교회의 식별과 통제를 받으면서도 동시에 그 옛날의 예수의 말씀을 오늘의 주님의 말씀으로 다시 발설할 수 있는 것이다. 그는 예수의 말씀을 공동체의 현실 생활을 위한 오늘의 말씀으로 말할 수 있기 때문에 그 말씀을 새로운 말씀으로 다시 태어나게 한다. 그러나 그가 그분의 말씀을 오늘의 말씀으로 발설할 수 있는 것은 말씀의 주님이 그 예언자가 말을 하는 성찬에 현존하는 분으로 믿어지기 때문이다. 부활에 대한 믿음이 없다면 복음도 있을 수 없다. 그분의 말씀을 솟아나게 하는 것은 삶의 현장에서 강렬하게 체험한 바로 이 부활의 현존이다. 마찬가지로 복음이라는 기록을 근본적으로 설명해 주는 것도 바로 이 현존에 대한 확신이다. 그러기에 이 복음서에는 특유의 신선미, 어떤 현존하는 분을 체험하였다는 생생한 느낌, 저 놀라운 '실감 나는 효과'가 그 특징으로 곁들여 있는 것이다. 이럴 수 있기 위해서는 역사적인 간격을 무시하고 그리스도교의 성찬 한가운데서 부활하신 분의 현존이라는 표지를 몸에 지니고 집필하는 '역사가들'이 있어야 했다. 이와 같이 주님의 만찬이 부활의 기록을 낳은 것이다.

3. 말씀과 역사

우리는 이 책의 제1장에서 마르코로부터 루카에 이르는 문학적인 전승이 어떠한 방향을 따라 움직였는지를 회상한 바 있다. 이것은 예수의 사건을 현재라는 시제로 선포하는 복음서로부터 역사적인 간격을 좀 더 강조한 복음서로 움직여 온 전승의 과정이기도 하다. 그리스도교에도 어떤 과거가 있다고 하는 의식은 루카에서 벌써 드러난다. 이것은 그리스도교가 제1 세대에서 제2 세대로, 말하자면 사도 이후 세대로 옮겨 왔다는 표지다. 필자는 또한 복음서라는 기록에 최종적으로 표출된 첫 교회의 거창한 작업도 다시 한 번 살펴본 바 있다. 이런 작업으로 말미암아 나타난 것이 사도들과 예언자들이 메아리치게 한 주님의 말씀들이고, 또한 그리스도교 교사들이 교리를 가르치면서 모아 놓은 주님의 말씀과 동작들이다. 복음서는 말씀이 역사 안에서 이루어 놓은 모든 작업을 저축하고 있는 창고와 같다. 거기에는 선포된 말씀도 있으며 구약 성경을 성찰하는 가운데 이 선포된 말씀에 붙여 준 해설의 말씀도 있다. 또한 예언자적인 선포와 더불어 가지런히 분류해서 기억해 둔 교리 교육이 있기도 하다. 그 목적은 하느님이 몸소 예수에 대해서 말씀하신 것을 솟아오르게 하는 데 있었다. 교회의 기초는 에페소서의 저자가 말하는 대로(2,20) 사도들과 예언자들이다. 복음의 기초도 역시 사도들과 예언자들이며, 그리스도교의 교사들과 복음서의 저자들도 여기에 포함된다. 이 점을 확실하게 해 놓았으니 이제부터는 좀 더 근본적인 다음 두 질문에 답변하기로 한다. 왜 그리스도교의 말씀은 그 시초부터 복음서의 표현에 이르기까지 단연 역사라고 하는 설화 형태를 지니게 되었는가? 그리고 그리스도교의 성찬이 '역사물歷史物'이라는 범주로 옮겨 갈 수 있도록 어떻게 촉진할 수 있었는가?

특히 캐제만의 이론에 따르면,[33] 역사라는 부류에 속하는 그리스도교의 담화가 교회에서는 비교적 뒤늦게 나타났다고 한다. 그에 따르면, 첫 공동체는 예수의 재림을 열렬하게 기다리고 있었기 때문에 그 주님의 지나간 일생을 이야기해 줄 생각을 거의 할 수 없었을 것이라고 한다. 그러나 임박했다고 하는 종말은 도래하지 않고 또 일부 그리스도인들이 당시의 헬라 세계를 휩쓸던 종교적인 광신에 사로잡히게 되었다. 그러자 생전의 예수의 인물이 희미하게 사라져 없어지지 않도록 하기 위해서 일종의 전기와 같은 기록을 남겨 두어야 할 필요가 생겼다는 것이다. 코린토의 일부 탈선 교우들은 내면적인 영적 체험을 너무 강조한 나머지 나조라 사람 예수의 특이성特異性 곧 그분의 객관적인 실존마저 가리게 되었다. 초창기 그리스도교의 역사 서술은 이런 부류의 광신주의에 대한 하나의 반동의 산물이라고 한다. 물론 이 가설은 마르코라든가 더구나 루카의 책의 경우에는 그 나름의 가치가 있다. 사실 마르코를 읽어 보면 예수의 선포를 회상하면서도 점진적인 교리 교육의 효과를 의도하고 있다는 점에서 그의 복음서는 전기의 형태를 띤 역사라고 말할 수도 있을 것이다. 루카의 경우는 역사의 작업을 좀 더 폭넓게 벌이면서 그때 갓 태어난 가현주의假現主義, docétisme에 대항하려던 나머지 어떤 때는 역사주의라는 함정에 빠졌다는 인상을 주는 것이 사실이다. 가령 마르코는 영이 예수 위에 '비둘기처럼' 내려왔다고 한다. 그런데 루카는 "성령께서 비둘기 같은 형체로 그분 위에 내리셨다."라고 덧붙여 설명한다. 그런데 마침 모든 백성이 그 자리에 있었다고 하니 이 놀라운 광경을 보고 들을 수 있었다는 이야기가 된다(루카 3,22). 마르코의 기사에 아직도 그 흔적이 남아 있는 유다계 그리스도교의 상징적인 표현(마치……처럼)이 여기 루카의 복음서에서는 그리스계 독자에게 더욱 '실감'이 나도록 다소 투박하게 수정된 것이다. 하지만 캐제만의 가설은 실화—그리고 그 아류들까지 포함해서—라는 언어를 전승의 문학적 발전 과정에서 그 최종 단계로 몰아내는 약점도 없지 않다. 과연 이것이 정확한 것일까? 예수의 수난사만 해도 그렇다. 그 중요한 골격은 마르코 복음서가 나오기 이전에 벌써 바오로에게 알려져 있지 않았던가? 그래서 필자도 이 책을 마감하는 이 마지막 부분에서 실화라고 하는 이 언어가 사실상 그리스도교 전승의 초창기부터 나왔다는 사실을 다시 한 번 지적해 두고 싶다. 실제로 안식일 아침에 시너고그에서 구전으로 전해 오는 풍부한 자료를 이용하여 성경의 위대한 인물들의 행적을 웅장하게 보여 줄 때 그들이 사용한 언어도 역시 [구약 성경의] 거룩한 역사의 언어였다. 하물며 그리스도교의 새로운 집회에서는 성찬 때의 주님을 표시하기 위해서 이러한 실화의 언어가 얼마나 더 필요했으랴!

공관 복음서에는 대체로 두 가지 유형의 기록이 있다고 하겠다. 그 첫 부분은 수난사 앞에 있는 이야기로 전개된다. 설화의 줄거리도 여기서는 자주 끊어지곤 한다. 물론 거기에는 기억술에 입각해서 모아 놓은 몇 개의 이야기 모음이 없지는 않다. 예컨대 마르코 복음서 2장 1절~3장 6절에 수록된 쟁론 사화 모음이라든가, 마르코 복음서 4장 35절~5장 43절에 모아 놓은 기적 사화가 여기에 해당한다고 하겠다.[34] 다른 한편, 특히 예수의 체포 장면으로부터 열린 무덤에 이르기까지 예수를 바짝 추적하면서 그분의 행적과 거동을 빠짐없이 전하는 수난 사화는 일종의 전기적인 기록이라고 하여도 무방할 것이다. 사건 하나하나를 전하는 각 단락은 조금도 빈틈이 없어서 슈미트는 이 대목을 두고 연속 독서물 lectio continua

이라는 말을 남길 수 있었다.[35] 그러니까 이 두 유형의 기록을 놓고 볼 때 그 전반부는 마치 일종의 서론 부분과도 같고 그 후반부는 좀 더 전기적이라고 할 수 있는데, 이와 같은 차이는 공동체가 말씀을 산출하는 과정에서 두 개의 역사적인 시기를 거쳤다는 것을 반영한다고 필자는 생각한다. 수난 사화에 전해진 순교 예언자 예수에 관한 '하가다'는 그리스도교 말씀의 핵심으로 남아 있다. 여기에 앞서 있는 이를테면 '서론들'은 훨씬 더 유동성 있게 전해 내려 왔다. 따라서 수난 사화와 같은 근본적인 비중을 차지하지 못하고 있었다. 이 두 유형의 기록이 갖고 있는 기능을 간단히 요약해 보자. 식사와 말씀을 나누던 공동체의 모임에서 예수의 수난에 대한 회상은 믿는 이를 구원하는 십자가를 거쳐 죽음에서 생명에 이르는 그리스도교의 가장 초석이 되는 통과를 실현해 준다. 십자가를 중심에 모시지 않는 그리스도교의 성찬이란 있을 수 없다. 그러나 수난 사화에서 그 주인공인 구세주는 지금 우리에게 말씀하시는 분이고, 그분의 살아 있는 말씀을 전함으로써 우리가 고백해 드리는 그분이기도 하다. 이 마지막 점에 대해서 한마디 해 두자.

 말씀이란 원래 그것이 어떠한 말씀이든 그 화자에 의해서 발화發話되자마자 다시는 돌이킬 수 없는 과거의 말씀이 되어 버린다. 그것은 동작과는 다르다. 그래서 가령 그리스도교 성찬의 상징적인 행위는 언제나 현재라는 표를 지니고 있다. 그렇다면 예수의 옛 말씀을 어떻게 하면 현재라는 시제로 바꿔 말해 줄 수 있으며, 당신의 공동체를 성찬례에 모으는 그리스도의 현재적인 동작과 어떻게 통합할 수 있는가? 달리 말해 식사라고 하는 계속적인 현재 안에서 이 말씀을 어떻게 '재현재화'시킬 수 있는가? 이런 질문은 매우 중대하다. 만약에 그리스도교의 교사들이 주님의 말씀을 《토마스 복음서》처럼 몇 개의 어록에 모아들이는 것으로 만족하였다면 식사와 말씀을 나누는 그리스도교의 성찬은 죽은 집회에 지나지 않았을 것이다. 그곳에는 그 공동체에게 아직도 말씀하고 계시는 그분의 현존도 빼앗기고 없을 것이다. 어록집logia이라고 하는 것도 《토마스 복음서》가 그렇듯이 이른바 '영지靈知' 속으로 사라져 없어지게 마련이다. 그리스도교의 집회도 역사적 근거라고는 찾아볼 수 없는 한낱 지식을 가지고 그 옛날의 낱말들을 되풀이할 뿐일 것이다. 그러나 공동체의 식사에 궐석 중이면서도 임석하는 그분에 대한 그리스도교의 믿음이 이 현존을 부인하지 않는 동안에는 이러한 영지 속에 녹아 없어질 수 없었다. 여기서도 확인할 수 있듯이 부활이야말로 전승을 펼쳐 나가게 한 원동력이다. 그렇기 때문에 부활하신 분의 선포와 그분의 말씀에 대한 회상은 이 말씀을 언제나 다시 현재라는 수준에 끌어올리는 발화發話, 달리 말해서, 옛 이야기이면서도 지금에야 비로소 처음으로 말하는 말, 즉 복음을 불러들이게 마련이다. 이와 같이 부활하신 분의 단호하고도 결정적인 말씀에 대한 회상은 주님께서 이룬 행적에 대한 회상과 일체를 이룰 수밖에 없다.

이와 같은 '설화적인' 회상은 물론 여러 가지 형태를 띨 수밖에 없었을 것이다. 이른바 '순수한' 아포프테그마는 그중에 가장 간단한 형식으로서 어떤 한마디 말씀을 전해 주는 설화다. 그러나 이 설화는 이 한마디 말씀의 향방 자체를 시각적으로 펼쳐 놓은 것에 지나지 않는다. 마태오 복음서 19장 13~15절의 예를 들어 보자. "어린이들을 그냥 놓아두어라. 나에게 오는 것을 막지 마라."라는 말씀을 둘러싸고 있는 이 대목은 지극히 도식적이다. 그래서 그것은 바로 이 '로기온'의 향방을 시각적으로 전개하고 있을 뿐이다. 그러니까 말씀 자체 안에 그 말씀 고유의 이야기가 잠재하고 있는 셈이다. 그렇다고 해서 불트만처럼 문제의 이 이야기가 하나의 조작에 불과하다는 말은 너무 성급한 결론이 아닐 수 없다. '시각 효과'를 내는 또 다른 형식으로서는 유다계 그리스도교의 조형성이 풍부한 언어로 표현되는 신앙의 확신이 있다. 서양 사람으로서는 이 형식을 알아듣기가 좀 더 어려울지도 모른다. 마태오 복음서 4장 1~11절 또는 루카 복음서 4장 1~13절에 전해진 예수의 유혹 이야기는 그 훌륭한 본보기로 들 수 있다. 역사적으로 볼 때 예수가 일생 동안 겪어야 했던 이 모든 시련보다 더 진실한 것도 달리 없을 것이다. 예수의 유혹 기사는 예수의 이 시련을 독자에게 더 실감 나게 재생하기 위해서 상상의 언어를 구사하고 있을 뿐이다. 그러나 이 상상의 언어라는 것은 아무렇게나 선택된 것이 아니다. 그것은 온통 성경으로 엮어져 있다. 또 다른 형식으로서는 기적 사화라는 것이 있다. 이 기적 사화는 주님이 이루신 구원의 업적을 시각적으로 회상하는 가운데 그리스도교의 구원 현실과 실천을 말해 준다. 물론 필자도 이 모든 점에 대해서 얼마든지 더 길게 이야기할 수 있다. 그러나 여기서 중요한 것은 이 필연적인 과정이 어떻게 해서 시작할 수 있었는지를 알아보는 일이다. 그리스도교의 성찬은 언제나 부활하신 분의 만찬이다. 달리 말해 그리스도께서 오늘의 신앙 안에서 '자신을 보여 주시는' 식사다. 그러기에 그것은 예수가 과거에 있었던 그 옛날의 식사에서 '자신을 보여 준' 것을 회상하는 성찬만은 결코 아니다. 그러기에 복음 역시 그리스도 현존의 성사다. 그리고 이 현존의 특전적인 장소는 바로 '그리스도의 몸'이다. 필자는 이 모든 점을 역설하고 싶다. 필자로서는 신약 성경의 그리스도교적 주해—그것이 교부들의 주석이든 현대의 비판적 주석이든—와 성경에 대한 근본주의적인 해석을 갈라놓는 차이가 바로 이 점에 있다고 생각하기 때문이다. 역사주의적인 형태를 띠는 이 근본주의의 바탕에는 그리스도의 부활을 망각하는 하나의 실천적인 망각이 도사리고 있다. 이 이상한 망각 때문에 사람들은 최초의 것을 손에 넣어야 한다는 강박 관념에 사로잡히게 된다. 또한 이 최초의 것을 본문들 자체 안에서 직접적으로 움켜쥘 수 있다고 생각하지만 사실은 부질없는 생각이다. 정도正道를 벗어난 이와 같은 성경 독해讀解는 결국 18세기의 합리주의의 영향에서 비롯된 것인지도 모른다. 그러나 이 부수적인 문제는 여기서 제쳐 놓고 모든 그리스도교적 역사의 창설 설화, 십자가의 설화로 우리의 연구 조사를 마치도록 하자.

수난 사화의 '문학 유형'을 정확하게 지적하기란 쉽지 않다. 그리고 그것이 솟아 나온 공동체의 구체적 맥락을 정확하게 알아보기란 더욱 어렵다.[36] 수난 사화는 분명 그에 앞서 있는 설화 모음이나 담화 모음처럼 그 무슨 교리 교육의 과정 중에 형성된 것이 아니다. 또 시편 22편과 69편이 이 수난 사화에 많이 이용되었다는 구실로 수난 사화를 일러 일종의 미드라쉬라고 할 수도 없을 것이다. 솔직히 말해서 수난 사화의 유형은 그야말로 그 유례를 찾아볼 수 없는 매우 특이한 것이다. 여기에 유사한 문학 유형이 있다면 '순교자들의 행적'이라는 유형을 들 수 있을 뿐이다. 물론 이 순교자들의 행적이라는 유형은 기원후 1세기의 유다교에도 알려져 있었는데, 그 비중이나 이야기의 전개라는 점에 있어서 예수의 수난 사화와 비할 것이 못 된다. 물론 예수의 수난 이야기는 박해를 받다가 죽은 예언자의 이야기가 아니겠느냐고 말할 수도 있을 것이다. 마치 그 옛날의 예언자들이 순교했다고 전해지는 것처럼 말이다. 또 예수의 수난 사화는 파스카 곧 예수 부활에 비추어 그리고 일부는 성경의 언어를 빌려서 순교 예언자 예수에 대해서 발전시킨 일종의 '하가다'가 아니냐고 말할 수도 있을 것이다. 물론 이와 같은 가설은 나름대로 가치가 있다. 그러나 그렇다고 이 '하가다'의 발생 이유가 밝혀지는 것은 아니다. 그 밖에 지금 여기서 사용하고 있는 '하가다'라는 낱말은 매우 전문적인 용어라는 인상을 주지만 실은 이 낱말은 매우 부정확하게 사용되었다.

그렇다면 설화의 존재 이유는 도대체 무엇일까? 순전히 역사적인 동기뿐이라고 하기에는 미덥지 않다. 적어도 이 역사적인 동기를 과거에 대한 호기심을 만족시키기 위한 것이라는 뜻으로 알아듣는다면 말이다. 첫 그리스도교 공동체는 이야기꾼들이 필요 없었다. 또 20세기가 지난 오늘날에도 이 예수의 수난 사화 같은 이야기를 읽는 사람은 마치 역사 교과서를 뒤적거리듯이 이 이야기를 읽을 수는 없다. 그러기에는 이 이야기가 너무나도 독자를 거기에 걸려들게 하기 때문이다. 그러기에 상당수의 학자들은 '제의祭儀'라는 방향에 따라 예수의 수난 사화를 해석해 보려고 한다.[37] 수난 사화는 전체적으로나 아니면 적어도 그 일부만이라도[38] 첫 그리스도교 공동체의 전례와 처음부터 어떤 연관을 맺고 있었을 것이다. 그렇다면 우리는 무엇보다도 공동체의 성찬을 생각하지 않을 수 없을 것이다. 물론 세례 의식도 아주 일찍부터 이 수난 사화와 어떤 연관을 맺고 있었다는 사실도 잊어서는 안 될 것이다. 이 가정은 터무니없는 공상이 아니다. 위에서 벌써 인용했지만 적어도 "여러분은 이 빵을 먹고 이 잔을 마실 적마다 주님의 죽음을 전하는 것입니다."(1코린 11,26)라고 한 바오로의 이 말을 진지하게 받아들인다면 더욱 그렇다. 그런데 여기서 [주님의 죽음을] '전한다'(그리스어로는 '카탕겔레테kataggelete')는 말은 우리에게 복음 선포 행위를 떠올리게 한다. 바오로는 코린토 신자들에게 보낸 첫째 서간 2장 1절과 9장 14절에서 "복음을 '전하는' 이들"이라는 말을 할 때 같은 동사를 사용하였다. 그러기에 우리는 "여러분은 주님의 성찬을 거행할 때마다 …… 주님의 죽음의 복음을 전합니다."라고 번역하고 싶은 심정이다. 그리고 또 사실 그리스도교의 성찬이 부활하신 분의 만찬일진대 그분의 죽음에 관한 전승을 어떻게 되새기지 않을 수 있겠는가? 이와 같이 부활의 고백은 수난에 대한 계속적인 회상과 늘 연결되어 있다. 마르코 복음서에서는 수난이 열린 무덤 이야기로 끝난다. 이 빈 무덤 이야기는 수난을 제대로 이해하게 하는 관건이기도 하다(마르 16,1-8). 하느님은 당신의 천사를 통하여 이것을 직접 계시한다. "너희가 십자가에 못 박히신 나자렛 사람 예수님을 찾고 있지만 그분께서는 되살아나셨다."(16,6) 이와 같이 수난과 신앙 고백은 서로 연결되어 있다. 이 자리에서 필리피 신자들에게 보낸 서간 2장 6~11절과 콜로새 신자들에게 보낸 서간 1장 15~20절에 전해진 그리스도론적 찬가를 굳이 인용할 필요는 없을 것이다. 또 사실 그리스도교의 만찬의 원형은 "그분이 잡히시던 날 밤에"(1코린 11,23) 있었던 최후의 만찬이라는 원형이 아닌가? 그런데 수난의 전승은 바로 그 밤에 있었던 주님의 온갖 시련을 길고 자세하게 다시 떠올리고 있는 것이다(마르 14,17-15,1).

여기에서 한 걸음 더 나아가 수난의 비망록 곧 수난사가 형성된 구체적인 맥락을 좀 더 규명할 수는 없을까? 이 문제에 대해서 우리는 학자들의 소극적인 견해는 비교적 많이 듣고 있지만 당시의 정황이 정확하게 어떤 것이었는지는 아직도 파악하기가 쉽지 않다. 예수의 수난 이야기는 어떤 의미에서 죽은 사람의 이야기라고 할 수 있다. 그렇기 때문에 이 수난 사화가 산출되고 전달된 장소와 계기로서 우리는 장례식에서의 식사 같은 것을 생각하기 쉬울 것이다. 유다인들과 헬라 세계에서는 이와 같은 장례식의 식사 관습이 있었는데, 이 식사에서 망자亡者는 말하자면 두 번째로 매장되는 셈이었다. 그 친지들이 조사를 통하여 망자의 일생과 특히 그 마지막 순간들을 회상하는 것이 상례였기 때문이다.[39] 그러기에 사람에 따라서는 순교 예언자 예수의 수난 이야기를 이런 식으로 생겨난 문학 작품으로 분류할 수도 있을 것이다. 예수의 부활 발현 사화들은 분명 수난 사화와는 다른 어떤 문학층에 속하기 때문에도 더욱 그렇게 분류하고 싶을 것이다. 마르코 복음서에는 이러한 발현 사화가 없다. 그리고 열린 무덤 이야기도 문학사적으로는 예수 수난 이야기의 첫 전승보다 후대의 것인 듯하다. 그러나 그렇다면, 달리 말해, 수난 사화가 아직 닫혀 있는 무덤에서 끝난다고 한다면 이와 같은 죽은 자의 이야기는 정말 '비그리스도교적'이라고 결론지어야 마땅할 것이다. 적어도 이 수난 사화를 주님의 성찬이라는 '부활의' 맥락 안에 자리 잡게 하지 않는다면 말이다. 여기서도 거듭 확인할 수 있듯이 예수의 죽음에 대한 '그리스도교적'인 회상을 가능하게 하는 것은 바로 부활하신 분의 만찬이다. 그리고 이제는 반대로 그리스도교의 성찬에 제사와 구원이라는 차원을 제공하는 것은 예수의 수난에 대한 회상이다.[40]

그래서 장례식 식사라는 말을 하기보다는 유다인들의 저 유명한 파스카 만찬에 도움을 청하는 것이 더 현명한 것 같다. 필자는 이 책의 제4장에서 예레미아스의 의견과는 정반대로[41] 예수의 최후의 만찬을 엄격한 의미의 파스카 만찬으로 간주할 수 있는 역사적인 가능성을 부인한 바 있다. 요한 복음서의 연대순을 따르면 어린양의 의례적儀禮的인 도살과 쓴 풀을 곁들여 이 어린양을 먹는 의식을 포함하는 파스카 만찬은 예수가 죽기 전날이 아니라 그가 죽은 다음에만 있을 수 있었다. 그런데도 마르코는 예수의 이 최후 만찬을 적어도 그 일부에 있어서는 파스카 만찬의 특징으로 묘사하고 있다(마르 14,12.26). 그렇다면 역사적으로 볼 때 예수의 최후의 만찬이 설사 유다교의 파스카 만찬이 아니었다고 하더라도 그것이 파스카 축제 분위기에[42] 감싸여 있었던 것이 틀림없다. 그래서 이 최후의 만찬은 마침내 새로운 파스카라는 이름으로 불리게 된 것이다. 이 때문에도 공관 복음서에서는 이제 교회의 이 새로운 파스카 체험에 입각하여 예수의 최후 만찬을 파스카 만찬으로 소개한 것이다. 그러므로 우리는 그리스도교 성찬의 원형들 가운데에서 유다교의 파스카 만찬을 잊는 일이 없도록 해야 할 것이다.

그런데 이 유다인들의 파스카 만찬에는 그리스도교의 성찬에 영향을 끼쳤을 독특한 특징들이 있었다. 첫째로 이 파스카 만찬은 해방의 말씀의 자리이기도 하다. 파스카라는 말의 뜻이 그렇듯이 그것은 구원을 가져다준 주님의 '지나가심通過'을 회상하기 때문이다. 실상 '파스카절의 하가다'는 지금도 축제 동안에 읽고 있지만 과거에 있었던 이스라엘의 위대한 구원의 순간들, 그중에 무엇보다도 이집트로부터의 해방을 회상해 준다. 이와 같은 맥락에서는 성경에 유사한 다른 여러 본문들과 주제들 특히 이사악의 희생의 주제를 떠올릴 수 있을 것이다. 르 데오Le Déaut 신부는 《파스카의 밤La Nuit Pascale》이라는[43] 책에서 이 사실을 잘 보여 주었다. 탈출기 12장 42절에 대한 《타르굼》은 '네 밤의 시'라고도 불리는데, 이사악이 기꺼이 받아들인 희생을 회상하는 '회상록'의 좋은 본보기다. 사실 이 주제는 기원후 1세기에 이미 잘 알려져 있었다. 스탄데르트 B. H. Standaert는 최근에 발표한 책에서 마르코 복음서는 그 전체를 파스카라는 맥락에 비추어 이해해야 한다는 것을 보여 주었다.[44] 그렇게까지 생각할 것은 없지만 필자에게도 수난의 이야기는 그리스도교의 파스카 해방이라는 맥락 안에서만 비로소 이해될 수 있어 보이는 것이 사실이다. 사도 시대의 교회를 상대로 집필하는 성 루카는 구원을 가져다준 그리스도교의 이 구원의 밤들을 잘 회상할 줄 알았다. 사도행전 12장 1~19절에서 그는 베드로의 기적적인 구출이 파스카 밤에 이루어졌다고 말한다('무교절', 파스카: 12,3.4). 그 시간에 많은 교우들은 모여서 기도를 드리고 있었다(12,12). 바오로 일행의 구조를 전하는 사도행전 16장 16~40절에서는 이 사실을 좀 더 잘 볼 수 있다. 이 이야기에는 루카의 교회가 지키던 공동체의 중요한 관습들도 일부 반영되어 있다고 생각한다. 안식일이 지나(사도 16,13.16) "자정 무렵에 바오로와 실라스는 하느님께 찬미가를 부르며 기도하고"(16,25) 이어서 그들은 주님의 말씀을 들려주었다(16,32). 간수가 바오로와 실라 두 사람을 데려다가 상처를 싸매 주고 이어서 그들에게 세례를 받은 다음 함께 식사를 든 것도 역시 한밤중이었다(16,33). 그것은 간수를 위한 구원의 밤이었고, 여기에 이어 사도들도 바로 석방되었다.

그러나 유다인들의 만찬과 그리스도교의 성찬을 구분해 주는 중대한 차이가 있다. 유다인들의 파스카 만찬으로 말하면, 그것은 그전에 있었던 구원의 위업을 추억하는 가운데 성경을 해설해 주는 자리이기도 하고, 장차 다가올 해방을 알려 주는 자리이기도 하다. 축제를 설명해 주는 설교 차례Seder가 되면 아버지는 그 자식들에게 그 옛날의 해방을 회상시켜 장차 다가올 해방을 한껏 더 노래하게 한다. 그런데 그리스도교의 성찬에서는 수난 사화를 전해 준다는 사실 자체가 구원의 오늘이라는 뜻을 갖게 된다. 이 성찬에서 바라보는 것은 어제나 내일이 아니라 그리스도 안에서 이루어진 해방의 현재다. 그리스 신화와 같은 생과 사의 일반적인 드라마가 아니라 십자가에 매달린 바로 그 사람의 죽음을 바라본다. "여러분은 주님의 죽음을 전합니다."라는 이 바오로의 말씀은 현재형 구원 선포의 말씀으로서 되울리고 있으며, 이 말씀이 울리는 장소는 바로 새로운 식사 곧 성찬이라는 자리다. 그리스도교의 파스카에서는 죽음에서 생명에 이르는 그 '통과'가 그분의 수난을 회상하는 바로 그 한가운데서 이루어진다. 그리하여 믿는 이는 부활하신 분을 고백하기에 이른다. 예수의 수난 복음은 이 통과의 성사聖事다. 동시에 이 통과의 성사는 부활하신 분의 성사와 일체를 이룬다. 주님의 만찬에서는 이 십자가에 달리신 분을 "그분이 오실 때까지" 언제나 선포하는 것이다. 역사 그리고 십자가의 역사는 그리스도교 성찬의 중심에 있다. 그리고 이것이야말로 일체의 그리스도교적 역사를 창설하는 역사다.

　빵, 말씀 그리고 역사는 그리스도교의 성찬이라는 테두리 안에서 서로서로 불러들이게 마련이다. 십자가라고 하는 가장 탁월한 의미의 역사는 교회의 신앙이 자신을 감싸도록 내맡기는 사람을 맞붙들고 가서 그를 이끌어 십자가에 달리신 그 스승을 역사적으로 겨누게 한다. 또한 동시에 "예수는 주님이십니다!" 하고 외치게 한다.

부록

각 장의 주

제1장

1. 예수에 대한 연구 문헌은 방대하다. 따라서 그 목록은 선별적으로 작성할 수밖에 없다. 필자는 이 책에서 불어로 집필된 책이나 번역된 책들을 우선적으로 소개하였다. 파리에서 출판된 책은 그 출판사의 이름만 밝혀 주는 것을 원칙으로 하였다. 그 밖의 다른 연구 저작들로서는 해당 분야에서 가장 중요하거나 최근에 발표된 것들 중에서 참고 도서 목록을 곁들이고 있는 것들을 주로 들었다. 좀 더 전문적인 연구 현황을 위해서는 P.-E. LANGEVIN, *Bibliographie biblique* III(1930-1983), Laval 1985를 참고할 것이다.

2. X. Léon-DUFOUR, *Les évangiles de l'histoire de Jésus*, Seuil, Paris 1963; id., *L'annonce de l'évangile. Introduction à la Bible*, édition nouvelle de A. George et P. Grelot, III/2, Desclée 1976.

3. A.N. SHEREWIN-WHITE, *Roman Society and Roman Law in the New Testament*, Oxford 1963, p.6 이하를 참고하라. 타치투스가 전하는 이 정보의 원천은 분명히 그리스도인들 사이에 전해지던 전승으로서 이 사실을 잊어서는 안 될 것이다. J.-P. LÉMONON, *Pilate et le gouvernement de la Judée*, Gabalda, Paris 1981; C. SAULINER, *Histoire d'Israël*, III,

Cerf, Paris 1985. p.238-240도 참고하라.

4. 특히 다음을 보라. A. PELLETIER, "L'originalité du témoignage de Flavius Joséphe sur Jésus" in: *Recherches de Science Religieuse* 52(1964), p.177-203; S. PINES, *An Arabic Version of the Testimonium Flavium and its implication*, Jérusalem 1971; P. WINTER, "Josephus on Jesus and James" in: E. SCHÜRER, *The History of the Jewish People in the Age of Jesus Christ*(G. Vermès와 F. Millar의 수정판), I, Edinburgh 1973, p.428-441; A.M. DUBARLE, "Le témoignage de Josèphe sur Jésus d'après la tradition indirecte" in: *Revue Biblique* 80(1973), p.481-513; A. PAUL은 Intertestament, "Cahiers Évangile" 14, Cerf, Paris 1975, p.22-23에서 여러 가지 판본版本을 번역해 주었다. 오리게네스에 따르면(*Comment. sur Matth* 1,17; *Contre Celse* 1,47), 요세푸스는 예수가 메시아라는 것을 믿지 않았다. 이 문제에 관한 연구 현황에 대해서는 L. H. FELDMAN의 훌륭한 보고서를 참고할 것이다. *Josephus and Modern Scholarship*(1937-1980), Berlin, p.691-703.

5. H. SCHRECKENBERG, *Die Flavius-Josephus-Tradition*, Leiden 1972 참조.

6. 예수에 관련되는 비그리스도교 계통의 증언에 관해서는 탈무드에 전해진 전승까지 포함하여 특히 다음 책을 보라. M. GOGUEL, *Jésus*, Payot, Paris 1950, p.55-80; J. KLAUSNER, *Jésus de Nazereth*, Payot, Paris 1933, p.15-65. 여기에 추가할 수 있는 다른 자료로서 신약 성경에는 알려지지 않은 예수의 여러 가지 말씀들이 있다. J. JEREMIAS, *Les Paroles*

inconnues de Jésus, Cerf, Paris 1970 참조. 여러 가지 외경들, 가령《토마스 복음서》도 여기에 포함시켜야 할 것이다. *L'Évangile selon Thomas*, éd., J.-E. MÉNARD, Leiden 1975 참조. 이 마지막 작품은 영지주의에 많이 물들어 있다. 그러나 그중의 어떤 요소들은 공관 복음서 이전의 의인 야고보와 같은 사람과 매우 가까웠던 전승들을 반영할 수도 있을 것이다. 마찬가지로 이 작품의 문학 유형은 예수의 말씀들을 수록한 일종의 어록으로서 복음서의 어떤 부분들, 곧 예수의 '담화'들을 일부 밝혀 줄 수 있을 것이다.

7. 문헌 비판상 원본에 첨가된 어떤 부차적인 변경 또는 가필이라 할지라도 역사적으로 볼 때는 오랜 구전에서 물려받은 요소들을 전해 줄 수도 있기 때문에 이를 무시해서는 안 된다. 가령 사도행전 19장 9절을 보라. 이른바 서방西方계의 본문으로 일컬어지는 팔레스티나 이본異本은 티란노스Tyrannos 학원이 몇 시에 문이 열리는지 독자에게 알려 준다. L. VAGANAY와 C.-B. AMPHOUX, *Initiation à la critique textuelle*, Cerf, Paris 1986을 보라.(B.-M. Metzger와 K. Aland가 집필한 논설들을 인용하고 있다.)

8. 문제의 현황에 대해서는 C. PERROT, "Le Targum" in: *Études théologiques et religieuses*, 52(1977), p.219-230; B. D. CHILTON, *Targumic Appproaches to the Gospels*, London, 1986 참조.

9. J. N. SEVENSTER, *Do You Know Greek?*, Leiden 1968과 G. MUSSIES, "Greek in Palestine and the Diaspora" in: *The Jewish People in the First*

Century, vol. II, Assen 1976, p.1040-1064 참조.

10. A. Diez Macho, "Le Targum Palestinien" in: J.-E. Ménard éd., *Exégèse biblique et Judaïsme*, Strasbourg 1973, p.55-56.

11. Marcel Jousse의 여러 연구물 가운데서 다음을 참고하라. *La Manducation de la leçon dans le milieu ethnique palestinien*, Geuthner 1952. 구전적 운율을 이렇듯이 강조하는 것은 매우 훌륭한 일이다. 한편 구전을 글로 옮기다 보면 여기서 말하는 구전으로서의 성격이 바뀐다. W. Kelber, *Tradition orale et Écriture*, Cerf, Paris, 1991 참조.

12. J. Jeremias, *Théologie du Nouveau Testament*, Cerf 1973, p.10-38 참조.

13. 예컨대 J. Carmignac, *Traduction hébraique des Évangiles*, 1-5, Turnhout 1982-85. 이에 대한 P. Grelot의 반응에 대해서는 *L'Origine des évangiles*, Cerf, Paris 1986을 보라.

14. 예컨대 M.-E. Boismard, *Synopse des Quatre Évangiles*, II, Cerf 1972; Ph. Rolland, *Les Premiers Évangiles: un nouveau regard sur le problème synoptique*, Cerf, Paris 1984를 보라.

15. 공관 복음서에 관한 연구 현황에 대해서는 D. L. Dungan 편집, *The Interrelation of the Gospels*, Leuven 1990을 보라. 참된 행복에 대해서는 E. Puech, "4Q 525 et la péricope des béatitudes en Ben Sira et Matthieu", in: *Revue Biblique* 99, 1992, p.98-131을 보라.

16. 초기 공동체들과 각 복음서들 간의 차이에 대해서는 C. Perrot, "Des premières communauteés et la diversité aux Églises constituées", in:

Recherches de science religeuse, 79(1991), p.80-106을 보라.

17. M. DIBELIUS, *Die Formgeschichte des Evangeliums²*, Tübingen 1933; R. BULTMANN, *L'histoire de la tradition synoptique*, A. Malet 번역, Seuil 1973. 이어서 L. MALEVEZ의 반응에 대해서는 다음을 보라. "Jésus de l'histoire et interprétation du Kérygme", in; *Nouvelle Revue Théologique* 91(1969), p.785-808; 같은 저자, *Le Message chrétien et le mythe*. La théologie de R. Bultmann, Bruxelles 1954; R. MARLÉ, *Bultmann et l'interprétation du Nouveau Testament²*, Paris 1966; H. CAZELLES, *Écriture, parole et Esprit: Trois aspects de l'herméneutique biblique*, Desclée 1971; B. LAURET, "Bulletin de Christologie", in: *Revue des Sciences Philosophiques et Théologiques*, 61(1977), p.101-129; H. J. GAGEY, *Jésus dans la théologie de Bultmann*, Desclee, Paris 1993.

18. R. BULTMANN, *Verhältnis der urchristlichen Christusbotschaft*, Heidelberg 1960, p.13.

19. K. L. SCHMIDT, *Der Rahmen der Geschichte Jesu*, Berlin 1919.

20. F. MUSSNER, *Le langage de Jean et le Jésus de l'histoire*, Bruges 1969가 역사 문제에서 제4 복음서의 중요성을 강조하는 것은 당연한 일이다. 우리는 이 점을 다음 제2장에서 다룰 것이다.

21. A. J. GREIMAS, *Sémiotique et sciences sociales*, Seuil 1976, p.168.

22. G. N. STANTON, *Jesus of Nazareth in New Testament Preaching*, Cambridge 1974, p.117-129. 고대의 역사 서술에 대해서는 G. E.

STERLING, Historiography and Self-Definition, Josephos, *Luke-Acts and Apologetic Historiography*, Leiden 1992; R. A. BURRIDGE, *What are the Gospels? A Comparison with Greco-Roman Biography*, Cambridge 1992를 보라.

23. 특히 H.-W. KUHN, *Ältere Sammlungen im Markusevangelium*, Göttingen 1971; V. TAYLOR, *The Gospel according to St Mark*², London 1969; B. RIGAUX, *Témoignage de l'évangile de Marc*, Desclée de Brouwer 1965, p.32-50.

24. M. ALBERTZ, *Die synoptische Streitgespräche*, Berlin 1921; W. THISSEN, *Erzählung der Befreiung. Eine exegetische Untersuchung zu Mk 2,1-3,6*, Würzburg 1976; M. J. COOK, *Mark's Treatment of the Jewish Leaders*, Leiden 1978; F. VOUGA, *Jésus et la Loi*, Genève 1988.

25. 전승사에 관한 훌륭한 소개서로서는 P. GRELOT, *L'achèvement des Écritures*, in: *Introduction à la Bible*, édition nouvelle, III/ 5. Desclée 1977을 참고할 수 있다.

26. A. VANEL, "L'impact des méthodes historiques en théologie du XVIe au XXe siècle", in: *Le Déplacement de la Théologie. Le Point Théologique*, 21, Beauchesne 1977, p.24.

27. 성경을 실사적實事的으로, 다시 말해 글자 그대로만 해독하려는 독서법(가령 F. BELO, *Lecture matérialiste de l'évangile de Marc*, Cerf 1974)을 그 예로 들 수 있다. 이 독서법의 방법은 일부 역사 비판적 성

경 해석에 그 기초를 두고 있다. 이 밖에 G. THEISSEN, *Soziologie der Jesusbewegung*, München 1977(=*Le Christianisme de Jésus*, Desclée 1979); H. C. KEE, *Community of the New Age*, London 1977, p.77-105를 보라.

28. 필자의 생각에는 마르 2,17ㄷ의 '로기온'이 '원초적'인 말씀이다. 사실 예수는 '죄인들'을 부르러 오셨다. 이 죄인들은, 그렇지 않아도 이미 부정을 탔다고 의혹을 받고 있었던 '암 하아레츠' 곧 '땅의 백성', 천민 중에서도 가장 부정을 탄 것으로 소외되었던 사회적이며 동시에 종교적인 계층에 속하는 사람들로 간주되었다. 마르 2,17ㄷ의 '로기온'은 마르코 복음서를 읽는 그리스계 독자들에게 예수의 이와 같은 사회적인 태도를 윤리적으로 재해석하고 있는 것이다.

29. 전승의 역사라는 수준에서는 예컨대 다음 책을 참고할 수 있다. J. SCHLOSSER, *Le Règne de Dieu dans les dits de Jésus*, Gabalda 1980; G. CLAUDEL, *La Confession de Pierre*, Gabalda, Paris 1988.

30. 불어로 된 편집사 연구 실적은 비교적 많은 셈이다. 그중의 하나로 M. QUESNEL, *Jésus Christ selon saint Matthieu*, Desclée, Paris 1991을 소개한다.

31. 특히, A. DESCAMPS, "L'approche des Synoptiques comme documents historiques", in: *Ephemerides Theologicae Lovanienses* 46(1970), p.5-16과 "Portée christologique de la recherche historique sur Jésus", in: J. DUPONT éd., *Jésus aux origines de la christologie*, Gembloux 1975,

p.23-45를 보라.

32. '문학 유형'이라고 하는 표현은 매우 모호하지만 역사 문제에 대해서 어떤 가치 판단을 원칙적으로 불러들이는 것은 아니다. 실상 요나서와 같은 익살스러운 단편 속에도 역사라는 것이 얼마든지 깃들어 있을 수 있다. 그러기에 역사가는 문제의 이 역사에 여러 가지 양상이 있다는 것을 인정할 줄 알아야 한다. 그러자면 이른바 역사의 전이轉移라는 작업을 거쳐야 한다. P. GRELOT, *Évangiles et histoire*, Desclée, Paris 1985 참조.

33. W. MARXSEN, *Der Evangelist Markus*, Göttingen 1959. 불트만에 대한 반박으로서는 특히 C. H. TALBERT, *What Is a Gospel? The genre of the Canonical Gospels*, Philadelphia 1977을 볼 것이다.

34. 이 점은 제9장에서 다시 다룰 것이다.

35. 아포프테그마, 즉 어떤 일화 안에 전해지는 짤막한 말씀을 보면 그 일화가 거기에 전해진 말씀의 향방을 설화적으로 번역해 주는 데 지나지 않는다는 사실을 알 수 있을 것이다. 그렇다고 그 이야기가 '조작되었다'고는 할 수 없을 것이다. 왜냐하면, 그 이야기는 말씀으로 지탱되고 있으며, 그 말씀의 시각적인 번역이기 때문이다. C. PERROT, "La lecture d'un texte évangélique. Essai méthodologique à partir de Marc 10,13-16", in: *Le Point théologique* 2, Beauchesne 1972, p.51-130에서 그 한 예를 찾아볼 수 있을 것이다. 아울러 P. GRELOT, *Les Paroles de Jésus Christ*, Desclée, Paris 1986도 참고하라.

36. 이런 식으로 J. JEREMIAS는 그의 논문 "Kennzeichen der Ipsissima vox Jesu", in: *Abba*, Göttingen 1966, p.145-152에서 직접 파스카 이전의 단계로 뛰어오르려 한다. 또한 B. GERHARDSSON도 그의 책 *Memory and Manuscript*, Copenhague 1964에서 바로 이 파스카 이전의 시점에서 예수를 소개하려 한다. 그에 따르면 예수는 자기 제자들에게 자신의 말을 기억하도록 한 팔레스티나의 율법 학자에 지나지 않는다는 것이다. 그러나 이것이 사실이라면 복음의 말씀을 전하는 데 부활하신 분의 말씀이 필요 없을 것이다. 따라서 예수 말씀의 역사성을 살펴보려는 의도는 좋지만 이 말씀을 전하는 데 교회가 떠맡는 매개 역할을 전적으로 배제해서는 안 된다.

37. 주 6 참조.

38. 이 주제는 P.-M. BEAUDE가 특히 잘 부각시켜 주었다. 그의 *Jésus oublié*, Cerf, Paris 1977; 같은 저자, "Mort et mis par écrit", in: *Christus* 93(1977), p.32-42와 "Mon origine", in: *Christus* 98(1978), p.159-173 참조.

39. 바오로 사도와 예수 사이의 관계에 대해서 특히 다음 책을 참고하라. J. BLANK, *Paulus und Jesus*, München 1968; D. L. DUNGAN, *The Sayings of Jésus in the Churches of Paul*, Philadelphia 1971; G. N. STANTON, *Jesus of Nazareth in the New Testament Preaching*, Cambridge 1974; J. D. G. DUNN, *Jesus, Paul and the Law*, London 1990.

40. C. Perrot, "Halakha juive et morale chrétienne: fonctionnement et références", in; P. de Surgy éd., *Écriture et pratique chrétienne*, Cerf, Paris 1978, p.35-51, 특히 p.46-47 참조.

41. 이 어려운 본문에 대한 주석에 관해서는 특히 J. Dupont, *Gnosis*, Louvain 1960, p.180-186 참조.

42. C. Perrot, "Les Actes des Apôtres", in: *Introduction à la Bible*, éd. nouvelle, III/2, Desclée 1976, p.265-266. 287 이하 참조.

43. W. Pannenberg, *Esquisse d'une Christologie*, Paris 1971, p.22는 이렇게 말하고 있다. "믿음은 예수가 과거에 어떠하였는지와 관련이 있다. 여기서부터 비로소 우리는 그가 어떤 분인지를 알 수 있으며 또한 어떻게 그분을 오늘 선포할 수 있는지를 알 수 있다." 필자가 보기에 개신교 신학자인 W. Pannenberg는 바로 바오로 사도가 고발했던 오류를 범하고 있다. 실상 바오로는 신앙을 고고학으로 만들지 말며 더구나 최초의 신화에 빠져들지 말라고 하였던 것이다. 그렇지만 우리 자신도 같은 오류를 범하는 것은 아닐까? 실상 성경 해석자이자 역사가로서는 신앙의 행위를 정당화해 줄 의무까지는 없다. 물론 그는 역사학이라는 방법으로 신앙의 공동체적 행위가 역사적으로 어떻게 탄생했는지를 말해 주려고 한다. 그러나 그의 진술은 어디까지나 가설적이다. 앞서 지적한 비판을 완전히 모면할 수는 없지만 그런대로 다음 책들을 읽으면 많은 도움을 얻을 것이다. C. Duquoc, *Christologie*, I-II, Cerf 1968과 1972; W. Kasper, *Jésus le Christ*, Cerf, Paris 1976(우

리말 번역: 발터 카스퍼, 박상래 옮김, 《예수 그리스도》, 분도출판사, 신학총서 13-역주).

44. 이 점에 대한 간략한 요약으로서는 W. TRILLING, *Jésus devant l'histoire*, Cerf 1963이 있다.

45. E. TROCMÉ, *Jésus de Nazareth*, Neuchâtel 1971, p.9-22.

46. A. SCHWEITZER, *Geschichte der Leben-Jesu-Forschung*, München 1906. 불어로 된 예수의 전기에 대해서는 J. G. H. HOFFMANN, *Les Vies de Jésus et le Jésus de l'Histoire*, Uppsala 1947을 보라. 최근에 출판된 가톨릭계의 전기로서는 J. GUITTON, *Jésus*, Grasset 1957(저자는 호교론을 펴기 위해서 철학을 끌어들인다.); A. NISIN, *Histoire de Jésus*, Seuil 1961(저자는 양식사 비판 방법을 사용한다.); H. COUSIN, *Le Prophète assassiné*, Delarge, Paris 1976(저자는 편집사 비판의 방법을 따르는 편이다). 여러 가지 동기에서 집필된 그 밖의 다른 책들 중에서 다음 몇 가지를 예거할 수 있을 것이다. J. POTIN, *Jésus, ses idées-son action*, Le Centurion, Paris 1973; J.-L. SEGUNDO, *Jésus devant la conscience moderne*, Cerf, Paris 1988(일종의 해방 신학적인 관점에서 집필했다).

47. Fayard, Paris 1945.

48. M.-J. LAGRANGE, *L'Évangile de Jésus-Christ*, Gabalda, Paris 1930, p.VI.

49. 그 한 예로 L. DE GRANDMAISON, *Jésus-Christ*, Paris 1928 참조. C. GUIGNEBERT, *Jésus*, Paris 1933 같은 일종의 반反호교론적 시도 역시 별로 성공하지 못했다. 재주가 모자라서인지는 몰라도 오늘날 프랑스

계통의 합리주의자들도 지난 세기의 유물인 역사주의에서 좀처럼 벗어나지 못하고 있다.

50. 만일 있었던 대로의 사실과 그에 대한 해석을 분리한다는 것이 그릇된 것이라면 신학과 역사를 서로 반립시키려는 몇몇 사람들의 시도 역시 그릇된 것이 아닐 수 없다 G. Vermès와 같은 일부 학자들은 역사에 관한 신학적이며 동시에 역사주의적인 개념을 앞세워 신학과 역사를 대립시키고 있지만 잘못이라고 생각한다. 미드라쉬와 역사를 서로 반립시키려는 일도 조심해야 한다. 하기는 '미드라쉬'라는 히브리 낱말과 '히스토리아'라는 그리스 낱말은 본래 같은 뜻이었다. 곧, 연구라는 뜻이다. E. E. URBACH, "Halakhah and History", in: R. HAMMERTON KELLY, éd. *Jews, Greeks and Christians*, Leiden 1976, p.112-128 참조.

51. J. JEREMIAS, *Théologie du Nouveau Testament*, Cerf, Paris 1973; C. H. DODD, *Le Fondateur du Christianisme*, Seuil, Paris 1972.

52. D. F. STRAUSS, *Vie de Jésus*, Paris (Ladrange) 1864(독일어에서 번역).

53. P.-L. COUCHOUD, *Le mystère de Jésus*, Paris 1924.

54. R. BULTMANN, *Jésus*, Seuil, Paris 1968.

55. E. KÄSEMANN, "Das Problem des historischen Jesus", in: *Zeitschrift für Theologie und Kirche*, 51(1954), p.125-153(="Le problème du Jésus historique", in: *Essais exégétiques*, Neuchâtel 1972, p.145-173); id.,; "Sackgassen im Streit um den historischen Jesus", in: *Exegetische Versuche und Besinnungen*, II, Göttingen 1964, p.31-68; id.,;

"Die Neue Jesus Frage", in: J. DUPONT éd., *Jésus aux origines de la Christologie*, Gembloux 1975, p.47-57. Käsemann에 대해서는 특히 P. GISEL, *Vérité et Histoire. La théologie dans la modernité: Ernst Käsemann*, Beauchesne-Labor et Fides 1977을 참고할 것이다. M. BOUTTIER, *Du Christ de l'histoire au Jésus des Évangiles*, Cerf, Paris 1969의 간소한 종합적인 비평도 참고할 것이다.

56. J. M. ROBINSON, *The New Quest of the Historical Jesus*, London 1959(=*Le Kérygme de l'Église et le Jésus de l'histoire*, Genève 1960) 참조.

57. E. FUCHS, *Zur Frage nach dem historischen Jesus*, Tübingen 1960.

58. H. SCHÜRMANN, *Comment Jésus a-t-il vécu sa mort?*, Cerf, Paris 1977.

59. 이 자리에 추천하지 않을 수 없는 훌륭한 책으로 J. GUILLET, *Jésus devant sa vie et sa mort*, Aubier, Paris 1991을 소개하고 싶다.

60. 특히 M. FOUCAULT, *L'Archéologie du savoir*, Paris 1969와 M. DE CERTEAU, *L'Écriture de l'histoire*, Gallimard 1975를 보라.

61. 예컨대 G. BORNKAMM도 그중의 하나다. *Qui est Jésus de Nazareth?*, Seuil, Paris 1971, p.20-21.

62. S. BRETON, "Histoire, Écriture, mort", in: *Revue des sciences philosophiques et théologiques*, 60(1976), p.610.

63. 그래서 P. VEYNE, *Comment on écrit l'histoire*, Seuil 1971, p.43은 이렇게 말한다. "역사는 개별적인 사건들의 개별성에 관심이 있는 것이 아니라 그 특성에 관심을 갖는다."

64. 이 자리에 M. DE CERTEAU의 글귀 하나만을 *L'écriture de l'historire*, Gallimard 1975 p.102에서 인용해 보자. "일단 기록으로 표상을 해 놓고 보면 거기에는 빈자리가 없다. 기록은 빈자리를 메우거나 지워 버린다. 그런데 사실은 이 빈자리들이야말로 늘 아쉬움을 느끼게 함으로써 연구를 더욱 자극하는 원리 자체다."

65. 역사 문제에 관한 몇몇 책으로서는 다음을 참고하라. R. ARON, *Introduction à la philosophie de l'histoire*, Paris 1948; H.-I. MARROU, *De la connaissance historique*, Seuil 1954; J. HOURS, *Valeur de l'histoire*, Paris 1954; H.-G. GADAMER, *Vérité et méthode*, Paris 1976; P. RICŒUR, *Histoire et vérité*, Paris 1966; P. SALMON, *Histoire et critique*, Bruxelles 1969; P. FRUCHON, *Existence humaine et Révélation. Essais d'herméneutique*, Paris 1976. 그리고 앞에 있는 주들도 참고하라.

66. 예컨대 M. BASTIN, *Jésus devant sa Passion*, Cerf, Paris 1976을 참고하라.

67. E. KÄSEMANN, *Essais exégétiques*, p.164.

68. F. HAHN, "Methodologische Überlegungen zur Rückfrage nach Jesus", in: K. KERTELGE éd., *Rückfrage nach Jesus*, Freiburg 1976, p.11-77.

69. 예컨대 H. K. MCARTHUR, *In Search of the Historical Jesus*, London 1970을 보라.

70. W. G. KÜMMEL, *Die Theologie des Neuen Testaments nach seinem*

Hauptzeugen, Göttingen 1972, p.24.

71. H. SCHÜRMANN, *Comment Jésus a-t-il vécu sa mort?* Cerf 1977, p.30; M. D. HOOKER, "Christology and Methodology", in: *New Testament Studies* 17(1972), p.480-487 참조.

72. P. GRELOT, "L'historien devant la résurrection du Christ", in: *Revue d'histoire de la spiritualité* 48(1972), p.249 이하; "La pratique de la méthode historique en exégèse biblique", in: *Lectures actuelles de la Bible: Les Quatre Fleuves* 7(1977), p.32-34 참조.

73. 이 점은 F. LENTZEN-DEIS가 바로 보았다. "Kriterien für die Beurteilung der Jesusüberlieferung in den Evangelien", in: K. KERTELGE 편집, *Rückfrage nach Jésus*, Freiburg 1974, p.78-117.

74. [역사성을 식별하게 해 주는] 기준들에 관한 다른 몇몇 연구로서는 다음을 참고하라. B. RIGAUX, "L'historicité de Jésus devant l'exégèse récente", in: *Revue Biblique*, 68(1958), p.481-552; N. PERRIN, *Rediscovering the Teaching of Jesus*, London 1967, p.38-49; D. G. A. CALVERT, "An Examination of the Criteria for distinguishing the authentic Words of Jesus", in: *New Testament Studies*, 18(1972), p.209-218; D. LÜHRMANN, "Die Frage nach Kriterien für urspriingliche Jesusworte – eine Problemskizze", in: J. DUPONT éd., *Jésus aux origines de la christologie*, Gembloux 1975, p.59-72; 같은 책에서 X. LÉON-DUFOUR, "Jésus devant sa mort" p.143-144;

F. LAMBIASI, *L'autenticità storica dei Vangeli. Studio di criteriologia*, Bologna 1976; K. GRAYSTON, "Jesus: The Historical Question", in: *Downside Review* 95(1977), p.254-270; R. LATOURELLE, *L'accès à Jésus par les évangiles*, Desclée 1978, p.215-239; D. L. MEALAND, "The Dissimilarity Test", in: *Scottisch Journal of Theology* 31(1978), p.41-50.

75. 예수와 역사에 관한 몇 가지 책과 논문들로서는 다음을 참고하라. C. E. BRAETEN-R. A. HARRISVILLE 편집, *The Historical Jesus and the Kerygmatic Christ*, Nashville 1964; K. KERTELGE 편집, *Rückfrage nach Jesus*, Freiburg 1974; H. K. McARTHUR 편집, *In Search of the Historical Jesus*, London 1970; G. AULEN, *Jesus in contemporary Historical Research*, London 1976; P. FREDERIKSEN, *De Jésus au Christ*, Cerf 1992; C. PERROT, "L'Enigme neotestamentaire", in: *Lumiere et Vie* 210(1992), p.17-23. 주석학적인 주요 결론들을 종합적으로 알아보는 데에는 H. LEROY, *Jesus. Überlieferung und Deutung*, Darmstadt 1978을 참고하라. 마찬가지로 E. J. EPP-C. W. McRAE, *The New Testament and its Modern Interpreters*, Atlanta 1989도 참고가 될 것이다.

76. G. THEISSEN, *L'Ombre du Galiléen*, Cerf, Paris 1988.

77. G. MESSADIÉ, *L'Homme qui devint Dieu, Robert Laffont*, Paris 1988-89; 이에 대한 P. GRELOT의 답변: *Un Jésus de comedie: l'homme qui devint Dieu*, Cerf, Paris 1989.

78. B. L. MACK, *A Myth of Innocence*, Philadelphia 1988.

제2장

1. 연대에 관해서는 특히 다음을 참고하라. M. GOGUEL, *Jésus*, Payot 1950, p.160-190; J. BLINZLER, *Le procès de Jésus*, Maine 1961, p.90-112; X. LÉON-DUFOUR, *les Évangiles et l'histoire de Jésus*, Seuil 1963, p.352-371; J. FINEGAN, *Handbook of Biblical Chronology*, Princeton 1964; S. DOCKS, *Chronologies néotestamentaires et Vie de l'Église primitive*, Duculot 1976(저자는 매우 흥미 있는 몇몇 관찰을 우리에게 보여 주고 있으나 유감스럽게도 그가 내세우는 가정들은 복음서를 역사주의적으로 판독한 데 근거하고 있기 때문에 설득력이 별로 없다.); R. JEWETT, *Dating Paul's Life*, London 1979; J. VARDAMAN-E. YAMAUCHI, *Chronos, Kairos, Christos. Nativity and Chronological Studies*, presented to Jack Finegan, Winona Lake 1989.

2. 유다인들의 파스카 축제는 니산 달 15일에서 21일까지 이레 동안 계속되었다. 날짜는 저녁나절 첫 별이 뜰 때부터 계산한다.

3. 특히 A. JAUBERT, *La date de la Cène*, Gabalda, Paris 1957의 주장을 이 자리에 지적해 두자. 그녀에 따르면, 예수 시대에 음력과 양력 두 종류의 달력이 있었는데 공식적으로는 음력이 사용되었다. 그런데 이 음력에 따르면, 파스카 만찬은 니산 달 14일 저녁 그러니까 니산 달 15일이 시작되는 그 저녁에 먹었다. 그리고 양력은 쿰란 공동체에서 사용하였

는데, 이 양력으로 따지면 파스카 축일은 해마다 화요일 저녁(따라서 수요일의 첫 시작)에 지냈다고 한다. 따라서 예수는 화요일 저녁에 파스카 만찬을 들고(공관 복음서의 경우가 여기에 해당하겠다.) 파스카 전날 십자가에 처형된 셈이 된다(요한 복음서의 경우). 그러나 이 가설을 지지하는 사람은 별로 없다. 예수가 만일 양력을 따랐다고 한다면, 이 사실은 그가 에세네 사람들과 어떤 친근성이 있었다는 말도 된다. 그러나 필자는 다음 장에서 이런 함축적인 관계를 부인할 것이다. 공식적으로 사용되었던 달력이 음력이었다고 한다면 예수의 제자들은 다른 사람들보다 이틀이나 앞서서 성전 마당에서 파스카의 어린양을 도살해야 하는데 과연 그럴 수 있었겠는가!

4. J. JEREMIAS, *La dernière Cène*, Cerf 1972, p.36-42는 공관 복음서의 전승을 따른다. 그러면서도 그는 역산(曆算)법으로 따질 때 요한 복음서의 전승이 좀 더 사실에 가깝다는 것을 인정한다. 물론 요한 복음서의 전승도 상징적인 특징이 없다는 것은 아니다(요한 19,36 참조). 그렇다고 역사적이 아니라고 하는 것은 아니다. 필자의 견해로는 공간과 시간에 관한 공관 복음서의 어떤 자료가 요한의 것과 정면으로 모순된다면 요한에게 좀 더 역사적인 신빙성이 있다고 할 것이다. 하기는 유다교 전승에서도 니산 달 14일을 예수의 처형 일자로 받아들이고 있다(T. b. Sanhedrin 43a: "파스카 전날 나자렛 사람 예수를 매달았다"). 일부 그리스도교 전승도 이 날짜를 받아들였다. 베드로의 복음서 II, 5; 히에라폴리스의 아폴리나리스, 히폴리투스, 멜리톤(?), 알렉산드리아의 클레멘

스; M.-G. MARA, *Évangile de Pierre*("Sources chrétiennes" 201), Cerf, Paris 1973, p.81-86을 보라.

5. 안식년의 목록에 대해서는 종전까지 인정되어 온 것을 수정하여 B. Z. WACHOLDER가 발표한 논문 "The Calendar of Sabbatical Cycles", in: *Hebrew Union College Annual*, 43(1972), p.153-196과 "The Calendar of Sabbatical Year. A Response", in: *HUCA*, 54(1983), p.123-133을 참고하라. 희년은 요세푸스에 따르면, 50년 주기마다, 또는 《희년기》와 《모세의 승천》에 따르면, 49년 주기마다 지낸다. 후자의 경우에는 안식년이 희년과 겹치는 수가 있다. 바오로 사도의 연대를 알아보는 데 매우 중요한 안식년에 관해서는 필자의 다음 글을 참고하라. A. GEORGE-P. GRELOT éd., *Introduction à la Bible*. Édition nouvelle, Ⅲ/3, Desclée 1977, p.26-27. 이사야서 61장 1절 이하의 낭독에 관해서는 필자의 다음 글도 참고하라. "Lc 4,16-30 et la lecture de l'ancienne synagogue", in: *Revue des Sciences Religieuses*, 47(1973), p.324-337(=*Exégèse Biblique et Judaïsme*, J.-E. MÉNARD éd., Strasbourg, 1973, p.170-183). 사소한 것이지만 이 자리에 덧붙여 둔다. 매 칠 년을 주기로 하는 안식년에서 제3년, 그러니까 우리의 경우 기원후 29-30년에 순례를 떠나는 유다인은 가난한 이들을 위해서 '제2의 십일조'를 베풀어야 할 의무가 있었다. 그런데 우리는 마르코 복음서 14장 5절과 요한 복음서 12장 5~6절(베타니아에서 예수의 머리에 기름을 부은 이야기) 그리고 13장 29절을 읽어 보면 기원후 30년의 파스카 축제를 전후하는 이

맥락에서 바로 가난한 이들에 대한 어떤 암시를 찾아볼 수 있다.

6. 이레네오, 《반이단론》 II, 22.5(*PG* 7,785).

7. 기원후 6세기에 작은 디오니시오 수사가 그리스도교 기원紀元을 로마 건도 해인 754년으로 잡았는데, 이는 물론 계산 착오였다.

8. P. Benoît, "Quirinius", in: *Supplément au Dictionnaire de la Bible*, IX(1977), col. 693-720. 아울러 R. E. Brown, *The Birth of the Messiah*, New York 1977, p.412-418 및 547-556; C. Sauliner, *Histoire d'Israël*, III; Cerf, Paris 1985, p.489-491도 참고할 것이다.

9. Tertullien, *Adversus Marcion*, IV 19,10.

10. 제1장의 주 36-37을 보라.

11. 제1장의 주 37을 보라.

12. 특히 다음을 참고하라. L. Cerfaux, "La Section des pains"(Mc 6,31-8,26), in: *Recueil Lucien Cerfaux*, I, Duculot 1954, p.471-486; A. M. Denis, "La Sections des pains selon s. Marc(6,30-8,26), une théologie de l'eucharistie", in: *Studia Evangelica* IV, Berlin 1968, p.171-179; Q. Quesnel, *The Mind of Mark*, Rome 1969.

13. 여기서 말하는 게라사는 어쩌면 티베리아스 호수 동쪽에 있는 오늘의 엘 쿠르시(El Kursi) 또는 코르시아(Chorsia)라는 마을일지도 모른다. B. Bagatti, "Kursi", in: *Revue Biblique*, 6(1970), p.223-228 참조.

제2부

1. "Au seuil de l'ère chrétienne", in: *Introduction à la Bible*, éd. novelle de A. George et P. Grelot, Ⅲ/1, Desclee 1976.

제3장

2. R. Ginouvès, *Balaneutikè. Recherches sur les bains dans l'antiquité grecque*, Paris 1962 참조.

3. Ph. Reymond, *L'eau, sa vie et sa signification*, Leiden 1958, p.228-238; I. Neusner, *The Idea of Purity in Ancient Judaism*, Leiden 1973 참조. 그리고 H. Cazelles(구약 성경)와 Ed. Cothenet(신약 성경)의 중요한 논문 "Pureté et impureté", in: *Supplément au Dictionnaire de la Bible* 9(1976), col. 491-554를 참고할 것이다.

4. L. Moraldi, *Espiazione sacrificiale e riti espiatori*, Rome 1956; H. Thyen, *Studien zur Sündenvergebung*, Göttingen 1970 참조.

5. 그래서 무덤들을 하얗게 칠해야 할 필요가 있었다. 부정한 접촉을 일체 피하자는 것이었다. 그런데 예수는 바로 이 점을 비꼬아 바리사이들을 "회칠한 무덤"(마태 23,27)에 비유하였던 것이다.

6. M.-J. Seux, *Hymnes et prières aux dieux de Babylonie et d'Assyrie*, Cerf 1976에 많이 수록되어 있는 '액막이' 기도문들을 읽어 볼 것이다. 이 기도문에서 물의 의식은 중요한 몫을 차지하고 있다. 거기에는 시리아 사람 나아만처럼 물속에 일곱 번이나 몸을 담갔다는 이야기도 나온다.

7. J. JEREMIAS의 명저 *Jérusalem au temp.de Jésus*, Cerf 1967은 이 중대한 점을 완전히 도외시하고 있다.

8. 기원후 70년 이전에 예루살렘의 유다교 회당에도 이러한 목욕 시설이 있었던 것 같다. 이 사실에 대해서는 테오도토스Theodotos의 비명碑銘(예루살렘의 옛 성전 가까이 있던 유다교 회당의 유적에서 발굴됨-역주)이 증언해 주고 있다. 이 밖에 기원후 73년 이전에 마사다 요새의 회당에서도 정수淨水를 저장하는 수조水槽 miqwot들이 있었다. 디아스포라 Diaspora, 즉 유다교 이산 공동체의 기도처들도 흔히 흐르는 물 가까운 곳에 자리 잡고 있었다고 한다. 그 예로 할리카르나수스(요세푸스,《유다 고대사》14,258)와 필립피(사도 16,13-15)에 있었던 기도처를 들 수 있다. 이 밖에 물의 의식에 관한 암시는 '시나이 사본Codex Sinaïticus'에 전해진 유딧기 12장 7절과 9절, 토빗기 7장 9절에도 나와 있다(L. ROSSO, in: *Journal for the Study of the Judaism* 8〈1977〉, p.232 참조).

9. 그래서 속죄일 곧 키푸르의 날을 '터불 욤Tebul Yom' 곧 대제사장이 목욕하는 날이라고 부르는 표현도 여기서 생겨났다. 예컨대 다음을 참고하라. J. LE MOYNE, *Les Sadducéens*, Gabalda 1972, p.207-213.

10. 이 점에 관해서는 S. LÉGASSE, "Baptême juif des prosélytes et baptême chrétien", in: *Bulletin de littérature ecclésiastique*, janvier 1976, p.1-35에 수록된 훌륭한 자료집 참조. 그러나 기원후 1세기의 증언들은 매우 드물다. 그중에 한 가지만 인용해 보자(Arrien, *Epicteti Dissert.* Ⅱ, 19-21). "어떤 사람이 몸을 씻고 영입된 사람으로서 시험을 거쳤다

면, 그때 그는 실제로 유다인이고 또 유다인이라고 불릴 자격이 있다." 이 밖에 *Tosefta Pesahim* 7,14; *M. Pesahim* 8,8; *T.b. Yebamot* 46-47도 틀림없이 참고될 것이다.

11. 특히 A. Oppenheimer, *The 'Am ha-aretz*, Leiden 1977과 E. E. Urbach, *The Sages, their Concepts and Beliefs*, Jerusalem 1975를 참고하라.

12. 이 주제에 관한 많은 연구들 가운데에서 다음 몇 가지만 예거한다. M. Delcor, "Le sacerdoce, les lieux de culte, les rites et les fêtes dans les documents de Khirbet Qumrân", in: *Revue d'Histoire des Religions*, 144 (1953), p.5-41; J. Carmignac, "L'Utilité ou l'inutilité des sacrifices sanglants dans la Règle de la Communauté", in: *Revue Biblique*, 63(1956), p.524-532; A. Dupont-Sommer, "Culpabilité et rite de purification dans la secte de Qumrân", in: *Semitica* 15(1965), p.63-70; J. Schmitt, "La pureté sadocite d'après 1QS III, 4-9", in: *Revue des Sciences religieuses* 44(1970), p.214-224(*Mémorial du Cinquantenaire*, Strasbourg 1970, p.408-418). 마찬가지로 다음을 참고하라. O. Betz, "Le ministère cultuel à Qumrân", in: *La Secte de Qumrân*, Desclée de Brouwer 1959, p.163-202; J. Delorme, "La pratique du Baptême dans le Judaïsme contemporain des origines chrétiennes", in: *Lumière et Vie* 26(1956), p.21-60; D. Flusser, "The Baptism of John and the Dead Sea Sect", in: C. Rabin-Y. Yadin éd., *Essays on the Dead Sea*

Scrolls in Memory of E.-L. Sukenik, Jerusalem 1961.

13. 불어 번역은 J. POUILLY, *La règle de la communauté de Qumrân*, Gabalda, Paris 1976, p.116의 것. 필자는 여기서 J. Murphy O'Conner 와 J. Pouilly가 제안한 문장의 단층 분석과 연대를 따르기로 한다.

14. *Midrash Pesiqtah* 40ㄴ; 민수기 19장 2절의 *Midrash Nombres Rabbah* 19,8 참조.

15. 요세푸스, 《유다 고대사》 18,19의 본문에 전해진, 에세네 사람들의 제사에 관한 문제에 대해서는 J. M. BAUMGARTEN, *Studies in Qumrân Law*, Leiden 1977, p.56-74를 보라.

16. 여기서 필자는 E. LOHMEYER의 통찰을 따르기로 한다. *Das Urchristentum I, Johannes der Täufer*, Göttingen 1932 참조.

17. 1935년 Gembloux에서 출판되었다. 이 침례파들에 관한 주요 문헌집은 역시 A. F. KLIJN-G. J. REININCK, *Patristic Evidence for Jewish-Christian Sects*, Leiden 1973일 것이다. 이 주제에 관한 다른 책들로서는 R. A. PRITZ, *Nazarene Jewish Christianity*, Leiden 1988을 들 수 있다. 성경 학자들 중에 이 침례 현상의 중요성을 강조하는 사람들로서는 O. CULLMANN, *Baptism in the New Testament*, London 1950; id., *Le milieu johannique*, Neuchâtel 1976; H. CONZELMANN, *Geschichte des Urchristentums*, Göttingen 1976; H. CAZELLES, *Naissance de l'Église. Secte juive rejetée?*, Cerf 1968, p.89-95; H. THYEN, *Studien zur Sündenvergebung*, Göttingen 1970.

18. 불어 번역은 A. PELLETIER, FLAVIUS JOSÉPHE, *Autobiographie*, Les Belles Lettres 1959의 것.

19. 토마스의 말대로, 유다교 계통의 침례파가 '시빌레의 신탁Oracles Sibyllins'에 일정한 영향을 끼쳤다는 점을 지적해야 하지 않을까? *Or Sib* IV, 8-20에 보면 기원후 80년에 집필되었을 이 작품의 저자는 신전들과 유혈 제사에 대해서 매우 강렬한 비난을 퍼붓는다. *Or Sib* IV, 162-170에는 다음과 같이 적혀 있다. "너희는 행동을 고쳐라. 너희는 생수가 흐르는 강물에 너희 몸을 통째로 담가라. 너희 손을 하늘로 뻗치고 과거의 너희 행실에 대해 용서를 청하라. 그러면 하느님께서 너희에게 회심의 선물을 베푸시리라." S. LÉGASSE, *Naissance du baptême*, Cerf, Paris 1993, p.51-54는 요한 세례자 이전에 유다교에 세례가 존재했다는 사실을 미심쩍게 생각한다. 물론 이 점에 대한 증언들은 시대적으로 뒤늦은 것들이기는 하다. 그러나 역사적으로 볼 때, 이 모든 세례주의자들, 그러니까 일일 침례자들과 "아침나절의 침례자들"(이들은 물론 유다인들이다.)이 널리 유포되어 있었다는 이 놀라운 사실을 단순히 요한 세례자만의 관례로부터 설명하는 것이 더 쉬운가, 아니면 요한 세례자라는 인물도 물의 예식과 동작들을 매우 중요시하던 요르단 강 건너편의 넓은 활동 지역과 관련을 지어야 더 잘 설명되는가? 필자는 이 둘째 의견이 조금 더 낫다고 생각한다.

20. 어쩌면 나자렛 사람들과는 구별해야 하겠지만 나조라 사람들에 대해서는 M. BLACK, *The Scrolls and Christian Origins*, London 1961, p.66-

74를 보라. A. POURQUIER, *L'Hérésiologie chez Épiphane de Salamine*, Beauchesne, Paris 1992, p.415-417은 나조라이오스Nazôraios와 나자레노스Nazarenos를 구별하지 않는다. 그 이유는 카이사리아에서 발견된 히브리어 비명에 나자라(나자렛)이라는 이름이 나오기 때문이다. 사바 교인들Sabéens과 마스보트 교인들Masbothéens이라는 이름은 모두 sb'라는 아람어의 어간에서 나온 말로서 물속에 '잠그다'라는 뜻도 있다. 만대어와 팔레스티나의 그리스도인들이 사용하던 아람어의 일종인 시리아-팔레스티나어로 마스부타masbûtha라는 낱말은 세례를 가리킨다.

21. J. SCHMITT, art. "Mandéens", in: *Supplément au Dictionnaire de la Bible*, 6(1957), col. 758-787; R. RUDOLPH, *Die Mandäer*, I-II, Göttingen 1960-61; E. S. DROWER, *The Secret Adam. A Study of nasoraean Gnosis*, Oxford 1960; E. M. YAMAUCHI, *Gnostic Ethics and Mandaean Origins*, Cambridge 1970 참조. 침례에 관한 만대교의 본문들은 W. FOERSTER, *Gnosis*, II, Oxford 1974, p.277-328에서 찾아보라.

22. 갈릴래아 지방의 서포리스와 가나 근처에는 만대어 유형의 이름들이 아직도 남아 있다.

23. 불어 번역은 Th. REINACH, *Œuvres Complètes de Flavius Josèphe*, IV, Paris 1929의 것.

24. 특히 다음을 참고하라. W. WINK, *John the Baptist in the Gospel Tradition*, Cambridge 1968. 또한 F. LENTZEN-DEIS, *Die Taufe*

nach den Synoptikern, Frankfurt am Main 1970; E. COTHENET, art. "Prophétisme", in: *Supplément au Dictionnaire de la Bible*, VIII(1972), col. 1233-1264 및 art. "Qumrân et le Nouveau Testament", in: *ibid.*, IX(1978), col. 980-992; J. SCHMITT, "Le milieu baptiste de Jean le précurseur", in: *Exégèse Biblique et Judaïsme*, J.-E. MÉNARD éd., Strasbourg 1973, p.237-253; 침례교 목사인 G. R. BEASLEY-MURRAYS 의 책 *Baptism in the New Testament*, Exeter 1972는 고대의 세례의 특성을 이해하지 못하였다.

25. 요한 복음서 1장 28절에 언급되어 나오는 베타니아는 11장 1절에 나오는 같은 이름의 동네와 다르다. 큐레톤의 옛 시리아어 번역본은 이 자리가 베타바라Bethabara였다고 하는데, 아마도 이 말은 '건널목'이라는 뜻이겠다. 그런데 요르단 강 건너편(요한 10,40도 아울러 참조)은 침례 운동자들이 정착하는 데 딱 알맞은 장소였다. 여기를 기점으로 하여 요한은 사마리아로 가고, 예수는 유다 지방으로 가게 된다(요한 3,22).

26. M.-E. BOISMARD, "Aenon, près de Salem", in: *Revue Biblique*, 80(1973), p.218-229 참조. 살림의 샘은 나블루스 동북쪽으로 12km 떨어진 곳에 위치한다.

27. O. CULLMANN, "La Samarie et les origines de la mission chrétienne", in: *Annuaire 1953-54 de l'École des Hautes Étude*(=*The Early Church*, Philadelphia 1956; *Vorträge und Aufsäätze*, 1920-1962, p.232 이하) 참

조. 유스티누스 때에도 사마리아에는 그리스도교 공동체들이 여전히 남아 있었던 것으로 전해진다. R. Pummer, "New Evidence for Samaritan Christianity?", in: *Catholic Biblical Quarterly*, 41(1979), p.98-117 참조.

28. 침례주의자들에 관한 교부들의 본문 자료들에 대해서는 S. J. Isser, *The Dositheans. A Samaritan Sect in Late Antiquity*, Leiden 1976을 참고하라.

29. 히브리어로 사마리아 사람들을 '숌림shomrîm'이라고 하는데 (진리의) 지킴이들 곧 수호자들이라는 뜻이다. '나조라'라는 말의 동사 어간도 '지키다', 또는 '밤샘하다'라는 뜻을 가질 수 있다. '나자렛'이라는 이름도 같은 어원에서 나온 것 같다. 곧, 그 일대의 농장을 지키는 원두막이라는 뜻이다.

30. 스테파노와 사마리아 계통의 전승 사이에 어떤 접촉이 있었다는 것을 강조하는 연구로서는 A. Spiro와 M. H. Scharlemann(*Stephen: A Singular Saint*, Rome 1968)의 책이 있다. 이들에 대한 비판적인 반론으로는 S. Lowy, *The Principles of Samaritan Bible Exegesis*, Leiden 1977, p.48-57을 읽어 볼 것이다. 그리고 G. Schneider, "Stephanus, die Hellenisten und Samaria", in: J. Kremer éd., *Les Actes des Apôtres*, Duculot 1979, p.215-240; S. Légasse, *Stephanos*, Cerf, Paris 1992, p.172-174도 참고할 것이다.

31. P. Lebeau, *Le Vin nouveau du Royaume*, Bruges 1966 참조.

32. C. Perrot, "La lecture synagogale d'Exode 21,1-22,23 et son influence sur la littérature néo-testamentaire", in: *À la rencontre de Dieu*(Mémorial A. Gelin), Le Puy 1963, p.223-239 참조. 탈출기 21장 1절 이하의 안식일 독서는 기원후 1세기에 벌써 이사야서 56장 1~8절 및 57장 19절의 독서와 연결되어 있었다. 이러한 독서를 낭독하는 안식일에는 이방인에 관한 주제를 다루었다. 하느님은 사람 차별을 하지 않으시기 때문이다.

33. 제1장의 주 38 참조.

34. 적어도 기원후 2-3세기부터는 여기에 관한 자료가 확실하게 나타난다. C. Perrot, *La Lecture de la Bible dans la Synagogue*, Hildesheim 1973, p.56 참조.

35. J. Jeremias, *Jésus et les païens*, Neuchâtel 1956; R. McL. Wilson, *The Gentiles and the Gentile Mission in Luke-Acts*, Cambridge 1973 참조.

36. 여기에 한 가지 유의할 것이 있다. 루카는 자기 복음서에서 여성들에 관한 이야기를 즐겨 전하면서도 시리아-페니키아 여인의 일화는 채택하지 않았다. 실상 이 이야기는 헬라계 그리스도인들이었던 그의 독자들이 쉽게 소화하기 어려웠을 것이다.

37. Cullmann, *Le Milieu johannique*, Neuchâtel 1976 참조.

38. 앞의 주 3 참조.

39. J. Jeremias, *Les paroles inconnues de Jésus*, Cerf 1970, p.51-52 참조.

40. 앞의 주 3을 보라.

41. 이것은 히에로니무스가 전하는 이야기다. *Patrologie latine* 23,570 참조.

42. 앞의 주 3 참조.

43. "가장 작은 이"라는 말은 요한과 비교해 예수를 두고 한 말이다. M. DIBELIUS의 이 해석은 그 뒤 O. CULLMANN(*Christologie du Nouveau Testament*, Neuchâtel 1968, p.29-33)에 의해서 반복되었는데, 실은 히에로니무스, 크리소스토무스 그리고 힐라리우스도 이미 같은 해석을 했다. 그러나 마태오 복음사가의 편집 수준에서 볼 때 이 해석의 근거는 희박하다.

44. R. MACUCH에 따르면("Anfänge der Mandäer", in: *Die Araber in den Alten Welt*, Berlin 1965, p.136), 만대교 교인들과 그 전신에 해당하는 약 6만 명의 사람들이 파르티아 임금 아르타반 3세(기원후 12~38년 재위) 때 팔레스티나에서 추방당했다고 한다. 그러나 Yamauchi는 이 주장을 거부한다. 아무튼 만대교 교인들에게 어떤 의미의 반유다주의가 극렬했다는 것만은 인정해야 할 것이다. 그것은 요한 복음사가가 유다인들, 더 정확히 말해 유다 지방 주민들을 강하게 비난하는 사실과 비교할 수 있겠다.

45. 그리스도교의 세례에 대해서는 M. QUESNEL, *Baptisés dans l'Esprit*, Cerf, Paris 1985를 참고할 것이다.

제4장

1. 다음 몇 사람만을 소개한다. D. DAUBE, *The New Testament and*

Rabbinic Judaism, London 1956; W. D. DAVIES, *The Setting of the Sermon on the Mount*, Cambridge 1964(불어 번역=*Pour comprendre le sermon sur la montagne*, Seuil 1970); id., *The Gospel and the Law*, Los Angeles 1974; A. FINKEL, *The Pharisees and the Teacher of Nazareth*, Leiden 1964; D. FLUSSER, *Jésus*, Seuil 1970; G. VERMÈS, *Jésus le juif*, Desclée 1978.

2. 불트만도 그렇게 생각했다. *Le Christianisme primitif*, Payot 1950 참조. 이에 대한 강력한 반론으로서는 A. D. NOCK, *Christianisme et hellénisme*, Cerf 1973을 참고하라.

3. 이와 비슷한 '물 타기'의 다른 사례를 들어 보자. 요세푸스가 전하는 바에 따르면, 사두가이파의 대사제 아나노스는 기원후 62년에 율법에 가장 충실했던 유다인들(바리사이들)의 반대에도 불구하고 주님의 형제인 야고보를 처형하였다(《유다 고대사》 20,201). 그런데 헤게시푸스는 이 야고보의 순교를 '율법 학자들과 바리사이들'의 책임으로 돌리고 있다(에우세비우스, 《교회사》 2,23,10.12).

4. JOSÈPHE, 《유다 전쟁사》 2,162-166; 《유다 고대사》 13,171-173 및 297-298; 18,12-17; R. LE DÉAUT, "Au seuil de l'ère chrétienne", in: *Introduction à la Bible*, éd. nouvelle, III/1, Desclée, Paris 1976, p.134-139.

5. *T.b. Berakhot* 9,4 참조.

6. 예컨대 4Q 169 *pesher Nahum* 3,3.

7. *T.b. Shabbat* 31a.

8. *Midrash Sifra* Lv 19,18.

9. 다음 자료를 참고하라. R. BANKS, *Jesus and the Law in the Synoptic Tradition*, Cambridge 1975; E. COTHENET, "L'attitude de l'Église naissante à l'égard du Temple de Jérusalem", in: *Liturgie de l'Église particulière et liturgie de l'Église universelle* (conférences de Saint-Serge 1975), Rome, p.89-110.

10. 이 주제에 대해서는 특히 다음을 참고하라. O. CULLMANN, "L' opposition contre le Temple de Jérusalem, motif commun de la théologie johannique et du monde ambiant du N.T.", in: *New Testament Studies*, 3(1958-1959), p.157-173; E. DES PLACES, *La religion grecque*, Picard 1969, p.337-344; V. NIKIPROWETZKI, "La spiritualisation des sacrifices", in: *Semitica* 17(1967), p.97-116; J. R. BROWN, *Temple and Sacrifice in Rabbinic Judaism*, Evanston 1964.

11. G. PETZKE, *Die Traditionen über Apollonius von Tyana und das Neue Testament*, Leiden 1970, p.207-212 참조.

12. PHILON, *De Specialibus legibus* I, 260 이하, 271 이하, 283.

13. PHILON, *De cherubim* 101.

14. *Or Sib* IV, 27-30; V, 40. 아래 주 19를 보라.

15. *Ps Sal* 1,8; 2,3; 8,22 참조. 이 작품은 헤로데 임금 이전의 것이다. 그러나 기원후 1세기의 율법 학자들의 사상을 잘 반영하고 있다.

16. PSEUDO-PHILON,《성경 고대사》22,5.

17. PHILON, *Quod omnis probus liber sit* 75와 JOSÉPHE,《유다 고대사》 18,19. '성전 두루마리'에 그려져 나오는 이상적인 설계에서도 유혈에 관한 제사를 언급하고 있다.

18. 에피파니우스, *Haer.* 30,16. 4에 따름.

19. 《바르나바의 편지*Lettre de Barnabé*》15-17에 보면 율법과 성전에 대한 비난이 여전히 격렬한 어조로 나와 있다.

20. *T. b. Aboda Zara* 16b-17a.

21. 이 점에 관한 가장 중요한 책으로서는 L. GASTON, *No Stone on Another*, Leiden 1970 참조.

22. 어린양의 도살은 니산 달 14일 오후에 있었다. 바리사이 계통의 관습에 따르면, 오후 2시 30분경부터 어두워질 때까지였다. 따라서 이 시간 외의 다른 시간에 파스카의 어린양을 하나의 종교 의식으로 도살한다고 하는 것은 생각할 수조차 없었다. 이것은 예레미아스의 견해에 대한 하나의 중대한 반론의 근거가 된다. 예레미아스는 *La Dernière Cène*, Cerf 1972에서 예수의 최후의 만찬이 희생된 어린양과 쓴 풀을 먹는 파스카의 만찬이었다는 것을 복원할 수 있다고 주장한다.

23. 프랑스 공동 번역 성경TOB, 마르코 복음서 11장 16절의 각주에서도 그렇게 생각한다.

24. 비슷한 사례로서는 *2Ba* 6,7-10; 82,2; *Papyrus Ox*.

25. J. DUPONT, "La ruine du Temple et la fin des temp.dans le discours

부록 519

de Marc 13", in: *Apocalypses et Théologie de l'espérance*(Congrès de Toulouse), Lectio divina 95, Cerf 1977, p.207-269; *Les Trois Apocalypses synoptiques*, Cerf, Paris 1987.

26. 앞 주에 인용한 책 *Apocalyses et Théologie*… p.243.

27. C. H. CAVE, "The Leper: Mark 1,40-45", in: *New Testament Studies*, 25(1979), p.245-249 참조.

28. L. LIVER, "The Half-Shekel Offering", in: *Harvard Theological Review*, 56(1963), p.178-191 참조.

29. 마태오 복음서 5장 23~24절과 23장 18~20절에 나오는 제물과 제단에 관한 암시들은 예수의 말씀을 좀 더 밝혀 주기는 하지만 그렇다고 이 문제에 무슨 뚜렷한 결론을 내리게 해 주지는 않는다. 예수는 자기의 전갈을 말해 주기 위해서 당시의 사회 실정을 이용할 뿐이다.

30. R. BANKS의 책 *Jesus and the Law in the Synoptic Tradition*, Cambridge 1975(참고 문헌 p.264-280) 외에 다음 몇 가지를 소개한다. S. LÉGASSE, "Jésus: Juif ou non?", in: *Nouvelle Revue Théologique* 86(1964), p.673-705; M. HUBAUT, "Jésus et la Loi de Moïse", in: *Revue Théologique de Tournai*, 7(1976), p.401-425. 산상 설교에 관해서는 많은 연구물이 있는데 그중에 특히 J. DUPONT, *Les Béatitudes*, II-III, Gabalda 1969와 1973을 소개한다. 율법에 대한 예수의 태도에 대해서는 두 가지 책이 발행되었다. 그중 하나는 예수와 율법 학자들 사이의 유대를 강조하는 것으로서 B. T. VIVIANO, *Study as Worship*,

Aboth and the New Testament, Leiden 1978이고, 다른 하나는 이 둘 사이의 차이를 좀 더 돋보여 주는 S. WESTERHOLM, *Jesus and Scribal Authority*, Lund 1978이다. 이 밖에 다음 책들도 참고가 될 것이다. R. RIESNER, *Jesus als Lehrer*, Tübingen 1981; J. LAMBRECHT, "Eh bien! Moi je vous dis", Cerf, Paris 1986; F. VOUGA, *Jésus et la Loi selon la tradition synoptique*, Genève 1988.

31. 할라카halakha는 윤리와 도덕, 사회와 종교 및 종교 의식에 관한 행동을 규제하는 제반 규정들을 말한다. 이 히브리 낱말은 할라크halakh라는 어근에서 온 것인데, 그 뜻은 '걷다'이다.

32. J. LAMBRECHT, "Jesus and the Law. An Investigation of Mk 7,1-23", in: *Ephemerides Theologicae Lovanienses*, 53(1977), p.24-82.

33. 209쪽 하단 참조.

34. 특히 A. JAUBERT, *La notion d'alliance dans le Judaïsme*, Seuil, Paris 1963을 참고하라.

35. E. P. SANDERS, *Paul and Palestinian Judaism*, Philadelphia 1977.

36. 셔마Shema("들어라 이스라엘")는 신명기 6장 4절에서 따온 것이다. 십계명에 대해서는 K. BERGER, *Die Gesetzesauslegung Jesu*, Neukirchen 1972를 보라.

37. "율법에서 한 자 한 획도 없어지지 않을 것이다"(마태 5,18). 이 말을 《성경 고대사》 11,5의 내용과 비교해 볼 것이다. 곧 시나이에서 하느님은 "이스라엘 자손들에게 결정적인 계약의 법을 건네주셨으며" 그분은

또한 "없어지지 않을 영원한 계명들을" 주셨다는 것이다. 여기서 우리는 마지막 때가 되면 메시아가 이른바 새로운 율법을 가져다주리라는 기대를 W. D. DAVIES처럼 너무 강조하지 않도록 조심해야 한다.

38. 율법에 대한 초창기 그리스도교 공동체들의 태도는 매우 다양했다. 당시의 실정에 대해서는 JUSTIN, *Dialogue avec Tryphon* 47도 다소 짐작하게 해 준다.

39. 민수기 16장 28절에 관한 미드라쉬 민수기 랍바*Midrash Nombres Rabba*의 다음 말과 비교해 보라. "그래서 코레는 모세에 맞서서 이렇게 말하였다. '모세가 말한 이 모든 것은 그가 제 주장대로 그리고 제멋대로 한 것들이다.'"(J. BERNARD, "La guérison de Bethesda", in: *Mélanges de Sciences Religieuses*, 34⟨1977⟩, p.23의 번역)

40. "율법은 천사들을 통하여 중개자의 손을 거쳐 공포되었습니다. 중개자는 한 분만의 중개자가 아닙니다. 그런데 하느님은 한 분이십니다." 갈라티아 신자들에게 보낸 서간 3장 19~20절의 이 말씀은 참으로 알아듣기 어렵다. 여기서 말하는 중개자는 어떤 천사인 것 같은데 A. VANHOYE도 같은 생각이다("Un médiateur des anges on Ga 3,19-20" in: *Biblica* 59⟨1978⟩, p.403-411). 어쨌든 바오로가 여기서 율법을 깎아내리고 있는 것만은 사실이다. 사마리아인들은 물론이고 옛 유다교의 바리사이계 율법 학자들은 하느님께서 모세에게 천사들이 지켜보는 자리에서 당신의 말씀을 직접 건네주셨다고 한다. 시나이에서 천사들이 어떤 중개 역할을 했다는 말은 《희년기》 1,27; 2,1.26-27에만 나온

다. 이 작품이 저작 시대와 그 뒤에 이어 온 에세네파 계통에서는 천사의 중개가 율법의 단일성을 위태롭게 한다고 생각하지 않았을 뿐 아니라 오히려 그들의 중개로 말미암아 새롭고도 흔히는 비전적秘傳的인 계시들이 가능하게 된다고 믿었다. 그렇지만 여기서 천사들의 중개 역은 초창기 그리스도교 공동체에서 우리가 확인할 수 있는 천사의 중개 역과는 정반대의 역할을 하고 있는 셈이다. 실상 그리스도교에서는 모세에게 있었던 율법의 계시를 깎아내리는 데에 이 천사들의 중개라는 주제를 이용하고 있기 때문이다.

41. Pseudo-Philon,《성경 고대사》, II, Cerf 1976, p.47-49의 비판 판에 붙인 필자의 해제를 참고하라. 이 점에 대한 중요한 논문으로서는 다음을 참고하라. G. VERMÈS, "The Decalogue and the Minim", in: M. BLACK-G. FOHRER éd., *In Memoriam Paul Kahle*, Leiden 1968, p.232-240. L. DÏEZ MERINO, "El Decalogo en el Targum Palestinense", in: *Estudios Biblicos* 34(1975), p.23-48도 곁들여 참고하라.

42. 에피파니우스Épiphane, *Panarion* 18에 따르면, 길앗과 바산에 정착한 유다계 나자렛 사람들은 모세 오경 중에서 성조들의 역사만을 받아들였다고 한다.

43. C. PERROT, "Halakha juive et Morale chrétienne", in: *Écriture et pratique chrétienne*(Congrès d'Angers), *Lectio divina* 96, Cerf, Paris 1978, p.35-51 참조.

44. '이스라엘의 현인들'이기도 했던 율법 학자들의 활약으로 유다교 회당들에서는 지혜 문학이 널리 보급되어 있었다. 따라서 신약 성경의 기록도 그 영향을 다소간 받지 않을 수 없었을 것이다. A. FEUILLET는 그의 책 *Le Christ, Sagesse de Dieu*(Gabalda 1996)와 그 밖의 수많은 연구를 통해서 신약 성경에서 지혜 문학의 책들이 차지하는 중요성을 매우 역설하였다. 물론 우리는 예수가 현인으로 자처하는 율법 학자들과 그들의 이른바 지혜를 얼마나 신랄하게 공격하였는지를 잊어서도 안 될 것이다(마태 11,25; 루카 10,21). 더구나 이 점에 대한 바오로의 태도는 말할 필요조차 없을 것이다(1코린 1,19 이하).

45. 《성경 고대사》 25,13 참조. 그러나 사정은 역전된다. 여기서 문제가 되는 것은 예수이지 율법이 아니기 때문이다.

46. 이 점에 대해서는 특히 D. PATTE, *Early Jewish Hermeneutic in Palestine*, Missoula 1975를 참고하라.

47. 앞의 주 43에 인용한 필자의 논문 p.44-51 참조.

48. 이 말씀의 '진정성'에 대해서는 J. JEREMIAS, *Les paroles inconnues de Jésus*, Cerf, Paris 1970, p.62-66 참조.

49. V. P. HOWARD, *Das Ego Jesu in den Synoptischen Evangelien: Untersuchungen zum Sprachgebrauch Jesu*, Marburg 1975 참조. 예수의 '자아'에 관한 문제는 사람의 아들에 관련되는 제7장에서 다시 다루게 될 것이다.

제5장

1. 신약 성경 신학들과 특히 O. CULLMANN, *Christologie du Nouveau Testament*, Neuchâtel 1968, p.18-47에 추가해서 F. GILS, *Jésus Prophète*, Louvain 1957; F. SCHNIDER, *Jesus der Prophet*, Göttingen 1973; F. HAHN, *Christologische Hoheitstitel*, Göttingen 1974를 보라. 제4 복음서에서 예언자 예수에 관해서는 M. E. BOISMARD, "Jésus le prophète par excellence d'après Jean 10,24-39", in: *Neues Testament und Kirche(für R. Schnackenburg)*, Freiburg 1974, p.160-171; *Moïse et Jésus*, Leuven 1988; J. A. BÜHNER, *Der Gesandte und sein Weg im 4ten Evangelium*, Tübingen 1977을 보라.

2. *Homélies* 5,20; *Reconnaissances* 2,22.

3. *Homélies* 2,17.

4. W. WINK, *John the Baptist in the Gospel Tradition*, Cambridge 1968, p.42-45, 100 참조.

5. H. CAZELLES, *Le Messie et la Bible*, Desclée, Paris 1978 참조.

6. P. GRELOT, *L'espérance juive à l'heure de Jésus*, Desclée 1978; E.-M. LAPERROUSAZ, *L'Attente du Messie en Palestine*, Paris 1982 참조.

7. J. DUPONT, "Assis à la droite de Dieu", in: E. DHANIS éd., *Resurrexit*, Rome 1974, p.404-416; M. GOURGUES, *À la droite de Dieu*, Gabalda, Paris 1978, p.131-143 참조.

8. 《바르나바의 편지》 12,11-12는 예수에게 '다윗의 아들'이라는 칭

호를 거부한다. 그 이유는 이 존칭이 '죄인들의 오류'이기 때문이라고 했다. 이 존칭에 관해서는 C. BURGER, *Jesus als Davidssohn. Eine traditionsgeschichtliche Untersuchung*, Göttingen 1970 참조.

9. J. JEREMIAS, *Heiligengräber in Jesu Umwelt*, Göttingen 1958 참조.

10. 기원후 1세기의 정치사에 관해서는 A. PAUL, in: A. GEORGE-P. GRELOT, *Au seuil de l'ère chrétienne. Introduction à la Bible*, éd. nouvelle, III/1, Desclée 1976, p.57-76을 참고하라. 이 책의 p.233-234와 244에 소개된 참고 문헌 중에서 특히 다음을 유의해 보라. F. M. ABEL, *Histoire de la Palestine*, II, Gabalda 1952 및 E. SCHÜRER, *The History of the Jewish People*, I(G. Vermès-F. Millar 교정), Edinburg 1973. 아울러 다음 책들도 참고하라. E. M. SMALLWOOD, *The Jews under Roman Rule*, Leiden 1976; D. M. RHOADS, *Israël in Revolution 6-74 c.e. A Political History based on the Writings of Josephus*, Philadelphia 1976; C. SAULNIER, *Histoire d'Israël*, III, Cerf, Paris 1985.

11. 가장 중요한 연구물로는 역시 M. HENGEL의 *Die Zeloten*^{2}, Leiden 1976이다(불어 역 축소판으로는 M. HENGEL, *Jésus et la violence révolutionnaire*, Cerf 1973). 다음의 논문들도 소개한다. G. BAUMBACH, "Zeloten und Sikarier", in: *Theologische Literaturzeitung* 90(1965), p.727-740; M. SMITH, "Zealots and Sicarii", in: *Harvard Theological Review* 64(1971), p.1-19; H. P. KINGDOM, "The Origins on the

Zealots", in: *New Testament Studies* 19(1972), p.74-81. 불어로 된 책으로는 O. CULLMANN, *Jésus et les révolutionnaires de son temps*, Neuchâtel 1971과 S. G. F. BRANDON, *Jésus et les Zélotes*, Flammarion Paris 1975를 보라. Reimarus와 R. Eisler의 뒤를 이어 Brandon은 예수가 한때 열성당 운동에 가담했다고 주장한다. 그러나 필자의 소견으로는 그가 개혁을 부르짖던 제관들 사이의 열성당 운동을 예수 시대로 소급해서 적용한다고 생각된다. 플라비우스 요세푸스는 기원후 66년 이후부터 사제 계통의 열성당 운동이 있었다는 것을 말해 준다. 그는 민족주의자들 사이에도 여러 가지 계열이 있었다는 것과 예수 시대는 이들이 아직 통일 전선을 이루지 못하였었다는 사실을 충분히 감안하지 않았다. 또한 여러 가지 민족주의자들과 이른바 종말론적 예언자들의 유토피아적인 광신 운동과를 제대로 구별하지 않은 것 같다. 위의 제3장에서 이미 보았듯이, 예수는 침례 운동에 가담했으며, 이 사실은 그에게 어떤 의미의 온건파 민족주의가 있었다는 것을 말해 준다.

12. 168쪽 상단 참조.

13. J. A. MORIN, "Les deux derniers des XII. Simon le Zélote et Judas Ishkarioth", in: *Revue Biblique* 80(1973), p.332-358 참조.

14. P. W. BARNETT, "Under Tiberius all was Quiet", in: *New Testament Studies* 21(1975), p.564-571 참조.

15. PHILON, *Légation à Caius* 38. 루카 복음서 13장 1절도 보라. 이 기사에서 우리는 '빌라도가 갈릴래아 사람들을 학살하고 그들의 피를 그들이

가지고 오던 제물에 섞었다는 사건'에 관한 보도를 읽을 수 있다. J.-P. LÉMONON, *Pilate et le gouvernement de la Judée*, Gabalda, Paris 1981을 보라.

16. 예수의 세례에 관해서는 여러 주해서들 외에도 R. PESCH가 그의 책 *Das Markusevangelium*, I, Freiburg 1976, p.98-100에 열거한 참고 문헌을 보라. 그중에 M. Sabbe와 A. Feuillet의 이름을 특히 강조하고 있다. 이 주제에 관한 가장 중요한 단행본은 여전히 F. LENTZEN-DEIS, *Die Taufe Jesu nach den Synoptikern*, Frankfurt am Main 1970이다.

17. 《성경 고대사》 23,7. 《타르굼》 아가 2장 12절을 보라. 한 가지 중요한 점을 곁들이고 싶다. 팔레스티나의 유다교 회당에서는 신명기 14장 1절 이하에 이어서 이사야서 63장 8절 이하의 본문을 독서로 낭독하였다 (C. PERROT, *La lecture de la Bible. Les anciennes lectures palestiniennes du Shabbat et des fêtes*, Hildesheim 1973, p.83 참조). 이 두 본문을 이어 주는 고리는 '아들'이라는 낱말이다. 신명기 14장 1절에는 "너희는 주 너희 하느님의 아들들이다." 또는 70인역을 따르면 "그대들은 주님의 아들들이다."라는 말이 나오는데, 이사야서 63장 8절에는 "정녕 그들은 나의 백성, 나를 실망시키지 않을 아들들이다."라고 전해진다. 이 두 구절을 이어 주는 고리는 "아들들"이라는 낱말이다. 안식일에 이러한 독서를 낭독하면 팔레스티나에서는 가령 시편 2편 7절의 "너는 내 아들"과 같은 구절을 이용하여 이스라엘 백성이 하느님의 아들이라는 주제를 여러 가지로 발전시켰다. 그런데 팔레스티나의 《타르굼》인 《예

루살렘 타르굼》 1장 2절은 신명기 14장 1절에 대해서 이렇게 적고 있다. "너희는 주님 앞에 사랑받는 아들들이다."《타르굼N》은 좀 더 정확하게 이렇게 말한다. "너희는 '사랑받는' 아들들(아람어로는 하비빈 habibin)이다. 너희는 너희 하느님 야훼 앞에 거룩한 이들의 백성이며 너희를 야훼께서 '어여삐 여기신' 까닭이니라." 마르코 복음서 1장 11절의 "너는 내 사랑하는 아들, 너는 내 마음에 든다."라는 말씀을 해석할 때 방금 인용한《타르굼》의 구절들의 중요성을 얼핏 알 수 있다(《타르굼》창세기 22장 2절과《타르굼N》신명기 7장 6절도 보라). 성경 학자들은 마르코 복음서 1장 11절을 해석할 때 거기에 인용되거나 암시된 구약 성경의 구절로서 이사야서 42장 1절이나 시편 2편 7절을 생각하기 일쑤다. 필자는 여기서 이 구절에 관계되는 [구약 성경의] 암시적인 인용들에 관해서 학자들과 토론할 생각은 없다. 다만 유다계 그리스도교 시너고그에서 거행하던 전례에 주목하고 싶을 뿐이다. 어떤 의미에서 이 시너고그의 전례야말로 하느님의 아들이 되는 자격에 관한 [구약] 성경의 모든 요소들이 자연스럽게 녹아들어 가 서로 접촉점을 찾을 수 있는 자리였다고 말할 수 있기 때문이다.

18. 요엘서 3장 1절도 마찬가지다. 그리고《타르굼J》 신명기 18장 15절을 보면, 모세는 "거룩한 영으로 말미암아 나와 비슷한 예언자"라는 말을 한다. 사도행전 2장 17절과 비교하라.

19. 268쪽 참조.

20. "유다인들의 왕"이라는 정치적 표현은 본래 하스모네아 왕가의 알렉산

더 안나이를 가리키는 칭호였다. 요세푸스, 《유다 고대사》 14,36 참조.

21. 성전 파괴 위협과 메시아 여부를 묻는 질문은 최고 의회Sanhédrin의 공식 재판이 아닌, 카야파 대사제 앞에서의 심문에서 상당히 중요한 구실을 하였다. 이 두 가지 고발 사유는 로마인들의 재판에서 드러난 고발 사유와 궁극적으로는 일치한다. 그러기에 십자가 위에 붙여 놓았던 죄목, 곧 나조라 사람이란 침례주의자라는 뜻도 된다. 그리고 왕이라는 죄목은 메시아의 여부를 묻는 질문과 관련된다.

22. 마태오 복음서 11장 12절에 대해서는 두 가지 해석이 대립하고 있다. 첫째 해석에 따르면, 이 구절의 내용은 다음과 같을 것이라고 한다. 하느님의 나라는 힘차게 도래하며, 이 하느님의 나라를 차지할 사람들은 힘센 사람들, 곧 구원을 갈망해 마지않는 사람들이라는 것이다. 루카 복음서 16장 16절은 이 말씀을 이와 같은 교화적인 의미로 알아들은 것 같다. 그러나 그렇게 되면 비아제스타이biazesthai라는 동사를 '사납게 길을 헤쳐 나가다'라는 뜻으로 알아들어야 하고, 폭력자들을 가리키는 비아스타이biastai라는 낱말에 놀라우리만큼 과장된 의미를 부여하지 않으면 안 된다. 그래서 결국 힘센 사람들이란, 역설적이지만 폭력을 비폭력적으로 행사하는 사람들이라는 뜻이 된다. 그러나 한편 하르파제인harpazein이라는 동사는 마치 어떤 짐승이 먹이를 '낚아채다' 또는 '움켜잡다'라는 뜻으로서(필리 2,6) 위에서 말한 부드럽다는 해석과는 정반대로 알아들어야 할 것이다. 그러므로 필자는 둘째 견해를 따르고 싶다. 여기에 따르면, 비아제스타이biazesthai

라는 동사는 하나의 수동태로 이해하는 것이 정상이며, 따라서 '폭행을 당하다'라는 뜻으로 알아들어야 한다. 비아스타이biastai와 하르파제인harpazein이라는 두 낱말은 마태오의 이 구절에 감도는 폭력과 적대 분위기를 한층 더 고조시켜 준다고 하겠다. 어떤 단어를 그 일차적이고도 가장 뚜렷한 의미로 알아들어야 한다는 것은 올바른 성경 주해에서 지켜야 할 황금률이라고 하겠다. MOORE, "biazô, arpazô and Cognates in Josephus", in: *New Testament Studies* 21(1975), p.519-543 참조. 마태오가 나쁜 뜻으로 사용한 이 표현들은 매우 모질다고 할 것이다. 필자의 의견으로는 여기서 말하는 폭력자들이 본격적인 의미의 열성당원들은 아니라고 본다. 이 마지막 개혁파 사제들은 정치적으로 기원후 66년에야 나타나기 때문이다. 그러나 메시아로 자처하거나 추대되는 예언자들의 종교적인 권리 주장들은 점점 더 그 열기가 더해가던 민족주의적인 분위기에서는(《유다 고대사》, 167-168) 그 나름대로 위험을 띠고 있었다. 이들이야말로 폭력을 써서라도 하느님 나라를 강탈하여 자기들의 사복을 채우는 데 이용하려 했던 것이다. 유다교의 전승에는 이와 같은 폭력 행위에 관한 추억이 일부 보존되어 있다. 율법 학자 요수아의 말이다. "나는 Rabban Johannan ben Zakkaï가 자기 스승에게서 물려받았다는 전승을 그에게서 역시 물려받았는데, …… 엘리야가 오면 …… 폭력에 이끌려 온 자들을 멀리하고 또한 폭력으로 멀리 내쫓긴 자들을 다시 데려오리라고 하였다"(*M. Eduyot* 8,7). 어쨌든 종말의 예언자 엘리야는 평화를 회복할 것이다. P. GRELOT의

L'espérance juive à l'heure de Jésus, texte n° 100을 보라.

23. 위에 인용한《유다 고대사》18,116-119 참조.

24. 참고 문헌은 H. CAZELLES, "Prophétisme", in: *Supplément au Dictionnaire de la Bible* 46(1971), col. 1048-1049에 소개되어 있다. 특히 E. LOHSE, *Märtyrer und Gottesknecht*, Göttingen 1963; O. H. STECK, *Israel und das gewaltsame Geschick der Propheten*, Neukirchen 1967 및 J. DUPONT, *Les Béatitudes*, II, Gabalda, Paris 1969, p.294-318을 들고 싶다.

25. M. HUBAUT, *La parabole des Vignerons homicides*, Gabalda, Paris 1976, p.32 이하 참조.

26. G. LOHFINK, *Die Himmelfahrt Jesu*, München 1971, p.55-70에 모아 놓은 자료들을 보라.

27. 255쪽 참조.

28. P. GRELOT, *L'espérance à l'heure de Jésus*, Desclée, Paris 1978, texte n° 68 참조. 신명기 10장 1절에 대해서는《신명기 랍바》3장 17절을 참고하라. "하느님이 그에게 말씀하셨다. '모세야 너는 이 세상에서 이스라엘을 위하여 너의 생명을 바쳤다. 이와 마찬가지로 내가 장차 엘리야 예언자를 보낼 때, 너희 둘은 함께 다시 올 것이다.'" 고대 유다교에서의 모세의 인물에 관해서는 D. LENZ TIEDE, *The Charismatic Figure as Miracle Worker*, Missoula 1972, p.101-240을 보라.

29. J. A. MONGOMERY, *The Samaritans*, Philadelphia 1907, p.246 이하;

H. G. KIPPENBERG, *Garizim und Synagoge*, Berlin 1971, p.276-327 참조. 사마리아인들 사이에서 모세와 같은 예언자로 통하던 도시테우스 Dosithée에 관해서는 S. J. ISSER, *The Dositheans*, Leiden 1976 참조.

30. 마르코 복음서 9장 2~10절이 받아들인 예수의 '거룩한 변모'에 관한 유다계 그리스도교의 전승은 예수를 새로운 시나이 산의 예언자로 묘사한다. 그래서 하느님은 이 산에서 "너희는 그의 말을 들어라." 하고 선언하는 것이다(마르 9,7; 신명 18,15). 또 예수는 엘리야와 모세와 함께 있었다. 그것은 마치 하느님의 말씀이 모세와 메시아에게 둘러싸여 있는 것과 비교할 수 있는데 《타르굼》 탈출기 12장 42절에 전해진 바와 같다(R. LE DÉAUT, *La Nuit Pascale*, Rome 1963 참조).

31. R. SCHNACKENBURG, *Règne et Royaume de Dieu*(R. Marlé 번역), Paris 1965, p.100.

32. 이 주제에 관해서는 특히 X. LÉON-DUFOUR, "Jésus face à la mort menaçante", in: *Nouvelle Revue Théologique* 100(1978), p.802-821; id., *Face à la mort. Jésus et Paul*, Seuil, Paris 1979를 참조.

33. 타치투스, 《연대기》 15,44; 크리스티아니Christiani라 하지 않고 크레스티아니Chrestiani라고 쓴 옛 철자법에 관해서는 M. GOGUEL, *Jésus*, Payot, Paris 1950, p.75를 보라.

34. 디오 카시우스Dio Cassius에 따르면, 이 추방은 기원후 41년에 있었다고 한다. 오로시우스Orosius가 전하는 대로라면 그 연대가 기원후 49년에 해당하는데 개연성이 적다. S. LÉGASSE, *Paul apôtre*, Cerf, Paris 1991,

p.138 참조. 이 점은 아직 논의 중이다.

제6장

1. 신약 성경의 기적에 대해서는 특히 다음을 참고하라. X. LÉON-DUFOUR éd., *Les miracles de Jésus*, Seuil, Paris 1977; K. TAGAWA, *Miracles et Évangiles. La pensée personnelle de l'évangéliste Marc*, PUF, Paris 1966; A. GEORGE, "Paroles de Jésus sur ses miracles", in: J. DUPONT éd., *Jésus aux origines de la Christologie*, Louvain 1975, p.283-301; J.-M. CANG, *La Multiplications des pains*, Cerf, Paris 1975 와 "Miracles de rabbins et miracles de Jésus", in: *Revue théologique de Louvain* 15(1984), p.28-53; J.-P. CHARLIER, *Signes et Prodiges*, Cerf, Paris 1987. 다음의 연구도 참고삼아 살펴보자. K. KERTELGE, *Die Wunder Jesu im Markusevangelium. Eine redaktionsgeschichtliche Untersuchung*, München 1970; R. PESCH, *Jesu ureigene Taten?*, Freiburg im Breisgau, 1970; G. THEISSEN, *Urchristliche Wundergeschichten. Ein Beitrag zur formgeschichtlichen Erforschung der synoptischen Evangelien*, Gütersloh 1974; L. SCHENKE, *Die Wundererzählungen des Markusevangeliums*, Stuttgart 1975; U. BUSSE, *Die Wunder des Propheten Jesus*, Stuttgart 1977; H. C. KEE, *Miracle in the Early Christian World*, New Haven 1983.

2. 학계의 연구 결과를 소개하는 S. LÉGASSE, "L'Historien en quête de l'

événement", in: X. Léon-Dufour éd., *Les miracles de Jésus*, p.109-145 의 글을 보라.

3. 복음은 말씀만이 아니고 하느님의 힘이다. 이 힘을 그리스 말로 뒤나미스dunamis라고 한다. 바오로는 이 주제를 이미 알고 있었다. 로마 신자들에게 보낸 서간 1장 16절 참조(P. Biard, *La Puissance de Dieu*, Bloud et Gay 1960, p.156-162 참조). 유다교에서는 '권능'이라는 말을 하느님의 이름 대신 썼다('권능의 오른쪽에'). 그러나 이따금 사람들은 율법에도 해방의 위력을 부여하였다. 그 한 가지 사례로는《미드라쉬 메킬타 *Midrash Mekhilta*》에 전해진 탈출기 15장 2절과 13절에 관한 다음 말이다. "당신은 당신의 권능으로, 곧 율법으로 (백성을) 인도하십니다."

4. X. Léon-Dufour, *Les miracles de Jésus*, p.332-353 참조.

5. 필자의 견해로는 R. Bultmann과 M. Dibelius와 같은 이들이 이 기적 이야기들의 기록을 제대로 이해하지 못한 것 같다. 이들은, 이른바 음유 시인들과 같은 집단이 있었고 그들 사이에서 이 기적의 이야기들이 처음으로 생겨났다고 한다. 이러한 주장은 기적 이야기가 일련의 어떤 그리스도교적 실천들과 밀접하게 연결되어 있다는 사실을 간과하고 있다. 실상 이 이야기들은 그리스도인의 행동 모범을 제공하며, 따라서 그것은 새로운 공동체의 지도자들 곧 사도들과 예언자들의 활동에서 우러난 것이다. 달리 말해 사도들과 예언자들의 지도 활동에서 나온 소산이다. 물론 나중에 교사들과 복음 전파자들은 여러 가지 전승들을 모아서 실정에 알맞게 조정하였다. 기적 이야기를 과소평가하는 학자들

(E. Fuchs, G. Ebeling)은 그리스도인의 생활의 전범典範을 제공해 주는 이 문학 유형의 중요성을 깨닫지 못했다는 것을 드러내고 있을 뿐이다.

6. Group d'Entrevernes éd., *Signes et Paraboles*, Seuil, Paris 1977. 비유들에 대한 참고 문헌으로서는 J. DUPONT의 훌륭한 소책자 *Pourquoi des paraboles?*, Cerf, Paris 1977과 N. PERRIN, *Jesus and the Language of the Kingdom*, London 1976만을 이 자리에 들기로 한다.

7. A. DUPREZ, *Jésus et les dieux guérisseurs*, Gabalda, Paris 1970 참조.

8. 송덕 문학頌德文學은 헬라 시대의 기록으로서 어떤 신의 특별한 은공을 입었을 때 그 신의 공덕aretè과 권능을 기렸다. 아폴로니우스Apollonius에 관해서는 특히 G. PETZKE, *Die Traditionen über Apollonius von Tyana und das Neue Testament*, Leiden 1970을 참조.

9. E. E. URBACH, *The Sages*, Jerusalem 1975, p.97-123 참조. 그리고 X. LÉON-DUFOUR, *Les miracles de Jésus*, Seuil, Paris 1977, p.73-94와 95-108에 수록된 K. Hruby와 A. Georges의 논문들을 보라.

10. 이집트의 이른바 치유주의자들은 치유사들이 아니다(G. Vermès의 의견에 반대됨). 알렉산드리아의 필론의 책을 보면 테라페우타이 therapeutai라는 낱말은 '신의 종'이라는 뜻이다.

11. 가령 《성경 고대사》 34,1-5는 마술사 에훗Éhud(또는 Aod)을 공격하고 있다. 그는 한밤중에 사람들에게 해를 보여 주었다고 한다. 이 이야기에서는 요술을 악한 천사들의 소행으로 여긴다.

12. P. GRELOT, "Miracles de Jésus et démonologie juive", in: X. LÉON-

DUFOUR, *Les Miracles de Jésus*, p.59-72 참조. 쿰란에서 출토된 '나보니드Nabonide의 기도'는 악마 추방 곧 구마에 관한 증언으로서는 더 이상 이용 가치가 없게 되었다. S. VAN DER WOUDE, "Bemerkungen zum Gebet des Nabonides(4Q *Or Nab*)", in: M. DELCOR éd., *Qumrân*, Gembloux 1978, p.121-130; P. GRELOT, "La prière de Nabonide(4Q *Or Nab*): Nouvel essai de restauration", in: *Revue de Qumrân*, IX/4(n°36) 참조.

13. W. S. TOWNER, *The Rabbinic Enumeration of Scriptural Examples*, Leiden 1973, p.145 이하 참조. 마태오 복음서 8장 1절~9장 34절에서도 열 개의 기적을 모아 놓았다.

14. 티아나의 아폴로니우스와 같은 사람이 일생 동안 행한 기적도 9개에 지나지 않는다.

15. J. BERNARD, "La guérison de Bethesda", in: *Mélanges de Sciences Religieuses*, 34(1977), p.13-15 참조. 그리고 K. HRUBY "Perspectives rabbiniques sur le miracle", in: X. LÉON-DUFOUR, *Les miracles de Jésus*, p.73-94.

16. A. BÜCHLER, *Types of Jewish-Palestinian Piety from 70 B.C.E. to 70 C.E.*, New York(재인쇄) 1968에 이어 G. VERMÈS도 *Post-Biblical Jewish Studies*, Leiden 1975, p.178-224에서 이른바 카리스마적이라고 하는 이 기적사奇蹟師에 대해서 많이 강조하고 있는데 그를 일러 '카리스마적'이라고 하는 것은 과연 무슨 뜻인가? 이 학자는 기원후 1세기

의 이른바 종말론적 예언자들의 중요성을 제대로 평가하였는지 의문이다.

17. *T.b. Berakhot* 34b에서 따온 이 이야기는 S. Légasse가 X. LÉON-DUFOUR, *Les miracles de Jésus*, p.137에 번역해 놓았다.

18. 여기와 관련되는 자료는 D. LENZ TIEDE, *The Charismatic Figure as Miracle Worker*, Missoula 1972에 수집되어 있다.

19 《유다 전쟁사》 7,437-441과 《성경 고대사》 9,7.10; 12,2도 보라.

20. *T.b. Sanhédrin* 43a, 또한 107b와 *Sota* 47a도 참조.

21. 이 중대한 주제에 관해서는 특히 다음 자료들을 참고하라. R. SCHNACKENBURG, *Règne et Royaume de Dieu*, L'Orante 1965; J. DUPONT, *Les Béatitudes*, II, Gabalda, Paris 1969, p.99-123. 연구 현황에 대해서는 N. PERRIN, *The Kingdom of God in the Teaching of Jésus*, Philadelphia 1963; J. SCHLOSSER, *Le Règne de Dieu dans les dits de Jésus*, I-II, Gabalde, Paris 1980; P. POKORNY, *The Genesis of Christology*, Edinburgh 1987, p.15-30; C. PERROT, "Le Royaume et l'histoire", in: *Masses ouvrières* 435(1991), p.35-48을 보라.

22. A. SCHWEITZER, *Le Secret historique de la vie de Jésus*, Albin Michel, Paris 1961.

23. C. H. DODD, *The Parables of the Kingdom*, London 1956.

24 J. JEREMIAS, *Les Paraboles de Jésus, Xavier Mappus*, Le Puy 1962.

25 '구원의 역사Heilsgeschichte'라는 표현은 신약 성경에 대한 자유주의

적인 해석에 반대하는 개신교 신학자들이 지어낸 것이다. 그런데 이 표현은 제2차 바티칸 공의회를 포함한 가톨릭 신학계에서 꽤 환대를 받았다. 사실 이 표현이 사용되는 실제적인 용례 중에는 우려되는 것이 없지 않는데도 말이다. 이 표현을 잘못 사용할 때 독자들은 자칫 실제로 있었던 역사적인 사건을 지시하는 줄로 착각하기 쉽기 때문이다. 그래서 가령 이러저러한 이야기가 "역사적으로 진실하다." 하고 말하면서도 '구원의 역사'의 범위 안에서만 그렇다는 식이다. 그래서 O. Cullmann도 그리스 교부들의 선례를 따라 '구원사'라는 말 대신에 '구원의 경륜économie du salut'이라는 말을 하는 것이 더 낫겠다고 생각한다(*Le Salut dans l'histoire*, Neuchâtel 1966, p.72).

26. 최근의 연구 논문으로서는 K. KOCH, "Offenbaren wird sich das Reich Gottes", in: *New Testament Studies* 25 (1979), p.158-165가 있다.

27. 카디쉬Qaddish에 관해서는 특히 I. ELBOGEN, *Der jüdische Gottesdienst in seiner geschichtlichen Entwicklung*⁴, Hildesheim 1962, p.92-98을 보라. 그 밖의 다른 옛 전승들로서는 다음과 같은 것이 있다. 메킬타 탈출기 17장 14절: "저들의 이름(로마인들의 이름)이 부서질 때, 우상 숭배 그리고 그 추종자들이 뿌리 뽑힐 그 시각에, 하느님께서 세상에 홀로 계시고 그의 통치가 현 세기와 다가올 세기에 이르게 될 그때, 야훼께서는 이방 민족들을 쳐부수러 나설 것이다. … 야훼께서는 온 땅의 왕이실 것이다"(엘리에제르 벤 히르칸[기원후 90년경]의 말로 전해진다). 그리고 《예루살렘 탈무드 키두신》(T.J. Qiddushin 59b)은 요하난 벤 자

카이(기원후 50년경)가 '왕국의 멍에'라는 말을 했다고 전한다.

28. J. JEREMIAS, *Théologie du Nouveau Testament*, Cerf, Paris 1973, p.44 참조

29. 이 표현은 코린토 신자들에게 보낸 첫째 서간 6장 9절과 10절, 15장 50절, 갈라티아 신자들에게 보낸 서간 5장 24절에 나온다. 에페소 신자들에게 보낸 서간 5장 5절도 아울러 참조.

30. J. SCHMITT, "La genèse de la sotériologie apostolique", in: *Revue des Sciences Religieuses* 51(1977), p.40-53.

31. 예언자와 기적 사이에 어떤 연관이 있다는 것은 위에서 본 바와 같다. 그런데 이 유대는 보냄을 받은 자 곧 사도와 악마 추방자 사이에 존재하는 유대에까지 그대로 연장된다. P. E. DION, "Raphaël l'exorciste", in: *Biblica* 57(1976), p.399-413 참조. 하느님께 보냄을 받은 사도 모세(사마리아인들과 만대교 교인들은 이 사도라는 칭호를 특별히 존중한다.)는 그가 행한 기적 때문에 이채를 띠고 나타나며 바오로 역시 마찬가지다(2코린 12,12). J. HUG, *La finale de l'évangile de Marc*, Gabalda, Paris 1978, p.102-128에 보면 사명 수행에 동반하는 표징들에 관해서 흥미 있는 글을 읽을 수 있다.

32. 하와는 티그리스 강물에 몸을 담그고 아담은 요르단 강물에 뛰어들어 악마의 세력으로부터 벗어나려 했는데 불행히도 하와는 강물에서 나와 버렸다고 한다.

33. *Midrash Pesiqta de Rab Kahana* 40ab; E. E. URBACH, *The Sages*,

Jérusalem 1975, p.98-99와 G. Vermès, *Jésus le Juif*, Desclée 1978, p.84-85 참조.

34. *Tosefta Hullim* 2,22-24; *Midrash Qohelet* 1,8 참조.

35. 이 점을 좀 더 제대로 평가할 수 있으려면 여러 가지로 상당한 연구 조사를 계속해야 할 것이다. 예수와 그 제자들 간의 관계에 관한 연구도 그중의 하나다. 예수라는 개인적 인격에 대한 매우 이색적인 이 집착에 대해서는 가령 B. T. Viviano, *Study as Worship*, Leiden 1978을 참고할 것이다.

제7장

1. 특히 다음을 참고할 것이다. J. Coppens, "Les Logia du Fils de l'homme dans l'évangile de Marc", in: *L'Évangiles selon Marc*, Gembloux 1974, p.488-528; S. Légasse, "Jésus historique et le Fils de l'homme. Aperçu sur les opinions contemporaines", in: *Apocalypes et théologie de l'espérance*, Congrès de Toulouse, *Lectio divina* 95, Cerf, Paris 1977, p.271-298. 아울러 G. Gerlaman, *Der Menschensohn*, Leiden 1983과 B. Lindars, *Jesus Son of Man*, London 1983도 참고로 소개한다.

2. 정확하게 따지면 요한 복음서에 13번, 공관 복음서에는 69차례 언급되어 나오는데, 그중에 마르코에 14차례, 마태오에 30차례 그리고 루카에 25차례 나온다. 사람의 아들에 관한 이 모든 언급을 이제 곧 설명할 세 가지 부류 중의 하나로 분류하기는 항상 쉽지만은 않다. 필자는 경우가

분명한 것들만을 열거하기로 한다.

3. 몇몇 학자들만을 들자면 다음과 같다. P. Benoît, A. Feuillet, F. H. Borsch, M. D. Hooker, O. Cullmann.

4. R. Bultmann, G. Bornkamm, H. Braun.

5. A. Vögtle, A. J. B. Higgins, J. Coppens는 다음 구절의 역사성만을 인정한다. 마르코 복음서 8장 38절, 9장 12절, 13장 26절 그리고 14장 62절.

6. E. Tödt, J. Jeremias, C. Colpe.

7. E. Schweizer, J. P. Brown.

8. Ph. Vielhauer, H. Conzelmann, E. Käsemann.

9. N. PERRIN, *Rediscovering the Teaching of Jesus*, London 1967.

10. G. VERMÈS, *Jésus le Juif*, Paris 1978, p.211-251; 같은 필자, "The Use of bar Nash/bar nasha in Jewish Aramaic", in: M. BLACK, *An Aramaic Approach to the Gospels and Acts^2*, Oxford 1967, p.310-328(Appendice E). 이에 대한 반론으로는 M. D. HOOKER, "Is the Son of Man problem really insoluble?", in: E. BEST-McL. WILSON, *Text and Interpretation*, Cambridge 1979, p.155-168을 보라.

11. Ph. VIELHAUER, "Gottesreich und Menschensohn in der Verkündigung Jesu", in: *Festschr. für G. Dehn*, Neukirchen 1957, p.53.

12. 같은 곳 p.71.

13. 히에로니무스가 그의 책《명인전 *De Viris illustribus* 2》에 전해 주는 히브리인들의 복음서의 한 구절과 에우세비우스의《교회사》2,23,13에

서 야고보의 순교에 관한 대목을 보라.

14. 예컨대 《토마스 복음서》 106의 "여러분은 사람의 아들들이 될 것입니다."와 *Libri Graduum* 581,3-4; 737,24. F. H. BORSCH가 *The Christian and Gnostic Son of Man*, London 1970에 소개하는 자료를 보라.

15. O. CULLMANN, *Christologie du Nouveau Testament*, Neuchâtel 1968, p.141. 쿨만은 이 그리스도론의 기원을 헬라 계통의 유다인 그리스도인들한테서 찾으려 한다. 특히 요한 복음서에서 이 주제가 차지하는 비중으로 보아 이런 견해가 타당한 것 같다. 요한에게서 이 주제가 차지하는 중요성을 감안할 때, 이런 의미의 해석을 뒷받침해 준다고 하겠다. 그러나 이 표현이 유다계 그리스도교의 이단파 집단에서도 널리 유포되어 있다는 사실을 이 견해는 잘 설명해 주지 못한다.

16. 그러나 요한 복음서 9장 35절의 경우도 여기에 해당하는 것일까? 이 모든 점에 대해서는 특히 M. MÜLLER, "Über den Ausdruck ⟨Menschensohn⟩ in den Evangelien", in: *Studia Theologica* 31(1977), pp.65-82.17.

17. M. ALBERTZ, *Die Synoptischen Streitgespräche*, Berlin 1921.

18. 특히 J. BOWKER, "The Son of Man", in: *Journal of Theological Studies* 28(1977), p.19-48을 보라.

19. 376쪽 참조.

20. 예컨대 R. Le DÉAUT, in: *Biblica* 49(1968), pp.377-379; J. A. FITZMYER, *A Wandering Aramean*, Missoula 1979, p.143-160.

21. 이 점은 E. PUECH, *La Croyance des esséniens à la vie future*, II, Gabalda, Paris 1993, p.347-379를 따른 것이다(이 책은 파리에서 1992년 학위 논문으로 제출되었는데 그때까지는 아직 출간되지 않았다).

22. J. T. MILIK, *The books of Enoch: Aramaic Fragments of Qumran Cave^4*, Oxford 1976; P. GRELOT, *L'Espérance juive à l'heure de Jésus*, p.152-167(사람의 아들과 관련되는 여러 개의 본문들을 번역해 놓았다.); J. H. CHARLESWORTH, *The Old Testament Apocrypha*, London 1983과 그 밖에 그가 알려 주는 다른 전문가들은 이 유다교 본문의 연대를 기원후 1세기로 잡는다.

23. P. GRELOT, *L'Esperance juive*, p.40-41(texte n° 2).

24. 259쪽 참조.

25. 이에 해당하는 것이 *Midrash Tanhuma* 창세기 27장 3절이다(P. GRELOT, *L'Éspérance juive*, p.249 [texte n° 98]에 인용되어 있음). 여기에 사람의 아들과 메시아를 동일시하는 *Midrash Tehillim* 시편 2편 8절과 21편 5절을 추가해야 할 것이나 이 본문은 매우 후대의 것이다. 반면에 70인역의 가장 오래된 사본 단편(n° 967)에 전해진 다니엘서 7장 13절에서 "사람의 아들과 같은 이"는 "날수가 오래되신 분", 달리 말해 하느님과 동일시되어 나오는데, 이것은 아마도 에제키엘서 1장 26절의 노선을 따르기 때문이겠다. J. LUSTE, "Daniel 7,13 and the Septuagint", in: *Ephemerides Theologicae Lovanienses* 44(1978), p.62-68 참조. 따라서 헬라계의 유다-그리스도교 공동체나 헬라계의 그리스도교 공동체

의 처지에서 보더라도 "사람의 아들과 같은 이"라는 표현은 어떤 신적인 존재를 가리키는 뜻도 함축하고 있었을 가능성을 배제할 수는 없을 것이다.

26. 일명 필론의 *Les Antiquités bibliques*, I(D. J. Harrington-J. Cazeaux), II(C. Perrot P.-M. Bogaert), Cerf(〈Sources Chrétiennes〉 229-230) 1976에 수록된 본문과 해제를 보라.

27. J. POTIN, *La Fête juive de la Pentecôte*, Cerf, Paris 1971, p.203-217 참조.

28. 이에 관한 자료로서는 다음을 보라. O. CULLMANN, *Christologie du Nouveau Testament*, Neuchâtel 1968, p.118-166과 특히 F. H. BORSCH, *The Son of Man in Myth and History*, London 1967; M. D. HOOKER, *The Son of Man in Mark*, London 1967.

29. P. GRELOT, *L'Espérance juive*, p.45-48(texte n° 4) 참조.

30. 같은 곳, p.81-82(texte n° 23). 《레위의 유언*Testament de Lévi*》은 나중에 그리스도인들이 손을 댔을 가능성이 있기 때문에 자료로 사용하기가 조심스럽다.

31. 같은 곳, p.181-185(texte n° 56-57).

32. 《예루살렘 타르굼 Tg J2》 탈출기 12장 42절에는 이렇게 쓰여 있다. "모세는 광야 한가운데로부터 빠져나올 것이고, 메시아 왕은 로마 한가운데로부터 빠져나오리라." 필자는 여기서 사본 110의 이본을 채택하기로 한다(모세는 광야로부터 나갈 것이고, 메시아 왕은 위로부터 나올 것

이다). R. Le Déaut, *La Nuit pascale*, Rome 1963, p.359-370 참조.

33. 신명기 10장 1절에 관한 《미드라쉬 신명기 랍바》 3장 17절에 따르면, 모세와 엘리야는 마지막 때 함께 다시 오리라고 한다.

34. E Benvéniste, *Problèmes de linguistique générale*, Gallimard, Paris 1966, p.251-257의 말대로 '그il'는 이른바 비인칭 대명사다. 제4 복음서가 전하는 예수의 담화에서 '나je'라는 1인칭 대명사가 '그il', 곧 '아들'이라는 3인칭 대명사로 얼마나 쉽게 넘나들 수 있는지를 눈여겨볼 일이다(요한 5,19-25 참조).

35. F. H. Borsch, *The Son of Man*, London, p.174-231 참조.

제8장

1. 특히 다음을 참고하라. F. Hahn, *Christologische Hoheitstitel*³, Göttingen 1966; A. Descamps, "Pour une histoire du titre Fils de Dieu", in: M. Sabbe éd., *L'Évangile selon Marc*, Louvain 1974, p.529-571과 M. Hengel, *Jésus, Fils de Dieu*, Cerf, Paris 1977.

2. 그러나 실제로 theios anèr(신과 같은 사람=신인神人)이라는 표현이 기원후 1세기에 존재했는지도 의문이다. 오히려 그러지 않았다고 해야 할지 모르지만(H. C. Kee, *Miracle in the Early Christian World*, New Haven 1983, p.297-299), huios theou(하느님의 아들)이라는 표현과 연결되는 경우는 매우 드물었다. 그 반면에 기원전 40년경부터 사람들은 divi filius(신의 아들)라는 칭호를 아우구스투스 황제에게 부여하였다. 그러

나 여기서 말하는 디부스divus라는 낱말은 신으로 추앙된 황제의 지위를 규정하고 있을 뿐이다.

3. 여기서 "사랑받는 아들"이라는 표현은 창세기 22장 2절과 예레미야서 31장 20절에도 나온다는 것을 주목해야 한다. 그런데 이 두 부분은 *T.b. Megilla* 31a에 따르면 티쉬리 달의 첫날 독서로 낭독됐다고 한다. C. PERROT, *La lecture de la Bible*, Hildesheim 1973, p.255 참조.

4. J.-A. FITZMYER, "The Contribution of Qumran Aramaic to the Study of the New Testament", in: *New Testament Studies* 20(1974), p.391-397; L. LEGRAND, *L'Annoce à Marie*, Cerf, Paris 1981, p.174-177; E. PUECH, "Fragment d'une Apocalypse en araméen(4 Q 246)", in: *Revue biblique* 99(1992), p.98-131을 참고하라.

5. *Joseph et Aséneth* 6,2-6; 13,10; 21,3 참조. M. PHILONENKO, *Joseph et Aséneth*, Leiden 1968, p.85-86을 보라.

6. A. DESCAMPS, 위 주 1에 인용한 논문의 각주 1 참조.

7. R. PESCH는 여기서 말하는 아들을 마르코 복음서 8장 8절과 13장 26절의 사람의 아들과 동일시하였다. *Naherwartungen*, Düsseldorf 1968, p.190-195와 *Das Markusevangelium*, II, Freiburg 1977, p.310 참조.

8. 살인을 저지르는 포도원의 소작인들에 관한 비유를 전하는 마르코 복음서 12장 5절과 6절에서도 아들을 언급하는데, 간접적으로는 예수를 가리킨다. 그러나 이 말이 위치하는 맥락도 [최후] 심판이다. 한편 하느님의 아들들huioi에 관한 공관 복음서의 세 차례 언급도 그 맥락은 모두

종말과 관련된다. 마태오 복음서 5장 9절과 45절, 루카 복음서 20장 36절.

9. 아버지와 아들 간의 인식에 관한 주제는 요한 복음서 14장 7절과 15장 14절을 참고하라.

10. W. MARCHEL, *Abba*, Père, Rome 1963; J. JEREMIAS, Abba, Göttingen 1964; J. CARMIGNAC, *Recherches sur le Notre Père*, Letouzey et Ané 1969, p.55-69 참조. 마르코는 하느님을 가리켜 아버지라는 말을 좀처럼 하지 않는다. 그는 이 점에서 요한 복음서의 저자와는 큰 차이를 보여 준다.

11. 이 표현은 카디쉬Qaddish라는 유다교 기도문에도 나온다. 기원후 90년경에 율법 학자 대★엘리에젤도 "하늘에 계신 우리 아버지"에게 드리는 기도라는 말을 하였다(*M. Sota* 9,15).

12. 특히 J. SCHLOSSER, *Le Dieu de Jésus*, Cerf 1987을 참고하라. 한 가지 덧붙여 두자. 아빠라는 친밀한 표현이 옛 유다교 기도문의 범위 내에서는 일찍이 알려진 바 없다고 하더라도 쿰란에서 발견된 히브리어로 된 시편 하나는 반드시 언급해야 한다(4 Q 372). 이 시편은 경전 시편에는 없는 것인데 그 첫 구절은 "나의 아버지(아빠)이시며 나의 하느님"이라는 말로 시작된다. E. M. SCHULLER, "The Psalm of 4 Q 372 1 within the Context of Second Temple Prayer", in: *The Catholic Bilical Quaterly* 54 (1992), p.67-79를 보라.

13. PSEUDO-PHILON, 《성경 고대사》 19,15; 4 *Esd* 14,11 참조.

14. 참고 문헌 목록은 R. PESCH, *Das Markusevangelium*, II, Freiburg

1977, p.82-84에 가서 보라. 여기에 덧붙여 *Sémiotique et Bible* 9(1978), p.36-58에 발표된 툴루즈의 기호론 연구 팀의 매우 사려 깊은 지적들을 참고할 것이다.

15. M. MCNAMARA, *The New Testament and the Palestinian Targum to the Pentateuch*, Rome 1966, p.171-173 참조.

16. 탈출기 12장 42절에 관한 《팔레스티나 타르굼》의 한 구절 참조. 여기에 보면 하느님의 말씀이 모세와 메시아에게 둘러싸여 있다. 여기에서 한 가지 지적해야 할 중요한 사실이 있다. 지금 여기서 말하는 《타르굼》의 전승은, 《타르굼》 그 자체는 그렇다고 할 수 없겠지만, 역시 연대로 보아서 그리스도교 이후의 것일 가능성이 짙다. 그렇지만 신약성경과의 비교는 여전히 결실이 많다. 그 까닭은 한 전승이 다른 전승에 종속되어 있다는 사실을 문헌 비판적으로 가려내자는 데에 우리의 목적이 있는 것이 아니라, 동일한 문화적인 맥락 안에서 비슷하면서도 서로 구별되는 체험들을 표현하기 위하여 어떻게 똑같은 상징적인 표상들이 기용될 수 있었는지가 우리의 관심사이기 때문이다. 하느님의 멤라Memra, 즉 그분의 말씀이 이제부터는 하나의 이름을 지니게 되었다. 그것은 곧 예수라는 이름인데, 그분을 일러 우리는 말씀logos이라고 한다.

17. 헬라 세계에서 신이라는 존칭은 여러 사람들에게 폭넓게 부여되었다. 하지만 이 존칭은 예수 고유의 차이를 지적해 주는 데는 별로 효과가 없었다. D. CUSS, *Imperial Cult and Honorary Terms in the New*

Testament, Fribourg 1974 참조.

18. 요한 복음서의 그리스도론에 대해서는 M.-E. BOISMARD, *Moïse ou Jésus*, Leuven 1988을 보라.

제9장

1. C. PERROT, "Jésus, l'énigme de son humanité", in: *Lumiere et Vie* 210(1992), p.17-26.

2. C. PERROT, "Le repas du Seigneur", in: *Maison-Dieu*, 123(1975), p.29-46 참조.

3. 제사를 겸한 이 식사에 관해서는 예컨대 쿰란의《성전 두루마리*Rouleau du Temple*》52,14-15; Pseudo-Philon,《성경 고대사》21,7; 26,7; 49,8 그리고 코린토 신자들에게 보낸 첫째 서간 10장 18절에서도 언급하고 있다.

4. 오순절의 식사에 관해서는 토빗기 2장 1절; Jub 22,1-10; 요세푸스,《유다 고대사》3,79;《성경 고대사》23,14와 2Q 24,4에 알려진 것이 있다.

5. 에세네들의 식사에 관해서는 A. JAUBERT, *La Notion d'Alliance dans le Judaïsme*, Seuil 1963, p.198-208; M. DELCOR, "Repas cultuels esséniens et thérapeutes, Thiases et Haburoth", in: *Revue de Qumrân* 6(1968), p.401-426을 보라.

6. 필론도 그의 책《관상 생활*Vie Contemlative*》§64-65에서 언급하고 있는 치유주의자들의 이른바 "7주간"의 식사는《성전 두루마리》18,11-

16(밀과 주간 축제); 19,11-14(햇포도주 축제) 그리고 21,12-16(기름 축제)에서 여러 번 언급되어 나오는 7주간과 연관시켜 보아야 한다는 것이 필자의 소견이다. 《성전 두루마리》 출토 이전의 문제 동향에 대해서는 A. JAUBERT, *La Notion d'Alliance*, p.477-479를 보라. 그리고 《성전 두루마리》의 불어 역은 A. CAQUOT, "Le Rouleau du Temple de Qumrân", in: *Études théologiques et religieuses*, 53(1978), p.443-500에서 읽어 볼 수 있다.

7. M. PHILONENKO, *Josep.et Aséneth*, Leiden 1968 참조. T. HOLTZ, "Christliche Interpolationen in Josep.und Aseneth", in: *New Testament Studies*, 14(1968), p.486-497은 그리스도교 계통에서 이 유다교의 작품에 손질을 했다고 여기고 있다. 어쨌든 빵과 포도주와 기름을 차례로 드는 순서는 《성전 두루마리》에서 발견되는 자료와 비교해 볼 일이다 (앞의 주 참조).

8. *M. Shekalim* 5,6; *Tosefta Shekalim* 2,6.

9. 다음 전거에 따름. *M. Peah* 8,7; *M. Pesahim* 10,1; *Tosefta Baba Metzia* 3,9; *T.b. Baba Bathra* 8a-9c; *T.b. Baba Metzia* 38a; *T.b. Sanhedrin* 17b. 이런 종류의 관습이 다 그렇지만 여기서 말하는 관습도 그 연대를 알아보기가 어렵다. J. JEREMIAS, *Jérusalem au temp.de Jésus*, Cerf, Paris 1967, p.131-134와 A. STROBEL, "Armenpflege um des Friedens willen", in: *Zeitschrift für die Neutestamentliche Wissenschaft* 63(1972), p.271-276을 보라. 그러나 다음의 반론도 참고하라. D. SECOMBE,

"Was there Organized Charity in Jerusalem before the Christians?", in: *Journal of Theological Studies*, 29(1978), p.140-143.

10. 공동체는 '매일 예배' 외에도 주간의 첫날에 모였다. 그때 모금을 하였다(1코린 16,2). '가난한 이의 바구니'는 안식일 직전의 금요일에 마련했던 것으로 전해진다(*T.b. Baba Bathra* 8b). 그런데 이제부터는 이 바구니가 안식일 저녁에 준비되었다. 이 점에 관해서는 P. GRELOT, "Du Sabbat juif au dimanche chrétien", in: *Maison-Dieu*, 124(1975), p.14-15를 참고하라.

11. 공동체의 축제 잔치를 위한 찬조 금품epidomata에 관한 언급으로서는 V. A. TCHERIKOVER, *Corpus Papyrorum Judaicarum*, I n.139 참조.

12. 특히 J. M. VAN CANGH, *La multiplication des pains et l'eucharistie*, Cerf, Paris 1975를 보라.

13. 몇 가지 예를 들어 보자. 코린토 신자들에게 보낸 둘째 서간 8장 4절과 9장 13절 그리고 로마 신자들에게 보낸 서간 15장 26절에서 코이노니아라는 낱말은 상호 부조 또는 모금을 의미하며, 코린토 신자들에게 보낸 첫째 서간 10장 16절과 18절에서는 식사 시중을 뜻한다. 디아코니아diakonia라는 낱말은 코린토 신자들에게 보낸 둘째 서간 8장 4절, 9장 1절, 12~13절, 필리피 신자들에게 보낸 서간 2장 26절에서는 상호 부조를, 그리고 사도행전 6장 1~2절에서는 식사 시중 또는 식품 배급을 가리킨다. 이 두 낱말은 말씀의 봉사 또는 복음의 봉사 활동과도 연결되어 있다(로마 11,13; 사도 6,4; 필리 1,5 참조). 빵과 말씀의 연관

성에 대해서는 다시 논급하겠다.

14. 필자는 여기서 H. CONZELMANN의 해석을 따른다(*Der erste Brief an die Korinther*, Göttingen 1969, p.201-203). '많은 이들'hoi polloi이라는 표현은 실제로는 공동체를 가리킨다. 이와 비슷하게 '많은 이들'Rabbim이라는 표현은 쿰란에서도 사용되었으며, 지금도 유다교에서는 어느 시너고그 즉 회당에 속하는 일정한 집단을 가리키는 데 흔히 이 표현을 사용한다. C. PERROT, "L'Eucharistie comme fondement de l'identité de l'Église", in: *Maison-Dieu* 137(1979), p.109-125 참조.

15. C. PERROT, "La lecture de la Bible dans les synagogues", in: *Maison-Dieu*, 126(1976), p.24-41 참조.

16. 106쪽 이하 참조.

17. 히에로니무스에 따름. 그의 책《명인전 2》(E. HENNECKE, *Neutestamentliche Apokryphen*, I, Tübingen 1959, p.108)를 보라.

18. 필자는 여기서 여러 학자들 중에서 가령 G. Bornkamm("Herrenmahl und Kirche bei Paulus", in: *Zeitschrift für Theologie und Kirche* 53⟨1953⟩, p.312-349)의 해석을 따를 수 없다. 그에 따르면 '애찬'과 '성찬례'가 바오로 시대에 이미 분리되었다고 한다. 따라서 바오로 사도가 비난하는 폐단은 이 사랑의 식사에만 있었을 뿐 '성사 집전 행위' 자체에는 없었다고 한다. 그러나 코린토 신자들에게 보낸 첫째 서간 11장 34절에서 바오로는 주님의 몸을 알아보지 못함으로써(11,27-29) 스스로 '심판' krima을 쌓게 되었다는 사실을 그 말썽을 일으킨 사람들에게 알려 주

고 있다.

19. 성찬례에 대해서는 C. PERROT, "L'Anamnèse néotestamentaire", in: *Revue de l'Institut catholique de Paris* 1982, p.21-37; "L'Eau, le pain et la confession du Seigneur crucifié", in: J. DORÉ ed., *Sacrements de Jésus Christ*, Desclée, Paris 1983, p.17-45를 보라.

20. 따라서 요즈음 말하는 '성찬례(=미사)의 주재'와 관련되는 문제는 여기서 다루지 않기로 한다. 우리의 목적은 다른 데에 있기 때문이다.

21. 유다교에서는 디아코니아와 관련되는 어휘가 도리어 드문 편이다. 에스 1,10; 6,3.5; 1마카 11,58(70인역); 요세푸스, 《유다 고대사》 6,52; 11,166.188. 디아코노스라는 낱말은 그리스도인들 사이에서는 일종의 '유행어'가 되었고, 이제부터는 여성들도 '식탁 시중'을 들게 되었다. 로마 신자들에게 보낸 서간 16장 1절, 마르코 복음서 1장 31절(병행: 루카 4,39), 15장 41절 등을 보라.

22. PHILON, *Vie Contemplative* 75.

23. JOSÉPHE, 《유다 전쟁사》 2,568-571; *Tosefta Megilla* 2,12; *T.b. Megilta* 26a 참조; S. SAFRAI-M. STERN éd., *The Jewish People in the First Century*, I, Assen 1974, p.414 참조. 헬라 세계에서도 '에피스코포스' 즉 감독은 재정과 경리 업무까지를 포함하는 감독의 책임을 지고 있었다. A. LEMAIRE, *Les Ministères aux origines de l'Église*, Cerf, Paris 1971, p.27-31 참조.

24. 요한 복음서 13장 12~15절에 나오는 말씀도 그 맥락이 식사라는 점

을 유의할 것이다. 루카 복음서 22장 26절도 마찬가지다. '히구메노스 higoumènos' 즉 지도자는 마땅히 섬기는 사람이 되어야 한다는 이 말씀 역시 식사 중에 하신 말씀이다.

25. *Didachè* 9-10, in: W. RORDORF-A. TUILIER, *La Doctrine des Douze Apôtres*, Cerf, Paris 1978, p.38-48 참조.

26. X. DE MEÊUS, "Composition de Luc 14 et le jeûne symposiaque", in: *Ephemerides Theologicae Lovanienses* 37(1961), p.847-860 참조. 종교 의식이 고대 헬라 세계의 전기傳記 문학에 끼친 영향에 대해서는 C. H. TALBERT, *What Is a Gospel?*, Philadelphia 1977, p.91-113이 적절하게 강조한 바 있다.

27. J. A. SANDERS, *The Psalms Scroll of Qumran Cave* 11, Discoveries-IV, Oxford 1965, p.64 그리고 B. T. VIVIANO, *Study as Worship*, Leiden 1978, p.144-146의 지적 사항들 참조. '공동으로, 다 함께'라는 말은 beheber yahdîw라는 히브리 말을 번역한 것이다. 코린토 신자들에게 보낸 첫째 서간 11장 20절과 비교하라. "여러분이 다 함께epi to auto 모일 때"는 "교회에 모인다"는 뜻이다(11,18). '헤베르heber'라는 낱말은 시편에서도 사용하고 있지만, 뒷날 특히 바리사이파 사람들이 모여서 하는 식사, 이른바 부정이 타지 않은 깨끗한 식사를 뜻하는 '하부라haboura'라는 낱말로 쓰이게 된다.

28. *T.j. Hagiga* 2,77b와 *T.j. Sanhedrin* 6,23a도 보라. 경건한 사람들은 함께 먹고 함께 공부한다.

29. PHILON, *Vie Contemplative* 75-80.87.

30. 히브리인들에게 보낸 서간 13장 15~17절도 마저 인용하자. "하느님께 찬양 제물을 바칩시다. 그것은 그분의 이름을 찬미하는 입술의 열매입니다. 선행eupoiia과 나눔koinonia을 소홀히 하지 마십시오. 이러한 것들이 하느님 마음에 드는 제물입니다." 이와 같이 말씀과 상호 부조, 친교는 일체를 이룬다. 앙트르베르느의 연구 팀이 펴낸 *Signes et Paraboles*, Seuil, Paris 1977의 제2장에서는 빵과 가르침과의 관계에 대해서 읽어 볼 수 있다. R. J. DILLON은 *From Eyewitnesses to Ministers of the Word*, Rome 1978에서 엠마오의 식사, 빵을 많게 하신 이적, 그리고 말씀의 전례 상호 간의 연관성을 훌륭하게 지적하고 있다.

31. 초기 그리스도교의 예언자들에 관한 문제는 여전히 논의의 대상이 되었다. 어떤 이들(W. A. Grudem)은 이들의 역할을 과소평가하는가 하면, 다른 이들(E. E. Ellis; M. E. Boring; D. E. Aune)은 그리스도교의 새로운 말씀에 관련되는 모든 일을 감안하여 이들의 중요성을 강조한다. 특히 이 둘째 노선을 따르는 사람들 중에 불어 계통의 연구물로서는 다음을 들 수 있다. M. A. CHEVALLIER, *Ésprit de Dieu, paroles d'hommes*, Neuchâtel 1966; 같은 저자, *Le Souffle de l'Esprit*, 1-2, Beauchesne, Paris 1978-1990; E. COTHNET, "Prophètes", in: *Supplement au Dictionnaire de la Bible*, 8(1972), col. 1264-1337; 같은 저자, "Les Prophètes chrétiens comme exégètes charismatiques de l'Écriture", in: J. PANAGOPOULOS, *Prophetic Vocation in New Testament*

and Today, Leiden 1977, p.77-107; C. PERROT, "Charisme et Institution chez saint Paul", in: *Recherches de science religieuse* 71(1983), p.81-92; 같은 저자, "Les charismes de l'Esprit", in: *Christus*, 131(1986), p.281-293. 특히 M. E. BORING, *Sayings of the Risen Jesus*, Cambridge 1982 그리고 D. E. AUNE, *Prophecy in Early Christianity and the Ancient Mediterranean World*, Gran Rapids 1983을 보라.

32. G. THERRIEN, *Le discernement dans les écrits pauliniens*, Gabalda 1973 참조.

33. E. KÄSEMANN, "Sackgassen im Streit um den historischen Jesus", in: *Exegetische Versuche und Besinnungen*, II, Göttingen 1964, p.47.

34. 예컨대 B. RIGAUX, *Témoignage de l'évangile de Marc*, Desclée de Brouwer 1965, p.32-51도 보라.

35. K. L. SCHMIDT, *Der Rahmen der Geschichte Jesu^2*, Darmstadt 1969, p.305.

36. X. LÉON-DUFOUR, "Passion", in: *Supplément au Dictionnaire de la Bible*, 6(1960), col. 1426-1427; J. R. DONAHUE, "Introduction: From Passion Traditions to Passion Narrative", in: W. H. KELBER, *The Passion in Mark*, Philadelphia 1973, p.2-8; R. PESCH, *Markus-Evangelium*, II, Freiburg im B., 1977, p.22-23; J. B. GREEN, *The Death of Jesus*, Tübingen 1988 참조.

37. G. BERTRAM, *Die Leidensgeschichte Jesu und der Christuskult*,

Göttingen 1922; G. SCHILLE, "Das Leiden des Herren", in: *Zeitschrift für Théologie und Kirche*, 52(1955), p.161-205; E. TROCMÉ, *The Passion as Liturgy*, London 1983 참조.

38. 수난사의 일부만 그렇다는 주장으로서는 L. SCHENKE, *Le tombeau vide et l'annonce de la Résurrection*, Cerf 1970. 그러나 이에 대한 반론으로서는 F. NEIRYNCK, "Anateilantos tou hèliou(Mc 16,2)", in: *Ephemerides Theologicae Lovanienses* 44(1978), p.70-103을 보라.

39. 장례 때의 식사에 관해서는 W. VON MEDING, "1 Korinther 11,28: Vom geschichtlichen Grund des Abendmahls", in: *Evangelische Theologie* 35(1975), p.544-559를 보라.

40. 제사로서의 성만찬에 관해서는 H. CAZELLES, "Eucharistie, bénédiction et sacrifice dans l'Ancien Testament"와 C. PERROT, "Le Repas du Seigneur", in: *Maison-Dieu*, 123 (1975), p.7-28과 29-46을 보라.

41. J. JEREMIAS, *La Dernière Cène*, Cerf, Paris 1972 참조.

42. X. LÉON-DUFOUR도 같은 생각이다. 특히 R. FENEBERG, *Christliche Passafeier und Abendmahl*, München 1971을 보라.

43. Rome 1963; 같은 저자, "Le Targum de Gen 22,8 et 1 Pet 1,20", in: *Recherches de Science Religieuse* 49(1961), p.103-106. 이에 대한 반론으로서는 P. R. DAVIES-B. D. CHILTON, "The Aqedah: A Revised Tradition History", in: *The Catholic Biblical Quarterly*, 40(1978),

p.514-546을 보라(이 두 필자는 창세기 22장에 대한 구원론적 해석을 지나치게 반대하는 나머지 《타르굼》의 전승을 과소평가한다).

44. B. STANDAERT, *L'évangile selon Marc. Composition et genre littéraire*, Nimègue 1978, p.496-626. 이 학자에 따르면, 마르코 복음서는 본래 파스카 전야제 때 읽어야 하는 파스카 축제의 '하가다'로서 작성되었다고 한다. 그 외에 이 복음서는 세례를 위한 예비 신자 교리서로도 그 구실을 맡았을 것이라고 한다. 첫째 것은 새로울 것이 없다. 그는 다음 두 학자의 주장을 반복하기 때문이다. D. DAUBE, "The Earliest Structure of the Gospel", in: *New Testament Studies* 5(1958-9), p.174-187; J. BOWMAN, The Gospel of Mark. *The New Christian Jewish Passover Haggadah*, Leiden 1965.

찾아보기
(인명 · 주제 · 성경 인용구 · 자료)

[ㄱ]

가난한 사람들 → 상호 부조(봉사)를 보라.

갈릴래아의 유다: 129, 273, 280, 281

거짓 예언자: 256, 283, 341

광야: 137, 138, 169, 179, 183, 184, 271, 272, 278, 279, 293, 340, 397, 402, 545

교사들: 77, 78, 120, 464, 465, 469, 470, 474, 535

구마 → 악마 추방

구약 성경:

창세 12,1: 189; 탈출 19,1: 433; 민수 19,1-10: 360; 신명 18,15.18: 289, 290, 294, 403, 434, 529, 533; 1사무 7,6: 154; 2열왕 5,14: 155; 이사 40,3: 272; 51,1-2: 189; 61,1 이하: 127, 278, 505; 63,8.11.14.23: 278, 279, 528; 에제 36,25: 154; 말라 3,1.23: 182, 257, 259, 268, 291; 다니 7,13.14: 225, 369, 372-374, 393, 394, 396, 408-410, 544; 9,27: 225; 1마카 4,46: 268

구원 보편주의: 185-193

구원의 표징: 305, 334, 340, 355, 358

구원하는 세례: 193

그리스도교 고문헌:

바르나바의 편지 15-17: 218, 519; 베드로 복음서 7,26: 218; 에비온파의 복음서 144: 218; 에우세비우스의 교회사 3,26,2: 180; 에피파니우스의 파나리온 19,5.6-7: 170; 유스티누스의 트리폰과의 대화 69: 341; 80: 170; 일명 클레멘스의 재회 1,37-55: 218; 54,60: 259; 2,23 이하: 180; 호밀리아 2,17: 256, 525; 5,20: 256, 525; 토마스 복음서: 78, 474, 489, 543; 헤게시푸스: 170, 171, 517; 히브리인들의 복음서: 199, 453, 542

그리스도인들(크리스티아니): 299, 533

금욕(예수와 금욕): 179-185

기적(이적):

기적의 의의: 301 이하; 기적의 식별: 330; 기적 이야기들의 기능: 315-322; 기적과 그리스도교 실천: 315 이하; 기적과 비유: 315 이하; 기적과 예언: 340 이하; 유다교와 기적: 326-343; 기적의 역사적 사실성: 304-315. 표징들과 이적 참조.

기호론과 역사: 47-51

[ㄴ]

나조라 사람: 203, 204, 253, 282, 341, 359, 362, 363, 412, 430, 471,

511, 530

[ㄷ]

다윗의 자손(아들): 81, 263-267, 525

땅의 사람들(백성): 160, 167, 443

[ㄹ]

로기아(말씀들): 44-46, 63, 95, 111, 355, 369, 372, 373, 375, 382, 385, 422-424, 466. 담화, 연설 참조.

루카(복음서):

1,1-4: 79, 91, 467; 2,1-2: 129; 3,1: 125; 15: 259; 23: 128; 4,16 이하: 127, 278; 6,4: 248; 9,51-18,14: 62; 10,9.18 이하: 326, 343; 13,31: 221; 33: 258, 286; 34: 136; 16,31: 331; 17,20 이하: 352; 23,2: 282

[ㅁ]

마르코(복음서):

1,1: 73; 4 이하: 198; 10: 278; 15: 344, 356, 383; 21-39: 64, 130, 329; 40-45: 226, 520; 2,1-3,6: 65, 131, 231, 383, 472, 492; 2,10: 369, 372, 383, 391

마태오(복음서):

3,1: 392; 9: 189; 4,1-11: 308, 335, 475; 5,17 이하: 230, 231; 38 이

하: 231; 10,5.8: 84, 190, 343; 11,2-5: 329, 341; 3: 294; 7: 179 이하; 9-10: 257; 11 이하: 202, 284; 18 이하: 183; 27: 422; 12,27 이하: 325 이하; 15,24: 190; 16,1 이하: 334; 17: 416; 28: 379, 411; 17,24-27: 227; 23,5.23.29 이하: 232, 234, 286; 26,64: 261

만대교인: 172

만찬(최후의 만찬): 469이하, 481. 주(님)의 성찬 참조.

메시아와 메시아사상: 261-268; 402-404. 종말(론적)의 예언자도 보라.

모세(와) 예수: 290-295, 331, 336 이하, 403 이하, 432

미드라쉬: 244, 335, 373, 464, 477, 498, 522, 535, 546

[ㅂ]

바로 나다: 284

바리사이: 157-166, 169-171, 189-191, 197, 205, 207 이하, 232, 240, 264, 270, 273, 331 이하, 443-444; 예수는 바리사이?: 207-212

바오로:

바오로와 예수: 81 이하; 1테살 1,10: 415, 422; 2,15: 285; 1코린 1,17: 176; 4,20: 354; 10,16 이하: 219, 449, 552; 11,17-34: 448 이하; 23 이하: 81, 460; 12,13: 176; 14,26: 466; 15,45 이하: 400; 2코린 5,12.16: 82; 갈라 1,14.16: 229, 415; 2,12: 455; 3,19 이하: 239; 로마 1,1-3: 73, 416-417; 3-4: 266; 15, 8 이하: 316.

복음서: 72 이하; 두 가지 형태의 기술: 469-484; 문학 유형: 469; 복음

과 역사: 72-88

　복음서 자료의 구성과 배치: 61-71

　복음서의 담화(연설, 설교): 63 이하, 248, 로기아 참조.

　복음서의 여정과 그 장소들: 59, 132-139.

　본문 비판(신약 성경의): 40-43

　비둘기: 278

　빌라도: 34, 276

　빵을 많게 한 기적: 448

[ㅅ]

　사도행전:

　　2,36: 260, 299; 5,36-37: 129, 271, 280; 6,1-6: 447, 458; 6,14: 203, 229; 7,37: 294; 52: 285; 378: 210; 8,1 이하: 180, 264; 12,1-9.12: 482; 16,16-40: 482; 17,7: 300; 24,5: 203

　사두가이들: 157 이하, 210 이하, 241

　사람의 아들: 365-413; 사람의 아들에 관한 언급: 369; 학계의 견해들: 368-376; 일종의 자기 지칭: 376-382; 언어학적 탐구(조사): 386-391; 사람의 아들과 같은: 391-401; 사람의 아들과 권능[권력]: 383-386; 사람의 아들과 세례: 409-410; 사람의 아들과 [하느님 나라의] 통치: 410

　사실과 해석: 89 이하, 99-104, 313

사제들(과 예수): 220 이하. 예수와 성전을 보라.

상호 부조: 446-450, 458, 459, 552, 556. 식사(만찬) 참조.

설화군: 64, 65, 133

성경 인증 또는 인용(의 문제): 80-88, 242, 245 이하.

성전: 212-228

세례:

   물로 씻다(물속에 잠그다, 담그다, 세례를 주다): 153, 154, 157, 196 이하; 유다교 개종자들의 세례: 159; 예수의 세례: 278 이하; 세례(침례)와 예언(활동): 257, 278, 296; 침례와 악마 추방(구마驅魔): 359; 침례 운동: 166-174

세정례: 149-166, 187, 193-205, 207

셔마 이스라엘: 235

수난 사화: 77, 472, 473, 477, 478, 480, 483

시너고그(말씀의 장소): 464 이하.

신과 같은 사람: 331, 417, 424, 546

신약 성경의 언어: 43-47

신약 성경의 필사본들: 40-43

십계명: 235, 239, 521

십자가의 죄목: 283

[ㅇ]

아담, 아담론: 394-403

아들 [아드님], 하느님의 아들:

'아들'과 메시아: 420; '아들'과 아버지: 420-435; '아들'과 '사람의 아들': 424 이하; 아들과 하느님: 435

아버지 하느님(예수와 아버지): 422-427; 아빠 아버지: 427 이하.

악마 추방자: 323-326

에세네: 57, 144, 161, 162, 167, 196, 217, 233, 245, 246, 324, 443, 458, 462, 504, 510, 523, 550. 쿰란 참조.

엘리사: 155, 327, 329, 451

엘리야: 155, 182, 183, 256-260, 268, 288, 290-293, 296, 297, 327, 329, 331, 336, 403, 432, 434, 451, 531-533, 546

역사:

역사와 언어: 43-47; 역사(학)과 기호론: 47-51; 역사와 성경 주석학: 52-71; 구원사: 93, 347 이하; 역사주의: 99 이하, 471. 주님의 만찬, 유다인들의 식사 참조.

역사성의 기준들: 104-113, 310

역사의 소급 진술: 109 이하, 113-120

역사적 사건: 88 이하.

열성당원과 자객들: 216, 273 이하.

예수:

예수와 이스라엘: 191; 역사의 예수와 그리스도: 76, 84, 87; 예수는 바리사이계의 율법 학자?: 207-212; 예수와 성전: 212-228; 예수와 율법: 228-249: 악마 추방자 및 치유자 예수: 323-343; 예수와 엘리야: 288-300; 종말의 예언자 예수: 287-300; 예수와 기적(이적): 326-337; 예수와 죽음: 298. 순교 예언자들과 수난 참조.

예수 생애의 연보: 69 이하, 122-131

예수에 관한 비그리스도교 계통의 문헌 자료(타치투스, 수에토니우스, 플리니우스): 33-39, 274, 299

예수의 거룩한 변모: 429-435

예수의 자의식(인증): 98, 99 이하, 113 이하, 133, 297 이하, 366, 407 이하, 417, 422

예수의 전기들: 88-98, 117.

예수의 죽음(날짜): 122. 수난 참조.

예수의 탄생(연대): 125

예언자, 예언자직: 269 이하: 예언자 시대의 종말: 269; 종말의 예언자들: 269-276; 종말의 예언자 예수: 277-287, 434; 예언자와 메시아: 261-268, 286 이하; 예언자들 중의 하나와 같은: 288; 순교 예언자들: 267, 285-287, 298, 411, 473; 그리스도교의 예언자들: 111, 556; 예언자와 교사: 464-469

옛사람(조상)들의 전통(승): 158 이하, 209, 228 이하, 242 이하, 138.

오셔야 할 분: 200, 종말의 예언자 참조.

외경(외경서들):

일명 필론, 성경 고대사: 244, 290; 모세의 유언 10,1: 348; 솔로몬의 시편 17,4: 348; 23-36: 263; 시빌레의 신탁 3,767: 348; 4,27-30: 215; 아리스테아(의 편지): 215, 457; 에즈라 4서: 13,3-3.13.32: 393-403, 418; 에녹 1서 37-71: 392 이하; 83-90: 398; 요셉과 아세네트 8,5.11; 15,3: 419; 희년기 1,24 이하: 418

요한(복음서):

1,14: 465; 19-20.21: 257, 260; 25: 257, 277; 28: 179, 513; 2,13-22: 126, 219 이하

요한 세례자:

요한과 예수: 174-204; 요한과 엘리야: 287-300

유다인들의 식사: 443-446, 481

유다인 치유사들: 338, 악마 추방 참조.

율법: 228-249, 450

율법 학자 문헌:

M. Berakhot 9,5: 222; Shebiit 9,3-4: 235; Shabbat 7,1-2: 246, 247; Yoma 3,8: 198; Hullin 8,1: 183; Abot 1,1: 269; 3,3: 462; Tosefta Sanhedrin 13,5: 218; Tosefta Yadaïm 2,20: 169; Talmud J. Sota 13,2: 269; Talmud B. Berakhot 33a, 34b: 330, 338, 538; 60a: 332; Taanit 23ab: 330; Sanhedrin 13,5: 218

일명 필로 → 외경

입시시마 베르바ipsissima Verba[예수께서 친히 발설하신 말씀들]: 17, 46, 96, 108

[ㅈ]

장차 올 세상(내세): 353-356

제자들: 194 이하.

종말론: 344 이하, 종말의 예언자들 참조.

죄의 사면(용서): 164 이하, 167-174, 200 이하.

죄인들(의 사회 계층): 160, 167, 187 이하.

주님의 성찬(식사): 75, 443-461; 식사와 공동체: 446-450; 주님을 알아 뵙는 장소: 450-456; 성찬(식사)과 말씀: 75-76, 461-469; 성찬의 주재: 456-461; 성찬과 수난: 484 이하; 성찬과 그리스도교 역사의 탄생: 469-484

주석과 역사: 원전 비판: 54-59; 전승과 편집: 59-71

[ㅊ]

치유주의자들: 156, 238, 445, 458, 463, 536, 550

친교, 공동체: 450-456

[ㅋ]

케리그마: 60, 77, 84, 87, 96, 260, 377, 421

쿰란:

> 1Q Apoc Gen: 44; 20,16-24: 325; 21,13: 388; 1QS 3,3-11: 164-170; 8,12 이하: 272; 9,3 이하: 217, 263-268; 4Q 243: 418; 4Q pesher Isa: 263; 11Q Psa col 18: 462; 11Q Tg Job, 26,3: 388; CDC 11,18 이하: 217; 12,23: 264; 14,14: 458

퀴리니우스의 호구 조사: 129

키푸르: 152, 153, 157, 198, 200, 218, 508

[ㅌ]

> 타르굼: 44, 468: TgN Gn 1,26 이하: 399; Tg Ex 12,42: 293, 402, 482; Tg Jl Ex 15,18: 349; Tg Jl 19,1: 433; TgN Ex 34, 29: 434; Tg Jl Ex 40,10: 291; Tg Jl Dt 30,4: 403

테우다스: 270, 331, 340

토라 → 율법을 보라.

[ㅍ]

> 파스카절의 하가다: 462, 482

파피루스 옥시린쿠스 840: 195

페셰르: 245

표징과 이적들: 271, 272, 304, 316, 330, 333, 340, 349, 355, 358, 401

플라비우스 요세푸스:

아피온 반박 2,198.202: 157; 유다 고대사: 2,347: 324; 3,89-90: 235; 8,45: 325; 8,46-51: 325; 8,47: 362; 13,297: 241; 14,214-216: 444; 18,17: 241; 23: 270; 116-119: 173; 20,97 이하: 271, 340; 유다 전쟁사: 2,118: 270; 129-133: 162, 462; 150: 162; 186: 324; 258-263: 340; 4,160: 273; 444: 274

플라비우스의 증언: 36

필론(알렉산드리아의):

Cher. 101: 215; Contempl. 64 이하: 445; 75 이하: 463; Deus 8: 156; Legat. 38: 276; Leg. I,31 이하: 396; Mos II,70: 433; Plant. 162: 156; Spec. I,260 이하: 217

[ㅎ]

하느님을 두려워하는 사람: 159, 186 이하.

하느님의 다스림, 통치 또는 나라: 200 이하, 344, 348 이하; 하느님의 다스림과 믿는 이의 처신: 354

하니나 벤 도사: 324, 338, 339

할라카: 231, 241, 332, 354, 465, 521. 율법 참조.

헬라계 유다인들: 215, 229, 389

힐렐의 프로스볼레: 235